認認真真講歷史

天涯社区人气佳作

隋唐英雄

卷二

全二卷

孙峰 孙艺真·著

中国文史出版社

图书在版编目（CIP）数据

隋唐英雄. 第二卷 / 孙峰, 孙艺真著. -- 北京 : 中国文史出版社, 2017.12
（认认真真讲历史）
ISBN 978-7-5034-9538-0

Ⅰ. ①隋… Ⅱ. ①孙… ②孙… Ⅲ. ①中国历史—隋唐时代—通俗读物 Ⅳ. ①K240.9

中国版本图书馆CIP数据核字(2017)第228893号

责任编辑： 刘 夏
封面设计： 陈欣欣

出版发行：中国文史出版社
网　　址： www.wenshipress.com
社　　址： 北京市西城区太平桥大街23号　**邮编：** 100811
电　　话： 010-66173572 66168268 66192736（发行部）
传　　真： 010-66192703
印　　装： 北京温林源印刷有限公司
经　　销： 全国新华书店
开　　本： 1/16
印　　张： 26　**字　数：** 437千字
版　　次： 2018年10月北京第1版
印　　次： 2018年10月第1次印刷
定　　价： 65.00元

目录

一〇〇 东击洛阳（一）

放眼全国，到武德三年唐朝灭掉刘武周之后，李唐政权已成为势力最强的力量了。

江陵的萧铣息兵安民，不思进取，已对唐朝构不成太大的威胁；江南的沈法兴、江都的李子通距离遥远，暂时无足为虑；淮南的杜伏威已经归降，暂且让他牵制沈法兴和李子通；至于山东、淮北一带的王薄、綦公顺、郑虔符等群雄也不思进取，都表示归顺了唐朝，予以羁縻即可，能与唐朝争夺天下的只有洛阳的王世充和河北的窦建德了。

不过，在李唐夺回并州之后，王世充和窦建德在战略态势上就显得十分被动了：王世充一直打不下穀州和熊州，在西线也就一直处于被动挨打、不能进攻只能防守的境地，李唐夺回并州之后，不仅可以东出潼关、函谷关，威胁洛阳，而且又能从河东地区东进太行，进入河内地区，从而从北面向洛阳施加压力；窦建德也是如此，虽然窦建德占领了河北平原的大片土地，但由于西面的太行山各个险隘均在唐军之手，夏军无法越过太行，进入并州，而并州的唐军则处于进可攻、退可守的有利位置，与此同时，窦建德的北面又有幽州的李艺的威胁，西南有来自河内地区的唐军，东南则是已向唐朝称臣的王薄等人。

与此相反，唐朝则处于非常有利的地位：巴蜀，唐军占领三峡，虎视江陵；并州，威胁河北、洛阳；幽州，由北而南，挤压河北；关中，以潼关、函谷关，东临洛阳，又以武关、邓州、南阳，窥伺江淮，另有山东、徐泗、两淮等地不少归附的变民军。同时，唐王朝在武德二年七月设置了十二军，把关中地区划分为十二个行政区，每一个行政区设置一军，均以天上的星宿命名，名称分别是：万年道（今陕西省西安市）参旗军、长安道（今陕西省西安市西）鼓旗军、富平道（今陕西省富平县）玄戈军、醴泉道（今陕西省礼泉县）井钺军、同州道（今陕西省大荔县）羽林军、华州道（今陕西省华县）骑官军、宁州道（今甘肃省宁县）折威军、岐州道（今陕西省凤翔县）平道军、豳州道（今陕西省彬县）招摇军、西麟州道（今陕西省麟游县）苑游军、泾州道（今甘肃省泾阳县）天纪军、宜州道（今陕西省宜君县）天节军，每军设将、副将各一人，督率府兵，且耕且战，这是初唐时期府兵的雏形，从此以后，唐军兵马强盛，所向无敌。

反观王世充，不仅地域狭窄，而且士气也非常低落。他手下的将领们看不到希望，纷纷献出郡县向唐王朝投降。王世充没有别的办法，只好严刑峻法，他规定，只要一人叛逃，全家不分老幼一律处死，父子、兄弟、夫妻之间允许相互告发，可以免死；他又下令每五家为一保，如果这五家之中有一家举家叛逃，其余四家如果没有发觉的，全部处死。虽然如此，但逃亡的人越来越多，王世充无奈，甚至规定了每次出城砍柴的人员人数，致使洛阳经济一落千丈，民不聊生。众将出战，王世充也要把将领们的家属扣在宫中当人质，人质数量常保持在一万人上下，由于人数较多，每天总有数十人或被饿死，或被冻死。为了解决吃饭问题，王世充也在辖区实施了屯田，他把朝廷中的官员派出洛阳，担任司州（今河南省洛阳市）、郑州（今河南省荥阳市汜水镇）、管州（今河南省中牟县）、原州（今河南省济源市）、伊州（今河南省汝州市）、殷州（今河南省获嘉县）、梁州（今河南省商丘市）、溱州（今河南省郑州市）、嵩州（今河南省登封市）、穀州（今河南省洛阳市西南）、怀州（今河南省沁阳市）、德州（今河南省温县）十二州的营田使，这些官员们能脱身离开洛阳，都是喜不自胜，欢天喜地。从外交上来看，王世充同样处于劣势，数月前，当窦建德大举南下时，王世充军一片恐慌，发兵夺取了已被窦建德占领的黎阳一带，窦建德打下了王世充的殷州，从此，双方交恶，更何况，如今的窦建德已被李艺缠住，因此，这是李唐进攻王世充的一个绝佳的机会。

武德三年（公元620年）七月一日，就在李世民平定刘武周两个月后，唐高祖李渊就下诏命令秦王李世民都督各路人马东出潼关，开始讨伐王世充。王世充听说后，赶忙从辖区挑选骁勇之士集中到洛阳，设置四镇将军，分别防守洛阳四面。陕东道行台屈突通的两个儿子都在洛阳，李渊对屈突通说："如今，我打算让你一起东征，可是，你的两个儿子该怎么办呢？"屈突通回答："臣过去是阶下囚，理应被杀，陛下施恩不杀，还对我非常礼遇。当时，我就曾心口如一，发誓要用我的余生为陛下效命，只恐死不得其所啊！如今，陛下能让臣担任先锋，两个儿子又算得了什么呢！”李渊听后，不禁叹息道：“忠义之人，竟然能做到这一步！”为了便于各个击破，李渊还派人主动前往窦建德那里讲和，窦建德让同安公主随唐朝使者一起返回了长安。

七月二日，突厥人暗地派人来见王世充，李唐潞州（今山西省长治市）总管李袭誉派兵截击，缴获了上万牛羊。骠骑大将军可朱浑定远告发：“并州总管李仲文与突厥人同谋，意欲等到洛阳交兵之后，就引突厥骑兵南下，直扑长安。”李渊信以为真，十三日，下令皇太子李建成领兵驻守蒲坂戒备，又派礼部尚书唐俭前去安抚并州，暂时废掉了并州军府，征召李仲文回到了长安。

七月二十一日，李世民率领大军来到新安（今河南省新安县），洛阳争夺战正式爆发。

郑国皇帝王世充派遣魏王王弘烈（王世充的哥哥王世伟的儿子）镇守襄阳（今湖北省襄阳市）、荆王王行本（亦是王世伟的儿子）镇守虎牢（今河南省荥阳市西北汜水镇）、宋王王泰（也是王世充的侄儿）镇守怀州、齐王王世恽镇守洛阳南城、楚王王世伟镇守宝城（皇城）、太子王玄应镇守东城、汉王王玄恕镇守含嘉城、鲁王王道徇镇守曜仪城（东城东面）；王世充亲自率领作战部队、左辅大将军杨公卿率领左龙骧二十八府的骑兵、右游击大将军郭善才率领内军二十八府的步兵、左游击大将军跋野纲率领外军二十八府的步兵，共计三万人，抵御唐军。

罗士信率领唐军先头部队率先包围了慈涧（今河南省洛阳市西），王世充亲率三万军队前去救援。七月二十八日，秦王李世民率领侦察部队来到前线侦察敌情，突然与王世充的大军遭遇，众寡不敌，道路崎岖，被王世充的军队包围了。李世民左右开弓，弦声响处，敌兵纷纷落马而死，唐军生擒王世充的左建威将军燕琪，敌人这才退去。等到李世民回到大营时，已是满面灰尘，无法辨认，军中打算闭门不纳，李世民脱下头盔，大声喊话，这才得以进入营中。

七月二十九日早晨，李世民率领五万步骑进逼慈涧，王世充不敢在城外与唐军交手，遂撤去慈涧的守军，返回了洛阳。唐军占领慈涧之后，顺利推进到了洛阳城下，李世民派遣行军总管史万宝从宜阳推进到洛阳南面的龙门，以切断洛阳南援之路；将军刘德威从太行山东进，包围河内地区，拔掉洛阳北面的据点，切断洛阳与突厥之间的联络，并防备窦建德的增援；命令上谷公王君廓从洛口切断洛阳的粮道；怀州总管黄君汉从河阴进攻回洛城，以期占领回洛仓，以切断洛阳的粮饷。李世民自己率领唐军主力驻扎在北邙山麓，安营扎寨，威逼洛阳。王世充的洧州（今河南省尉氏县）刺史崔枢和长史张公谨献出城池，向唐军投降。八月九日，在唐军的压力下，窦建德在河内地区的共州（今河南省辉县）县令唐纲杀掉刺史，向唐军投降；邓州当地豪强也杀掉王世充任命的刺史投降。八月十四日，黄君汉派遣校尉张夜叉率领水军偷袭回洛城，一举将其攻克，生擒敌将达奚善定，又毁坏了河阳南桥，招抚了二十多个坞堡，顺利返回。王世充派遣太子王玄应、杨公卿等人率军企图夺回回洛城，但未能得手，只好在回洛城的西面又修筑了一座新城，留下部队守卫在那里。

王世充在青城宫列下阵势，秦王李世民也严阵以待。王世充隔着河水对李世民说："隋朝覆灭，唐在关中称帝，我在河南称帝，我并未向西入侵，你为何突然率军前来？"李世民命宇文士及回应道："四海之内都已归顺了天子，唯独你一人还负隅顽抗，我们就是为此而来的！"王世充又说："我们息兵安民，恢复友好，岂不是很好？"宇文士及又回答："我大王奉诏前来夺取东都洛阳，没有授权我们与你讲和。"双方一直相持到天黑，才各自撤去。

一〇一 东击洛阳（二）

与所有的攻城战一样，唐军对洛阳的进攻也采取了先清除洛阳周边据点、切断其与外界的联系、逐渐逼近城垣的策略。当然，这贯彻了唐高祖李渊孤立洛阳和王世充势力、各个击破的战略思想。从大战略上，唐高祖李渊除了以李世民率领唐军主力直取洛阳而外，他又分出一路奇兵：命令金州总管府司马李大亮安抚樊城、邓州，孤立并牵制王弘烈占领的襄阳，同时，在决定东击洛阳之前，就提前拉拢、结好窦建德，而在李世民主力军队来到洛阳之后，又分兵进攻河内，也是防备窦建德会救援王世充，从远距离切断王世充集团与外界的联系。

部署到位之后，各路唐军相继展开了攻势：武德三年八月二十五日，刘德威率领唐军奔袭怀州，攻进外城，占领了很多坞堡。九月，史万宝率军进攻显仁宫；同月十七日，李世民派遣右武卫大将军王君廓进攻轘辕（今河南省偃师市东南），并将其攻克。轘辕山，形势险要，东有太室（嵩山）、南有少室，紧接今巩义、登封两市；西有鸡鸣山、香炉峰，是万安山与嵩山衔接处的壑口。《元和志》载：“轘辕山，山路险阻，十二曲道，将近复回，故曰：轘辕。”轘辕口传说为远古时大禹所凿，其上为轘辕关，为历代兵家必争和控守要地，也是洛阳通往东南汝州等地的捷径。唐军攻克轘辕关之后，就切断了洛阳与东南方面的联系。王世充派遣部将魏隐等人率军反攻，王君廓佯装败退，却提前设下埋伏，又大破王世充之军。得胜之后，王君廓率领唐军继续东进，夺取土地，扩大唐军的影响，一直推进到管城才折返。王君廓骁勇异常，过去，王世充的部将郭士衡、许罗汉曾经劫掠唐朝边境，王君廓设计将其击退，李渊下诏褒奖道：“爱卿以十三人击破一万敌人，以少敌众的战例从古至今再无第二个了！”同月二十一日，李世民率领五百骑兵侦察地形，登上了北魏宣武帝（元恪）的皇陵，王世充亲自率领一万多步骑突然杀来，将李世民团团围住。自此之前，刘武周的不少降将如寻相等人都叛逃而去，众将也对尉迟敬德产生了怀疑，把他抓了起来，囚禁在营中。也就在这一天，行台左仆射屈突通和尚书殷开山对李世民说："尉迟敬德骁勇绝伦，如今既然已经将其逮捕，必定心存怨恨，留下他会产生后患，不如顺势杀了算了！"李世民回答："你们说的不对，假如尉迟敬德要想叛逃，岂能等到寻相叛逃之后！"赶忙派人把尉迟敬德放了，并把他请入自己的卧室之内，赏赐给他金银珠宝，好生安抚一番，说道："大丈夫情投意合，不要把一点小小的误会放在心上，我无论如何都不会相信谗言，去加害忠良，这一点你该明了我的内心。如果真想离去，我将这些金子送给你作为路费，聊表你我共事之情。"李世民的一番话让尉迟敬德非常感动，终其一生一直对李世民忠心耿耿、始终不渝。

当王世充的军队把李世民团团围住之后，骁将单雄信跨马挺枪，直取李世民，在万分危急之际，只见尉迟敬德如凶神恶煞一般拍马上前，挡在了李世民面前，一枪刺去，即将单雄信刺下马来，王世充的军队稍稍退后。尉迟敬德趁机保护着李世民左右砍杀，突出重围，突围之后，二人又率领黑甲骑兵返身杀入敌阵。李世民的贴身精锐骑兵是唐军精锐中的精锐，共有一千多人，分为左右两队，全部身穿皂衣玄甲，即黑衣黑甲，以秦叔宝、程知节、尉迟敬德和翟长孙四人统领，这就是著名的黑甲军。每次作战，李世民就会亲自身穿黑甲，率领黑甲军冲在最前面，所向无敌。此时，黑甲军再次发威，他们出入于王世充军中，如入无人之境。

不久，屈突通又率领唐军大队人马赶来，加入了战斗，王世充军大败，王世充本人侥幸脱逃。唐军生擒其冠军大将军陈智略，斩杀一千多人，俘虏了敌人六千盾牌长矛军。战后，李世民对尉迟敬德说："你的回报怎么来得这么快啊！"赏赐给他一箱金银，从此以后，对他非常宠爱。《旧唐书·尉迟敬德传》称："是日，因从猎于榆窠……"因此，这段又被称为榆窠救主。

十月十五日，唐行军总管罗士信偷袭王世充的硖石堡（今河南省新安县东），将其攻下，接着，他又率领唐军包围了千金堡（在今河南省洛阳市以北），坞堡内的守军对罗士信百般辱骂。罗士信大怒，当天夜里，他派了一百多人怀抱几十个婴儿来到坞堡之下，让婴儿们啼哭起来，向坞堡的守军谎称："我们是从东都叛逃，投靠罗总管来的。"不一会儿，又故意相互说道："这是千金堡啊，我们弄错了！"赶忙匆匆离去。千金堡内的郑军误以为罗士信已经从堡外离去，这是一群从洛阳叛逃而来、迷失了道路的叛徒，遂打开城门，出兵追击。罗士信早已在附近埋下了伏兵，见堡内的守军打开城内，立即冲入坞堡，将里面的人全部杀死了。

在唐军的攻势下，郑国各地纷纷投降：九月二十六日，王世充的显州总管田瓒献上所属二十五州投降，从此以后，襄阳地区与王世充的大本营就失去了音讯；同月，王世充的尉州刺史时德叡献出所辖杞州（今河南省杞县）、夏州（今河南省太康县）、陈州（今河南省淮阳县）、随州（今湖北省随州市）、许州（今河南省许昌市）、颍州（今安徽省颍上县）、尉州（今河南省尉氏县）七个州投降，洛阳东南方向的大片土地落入了唐朝之手。秦王李世民采取了正确的安抚措施，他根据皇帝的授权，对前来投降的郑国官吏不做任何变更，还依他们在王世充那里的官爵全部予以留任，仅仅把尉州改为南汴州，于是，郑国黄河以南的各个郡县纷纷前来投降。

这种降唐的浪潮也逐渐从地方官员波及重要将领、封疆大吏们。十月五日，王世充的大将军张镇周投降。同月二十一日，王世充的管州（今河南省中牟县）总管杨庆投降。如前所述，杨庆是隋文帝的从祖弟、河间王杨弘的儿子，为荥阳太守，隋炀帝被杀后，他投降了李密，改回了他外公家的姓氏郭氏。李密失败后，他又归顺了王世充，又改姓杨氏。等到王世充废掉皇泰主以后，他又姓郭了，王世充任命他为管州总管，并把自己的侄女嫁给他为妻。李世民进逼洛阳后，杨庆就派人与唐军联络，李世民派遣李世勣率军接管了管州。杨庆打算与妻子一起降唐，其妻回答：“我家皇帝把我嫁给你，就是想换取你的忠心。如今，你既然已经辜负了皇帝的一片恩情，决心见利忘义，我又能拿你怎么办呢？如果与你一起到了长安，我不过是你家的一个婢女罢了，你要我又有什么用！希望你能把我送回洛阳，这也算是你对我的恩惠。”但杨庆不从。等到杨庆出门后，王氏对侍女说道：“如果唐国胜了郑国，我家一定要被灭族；如果郑国胜了唐国，那我的丈夫也一定会被郑国诛杀。人活到这一步，活着还有什么意义呢！”于是，自杀。王氏死后，杨庆还是投降了唐军，又改姓了杨，被唐朝拜为上柱国、郇国公。

当时，王世充的太子王玄应镇守虎牢，部队驻扎在汴州和荥州之间，听说杨庆投降的消息后，王玄应率军直扑管州，但被李世勣击退。李世勣又派郭孝恪前往荥州，说服荥州刺史魏陆投降，魏陆答应了。王玄应战败后，派大将军张志前往荥州调兵，十月二十七日，魏陆逮捕了张志等四位郑军将领，向唐军投降。阳城（今河南省登封市东阳城镇）令王雄率领所属各个坞堡归降，李世民命令李世勣发兵接应，以王雄为嵩州刺史，自此，嵩山以南的交通线保持了畅通。魏陆又命张志伪造了一封王玄应的书信，送给从汴州西进、合击管州的军队将领张慈宝，命其暂且返回汴州；又暗中给汴州刺史王要汉送去指令，让他杀掉张慈宝。果然，王要汉杀敌了张慈宝，但等他明白后，已无可奈何，只好也投降了唐朝。王玄应得知东方各州纷纷降唐，惶惶不可终日，遂仓皇逃回了洛阳。唐朝以王要汉为汴州总管，封为郧国公。

十一月一日，唐将李大亮攻克樊城镇（今河南省邓州市南），又攻下了十四个营垒，斩杀郑将国大安。二十九日，李大亮又拿下了王世充的沮州（今湖北省南漳县）和华州（今湖北省宜城市）。十二月三日，王世充的亳州（今安徽省亳州市）等十一州降唐。十三日，随州总管徐毅献出城池投降。

郑国各地陷于被分割的境地，失去了统一的调动，各自为战，洛阳已危在旦夕。

一〇二 东击洛阳（三）

王世充急得如同热锅上的蚂蚁，自然地，他想到了两大势力——突厥和窦建德。

早在武德三年五月，就在李世民打败了刘武周、占领晋阳的同月，突厥人就派遣阿史那揭多主动出使王世充，给王世充献上了一千多匹战马，并向王世充求婚；王世充答应了突厥人的请求，把宗室的一位女子嫁给了突厥人，双方又建立了“互市”。如今，突厥人又以区区两千骑兵的代价，仅仅在晋阳城下待了三天时间，就换取了在晋阳城内驻军、劫去晋阳城内所有的妇女、占领晋阳以北各个城池，虽然抛弃了刘武周，但在突厥人看来，与唐朝人做的这场交易，还是非常划算的。突厥人的如意算盘大约是：假以时日，巩固对晋阳以北地区的控制，再通过与唐军共管晋阳，逐渐渗透到晋阳以南地区，最终夺取整个并州；要达到这一目的，一是要拉拢李唐并州总管李仲文；二是结好洛阳王世充，以防李唐一支独大。但是，唐高祖李渊没有给突厥人太多的时间，就在李世民打下晋阳两个多月后，李渊就下令讨伐王世充，其潞州总管李袭誉竟然胆敢截击突厥人的使者，这让突厥人有点乱了方寸。

是立即与李唐翻脸？还是继续采取坐山观虎斗的态度？李唐朝廷召回了李仲文，并派皇太子李建成镇守蒲坂，已做好了应对突厥南侵的准备，因此，在唐军与郑军交手最初的数月里，突厥高层似乎并没有形成一致意见。然而，武德三年八月十三日和九月十日，梁师都的石堡（今陕西省榆林市横山区东）守将张举和花池（今甘肃省合水县东北）守将刘旻相继投降了唐朝，这一事件让梁师都大为惊恐，他赶忙派遣尚书陆季览出使突厥，劝说处罗可汗：“前不久，中原大乱，分为几个国家，相互之间势均力敌，相对于突厥来说都十分弱小，因此，纷纷向突厥称臣。如今，定杨可汗刘武周已经死亡，李唐将要夺取整个天下。我梁师都不怕死，但我担心的是下一个就轮到可汗你了。不如趁着李唐尚未夺得天下，像过去北魏道武帝拓跋珪那样，南下夺取中原，我愿意充当向导。”在梁师都的撺掇下，处罗可汗答应了，他们计划命令莫贺咄设（处罗可汗的弟弟）从原州（今宁夏回族自治区固原市）南下；泥步设与梁师都从延州（今陕西省延安市）南下；处罗可汗从并州南下；突利可汗（是始毕可汗的儿子、处罗可汗的侄儿）与奚人、霫人、契丹人、靺鞨人从幽州南下，与窦建德的军队会师，然后再从滏口西进，与处罗可汗的大军在晋州（今山西省临汾市）、绛州（今山西省新绛县）会师。

此时，处罗可汗已经从窦建德那里要回了隋炀帝的孙子、齐王杨暕的遗腹子杨政道，将其立为隋王。中原百姓流落到北方的，处罗可汗都交给了杨政道统领，有一万多人，还允许他们按照隋朝的规矩设置百官，以定襄（今内蒙古自治区和林格尔县）为大本营。处罗可汗打算夺取并州之后，把并州交给杨政道，突厥群臣纷纷劝阻，处罗可汗却说：“我的父亲启民可汗失去权势，全赖隋朝才得以被立为大汗，这种大恩是不能忘记的。”然而，就在处罗可汗即将大举南下时，与一年前他的哥哥始毕可汗一样，竟然突然死掉了！义成公主因处罗可汗之子奥射设相貌丑陋，又性格懦弱，将其废黜，另立处罗可汗的弟弟莫贺咄设为可汗，号称颉利可汗。义成公主也连嫁了启民可汗及其三个儿子始毕可汗、处罗可汗、颉利可汗父子四人。颉利可汗刚刚继位，大举南下的计划也暂时搁置起来，李唐朝廷再次躲过了一劫。武德三年十一月二十六日，颉利可汗派人来到长安向唐朝报丧，唐高祖李渊按照过去吊唁始毕可汗的礼仪，又吊唁了处罗可汗。

王世充还指望窦建德能解救自己。

唐军进逼洛阳之后，王世充就派人向窦建德求救了。其实，在唐军刚开始讨伐洛阳时，窦建德有他自己的打算：环顾周边，西南面是王世充，数月之前，由于窦建德与王世充在黎阳、殷州两地的争夺，双方已经交恶；东南面是相对弱小的孟海公；西面是李唐的并州，不过，在并州方面，突厥人已与唐军共有晋阳，且唐朝人又派人主动与自己结好，因此，暂时没有威胁；北面是投靠李唐、不断给自己制造麻烦的李艺。窦建德一直处于北与李艺作战、南又与王世充为敌的两面作战的境地，有王世充在南面，他不敢放心大胆地北上，而有李艺在北方的牵制，他又不能全力南下，争夺中原，这让窦建德非常头疼，基于上述原因，当唐军在进攻洛阳之初，窦建德自然而然会觉得这是让自己消灭幽州李艺的一个千载难逢的机会，也会产生一种利用唐军牵制郑军、自己好腾出手来北上消灭李艺的想法。

于是，就在唐军大举向洛阳挺进时，九月，窦建德的军队也大举北上了。窦建德亲自率领二十万大军，向幽州发起了猛攻。窦建德大军压境，李艺向自称为燕王的高开道告急，高开道率领两千骑兵赶来救援，将窦建德击退。但不久，窦建德卷土重来，把幽州团团围住，窦建德的士兵们已经爬上了幽州城墙，就在这千钧一发之际，薛万均、薛万彻二人率领一百多名敢死队员，从地道里爬出城外，从窦建德军队的背后突然杀出，窦建德的军队猝不及防，被斩杀了一千二百余人，余众四散逃去。李艺在与窦建德的交手中，屡屡取胜，逐渐产生了轻敌之心，他率领守军从城内杀出，直逼窦建德的大营，窦建德在大营内整顿好军队，然后，填埋了壕沟，突然从营中杀出，大败李艺军。窦建德再次进逼到幽州城下，接连进攻了很久，一直未能攻下，只好退回了洺州。

高开道帮助李艺后，就通过李艺向唐朝表示投降。十月十九日，唐朝任命高开道为蔚州（今山西省灵丘县）总管，赐姓李，封为北平郡王。《隋唐嘉话》称，一次，高开道的脸上中箭，箭头深入骨中，医生说：“箭头太深了，取不出来。”高开道大怒，当即把那位医生杀了。又召来一位，也这么说，又杀掉了。再召来一位，这位说：“能够取出，但大王得忍着疼痛。”于是，医生拿来刀子，割开高开道的面颊，凿开骨头，在骨头的裂缝中放置了一个楔子，骨头开裂了一寸多，最终取出了那枚箭头。整个手术过程中，高开道与三国时的关羽一样，眉头都没皱一下，一边欣赏着舞女们的歌舞，一边吃着饭。

经过数月交战，郑国的土地一点点被唐军吃掉，王世充只得厚着脸皮向窦建德求救。当时，曹州（今山东省曹县东北）人孟海公拥有三万精兵，盘踞在周桥城（今山东省曹县东北）劫掠黄河以南的土地，窦建德从幽州返回，即率领军队前去讨伐，王世充的使者到来后，窦建德的中书侍郎刘彬建议道：“天下大乱，唐国占领关西，郑国得到了黄河以南，我们夏国则占据了黄河以北，成了三足鼎立之势。如今，唐军进攻郑国，从秋天一直打到了冬天，唐军人数越来越多，郑国土地越来越少，唐国强大，郑国弱小，势必难以支撑下去，郑国灭亡后，我们夏国也难以继续与唐国抗衡。我们不如与郑国重归于好，发兵救援，我们在外面进攻，郑军在内面反扑，肯定能把唐军击败。唐军撤退之后，我们再进一步观察事态的发展，假如郑国有机可乘，我们就趁机将其消灭，将两国之兵合二为一，趁着唐军已经疲惫，我们还有机会夺取天下！”窦建德听从了，但并没有马上从前线抽身，而是派人回复王世充，答应出兵；又派礼部侍郎李大师等人前去唐军，请求唐军撤兵。李世民扣留了窦建德的使者，既不表示同意撤军，也没有明确回绝，而是加紧了对郑国的进攻。

窦建德将要支援王世充，这已经是件板上钉钉的事了。被窦建德俘虏的原李唐慰抚使张道源，在窦建德军中秘密派人前往长安，请求唐军从并州出击，主动进攻窦建德的老巢洺州，以牵制窦建德。武德三年十二月十八日，李渊命令新任并州总管刘世让率军从土门（今河北省井陉县西）出击，直扑洺州。刘世让接任并州总管之后，就设下计策，逮捕了突厥伦特勤，李渊听说后，非常高兴，但李唐与突厥人之间的关系又蒙上了一层阴影。

一〇三 东击洛阳（四）

武德三年，当秦王李世民率领唐军直取洛阳时，江淮的三股势力也在激烈争斗。

称帝以后的李子通率军渡过长江进攻沈法兴，夺取了京口（今江苏省镇江市）。沈法兴派遣尚书仆射蒋元超抵御，双方在庱亭会战，结果，蒋元超战败被杀。沈法兴放弃毗陵（今江苏省常州市），南逃到吴郡（今江苏省苏州市），丹阳（今江苏省南京市）、毗陵等郡都投降了李子通。李子通以沈法兴的幕僚李百药（隋初功臣李德林之子）为内史侍郎、国子祭酒。

让李子通一支独大，当然是杜伏威不愿意看到的，更何况沈法兴又是自己曾经的盟友，于是，杜伏威趁着李子通在江南立足未稳，也去趁火打劫，他派遣行台左仆射辅公祏率领数千人马进攻李子通，并以将军阚稜和王雄诞担任辅公祏副将。阚稜和王雄诞是杜伏威手下的两员得力大将：阚稜，擅长使用大刀，他的大刀长一丈，有两个刀刃，号称陌刃，一刀下去，总能砍死几个人，所向无敌，被杜伏威任命为左将军。杜伏威的手下大多出身强盗，不守法纪，只要让阚稜见到，一定会把他们杀掉，于是，军中令行禁止，路不拾遗。杜伏威起事之初，王雄诞就追随他，后来，李子通偷袭杜伏威，杜伏威受到重创跌下马来，王雄诞背着他藏在芦苇之中，逃出一命；不久，杜伏威又被隋将来整击败，部将西门君仪的妻子王氏力气很大，背着杜伏威逃出战场，王雄诞率领数十名壮士护在两旁。隋军追上后，王雄诞拼死抵抗，身中数枪，终于救出了杜伏威。阚稜比王雄诞年长，杜伏威的军中称阚稜为大将军，王雄诞为小将军。

辅公祏领兵渡过长江后，就直取丹阳，很快将其攻克，而后，他又率部进驻溧水（今江苏省南京市溧水区）。李子通亲率数万人马前来抵挡，辅公祏挑选一千精兵，每人手持长刀，又令另外一千人紧随其后，严令：“有敢后退者，斩！”他自己则率领剩余部众，跟在后面。李子通把部队组成方阵进攻，辅公祏的一千精兵在阵前殊死搏杀，辅公祏从两翼包抄，将李子通击败。辅公祏指挥军队乘胜追击，反被李子通击败，退回军营，固守不战。王雄诞建议道：“李子通所部没有营垒，又刚刚取得胜利，趁其不备，可将其击败。”但辅公祏没有听从。王雄诞率领自己的数百亲兵，趁夜出击，借助风势纵火，李子通大败，被俘了数千人。李子通军粮吃尽，只好丢掉江都，退回京口，江西（今安徽省和县以西）之地全部落入杜伏威之手，杜伏威把总部迁到了丹阳。随即，杜伏威就派遣部将陈正通、徐绍宗率领两千精兵北上，帮助唐军进攻王世充，到武德四年（公元621年）一月二十六日，陈正通等人攻克了梁（今河南省商丘市）。

柿子捡软的捏。

李子通打不过杜伏威，就欺负沈法兴，他在太湖一带又搜集残兵败将，凑了两万人马，偷袭吴郡，大破沈法兴。沈法兴率领数百名亲信弃城而逃，吴郡当地变民头领闻人遂安派部将叶孝辩率军迎接，但沈法兴走到半路上又后悔了，反而想杀死叶孝辩，继续南逃到会稽郡（今浙江省绍兴市）。叶孝辩发觉后，逼迫沈法兴投江而死。李子通打败沈法兴后，重整旗鼓，率领群臣移居余杭（今浙江省杭州市余杭区），把沈法兴过去的领地全部纳入自己的囊中，北自太湖，南到仙霞岭，西至宣城（今安徽省宣城市），东达会稽，都臣服于他。

武德四年（公元621年）年初，洛阳周边地区的战事仍在继续。

经过近半年的进攻，唐军清除了王世充在洛阳周边的据点，逐渐逼近洛阳城。唐行台仆射屈突通、赞皇公窦轨二人率军视察各营，突然与王世充的军队遭遇，唐军猝不及防，失利。李世民率领玄甲军赶到，将王世充的军队打得大败，生擒其骑兵将领葛彦璋，斩杀俘虏六千多人，王世充狼狈逃回洛阳。王世充的太子王玄应率领数千人从虎牢关向洛阳运送粮食，李世民派遣将军李君羡在半道截击，再次大破敌军，王玄应差一点被唐军俘虏。

在清除洛阳周边据点之后，李世民派遣宇文士及回到长安，向唐高祖李渊禀报，请求允许自己率军包围洛阳。李渊对宇文士及说：“回去告诉你们大王：如今我命令你们夺取洛阳，目的只有一个，那就是要息兵安民，城破之日，御用物品、图书兵器这些不应由私人保存的东西，由你负责接收；至于城内的金银财宝、男子妇女，全部分配赏赐给将士们。”

接到李渊的命令后，武德四年二月十三日，李世民率领唐军进驻青城宫。

唐军营垒尚未建立，王世充就率领两万郑军从方诸门出城，依托故马坊的残垣断壁，面临穀水与唐军对峙。李世民率领精锐骑兵在北邙山上列下阵势，登上北魏宣武陵远远眺望郑军，对众将说："敌人已经到了穷途末路，如今倾巢出动，意欲侥幸一战而胜，今天如果能击破他们，以后就再也不敢出城了！"于是，他下令屈突通率领五千步兵渡过穀水迎击郑军，并告诫屈突通说："双方一交战，你们就燃起狼烟。"

李世民惯常使用的战法就是：以一部兵力与敌人接战，在双方进行缠斗时，李世民再亲率精锐的玄甲骑兵突然杀入敌人背后，或者横扫敌阵，搅乱敌人，经过骑兵这一搅和，唐军往往能取得胜利，这一次，李世民显然也是让屈突通所部充当诱饵。果然，屈突通与郑军交上手之后，即按照指示燃起了狼烟，望见后，李世民即率领玄甲军一路南下，他身先士卒，与屈突通合兵一处，与敌人激战。李世民想侦察出郑军军阵究竟有多厚，在数十名精锐骑兵的保护下，径直向郑军纵深杀来，一直杀到郑军的背后，又从郑军的阵后反身杀回，一路所向无敌，杀伤了很多敌人。在厮杀中，李世民一行被长堤阻挡，随从全部失散，仅有丘行恭一人追随。数名郑军骑兵追了上来，李世民的坐骑被流箭射中，倒毙身亡，丘行恭掉转马头，返身弯弓搭箭，回射追兵，无不应弦而倒，追兵不敢近前。丘行恭下马把坐骑让给李世民，他自己则手持长刀，冲在马前，腾跃大呼，斩杀了数名郑军，与李世民二人突出郑军重重包围，得以回到唐军军中。王世充也率领郑军殊死搏杀，被打散以后又重新集结，继续战斗，如此情况出现了三四次，战斗从上午七点左右一直打到中午十二点，王世充才下令撤退。李世民纵兵追击，一直追赶到洛阳城下，又斩杀俘虏了七千多人，趁势包围了洛阳。唐骠骑将军段志玄在激战中，战马倒地，被郑军俘虏，两名郑军骑士抓住段志玄的头发，挟持着返回洛阳，将要渡过洛水，段志玄一跃而起，将二人打入水中。段志玄策马返回唐军，郑军数百骑兵，无人敢上前。

二月十四日，王世充又率军从右掖门出城，在洛水岸边列阵。唐骠骑将军王怀文曾侦察敌情，被郑军抓获，王世充想拉拢他，对他关怀备至，还把他带在身边。这时，王怀文突然手持长枪，朝王世充刺来，王世充身上暗披重甲，长枪刺去，竟然折断。由于事发突然，王世充的卫士们竟然呆在那里，不知所措。王怀文逃往唐军，行至泻口，被郑军追上，杀死。王世充回到城内，解下铠甲，脱去上衣，对群臣说道："王怀文用长枪刺我，我毫发无损，这难道不是天意吗？"

隋朝御史大夫郑颋不愿在郑国为官，经常称病不朝，此时，他趁机对王世充说："臣听说佛有金刚不坏之身，陛下正是如此。臣确实幸运，能生活在佛降临之世，希望陛下允许我削发为僧，精进修行，以增添陛下的神武。"王世充回答："大人是国家的大臣，声望显赫，一旦遁入空门，将骇人听闻，等到天下安定之后，就听从你的意愿。"郑颋反复请求，王世充就是不同意。回到家中，郑颋对妻子说："我从小进入官场，立志珍惜名节，不幸遭遇乱世，以至于流落到此，侧身猜忌之朝，身处危亡之地，且我的智力浅薄，难以自全，人生总有一死，只是早晚而已，姑且顺从我的爱好，即便是死了，又有什么可遗憾的呢！"遂不再恳请王世充，径自剃去头发，身披僧服。王世充听说后，不禁大怒，说道："此人断定我一定会失败，想借此苟且偷生吗？不杀此人，我就难以制服众人了！"遂下令将郑颋公开处决。临刑前，郑颋谈笑自若，旁观的人都赞叹他的勇气。

二月二十二日，郑国宋王王泰放弃河阳逃走，部将赵夐等人降唐。郑将单雄信、裴孝达与唐总管王君廓在洛口相持，秦王李世民率领五千步骑前去增援，行至轘辕，单雄信等人撤离，王君廓追击，将其击败。

一〇四 东击洛阳（五）

在李世民进逼洛阳的同时，镇守蒲坂的太子李建成也没闲着。

从大业十年五月离石胡刘苗造反开始，到武德二年六月离石胡刘季真背叛、攻陷石州、杀死石州刺史王俭，河东地区的稽胡部落一直是李唐不可小视的不稳定力量。他们厕身于突厥、梁师都、刘武周和李唐政权之间，时叛时降，政治立场模糊，武德三年三月，刘季真投降，但到了武德四年一月，稽胡部落刘仚成又骚扰李唐边境。一月二十三日，李渊命令驻扎在蒲坂的太子李建成率军讨伐。二月二十四日，延州总管段德操进攻刘仚成，将其击破，斩杀一千多人。三月，李建成在鄜州（今陕西省富县）抓获一千多稽胡，将其数十名酋长都释放了，并任命为官，让他们返回部落，招降其余部众，刘仚成也投降了。李建成谎称要增修城防，设置郡县，命令投降的稽胡人二十岁以上的全部前来集合，到后，唐军将他们团团包围，残忍地全部杀害，共计有六千人遇害。刘仚成觉察到事情有变，逃奔到了梁师都那里。

进入武德四年，在其他方向，唐军也都取得了胜利。

一是窦建德方向。并州总管刘世让进攻窦建德的黄州（今地不详），将其攻克。洺州守备严密，唐军无隙可乘，加之唐朝得到了突厥人即将入侵的情报，李渊遂下令命其率军返回。

二是并州方向。在并州总管刘世让的打击下，窦建德的行台尚书令胡大恩投降。武德四年一月十五日，李唐朝廷任命胡大恩为代州总管，封为定襄郡王，赐姓李，命其移驻雁门（今山西省代县）。代州石岭以北，自刘武周南下之后，盗贼纵横，李大恩到任后，出兵讨伐，一一讨平了叛乱。李大恩移防雁门，说明唐军已从去年年底开始逐步收复晋阳以北地区，将突厥当地零散的驻军赶走或者清除，也是李唐朝廷提前应对突厥南下所采取的措施。并州安抚使唐俭密报：“前并州总管李仲文与僧人至觉有谋反之语，又娶了陶唐氏的女儿以应桃李之谣。他巴结突厥可汗，可汗答应立其为南面可汗，他在并州期间，还大肆贪污受贿。”李渊命裴寂、陈叔达、萧瑀审理，二月十七日，斩李仲文。

三是萧铣方向。武德三年三月，山蛮冉肇则进攻信州（夔州，今重庆市奉节县），赵郡公李孝恭战败；李靖率领八百壮士，袭击冉肇则，将其斩杀，俘虏敌人五千多人。同月二十六日，唐军收复了开州（今重庆市开县）、通州（今四川省通江县），继而，李孝恭又进攻萧铣的东平王萧阇提，将其斩杀。武德四年一月二十八日，李唐黔州（今重庆市彭水区）刺史田世康攻下了萧铣五个州、四个镇。李靖又向李孝恭献上了取萧铣的十条计策，李孝恭上报给了李渊。二月三日，李唐朝廷改信州为夔州，以李孝恭为夔州总管，以李靖为行军总管，兼任李孝恭长史，命其大力建造战舰，练习水战。李靖建议李孝恭把山蛮子弟都召至身边，根据各自的才能授予官职，看似优待，其实是留作人质。

秦王李世民率领唐军将洛阳宫城围了个水泄不通，但城内守备很严，守城大炮可以发射五十斤重的巨石，射程二百步，还有连发的强弩，外观设计如同车轮的辐条，上带八支长箭，箭头如巨斧一般，能射出五百步以外。唐军从四面八方朝洛阳发起猛烈的进攻，昼夜不停，但苦战了十余天，一直未能攻下洛阳。城内打算越城投降的有十三批之多，但都被郑军及时发现，全部予以斩杀。唐军将士经过长期作战，均已十分疲惫，想要撤军。行军总管刘弘基等人请求班师回朝，李世民说：“我军大举前来，当一劳永逸，如今，东方各州已经归降，只剩下洛阳一座孤城，难以持久，马上就要成功了，为何要弃之而去！”他传令军中：“洛阳不破，大军不回，有胆敢再言班师的，杀无赦！”众人才不敢再提此事。李渊听说后，也密令李世民班师，李世民上书称自己一定能攻克洛阳，又派参谋军事封伦回到长安，面见李渊汇报战局。封伦对李渊说：“王世充虽然占据大片土地，但都是羁縻之地，其号令所行，只有洛阳一地而已，现在已经智穷力竭，不久就会攻克。如今如果班师，敌人将死灰复燃，与其他势力勾结起来，以后再难对付了。”李渊答应了。李世民给王世充送去劝降信，但王世充不予理睬。

二月二十七日，郑国怀州刺史陆善宗献出城池，向唐军投降；三十日，郑国郑州司兵沈悦（沈君理之孙）派人前往左武候大将军李世勣那里表示投降。左卫将军王君廓趁夜率军偷袭虎牢关，沈悦担任内应，偷偷打开了城门，唐军攻克了虎牢关，活捉郑国荆王王行本及其长史戴胄。

到了武德四年三月，洛阳守城战进入了最艰苦的阶段。唐军在强攻不下的情况下，改变了策略，采取长期围困战法，在洛阳城外挖掘壕沟，修筑堡垒，试图把王世充困死、饿死。不久，唐军的这一策略就初见成效，洛阳城内开始断粮，一匹绢仅能换来三升粟，十匹布才能换来一升盐，过去价值连城的金银珠宝，如今价格低贱得如同尘土野草。百姓们把城内的树叶、草根都吃完了，开始把泥土放到水桶中摇晃，等到澄清后，捞取水面上漂浮的细泥，再投入米屑，做成饼充饥。吃了这种饼的人都染上了疾病，浑身浮肿，双脚发软，洛阳城内的街道上布满了尸体。皇泰主时期曾将三万家洛阳城内的百姓迁入宫城内，至此剩下不足三千家。即使贵为王公大臣，连糠麸都吃不饱，尚书郎以下的小官，都得亲自肩挑木柴，饿死的人比比皆是。

然而，也就在这时，局势似乎开始朝有利于王世充一方转变了：一是突厥发兵南下了；二是窦建德消灭了孟海公，开始西救洛阳了！

新任突厥可汗颉利可汗在稳定了内部之后，就把目光转向了中原。其妻子隋义成公主的堂弟杨善经与王世充的使者王文素一起劝说颉利可汗道："昔日，您的父王启民可汗受到兄弟们排挤，逃往隋朝，幸赖隋文帝的帮助，才拥有这片土地，子孙得以继承。如今，唐朝天子不是隋文帝的子孙，可汗应该拥立杨政道，南下讨伐唐朝，以报答隋文帝的大恩大德。"颉利可汗表示同意，武德四年三月十六日，突厥军队大举南下，前锋一直推进到汾阴（今山西省万荣县西南），二十四日，突厥军队进攻石州（今山西省吕梁市离石区），被李唐石州刺史王集击退。与此同时，在二月份已经攻下周桥的窦建德，活捉了孟海公，结束了对孟海公的战役，他命令部将范愿留守曹州，调发孟海公、徐圆朗的军队，一路西进，驰援洛阳；窦建德的大军进抵滑州，王世充行台仆射韩洪开城迎接。武德四年三月二十一日，窦建德的军队进驻酸枣（今河南省延津县）。紧接着，窦建德的夏军攻克了已投降李唐的管州（今河南省中牟县），杀害李唐管州刺史郭士安；又接连攻克荥阳（今河南省荥阳市）、阳翟（今河南省禹州市）等地。窦建德的大军水陆并进，声势浩大，用船舰运送军粮，逆流而上。王世充的弟弟徐州行台王世辩派遣部将郭士衡率领数千人马，又与窦建德会师，联军共有十余万人马，号称三十万，驻扎在成皋（今河南省荥阳市西北汜水镇）的东面高地，在板渚（汜水注入黄河处）以东修筑宫室，派人与王世充联络。

面对日益紧张的局势，是进是退，成了唐军首要解决的问题。窦建德先礼后兵，他亲自给秦王李世民写信，奉劝唐军退回潼关，返还夺取的郑国的土地，重修旧好。李世民召集文武群臣商议对策，众人均提出暂避夏军的锋芒，但郭孝恪提出反对意见，他说："王世充已经陷于穷途末路，行将面缚出降，窦建德远来增援，这是上天要让我军将他们两家同时消灭啊！应该率领主力进驻虎牢关抵御，伺机而动，一定能将其击破！"记室参军薛收（薛道衡之子）也说："王世充驻守洛阳，府库充实，所领之兵均为江淮精锐，如今他们唯一缺乏的就是粮食，正因此，他们才被我军压制，求战不得，又无法长期守住洛阳。窦建德亲自率领大军远来增援，肯定也集中了他全部的精锐，想要一举置我于死地。如果令其顺利进抵洛阳城下，两个敌人合二为一，将河北的粮食输送进城，那么，一场旷日长久的战争才刚刚开始，再无休兵之日，统一全国的进程也将遥遥无期了。如今，大王应当分兵看住洛阳的王世充，深沟高垒，不与王世充作战，您则亲自率领精锐部队，先进驻成皋（虎牢关），厉兵秣马，以逸待劳，一定能够打败窦建德。等到击败了窦建德，王世充自然就投降了，不出二十天，这两个国君一定会被大王生擒。"李世民听后，连连称善。可是，萧瑀、屈突通、封伦等人说："我军已非常疲惫了，王世充固守坚城，一时难以攻下，窦建德乘胜前来，兵锋甚锐，我腹背受敌，这不是万全之策。不如退守新安，以等待敌人出现可乘之机。"李世民说道："王世充接连战败，军粮吃尽，上下离心，不用强攻，可以坐困。窦建德刚刚击败孟海公，将领骄傲轻敌，士兵已经疲惫，我进驻虎牢关，扼住其西进的咽喉要道。假设他胆敢冒险与我决战，我将轻松打败他；如果他狐疑不战，不出十天半月，王世充那里自然瓦解。洛阳城破之后，我军将士气百倍，一举两得，在此一行。如果我军不速速东进，一旦窦建德占领了虎牢关，各个新归附的城池一定会丢掉，两股敌人合二为一，将更加强大，能有什么可乘之机？我决心已下！"屈突通等人又请求撤去洛阳之围，以观其变，李世民也没有答应。李世民下令将唐军一分为二，让屈突通等人作为齐王李元吉的副将率军继续围困洛阳，他则亲自率领三千五百名骁勇之士前往虎牢关。当时，唐军白天行动，从北邙山经河阳，向巩县而去，王世充登上城楼眺望，不知唐军的意图，不敢出击。

一〇五 东击洛阳（六）

武德四年（公元621年）三月二十五日，秦王李世民率军进驻虎牢关。

第二天，他又率领五百精锐玄甲军出城，前往虎牢关以东二十多里，侦察窦建德的兵力部署。沿途边走边留下部队，命李世勣、程知节、秦叔宝分别统领，埋伏在道路一旁，身边只剩下四名骑士，一起前进，尉迟敬德就是其中之一。

李世民对尉迟敬德说：“我手持弓箭，你以长枪相随，即使遇到百万大军又能拿我们两人怎么样呢？”又说：“敌人遇见了我，掉头就回，才是他们的上策！”五人一直行至距离窦建德军营三里的地方，窦建德的骑兵发现了他们，误以为是自己的侦察骑兵。李世民大喊：“我秦王李世民也！能与我决斗的，赶快上前，今日我与你们决斗来了！”说完，弯弓搭箭，一箭射去，当即射杀一名敌将。窦建德军中大惊失色，派出五六千骑兵前来追赶，李世民的随从们都变了脸色。李世民说：“你们赶快先跑，我与尉迟敬德二人给你们断后！”遂放松缰绳，缓缓后撤。等到敌人快追上时，只见李世民弯弓搭箭，总能射杀一人。追赶的敌兵害怕了，就停了下来，而后，又继续追赶，如此再三，李世民前后射杀了数名敌军，尉迟敬德也杀死了十几人，追兵不敢近前。李世民又故意引诱，终于将敌人诱入预先设下的伏击圈中，李世勣等人奋勇杀敌，共斩杀了三百多名敌人，生擒夏军猛将殷秋、石瓒二人。

战胜之后，李世民这才给窦建德写了一封回信，他在信中说道：“赵魏之地，很久以前就属于我国，却被你侵夺，只是因为淮安王李神通受到你的礼遇，你又送回了同安公主，所以，才与你开诚布公，尽释前嫌。王世充过去曾与你结好，中间又反目成仇，如今他亡在旦夕，更花言巧语，引诱你前来，你竟然听信了他的话，率领三军来增援他人，把大量资财花到国境之外，这的确不是什么良策。今天，与你的前锋遭遇，很快就把他们消灭了，但因我们两家还没有互通使节，真的是心怀惭愧啊！所以，我这才下令军队停止行动，希望你能接受我善意的提醒，如果你不听从，恐怕将来后悔就来不及了。”

四月十五日，王世充骑将杨公卿、单雄信率军出战，齐王李元吉迎击，但战败，行军总管卢君谔战死。同月，王世充平州（在今河南省洛阳市西北）刺史周仲隐降唐。窦建德的大军受制于虎牢关无法继续前进，停留一个月左右，屡战屡败，将士们都不愿再战。四月三十日，秦王李世民又派遣王君廓率领一千多轻装骑兵抄掠夏军粮道，生擒其大将军张青特。

国子祭酒凌敬对窦建德建议道：“大王应当率领全部大军北渡黄河，攻取怀州、河阳，命令大将驻守，然后，翻越太行山，进入上党地区，夺取汾州（今山西省汾阳市）、晋州（今山西省临汾市），直扑蒲津。这一计划有三点好处：一是我军避实击虚，进入无人之地，可以轻易取胜；二是开疆拓土，招募军队，居于有利态势；三是关中将大为惊恐，洛阳之围自然化解。如今之计，再没有比这个更好的了。”窦建德将要听从，但王世充的使者接连来到夏军军中，王琬、长孙安世朝夕在窦建德跟前哭泣，哀求救援洛阳，二人又暗中贿赂窦建德的众将，阻挠凌敬的计划。众将都说：“凌敬不过是一介书生，岂知战事？他的话怎能听从？”窦建德转而向凌敬道歉道：“如今，我军士气高涨，这是上天在帮助我，以此与唐军决一死战，一定能取得大胜，我不能听从你的建议了。”凌敬强烈要求，反复劝说，窦建德大怒，命人将他搀出帐外。窦建德的妻子曹氏也劝道：“祭酒的话不能不听啊。如今大王从滏口西进，趁唐国后方空虚，连营向前推进，逐渐夺取太行山以北地区，又借助突厥的帮助可以继续向西抄掠关中，唐军一定会回师救援，又何必担心不能解除郑国之围？如果继续驻军于此，势必军心涣散，白白浪费财物，想要取胜，又要等到何日？”窦建德执意不听，说道：“这不是你们妇道人家懂得的！我是来解救郑国的，郑国如今有倒悬之危，旦夕将要灭亡，我却弃之不顾，这既畏敌如虎，又抛弃信义，不行！”

不久，唐军侦察兵前来向李世民汇报说：“窦建德将要趁着唐军马料吃完，去黄河以北放牧之际，偷袭虎牢关。”李世民将计就计，五月一日，他亲自率领唐军北渡黄河，逼近广武（今河南省武陟县），观察敌人的部署，并在河岸边留下一千多匹马引诱窦建德，等到傍晚，李世民又回到了虎牢关。二日，窦建德果然倾巢出动，从板渚向牛口方向布下阵势，北到黄河，西濒汜水，南接鹊山，连绵二十里，擂鼓向前。众将见状，都心生恐惧，李世民率领数名骑兵登上高岗眺望，对众将说："敌人崛起于山东，未尝见过大敌，如今踏入险境却喧哗吵闹，这是没有纪律；进逼城下，列下军阵，这是轻视我军；我按兵不动，敌人自然会士气衰竭，列阵时间长了，士兵们饥饿，势必自行撤退，届时我们再组织追击，没有不胜利的。我与你们打赌，等过了中午，一定能将他们击败！"

窦建德非常轻视唐军，他派了三百骁勇的骑士渡过了汜水，在距离唐军大营一里远的地方停了下来，派使者对李世民说道："希望你也能挑选出数百猛士与这些人打一架。"李世民遂派出王君廓率领两百名长矛兵冲上前去，与夏军搏斗。双方你来我往，时进时退，杀得难解难分，不分胜负，最终各自退回本阵。王琬骑着一匹隋炀帝的御马，一身亮丽的铠甲，在唐军军前耀武扬威。李世民说道："此人骑的那匹马的确是匹良马啊！"尉迟敬德闻听李世民此言，当即请求允许自己冲入敌阵，去夺取那马，李世民制止道："轻敌者亡，一旦失手，伤及了你，那可不是我的意思，我岂能因一匹良马而白白丧失我一员猛将！"但尉迟敬德不听，当即拍马冲出本阵，与高甑生、梁建方二将一起杀入夏军，直取王琬。三将如同天神下凡，百万军中如入无人之境，三下五去二，就生擒了王琬，将那匹良马牵回，夏军无不大惊失色，无人能挡，李世民就把那匹马赏赐给了尉迟敬德。

夏军从辰时一直列阵到午时，唐军迟迟闭门不出，夏军将士们个个是又饥又渴，全都席地而坐，又争抢水喝，已渐渐生出退意。李世民已命人召回了在黄河北岸放牧的战马，等到战马带回后，他才下令唐军出战。他先命宇文士及率领三百骑兵由北而南，扫过夏军的最西端，在宇文士及行动前，李世民对他说："敌人如果阵型纹丝不动，你们就及时返回，如果搅动了他们的阵型，你们就继续向东（夏军纵深）进击。"等到宇文士及的骑兵冲入夏军军中之后，夏军果然一阵骚动，李世民见状，说道："可以进攻了！"于是，他亲自率领玄甲骑兵冲在队伍的最前面，唐军大部队紧随其后，蜂拥而上，东渡汜水，径直朝对岸的夏军杀来！

当唐军发起进攻时，夏国群臣正在朝谒他们的君主窦建德，唐军骑兵旋风般冲了上来，夏国群臣都奔趋窦建德，窦建德下令骑兵部队抵御唐军，但仓皇退过来的夏国群臣又挡住了骑兵部队的通路，窦建德叱令群臣闪在一旁，但就在这进退之间，唐军已经杀了上来，窦建德无计可施，只好率部退往东面的山坡。夏军边打边撤，最先冲上来的唐军窦抗所部被击退，李世民见状，率领骑兵及时赶到，所向披靡。淮阳王李道玄冲入敌阵，一直杀到夏军阵后，又从阵后反身杀回，如此杀进杀出，流箭射在他的身上，多得如同刺猬毛一般多，但他仍然意气风发，越战越勇，弯弓搭箭，无不应弦而倒。李世民将自己的备用战马交给他骑乘，命其跟着自己往前冲，于是，李世民率领史大奈、程知节、秦叔宝、宇文歆等将也卷起战旗，杀到夏军阵后。当时，双方军队陷于一场血腥的混战，尘烟四起，喊杀声惊天动地，冲到夏军背后的李世民等人再把战旗打开，正在激战的夏军见身后唐军战旗飘扬，均大惊失色，以为自己已经陷入唐军的重重包围之中，顿时军心大乱，四散溃逃。

兵败如山倒。

唐军追击了三十里，斩杀了三千多人。窦建德本人也身中一枪，逃奔到牛口渚（今河南省荥阳市汜水镇东北黄河渡口）。唐车骑将军白士让、杨武威追了上来，慌忙之间，窦建德从马上掉了下来，白士让挺枪上前，就要刺死他，窦建德忙喊："别杀我！我是夏王！我能让你富贵！"杨武威下马将他抓住，捆在马上，拉来见李世民。李世民责备道："我讨伐王世充，与你有什么关系？却越境来冒犯我？"窦建德回答："今天我如果自己不来，恐怕还会麻烦您亲自去攻取。"此战唐军俘获五万多夏军，剩余的夏军全都溃逃，李世民下令把五万俘虏全部放回。窦建德的妻子曹氏与尚书左仆射齐善行率领数百骑兵逃回了洺州。

一〇六 东击洛阳（七）

这就是著名的虎牢大战，可以说，夏军失败的是稀里糊涂的。

有时候，不能不让人相信天命：李世民因为蛇追逐老鼠而大难不死，而窦建德却没有这般好运气，他竟在万军之中马失前蹄，被唐军生擒！

尘埃落定，窦建德被擒是不争的事实，然而，对史书上记载的两军这场战斗还是有进一步探讨的必要。首先是此战的重要意义。姑且不说太原起兵前的作为，单说李渊占据长安之后，李世民就已经亲自指挥了三场关乎李唐帝国前途命运的大战，第一场是第二次浅水原之战，消灭了薛秦政权，第二场是反击刘武周的柏壁之战，收复晋阳，消除了刘武周方向的威胁，而这一次虎牢之战却一举消灭了窦建德，可以说为李唐统一中国奠定了坚实的基础，也极大地提高了李世民的个人威望，可以说此战的重要性怎么评价都不为过。其次，唐军统帅秦王李世民的军事才能。纵观李世民指挥的前三场大战的胜利，不难看出，有以下特点：一是后发制人。第一次浅水原之战的失败给李世民很深的教训，在随后的三次决定帝国命运的大战中，他都汲取了第一次浅水原之战轻敌冒进的教训，采取了以静制动、后发制人的策略，在战役之初，李世民把主要精力用于摸清敌情，掌握敌人动向，伺机歼灭小股敌人，积小胜为大胜，养精蓄锐，疲劳对手。二是捕捉战机、创造战机。主动选择于己有利的时间地点与敌作战，虎牢之战中，将计就计，在黄河以北放牧战马，引诱窦建德脱离有利地形前来与己决战，但当窦建德率军前来之后，又不急于开战，而是将其士气拖垮之后，才开始行动。三是不平均使用兵力。李世民十分重视发挥精兵、骑兵以及猛将的作用，他挑选的精锐玄甲军战斗力很强，这支军队又由程知节、秦叔宝、尉迟敬德等猛将统领，李世民对这支精兵的使用也是视情况而千变万化，要么先以其他军队先与敌缠斗，消耗敌人，然后，再将这支部队投入战斗，给予敌人致命一击，要么先使用这支军队打压敌军，打乱敌人的阵型，要么使用这支军队从侧翼或者后方突袭敌军，等等，在具体战法上，正如《通典·兵十一·必攻其易》中记载的那样，后来李世民总结自己的战法时说："朕自兴兵，每执金鼓，必自指挥。习观其阵，即知强弱。常以吾弱对其强，以吾强对其弱。敌犯吾弱，追奔不逾百数十步，吾击其弱，必突过其阵，自背反击之，无不溃，多用此而制胜，思得其理深也。"四是穷打猛追，不给敌人以喘息的机会。李世民一旦抓住了战机，打垮了敌人，就不会给敌人以喘息的机会，必会一鼓作气，乘胜追击，彻底消灭敌人，这一特点在这几场战役中表现得淋漓尽致，也说明了他分析把握战局的精准，李世民的个人才能是唐军在虎牢之战中取得胜利的决定性因素。最后，虎牢之战还有很多未解之谜。史书对虎牢之战的记载是既清晰又模糊，我们从史书中能看到的仅仅是李世民在当天午后发起了总攻，骑兵冲在前面，步兵紧随其后，唐军杀到时，窦建德正在举行朝会，李世民杀到夏军背后，接着夏军就大败了，窦建德很快被擒，仅此而已。面对这些记载，我们尚有不少疑问：窦建德的夏军为何从清晨一直列阵到午后？他岂能不知一鼓作气再而衰三而竭的道理？在整个上午中间，夏军为何没有主动西渡汜水，向唐军发起进攻？其中有什么蹊跷？大敌当前，窦建德怎么还有心思举行朝会？十余万夏军怎么就如此不堪一击？唐军真的俘虏了五万夏军？如果真是如此，仅仅窦建德被擒，李世民就真的能放心把这五万人马放归河北，不怕窦建德部将们东山再起吗？这场决定着历史走向的大胜，就这样笼罩着层层迷雾，令人感到摸不到头脑，是史书要刻意隐瞒些什么，还是历史的原貌本来就是如此支离破碎？在探寻这场窦建德奇怪惨败的大战时，我们更倾向于前者。还原历史，唐军应该是使用了不足为外人道的阴谋，致使窦建德听信了唐军的谎言，在战场上一直呆呆地等了一上午，等着与唐军决战，而唐军并没有在约定好了的决战时间开战，而是趁夏军没有防备，提前突然发起了进攻；从唐军的进攻形态上看，也与此前的各场战役很不一样：在过去的作战中，李世民亲自指挥的精锐部队一般并不充当前锋，而是作为决战的决定性力量，进行最后一击，而虎牢之战中，他却一反常态，率先率领这支骑兵冲入敌阵，其间似乎有必须迅速把握的战机，而这一战机就是窦建德君臣轻易相信了唐军的谎言，放松了警惕，正常进行着朝会！因此，虎牢大战更像是一场斩首行动，李世民先以宇文士及的骑兵进行试探，而后即以主力骑兵突然杀入夏军，直插敌军纵深，扑向窦建德本人，并顺利将其活捉。窦建德被活捉之后，夏军群龙无首，顿时陷于崩溃，这也说明了为什么这场大战，唐军才杀死了区区三千人，至于史书中所说的唐军俘虏了五万夏军，又被李世民全部释放，这似乎也并不属实，因为，夏军的战败并未经过长时间的激战，而是主帅被俘而造成的全军溃散。

“兵者，诡道也。”不管如何，只要你取得了胜利，你就是王者，此时的李世民正是如此。五月七日，郑国偃师、巩县（今河南省巩义市）归降了唐朝，不久，王世充的部将王德仁也丢掉洛阳旧城（汉魏故城）逃回，副将赵季卿降唐。

秦王李世民把窦建德、王琬、长孙安世、郭士衡等人装上囚车，拉到洛阳城下，让王世充看。王世充在城上与窦建德交谈，不禁泪如雨下，李世民又把长孙安世等人放了，让他们进入城内详细介绍兵败的实情。王世充听后，又惊又恐，赶忙召集文武群臣商议对策，他原本打算率众突围，向南逃往襄阳，但此时群臣早已失去了信心，纷纷说道：“我们依靠的就是夏王，如今，连夏王自己都被抓住了，就算能突围出去，到了襄阳，也无所作为。”左思右想，王世充最终也丧失了继续挣扎的勇气，决定投降。

五月九日，也就是在窦建德被俘六天后，王世充身着白色衣服，领着他的太子、群臣共计两千多人打开了洛阳城门，步行走到李世民的军中，拜伏于军门之前投降。李世民说：“你总把我看作一个小儿，如今，你见了小儿，为何如此恭敬呀？”王世充跪在地上，吓得浑身是汗，连连叩头谢罪。李世民组织各军，进入城内，驻扎在各个街市，严禁抢掠。

五月十日，李世民进入了洛阳宫城，下令房玄龄先进入中书省、门下省，接管隋朝的书籍、公文，但这些珍贵的资料已被王世充焚毁，房玄龄一无所获。李世民又下令萧瑀、窦轨等人封好仓库，接收金银布帛，赏赐给参战将士们。逮捕王世充的群臣段达、王隆、崔洪丹、薛德音、杨汪、孟孝义、单雄信、杨公卿、郭什柱、郭士衡、董叡、张童儿、王德仁、朱粲、郭善才等十余人，全部将他们斩杀于洛水岸边。将韦节、杨续、长孙安世等人装入囚车，送往长安。打开牢狱，放出无罪之人。

李世勣与单雄信是结义兄弟，情深义重，《隋唐嘉话》称，在李世民移师虎牢、齐王李元吉包围洛阳时，李元吉自恃勇力，经常亲自到前线巡视。王世充把单雄信召来，用金碗盛酒，单雄信一口喝完，飞身上马，杀出城去，长枪几乎刺中了李元吉。就在万分危急之时，李世勣慌忙喊道：“哥哥！哥哥！此人是兄弟的主公！”单雄信听了，这才拉住马，笑道：“胡儿（李世勣的小名）！要不是因为你，今天就结果了他！”等到洛阳陷落后，李世勣向李世民求情，称单雄信雄武绝伦，自己情愿把家中的全部金银都拿出来，赎回单雄信一命，但李世民因单雄信反复无常，没有答应。李世勣反复恳求，李世民始终没有同意，李世勣只好哭着退下。单雄信说道：“我就知道你办不成。”李世勣回答：“我并不珍惜我的余生，愿意随哥哥一起去死，然而，我已将此身献给了国家，难以两全。况且，假如我也死了，谁还能看护哥哥的家眷？”说完，他拔出佩刀，一刀割下自己大腿上的一块肉，送到单雄信的嘴里，说道：“让这块肉随哥哥一起入土，这也勉强算是当兄弟的没有辜负了昔日的誓言。”单雄信当场吃下，再无一言。杀人魔王朱粲也走到了末路，洛阳百姓痛恨他残忍，争相手持砖头瓦块朝他的尸体砸去，一会儿就堆成了一个大坟。

一〇七 东击洛阳（八）

秦王李世民的下属杜如晦的叔父杜淹是王世充的吏部尚书，深得王世充的信任，洛阳陷落后，杜淹也在被杀之列。

杜淹与杜如晦兄弟素来不和，曾经在王行满面前说杜如晦哥哥（名字不详）的坏话，王世充把杜如晦的哥哥给杀了，又把杜如晦的弟弟杜楚客打入大牢，差一点饿死，但杜楚客始终没有怨恨之色。等到杜淹也将被杀时，杜楚客哭着恳求哥哥出面相救，但杜如晦不从。杜楚客说道："叔父已经杀害了大哥，如今，哥哥您又因怒而杀害叔父，一家之内，相互残杀，岂不痛心！"说完，就要自杀。杜如晦被弟弟的言语感动，遂捐弃前嫌，向李世民求情，杜淹遂得以免死。

李世民坐在阊阖门城楼之上，苏威求见，并称自己已是风烛残年，身体得病，不能叩拜。李世民听后，顿时就火了，派人数落他道："你身为隋朝宰相，国家危难，你却不能拯救，致使国君被杀，国破家亡。你见到李密、王世充都能拜伏舞蹈，见我却不能了？既然又老又生病了，就无须见面！"后来，回到长安后，苏威又想拜见，李世民拒不接见。苏威没有了官爵，又老又穷，最终凄惨地死掉了，终年八十二岁。

李世民在洛阳宫城内看着华丽的隋朝宫殿，不禁叹息道："放纵自己的欲望，满足自己的私欲，想不灭亡，能成吗！"他下令撤除端门城楼，焚烧了乾阳殿、则天门及其门楼，废掉城内各种道场，只留下三十名德高望重的和尚尼姑，剩余的全部勒令还俗。其实，后来端门又重建了，乾阳殿殿址上又重建了乾元殿，则天门处又重建了应天门！

在南方，五月十三日，前真定县令周法明献出黄梅（今湖北省黄梅县）、蕲春（今湖北省蕲春县）、安陆（今湖北省安陆市）、沔阳（今湖北省武汉市汉阳区）四郡降唐，被唐朝任命为黄州总管。接着，周法明率军进攻萧铣的安州（今湖北省安陆市），并将其攻克，俘虏萧铣的安州总管马贵迁。周法明是周法尚的弟弟，在隋朝末年率领门客袭占了黄梅，又派同族侄儿周孝节率军占领了蕲春，派侄儿周绍率军占领安陆，派儿子周绍德率军占领了沔阳。五月十五日，窦建德的尚书左仆射齐善行也以洺州（今河北省邯郸市永年区）、相州（今河南省安阳市）、魏州（今河北省大名县）三地降唐。当时，窦建德的残余部队逃回洺州之后，打算拥立窦建德的养子为主，征调军队抵御唐军，也有人打算劫掠百姓，还回到海边当强盗。齐善行独自提出反对意见，他说："隋末大乱，所以，我等才落草为寇，苟且偷生。夏王如此英武，平定河朔（指河北省），兵强马壮，竟然一举被擒，易如反掌，难道这不是天命吗？上天已经把国家交给了一个人，这不是人力所能争得的。如今，我们已经败得如此之惨，就算是固守此地也不会有什么好结果，逃也是逃不掉的，一样是亡国，岂能再让百姓饱受战乱之苦！不如真心实意地投降唐朝，请求他们的宽恕，假如你们真的打算夺取财物，那就打开府库，把财物散尽，不要再残害百姓们了！"于是，他下令把库房内的数十万段布帛全部拿出，放置在万春宫的东街上，发给将士们，一共发放了三天三夜才完毕。齐善行安排部队把守住洺州城内的各个街巷，凡是得到财物的士兵当即送出城外，不得再闯入百姓家中。等到遣散了所有的军队后，齐善行这才与尚书右仆射裴矩、行台曹旦，率领百官，簇拥着窦建德的妻子曹氏、八个传国玉玺以及从宇文化及那里得到的隋朝大内珍宝，向唐朝投降。李渊大喜，以齐善行为秦王府左二护军，赏赐给他很多财物。

当初，窦建德杀掉宇文化及之后，隋炀帝的女儿南阳公主与宇文士及生有一子，取名宇文禅师，窦建德的虎贲郎将于士澄问南阳公主道："宇文化及大逆，按照法律，他的侄儿也该受到牵连被杀，假如您割舍不掉禅师，我将替您从中周旋。"南阳公主哭着说道："虎贲你既然是我大隋的贵臣，这种事情还用多问？"窦建德遂下令杀了宇文禅师。国破家亡的南阳公主万念俱灰，不久就削发为尼了。等到齐善行投降后，南阳公主也随之一起被送往长安，途经洛阳，遇到了她的丈夫宇文士及。此时的宇文士及在新朝中因与李渊的特殊关系，再加上其妹又是李渊宠爱的宇文昭仪，因此是如鱼得水，甚至比他在隋朝还受到重用。他请求与公主再见一面，公主却拒不同意。宇文士及站在门外，恳请二人重归于好，再做夫妻。公主说："我和你是仇人，如今之所以没有亲手杀死你，是你哥哥杀害我父皇时，你并不知情。"呵斥令其速速离开。宇文士及再三恳请，公主发怒道："你要真想死，那就来见吧！"宇文士及知道公主根本不可能屈从，只好拜别而去。

五月二十一日，王世充的徐州行台杞王王世辩献出徐州（今江苏省徐州市）、宋州（今河南省商丘市）等三十八个州向唐朝河南道安抚大使任瑰投降，至此，王世充在河南的统治区全部被平定。六月十九日，李渊任命右骁卫将军盛彦师为宋州总管，命其安抚刚刚归降的河南地区。六月二十九日，海州（今江苏省东海县）变民头领臧君相献上自己占领的五个州，也向唐朝投降，李渊任命其为海州总管。与此同时，齐善行降唐之后，窦建德的博州（今山东省聊城市）刺史冯士羡又推举被俘的唐淮安王李神通为慰抚山东使，接连招降了三十多个州，原窦建德统治区也全部降唐。李渊任命陈君宾为洺州刺史，以将军秦武通等人率军来到洺州，打算分兵驻守河北各州；又以郑善果等人为慰抚大使，在洺州就地选任地方官员。

到了七月五日，郑国襄州行台王弘烈、王泰、左仆射豆卢行褒、右仆射苏世长也献出襄州降唐。李渊与豆卢行褒和苏世长二人都是老相识，过去曾多次下书招降二人，但豆卢行褒杀掉了好几个唐朝使者，等到王弘烈一行来到长安之后，惯于杀降的李渊下令将豆卢行褒杀掉，又当面斥责苏世长来晚了。苏世长灵机一动，说道："隋朝失去权柄，天下之人都起来争抢，陛下您既然已经得到了，岂能再追恨那些与您一起追赶之人、追究与您争夺一块肉的罪过呢？"李渊听了，不禁哑然失笑，就放了他，任命其为谏议大夫。后来，一次，苏世长侍从李渊在高陵（今陕西省西安市高陵区）打猎，打了很多野兽，李渊看了看群臣，说道："今天打猎，大家高兴吧？"苏世长讽刺道："陛下外出打猎，荒废了政务，我们出来还不足一百天呢，实在说不上高兴！"李渊听后，顿时脸色大变，不一会儿，他又转怒为喜，笑道："你疯癫的老毛病又犯了是不？"苏世长回答："对我自己来说确实是疯癫，但对于陛下您而言，则是莫大的忠诚。"还有一次，苏世长在披香殿陪着李渊喝酒，酒酣耳热之际，苏世长对李渊说道："这座大殿是隋炀帝修的吗？"李渊也是聪明人，当即就明白了他想要说什么，回答："你劝谏的这些话看似忠诚，其实却很诡诈，你难道不知道这座大殿是朕下令建造的吗？为何故意说是隋炀帝建的？"苏世长说道："臣的确不知，只是我看到它与倾宫、鹿台（均为商纣王所建）一样华丽，不是创业之君该建的，所以才说出此言。如果真是陛下下令建造的，确实是不应该的。臣昔日在武功的时候就曾侍奉过陛下，那时，陛下居住的房屋仅仅能遮风挡雨，在当时陛下就觉得已经很不错了。如今，继续使用隋朝的宫殿，这本来就已经够奢侈了，反而还加以增修，如此一来，又怎能改正隋朝的过失呢？”我们都知道唐太宗身边有一个魏徵，而苏世长就是唐高祖的魏徵。

七月九日，得胜还朝的秦王李世民率军回到了长安。从去年七月出征，到如今，过去了整整一年，在这一年里，李世民率领唐军主力，一举而生擒两主，灭掉两个大国，立下了赫赫战功。立下如此大功的李世民，这一年，年仅二十四岁。只见他身披黄金铠甲，在他的身后紧紧跟随着齐王李元吉、李世勣等二十五员大将，再后面是一万铁甲骑兵和三万全副武装的步兵，押送着战俘王世充和窦建德以及缴获的隋朝御用物品，吹吹打打，进入城内，在太庙献俘，向先祖报告得胜的消息。李渊当面数落王世充，王世充回答：“臣犯下的大罪固然该死，但秦王曾答应不杀我。”李渊听了，只好作罢。七月十一日，李渊下令废王世充为平民，与其兄弟、儿子、侄儿们一起流放到蜀地；在长安街市将窦建德斩首示众。就此放王世充一马，李渊当然是于心不甘，虽然不好意思公开杀掉，但办法还是有的。李唐朝廷对外宣称押解王世充一行的人员还未凑够，遂把他们暂时关押在雍州官衙之内。独孤机的儿子、定州刺史独孤修德率领兄弟们闯入官衙，称接到圣旨要见郑王，王世充及其哥哥王世恽赶忙从屋内出来，当即被独孤修德等人杀害。事后，李渊仅仅下令免去独孤修德的官职了事，这显然是他在借刀杀人。王氏其余兄弟、侄儿们在流放途中，也被李渊以谋反的罪名全部杀死。

一〇八 萧铣灭亡

处死了王世充和窦建德，李唐朝廷上下全都觉得天下就要太平了。

七月十二日，李渊遂下诏大赦天下；全国百姓免除一年赋税；陕州（今河南省陕县）、鼎州（今河南省灵宝市）、函州（今河南省洛宁县）、虢州（今河南省卢氏县）、虞州（今山西省运城市）、芮州（今山西省芮城县）这六个州的百姓一直替唐军运输物资；幽州（今北京市）长期与本土隔绝，这七个州的百姓全部免除两年赋税。唐朝的各种法律制度（律、令、格、式）全部改用隋文帝开皇初年的。虽然大赦令已经颁布了，但原郑国和夏国的群臣还有人被唐朝政府流放到边疆，治书侍御史孙伏伽上书说："可以没有军队，也可以没有粮食，但是不能没有信用。陛下已经颁布了赦令，但仍然继续流放这些人，这是自己违背了自己说过的话，让天下百姓又能遵从什么呢？况且，连王世充都已经被赦免了，其余人等也该一并予以释放。"不得已，李渊只好答应了。

隋朝末年币制混乱，又小又薄，甚至在皮子上糊上一层纸充当，李渊下令铸造开元通宝钱，每枚钱币直径八分，重2.4铢，十个钱为一两；以给事中欧阳询在钱币上写下"开元通宝"四字，四字的顺序是：上、下、左、右。七月十八日，李渊下令在洛州、并州、幽州、益州等地设置铸钱官，又特意允许秦王李世民、齐王李元吉三个铸钱炉子，裴寂一个铸钱炉子，他们三人谁想铸多少钱，就铸多少。其余人等胆敢擅自铸钱的，一律处以死刑，家属罚为奴婢。

消灭了王世充和窦建德，李渊下一个目标就是盘踞江陵的萧铣了。

其实，在去年李世民大举进攻洛阳之后，唐军在南线也向萧铣发起了攻势，到武德四年一月，当洛阳鏖战之际，黔州刺史田世康就夺占了萧铣的五个州、四个镇，不过，这种进攻还属于牵制性进攻，其目的是把萧铣的军队吸引在本国境内，以免其北上增援王世充，而与此同时，唐军还从益州抽调大批军队投入了洛阳前线。不久，李靖献上破萧铣十策，李渊这才开始命令赵郡王李孝恭大造战舰，准备东进。经过半年多的训练，当秦王李世民攻占洛阳前后，南线唐军也已准备就绪。七月二十六日，刚刚占领襄州的唐军就开始从北面向萧铣发起进攻了。唐褒州道安抚使郭行方率军进攻萧铣的鄀州（今湖北省宜城市），并将其攻克，至此，在江陵的北面有来自郭行方的唐军压力，在其东北和东面则有周法明的威胁，而江陵最大的威胁则是来自夔州的李孝恭所部。

武德四年八月，讨伐萧铣的益州军队已齐集夔州，九月，唐高祖李渊下诏以赵郡王李孝恭为荆襄道行军总管，以李靖为代理行军长史，统率十二个总管，率领巴蜀唐军从夔州顺流东下；以庐江王李瑗为襄郢道行军总管，由北而南，从襄阳南下直扑江陵；又命黔州刺史田世康从辰州（今湖南省沅陵县）道，迂回江陵以南，杀向湖南中部；黄州总管周法明从夏口（今湖北省武汉市）道，由东而西，扑向江陵。唐军四路大军从四面八方向江陵做向心攻击，而以李孝恭所部为进军主力。

当西路唐军从夔州出发时，正值长江江水暴涨，水流湍急，众将建议等水落之后再出发，李靖反对道："兵贵神速。我军如今刚刚集结，萧铣还不知道，如果趁着江水暴涨，顺流而下，突然进逼江陵城下，出其不意，掩其不备，一定能将其生擒！机不可失！"李孝恭采纳了，遂率领两千余艘战舰出发了。

果然，萧铣自以为江水暴涨，唐军不可能在这种情况下出师，根本不以为意，李孝恭等将顺利攻克了荆门（今湖北省荆门市）、宜都（今湖北省宜都市）两座军镇，很快就推进到了夷陵（今湖北省宜昌市）。萧铣部将文士弘率领数万精兵驻扎在清江（今湖北省宜昌市附近），十月九日，李孝恭率领唐军将其击退，缴获三百多艘敌舰，杀死了一万多敌军。唐军乘胜追击，追至百里洲（今湖北省枝江市一带），文士弘整军再战，但又战败，退入北江。萧铣江州总管盖彦举献出五个州投降。

由于萧铣采取了罢兵息农政策，他自己身边的禁卫军才数千人，等到听说唐军大举而来、文士弘兵败的消息后，顿时吓得魂不附体，仓促向各地征兵，然而，由于他的很多军队都散处在长江以南，甚至在岭南地区，路途遥远，一时之间难以抵达，只好率领现有军队出战。李孝恭打算即刻发起攻击，但李靖劝阻道："敌人的军队都是临时拼凑起来的自救之兵，并无应对预案，难以长久，我军不如暂且停在长江南岸，缓个一天，敌人必定会分兵，要么来抵御我军，要么会返回固守，等到敌人分兵之后，力量就弱了，我军趁其懈怠发起进攻，肯定能够取胜。如今如果立即进攻，敌人一定会拼死抵抗，楚地的战士都非常骁勇，不好对付啊。”李孝恭不听，留下李靖守护军营，他亲自率领精锐部队出战，果然，被梁军击败，返回南岸。得胜后的梁军纷纷跳下战舰，抢掠军需物资，人人都是满载而归，李靖见状，突然命令唐军发起进攻，遂大破梁军，乘胜直抵江陵，并攻进了外城。接着，唐军又攻克了江陵水城，缴获梁军大批战舰，李靖让李孝恭把这些敌舰全部扔到长江江心，任其随波逐流。众将都疑惑不解，问道：“这些缴获的敌舰，正可为我所用，为何要丢掉，白白送给敌人呢？”李靖回答：“萧铣的辖境东到洞庭湖，南到岭南，我军悬军深入，如果攻不下城池，敌人援军从外赶到，我们将会腹背受敌，进退不得，要这些战舰又有什么用呢？如今把这些战舰扔掉，使之沿江而下，敌人的援军见到后，一定会误以为江陵已经城破，不敢轻率冒进，派人往来侦察之间，也要浪费个十天一月的，届时我军一定就把江陵拿下了。”萧铣的援军看到这些顺流而下的战舰后，果然怀疑江陵已经陷落，迟留不进。等到唐军攻克江陵后，前来朝见萧铣的交州总管丘和、长史高士廉、司马杜之松等人遂投降了唐军。

李孝恭率领唐军把江陵团团围住，江陵对外的联系完全被切断了。萧铣向中书侍郎岑文本询问对策，岑文本劝说萧铣投降，于是，萧铣就对群臣说道：“上天不保佑我大梁，支持不下去了啊！如果一定要等到力尽才投降的话，百姓们肯定会跟着我蒙受灾难，为什么要因为我一人而让百姓们受苦呢！”十月二十一日，萧铣用牛、猪、羊各一头（太牢之礼）向太庙里的先祖们禀报后，即打开了城门，向唐军投降，梁军守城将士都掩面啼哭起来。萧铣率领群臣身穿麻布衣服，头戴布头巾，来到李孝恭的军营门前，说道：“该死的只有我萧铣一人，百姓们没有罪过，请求不要杀戮、劫掠他们。”李孝恭进入江陵城后，唐军众将都想纵兵劫掠一番，岑文本对李孝恭说：“江南百姓自从隋朝末年以来，就受困于暴政，接着是群雄割据，今天残存下来的都是刀下余生之人，大家全都翘足以盼能见到真主，这也是萧氏君臣、江陵百姓决心归降的主要原因，希望能就此得以休养生息。如今如果纵兵大掠，百姓失望，恐怕江南之地再也没有愿意归降的了。”李孝恭听了，赶忙制止。众将又说：“梁国的将帅们与我军作战而死的，其罪过很深，应该没收他们的家财，赏赐给将士们。”李靖说道：“王者之师应当把正义的声音先传到远方。他们替他们自己的主子效命战死，是忠臣啊，岂能等同于叛逆而没收他们的家财呢！”于是，唐军在江陵城内秋毫无犯，城内的秩序井然。萧铣南方郡县听说后，纷纷望风归降，数日后，增援江陵的十余万梁军听说江陵陷落后，也都解甲归降了。

萧铣被送到长安后，李渊又是当面斥责一番，萧铣面无惧色，他反唇相讥，说道：“隋朝失去权柄，天下之人一起争抢，我萧铣既然没有受到上天的眷顾，所以才被俘至此，如果把这当作我的罪过的话，我情愿一死！”李渊竟然又下令将其斩首示众，萧铣死时年仅三十九岁。李渊又下诏以李孝恭为荆州总管，以李靖为上柱国，赐爵永康县公，仍令其安抚岭南地区，给予以皇帝之名授予地方官员的大权。萧铣过去派黄门侍郎刘洎前往岭南招抚，得到了五十多座城池，等到他返回时，萧铣已经投降了，刘洎遂献出这些城池投降了唐朝，唐朝任命其为南康州（今广东省德庆县）都督府长史。

一〇九 黑闼举兵（一）

武德四年上半年，李世民打下洛阳，夺取了河南河北；下半年李孝恭则攻克了江陵，消灭了梁国，这一年李唐帝国的版图迅速膨胀，似乎统一中国的前景已在眼前。然而，就在李世民刚刚回到长安，唐军上下忙于论功行赏，部署李孝恭东进江陵之时，窦建德的旧部又发动了叛乱！

这场叛乱与李渊狭隘的气量有着直接的关系，具体而言，与他斩杀已经归降的窦建德、王世充密不可分。杀降，历来为人所不齿，但在个别时候，对于那些暂时投降以换取喘息机会并试图东山再起的人来说，当然可以将其诛杀，以免后患，比如，在明末对于时叛时降的李自成、张献忠等人，杀降的出现往往出于三个方面的原因：一是被杀人的表现。即前述的那些试图再度反叛的。二是局势限制。主要是统治者自身的力量和向心力尚不足。三是最高统治者个人对自己的能力的不自信，无法驾驭群雄，只能采取这一下策。如果说李渊杀死了已经投降的薛仁杲时，李唐自己的力量还很薄弱，四面环敌，情有可原的话，那么，杀害李密，杀害窦建德、王世充、萧铣、王行本、独孤行褒等人，则只能归结于李渊本人的小肚鸡肠了。留下这些人当然会增加一些风险，风云际会时，这些人可能会再次兴风作浪，但留下他们更能表现出李唐王室大度和宽容，也更能安抚这些人的旧部，况且，李渊之所以杀死这些人，除了担心他们会兴风作浪以外，更重要的恐怕是在泄私愤，报复他们杀伤了自己的士兵，惹得自己烦恼。

窦建德失败后，窦建德的众将分得了很多财物，回到家乡后，这些人肆意妄为，新派去的唐朝官吏依法追究，有的加以鞭打，令这些人都非常不安。实际上，不仅唐高祖李渊认为天下已定，就连刚刚前去新统治区内上任的各级唐朝官吏，也都是这么认为的，对待王世充和窦建德的旧将以及当地百姓是另眼相看，作威作福，引起了窦建德旧部的普遍恐惧。窦建德的旧将高雅贤、王小胡等人家住洺州，打算偷偷带上家眷潜逃，受到唐朝官吏的追捕，二人逃到了贝州（清河郡改为贝州，今河北省清河县）。当时，唐朝中央政府下令征召窦建德的旧将范愿、董康买、曹湛以及高雅贤等人，这些人原本就已如惊弓之鸟，如今听说朝廷要把自己弄到长安，都担心会被杀掉，遂聚集在一起商量道："王世充献出洛阳投降了唐朝，他手下的大将段达、单雄信等人全被杀害，我们要是到了长安，一定会性命不保。我等身经百战，出生入死十余年，早就该死了，如今为何却要怕死而不继续干出一番大事呢？况且，夏王对淮安王以客人之礼，可是，唐王抓住夏王后就杀害了，我等都受到过夏王厚恩，今日再不替夏王报仇，以后还有什么脸面再见天下之士！"于是，他们开始密谋作乱。经过占卜，占卜师说推举姓刘的人为主吉利，大家就一起来到漳南（今河北省故城县）去拜见窦建德的另外一名旧将刘雅，把大家的决定告诉给了他，但刘雅推辞道："天下刚刚平定，我打算在乡下安度晚年，不愿再起兵了。"众人听了都非常气愤，又担心刘雅走漏风声，就把他杀掉了。汉东公刘黑闼也在漳南隐居，众人杀了刘雅之后，又找到了他，把计划告诉给了他，刘黑闼听后，满心欢喜地接受了。当时刘黑闼正在种菜，当即杀掉耕牛，与大家一起饮酒吃肉，商量具体的行动计划，很快就聚集了一百多人。

武德四年七月十九日，就在秦王李世民回到长安十天之后，刘黑闼等人就袭占了漳南县。李唐朝廷听说刘黑闼起事之后，遂在洺州设置山东道行台，在魏州（今河北省大名县）、冀州（今河北省衡水市冀州区）、定州（今河北省定州市）、沧州（今河北省盐山县）设置总管府进行应对，七月二十二日，任命淮安王李神通为山东道行台右仆射，负责镇压刘黑闼的叛乱。

窦建德被俘后，孟海公的余党蒋善合、孟噉鬼（孟海公的堂兄）分别献出郓州（今山东省东平县）、曹州（今山东省曹县一带）降唐，但不久，孟海公就与窦建德一起被唐朝政府杀掉，被唐朝政府任命为戴州（今山东省成武县）刺史的孟噉鬼内心不安，遂挟持孟海公的儿子孟义占据曹州、戴州二州作乱，以禹城县令蒋善合为心腹，但蒋善合与亲信们一起将孟噉鬼杀了。

八月十二日，刘黑闼率军攻占了漳南县以南的鄃县（今山东省夏津县），魏州刺史权威、贝州刺史戴元祥率军迎战，全被刘黑闼击败，被杀，刘黑闼遂俘获残余唐军，缴获了他们的武器。窦建德的旧部逐渐开始前来投奔，人数增至两千人，刘黑闼遂在漳南修筑高台，祭奠窦建德，禀报起兵的本意，自称大将军。李渊下诏调派关中三千铁骑前往山东，并命令将军秦武通、定州总管李玄通一起讨伐；又下诏命令幽州总管李艺率军南下，合击刘黑闼。

八月二十二日，刘黑闼率军又攻克了漳南东南的厉亭（今山东省武城县东北），活捉屯卫将军王行敏。刘黑闼命其向自己叩拜，但王行敏不从，遂将其诛杀。当初洛阳刚刚平定后，盘踞在兖州一带的徐圆朗也向唐朝表示投降，被拜为兖州（今山东省济宁市兖州区）总管，封鲁郡公。刘黑闼举兵后，就派人联络徐圆朗，徐圆朗答应与其一起造反。李渊任命盛彦师为宋州总管，前去安抚河南地区，行至任城（今山东省济宁市），八月二十六日，徐圆朗逮捕了盛彦师，起兵造反。刘黑闼以徐圆朗为大行台元帅，兖州、郓州、陈州（今河南省淮阳县）、杞州、伊州（今河南省伊川县）、洛州（今河南省洛阳市）、曹州、戴州八州的地方豪强纷纷响应，山东之地陷于动荡。徐圆朗对盛彦师非常敬重，他命其给其担任虞城县令的弟弟写信劝降，盛彦师在信中写道："我没有完成使命，被贼人生擒，为臣不忠，发誓以身殉职，你要好好奉养老母，不要以我为念！"徐圆朗看后，脸色大变，但盛彦师泰然自若。徐圆朗这才笑道："盛将军很有气节啊，不能杀。"待之如初。

河南道安抚大使任瑰行至宋州（今河南省商丘市）时，传来了徐圆朗叛乱的消息，副使柳濬劝他退守汴州（今河南省开封市），任瑰却笑道："柳大人你怎么这么胆小呀！"很快，徐圆朗就攻克了楚丘（今山东省曹县），率军将要包围虞城（今河南省虞城县），任瑰派部将崔枢、张公谨从鄢陵（今河南省鄢陵县）率领各州豪强的一百多名人质赶往虞城协防。柳濬劝阻道："崔枢和张公谨都是王世充的旧将，各州人质他们的兄弟们也都反叛了，此行肯定有变。"但任瑰置之不理。崔枢等人来到虞城后，分配带来的这一百多人质与当地军民一起守城。徐圆朗的叛军到来后，有的人质叛逃了，崔枢就杀了领队的头目，于是，各队的领队都非常害怕，竞相杀死了手下的人质，崔枢也不制止，将这些人质的人头高悬城门，而后派人向任瑰禀报。任瑰听后，假装恼怒道："我之所以让这些人质与你一起前去，就是想让他们招来他们的父兄子弟们，为何要杀了他们？"但等到退下后，又对柳濬说道："我就知道崔枢会办事！当地人杀掉了这些人质，与叛军就有了血海深仇，如此一来，我还有什么可担心的呢！"果然，徐圆朗的叛军猛攻虞城，城内守军殊死抵抗，拒不投降，叛军只好撤离。

当初，窦建德以崔元逊为深州（今河北省深州市）刺史，等到刘黑闼造反后，崔元逊与数十人密谋，将战士们埋伏在车内，车上盖上稻草，假扮成进城的农民，径直进入州衙，掀开稻草，鼓噪而出，逮捕了刺史裴晞，杀掉，将人头送给了刘黑闼。

九月七日，徐圆朗自称鲁王，接着又发兵进攻济州（今山东省东阿县），被治中吴伋击退。

淮安王李神通率领关中军队来到冀州，与李艺的军队会师，又调派邢州（今河北省邢台市）、洺州、相州、魏州、恒州（今河北省正定县）、赵州（今河北省赵县）等地当地军队共计五万多人，与刘黑闼的叛军在饶阳（今河北省饶阳县）城南决战。唐军人多，排下的阵势绵延十余里，刘黑闼的兵少，只能依托河堤排下单列。当时，天降大雪，狂风肆虐，李神通趁顺风下令发起进攻，然而，不久风向就变了，李神通大败，兵马辎重损失了三分之二。李艺的军队在偏西，进攻高雅贤所部，将其击破，追击了数里，听说大军战败，只好退守藁城（今河北省藁城市），刘黑闼乘胜转攻藁城，李艺也被击败，薛万均、薛万彻均被俘虏。窦建德生前与李艺多次交手，双方互为仇敌，刘黑闼把薛万均兄弟的头发剃光，像牲口一样驱赶着，后来二人逃回，李艺率军撤回了幽州。

饶阳之战后，刘黑闼军威大振。

一一〇 黑闼举兵（二）

河北局势持续变坏。

十月六日，刘黑闼攻克了瀛州（今河北省河间市），杀害刺史卢士叡；观州（今河北省东光县）百姓逮捕刺史雷德备，献出城池，投降了刘黑闼。毛州（原曹州，今山东省曹县）刺史赵元恺严厉，弄得百姓疲于奔命，当地百姓董灯明等人发动叛乱，杀死了赵元恺，响应刘黑闼。

十一月十九日，刘黑闼率军攻陷了定州（今河北省定州市），活捉总管李玄通。刘黑闼爱惜李玄通是个将才，想以之为大将，但李玄通不从。李玄通的旧部中有人送来酒肉，李玄通说道："你们大家怜悯我受到囚禁之辱，给我送来酒肉来安慰，我当为诸位拼得一醉！"喝到兴处，李玄通对卫兵说道："我还会跳剑舞，请借来你的佩刀一用。"卫兵把佩刀递给了他。只见他手持佩刀，畅快淋漓地挥舞着、盘旋着，舞完之后，他深深地叹了一口气，说道："大丈夫受到国家的厚恩，派来镇抚一方，我却未能完成使命，守住一方，还有什么脸面活在人世间呢！"说完，他举刀切腹自杀。李渊听说后，也感动得流下了眼泪，拜其子李伏护为大将。

十一月二十七日，杞县人周文举杀掉刺史王文矩，献出城池，投降了徐圆朗。十二月三日，刘黑闼又攻克了冀州，杀掉刺史麹稜。饶阳之战后，刘黑闼向赵州、魏州送去劝降信，窦建德的旧部争相诛杀唐朝官吏，响应刘黑闼。十二月八日，李唐朝廷派遣右屯卫大将军、义安王李孝常率军前去讨伐刘黑闼。此时刘黑闼的军队已急剧膨胀，他率领数万人马进逼宗城（今河北省威县），黎阳总管李世勣驻扎在宗城，见众寡不敌，弃城逃往洺州。十二日，刘黑闼乘胜追击，又击败了李世勣，杀死唐军五千余人，李世勣侥幸逃脱。二十四日，洺州当地豪强翻城响应刘黑闼。刘黑闼在洺州城东南修筑高台，向上天、窦建德禀报后，才率军进入旧都。十天后，他又率军继续南下，攻克了相州，逮捕刺史房晃，右武卫将军张士贵突出重围，逃走。刘黑闼又南下夺取了黎州（今河南省浚县）、卫州（今河南省卫辉市），数日后，刘黑闼又接连攻克了邢州（今河北省邢台市）、赵州（今河北省赵县）、魏州（今河北省大名县）、莘州（今山东省莘县），至此，仅仅过去短短的半年时间，刘黑闼就收复了窦建德的全境；又派人联络突厥，颉利可汗派遣俟斤宋邪那率领骑兵前来帮助。李唐右武卫将军秦武通、洺州刺史陈君宾、永宁县令程名振等人均从河北逃回长安。

直到十二月十五日，李渊才下诏命令秦王李世民、齐王李元吉率军东讨刘黑闼。为什么李渊直到此时才作出这一决策呢？其一，李唐朝廷对河北局势的发展缺乏预见。刘黑闼刚举兵时，仅有一百多人，但由于李唐朝廷在新统治区内措施失当，不得民心，很快地，河北各地的窦建德旧部纷纷响应，而黄河以南的兖州之地徐圆朗也加入进来，顿时河北、河南狼烟四起，再度陷于大乱。其二，在刘黑闼、徐圆朗起兵时，李唐朝廷正全力展开一场消灭萧铣的战争。李世民回到长安后，原来被调往洛阳前线的益州军队，如窦轨所部，也随之返回益州，投入江陵之战，从客观上，李唐朝廷无力兼顾。其三，李渊对李世民心存疑虑。李渊的表哥隋炀帝杨广个人素质非常全面，又立下灭陈大功，最终夺嫡成功，却葬送了大隋政权，对此，李渊看在眼里，记在心里。从太原起兵到抵定关中，再到浅水原之战，李世民就已经崭露头角，李唐立国后，李渊采取了压制太原功臣的策略，致使不少太原旧将改投到秦王李世民的名下，对此，李渊也早有警觉。刘武周之变后，李渊第一时间想到的唐军统帅不是李世民，而是裴寂，但裴寂不争气，被宋金刚打得满地找牙，令李渊甚至想到了要丢掉并州，最终，在李世民的要求下，他才同意李世民领兵讨伐刘武周。不难看出，在李世民讨伐刘武周之前，李渊其实已经开始有步骤地避免出现李世民危及太子李建成地位的情况了。

李世民消灭了刘武周，令李渊非常高兴，父子二人之间的关系似乎得到了一定程度的改善，这当是李渊随即命令李世民率军东伐洛阳的主要原因。武德四年李世民一举而灭掉两国，这让他的威望达到了前所未有的高度，李世民回到长安之后，李渊即采取了明升暗降的办法，把李世民搁置起来。对外说得冠冕堂皇，李渊称李世民的功劳太大了，前代的官爵都不足以配得上，特意创造了一个奇怪的官职：天策上将，官位在王公之上。十月，李渊授李世民为天策上将，兼任司徒、陕东道大行台尚书令，增加食邑两万户（秦王食邑为一万户），另外开设天策府，设置下属。又以齐王李元吉为司空。

虽然给予崇高的地位，李渊却把秦王府的谋士猛将全都外任为官，这当然是在有计划地切断李世民与旧部之间的联系，剪除李世民的羽翼。李世民深知韬光养晦的道理，他在宫城西面开设文士馆，表面上延揽四方的文学之士，其实，也是在为自己将来登基储备人才。李世民下令：聘请秦王府属杜如晦，记室房玄龄、虞世南，文学褚亮、姚思廉，主簿李玄道，参军蔡允恭（蔡大宝侄儿）、薛元敬（薛收侄儿）、颜相时（颜师古弟弟），咨议典签苏勗，天策府从事中郎于志宁，军咨祭酒苏世长，记室薛收，仓曹李守素，国子助教陆德明、孔颖达、盖文达，宋州总管府户曹许敬宗，共计十八人以本官兼任文学馆学士，分为三轮，轮流值班。李世民也在公务闲暇之时来到馆内，与大家一起讨论书籍，又命库直阎立本给众人画像，让褚亮写出赞语，号称秦王府十八学士。

秦府十八学士名气很大，很多人成为贞观时期的朝廷重臣：房玄龄，前面已经说过，他与杜如晦是秦王府中的核心人物（后来还有薛收），在历史上，二人并称为房杜，李世民就是通过房玄龄，不断加深与秦王府文臣武将的关系，一次，李世民曾叹息道："汉光武帝刘秀得到了邓禹，与下属们的关系就变得更加亲近了，如今，我身边的房玄龄，就是我的邓禹啊。"李渊也赞赏道："房玄龄替我儿子上书言事，虽然远隔千里，但就像面谈一般清晰！"杜如晦时任秦王府兵曹参军，也被李渊改任为陕州长史。当时秦王府的下属都被调派外地，李世民非常头疼，但又无可奈何。房玄龄说："其余人等被调离，都没有值得惋惜的，唯独杜如晦有王佐大才，大王想要经营四方，没了杜如晦是万万不可的！"李世民猛然惊醒，说道："要不是你提醒，差一点失去他了！"虞世南是虞世基的弟弟，都非常有才，人们将二人与西晋时的陆机、陆云相提并论。虞世南外表柔弱恭谨，但内心坚持原则，非常刚烈，隋炀帝虽然爱惜虞世南的才华，但不喜欢他的正直，因此，在大业年间，虞世南当了十年的七品官，一直未获晋升。虞世南书法师法智永和尚（王羲之七世孙），成就很高，与褚遂良、欧阳询、薛稷被人称为初唐四大家，他后来主编的《北堂书钞》是中国历史上第一部类书，《隋唐嘉话》称，唐太宗对虞世南非常敬重，曾评价他说：虞世南博闻、德行、书翰、辞藻、忠直，集于一身，满朝仅此一人。《唐诗纪事》称，颜师古的《隋朝遗事》记载：洛阳曾向隋炀帝贡献一种花，该花香气浓郁，染到衣袖上数日不散，人闻起来常常兴奋得不能入睡，人们不知道是什么花，隋炀帝把它命名为合蒂迎辇花，并让宫女袁宝儿专门负责手持这花，号称司花女。当时，虞世南受命在隋炀帝身边起草《征辽指挥德音敕》，袁宝儿呆呆地看着虞世南。隋炀帝对虞世南说："传闻赵飞燕能在人手掌中起舞，今日得到宝儿，可令往事再现，只是常常有些憨态。今日注目于爱卿，爱卿你就作诗嘲弄嘲弄她吧。"虞世南当即写下绝句："学画鸦黄半未成，垂肩亸袖太憨生。缘憨却得君王惜，长把花枝傍辇行。"褚亮，字希明，杭州钱塘人。他博览群书，过目不忘，在南陈为尚书殿中侍郎。入隋，为东宫学士，迁太常博士。因与杨玄感私交很深，被隋炀帝贬为西海司户，后被薛举任命为黄门侍郎。秦王李世民灭掉薛举后，引为秦王府文学。褚亮就是著名的褚遂良的父亲，虽然褚遂良不在十八学士之列，但他当时任秦王府铠曹参军，也参与到了文学馆中。《唐会要》卷六十四《史馆下》记载，馆中日常事务，就是由褚遂良来管理的，人们称他作"馆主"。姚思廉，字简之，雍州万年人。父姚察为南陈吏部尚书，曾修梁陈两朝历史，但没有修完，隋朝时，姚思廉继承父志，完成了《梁书》《陈书》，褚亮给他写下的赞语是："志苦精勤，纪言实录。临危殉义，余风励俗。"

一一一 暗流涌动（一）

位居秦王府十八学士第四的是李玄道。

李玄道，是房玄龄的堂舅，在隋朝时曾任齐王府属，后被李密任命为记室，李密失败后，被王世充任命为著作佐郎。李世民灭王世充后，召为秦王府主簿、文学馆学士。蔡允恭，字克让，是西梁左民尚书蔡大业的儿子，容貌俊美，文采很好，与虞世南友善，曾任隋炀帝的起居舍人，先后被宇文化及、窦建德延揽，后受虞世南的推荐进入秦王府。薛元敬，是薛收的堂侄儿，河东薛氏在南北朝时期出现了很多知名人物，到了隋朝，比较著名的是薛道衡，薛道衡的儿子就是薛收，薛道衡的侄儿薛迈就是薛元敬的父亲。当时，薛收以及他的同族哥哥薛德音还有薛元敬三人，被称为河东三凤："收为长雏，德音为鸑鷟，元敬以年最小为鹓雏。"但后来在李世民与李建成、李元吉的争斗中，薛元敬与房玄龄、杜如晦等人保持了一定的距离，不被看作李世民的死党，在李世民被封为皇太子后不久就去世了。颜相时，是颜师古（颜籀）的弟弟，二人是《颜氏家训》的作者颜之推的孙子。颜师古时任朝廷的中书舍人，掌握着朝廷机密，负责起草文书、诏命，而颜相时则为秦王府学士。苏勖，苏威之孙，娶李渊第十女南昌公主为妻，贞观年间，曾主持撰写了地理名著《括地志》。于志宁，北周太师于谨的曾孙，李渊入关时，于志宁在长春宫迎接，被授予银青光绿大夫，后担任李世民记室、天策府从事中郎，每侍从征伐，兼文学馆学士。苏世长，其父苏振为北周宕州刺史、建威县侯。苏世长十几岁时就上书言事，北周武帝宇文邕见他年少，召来问道："你读的什么书？"苏世长回答："《孝经》《论语》。"武帝又问："《孝经》《论语》都说了些什么？"苏世长答道："《孝经》云：'为国者不敢侮于鳏寡。'《论语》云：'为政以德。'"周武帝觉得他说的很好，命他在虎门馆读书。隋文帝时期，苏世长多次上书言事，被破格提拔为长安县令。隋炀帝时期，他被任命为都水少监。王世充即位后，他又被拜为太子太保、行台右仆射，与王世充的侄儿王弘烈一起镇守襄阳。归降唐朝后，被任命为玉山屯监。李渊与苏世长是老友，一次，他在玄武门召见苏世长，问道："你自认为谗佞之徒呢？还是正直之人呢？"苏世长回答："其实我是正直得近乎愚蠢。"李渊追问道："你如果正直，为何要背叛王世充而归降于我？"苏世长回答："洛阳被平定后，天下归一，臣智穷力竭，才归降了陛下。假如王世充还在，臣占据汉南，天意虽然眷顾陛下，但从事态上看也足以为陛下的劲敌。"李渊听后大笑。还有一次，李渊曾经嘲弄苏世长说："名字长，意思短，嘴巴正，内心歪，对郑国丢弃忠贞，对我家忘记信义。"苏世长回答："名字长，意思短，这一点陛下说得很对。至于说嘴巴正，内心歪，臣不敢认同。昔日窦融以河西之地归降光武帝刘秀，子孙十代蒙受封侯的优待，而臣以汉南之地归降我朝，却仅仅授予一个小小的屯监。"李渊听后，当即提拔他为谏议大夫。后来，他历任陕州长史、天策府军咨祭酒。秦王府初开文学馆，引为学士。被褚亮赞为："军咨谐噱，超然辩悟。正色于庭，匪躬之故。"薛收，字伯褒，蒲州汾阴人，隋内史侍郎薛道衡之子。房玄龄将他推荐给李世民，被授予秦王府主簿，李世民征伐檄文大多出自他之手，他才华横溢，文不加点，下笔如神。窦建德增援东都时，唯独薛收建议围城打援，东击夏军，最后一战而擒二王。李世民被授予天策上将、尚书令，命薛收和虞世南二人同时起草第一次辞让的奏表，最终，李世民采用了薛收写的。他与房玄龄、杜如晦二人是李世民心腹中的心腹，但武德七年因病去世了，年仅三十三岁。薛收死后，李世民非常悲痛，给薛元敬写信道："我与你的叔父共事，或戎马倥偬，或从容吟咏，未尝不倾心竭力，左右护持。前不久虽然患病，我也总是希望他能好转起来，岂料竟成永别！追思不已，更添伤感。我听说他的孩子尚小，家徒四壁，不知如何安置？应妥善予以安置，好让我放心。"后来，李世民命阎立本给十八学士画像时，叹息道："薛收已变成了故人，遗憾没能早早给他画个像啊！"等到他登基之后，还曾对房玄龄说："薛收不幸短命，如果他还活着，一定把中书令给他。"（《大唐新语》等书）李守素，赵州人，李世民平定王世充后，被征辟为文学馆学士、天策府仓曹参军。李守素的特长是精通"谱学"（熟知全国各大族的来龙去脉、历史人物之间的婚宦关系），虞世南曾与他一起谈论人物，说到江南、山东的名人时，虞世南还能插上一两句话，但谈及北方各族时，虞世南就只能拊掌微笑，插不上话了，他因此也被人称为“肉谱”。虞世南曾说：“过去，南梁的重臣任昉精通五经，被人称为‘五经笥’；今天的仓曹可以改为‘人物志’了。”李守素在贞观初年就去世了。陆德明，本名元朗，字德明，以字行。师从经学家周弘正（东晋光禄大夫周顗九世孙），为隋唐时期著名的经学家，隋朝时为国子助教，王世充曾想让自己的儿子王玄恕拜其为师，但陆德明称病不从，这前面已经说过。王世充灭亡后，李世民将其招揽进自己的幕府，令他给嫡长子李承乾传授经书。孔颖达，字仲达，冀州衡水人，八岁上学，每天能背诵一千多字，隋炀帝时期，被举荐为明经，授予河内郡博士，为著名的经学家。后来，奉唐太宗之命编撰了《五经正义》，是南北朝以来五经注解的集大成之作。盖文达，与同族的盖文懿齐名，被称为二盖，他精通《春秋三传》。许敬宗，是隋朝礼部侍郎许善心的儿子，江都之难中，许善心为宇文化及所杀，许敬宗流落到北方，投靠了李密，与魏徵一起负责军中文书工作，李密失败后，李世民将他招入自己的府中。许敬宗此人在唐高宗时期官至宰相，兼修国史，但此人人品不行，修史时凭借个人好恶随意删改史料。当初，虞世基与许善心一起被害时，封德彝为内史舍人，目睹此事，曾对人说：“虞世基被杀时，虞世南爬着恳求替哥哥一死，而许善心死的时候，许敬宗却跳着恳求饶自己一命。”这话传到许敬宗耳中，他一直怀恨在心，等到修史时，在史书中说了封德彝很多坏话。

除了这十八学士之外，其实学士馆内还有其他人，比如《旧唐书·杜如晦传附杜淹传》称：“及洛阳平，初不得调，淹将委质于隐太子（李建成）。时封德彝典选，以告房玄龄，恐隐太子得之，长其奸计，于是遽启太宗，引为天策府兵曹参军、文学馆学士。”由此可知，杜淹也是文学馆的学士。

由于后来唐太宗李世民是靠着杀兄逼父而夺取皇位的，因此，在他登基之后，他自然对自己继位的合法性是非常在意的，成书于贞观群臣之手的《高祖实录》《太宗实录》，为了体现太宗继位的合法性，就大肆渲染李世民在太原起兵以及武德年间的功绩，刻意贬低、抹杀其父李渊、其兄弟李建成、李元吉的功劳，不惜把父兄描绘成贪色好酒、碌碌无为之徒，然而，谎言终归会露出马脚。正因为如此，人们反而觉得李世民是弄巧成拙，不仅对史书中描写的李渊、李建成等人的表现感到怀疑，而且对李世民的种种表现也怀疑起来了。在太原起兵阶段，正史把李渊的太原起兵说成是李世民一手策划的，李渊并不知情，《资治通鉴》甚至说，李渊曾对李世民表态道："吾一夕思汝言，亦大有理。今日破家亡躯亦由汝，化家为国亦由汝。"无非暗示李唐的建立全是李世民的功劳，现代史学家普遍认为这些记载都是虚构的，李世民在太原起兵时年仅二十岁，并无多少从政经验，可以说太原起兵全是老谋深算的李渊统筹策划，李世民仅仅干了些具体工作；接下来的西河之战，李建成、李世民统领部队，但李渊鉴于"吾儿少年，未之更事"，在军中委派刘弘基、殷开山和温大有辅佐，很难说李建成和李世民掌握了战场的实际指挥权；西河之战后，李渊分军为二，以李建成为左领军大都督，给其配备了长史陈演寿、司马马元规；以李世民为右领军大都督，给其配备长史柴绍，后改为长史殷开山、司马唐俭，因此，李建成和李世民其实也并没有独立的军事指挥权。第一次浅水原之战，唐军失败在于轻敌，史书以李世民患疟疾为名，把战败的责任推到长史刘文静和司马殷开山身上，这当然是替他开脱，但依当时的情形分析，不仅深沟高垒不与薛举交手的策略是李渊早已定好了的，而且战场的实际指挥权也应该是在刘、殷之手，第二次浅水原之战的情况大致也是如此。消灭刘武周之战，史书称李渊曾产生了放弃并州的打算，是在李世民的强烈要求下才下定了夺回并州的决心，对此，也是令人怀疑的；这场战役统筹部署应当还是李渊，主要表现在：一是结好突厥，以巨大的代价换取突厥人的支持。二是决策以唐军主力前突至柏壁，扼住宋金刚与吕崇茂、王行本联络的咽喉，这一战略部署也应出于唐朝最高统帅部，而非李世民。李世民只是前线的执行者。不过，在随后的战斗中，李世民紧紧把握住战机，一举夺回了晋阳，他也不失时机地大力提高自己的个人威望，命人创作《秦王破阵舞》就是一个突出的表现。洛阳之战的决策当然也是李渊，当唐军兵临洛阳后，李唐面临突厥、梁师都南下，窦建德态度暧昧，萧铣试图夺取巴蜀等不利因素，李渊运筹帷幄，分别采取了一系列有效措施：对突厥，以太子李建成驻守蒲坂、召回并诛杀亲突厥的前并州总管李仲文；对窦建德，先拉拢，令其拒不救援王世充，而是北上进攻李艺，继而，当窦建德提出让唐军退回潼关的最后通牒后，李渊又以围魏救赵之法，命并州军队东下滏口，威胁洺州，企图迟滞窦建德西进的步伐，当窦建德真的要来后，李渊又分别在武德四年二月和四月紧急增派妻兄左武候大将军窦抗率领三千精锐骑兵火速增援东都、益州行台窦轨率领巴蜀军队赶到洛阳；对萧铣，命令夔州军队大造战舰，引诱周法明归降，令萧铣自顾不暇；对王世充，除了主力直插洛阳外，又发兵从武关东进，包围了襄阳，拖住襄阳王弘烈，使其无法北上增援。即便是在前线，如此大规模的战役也不是李世民一人所能指挥的，辅佐他的有一大批文臣武将，主要有屈突通、封德彝、房玄龄、薛收等等。

一一二 暗流涌动（二）

虽然如此，毕竟李世民是主帅，在他平定洛阳之后，他的个人声望也达到了前所未有的高度。

随着声望的提高，李世民逐渐产生了夺嫡的野心。《旧唐书·王知远传》载：在平东都时，李世民与房玄龄私访道士王知远，王知远看到秦王，大为惊奇，断定他日后要做“太平天子”，李世民非常高兴，这段记载显然也暴露了他夺嫡的野心。长期以来，李世民一直暗中培植自己的势力，千方百计地与皇太子争夺人才，这一点《杜淹传》等于说给我们提供了一个鲜活的案例：封德彝原为内史侍郎，李世民出征时，李渊下诏命其参谋军事，等于是皇帝派来的监军。这次洛阳之行，让李世民与封德彝之间建立了友谊，封德彝就此投靠到了李世民的门下，等到洛阳城破之后，杜淹本来打算投靠太子李建成，当时封德彝负责人事安排，连忙告诉了房玄龄，房玄龄担心李建成得到杜淹后会如虎添翼，连忙禀报李世民，将其招入自己的府中。该传称：“恐隐太子得之，长其奸计。”太子李建成有什么奸计可长的？恰恰说明，引杜淹入自己幕府的李世民在“长其奸计”，而他的奸计就是夺嫡。

《资治通鉴》称，李渊在太原起兵时，就对李世民许诺过：“事成之后，天下都是你夺得的，当立你为太子。”李世民拜辞；李渊当唐王后，将领们又都请求立李世民为太子，李渊将要立他，但被李世民推辞了。这段记载显然是非常虚假，不值得一驳，但司马光竟然引用了，确实是个败笔。接着，该书还称，李建成性格宽和，平易近人，喜欢喝酒、打猎、女色，李元吉则好犯错，李渊对二人都不喜欢，自从李世民立下大功后，李渊经常产生以李世民取代李建成的打算，李建成内心不安，遂与李元吉一起密谋，共同对付李世民，各自树立了朋党。这一段记载，可以说有真有假：说李建成和李元吉的性格大约是真的，但说李渊因此不喜欢二人，并想以李世民取代李建成，则大约是假的。李建成所谓的毛病，李世民也不是没有，实际上，与锋芒毕露的李世民相比，李渊更倾向于一向“仁厚”的李建成，至于说到各自树立朋党的话，也有一种可能是：在李渊觉察到已无法驾驭李世民时，暗中指令仁厚的李建成与李元吉联手，以平衡双方的力量。

李渊当上皇帝后，虽然日理万机，但他精力旺盛，在短短的数年里，就生下了一大批儿女们。当上皇帝之前，李渊只有五个男孩，其中，妻子窦氏生下李建成、李世民、李玄霸、李元吉，妾万氏生下李智云。太原起兵之前，李玄霸已死，只剩下四个孩子，起兵后，李建成、李元吉丢下李智云不管，致使李智云为阴世师所杀。李渊当上皇帝后，又一口气生下了十七个男孩：莫嫔生李元景（武德三年封为赵王），孙嫔生李元昌（武德三年封为鲁王），尹德妃生李元亨（武德三年封为酆王），张婕妤生李元方（武德四年封为周王），郭婕妤生李元礼（武德四年封为郑王），宇文昭仪生李元嘉（武德四年封为宋王）及第十九子李灵夔（贞观五年封为魏王），王才人生李元则（武德四年封为荆王），张宝林生李元懿（武德四年封为滕王），张美人生李元轨（武德六年封为蜀王），杨美人生李凤（武德六年封为豳王），刘婕妤生李元庆（武德六年封为汉王），崔嫔生李元裕（贞观五年封为郐王），小杨嫔生李元名（贞观五年封为谯王），杨嫔生李元祥（贞观五年封为许王），鲁才人生李元晓（贞观五年封为密王），柳宝林生李元婴（贞观十三年封为滕王）。

根据墓志记载，李元景的母亲莫嫔名字叫莫丽芳，死于武德元年十一月，年龄三十三岁，因此，李元景至迟生于武德元年，并且极有可能莫丽芳就死于生产，如果真是如此的话，李元景以下的兄弟们到武德四年时都在三岁以下，甚至还没有出生。

除了这些儿子，李渊一生还生下了十九个女儿，分别为：长沙公主（下嫁冯少师）、襄阳公主（下嫁窦诞）、平阳公主（下嫁柴绍）、高密公主（下嫁长孙孝政、又嫁段纶）、长广公主（下嫁赵慈景、又嫁杨师道）、万春公主（后封长沙公主、下嫁豆卢怀让）、永嘉公主（后封房陵公主、下嫁窦奉节、又嫁贺兰僧伽）、九江公主（下嫁执失思力）、庐陵公主（下嫁乔师望）、南昌公主（下嫁苏勗）、安平公主（下嫁杨思敬）、淮南公主（下嫁封道言）、真定公主（下嫁崔恭礼）、衡阳公主（下嫁阿史那社尔）、丹阳公主（下嫁薛万彻）、临海公主（下嫁裴律师）、馆陶公主（下嫁崔宣庆）、千金公主（后封安定公主、下嫁温挺、又嫁郑敬玄）、常乐公主（下嫁赵瑰）。根据房陵公主的墓志铭可知，她是咸亨四年（公元673年）去世的，终年55岁，逆推生于武德二年，假如万春公主也是在李渊登基之后生的，那么，在他称帝之后，除了一口气生下了十七个男孩之外，又乘胜生下了十四个女儿，在短短的三四年里，就收获了三十二个子女，可谓高产。

因此，史书上说李渊晚年多内宠，这倒是真的，这些得宠的嫔妃们竞相拉拢各位年长的儿子（指李建成、李世民和李元吉三人），以求自己和自己的儿子能在将来得以保全，而面对李世民咄咄逼人的压力，李建成和李元吉也曲意讨好李渊的诸多嫔妃们，送去大量财物，希望她们能在李渊面前说自己的好话。史书称，有人传言他们二人甚至与张婕妤和尹德妃私通，但又说，这是宫闱秘事，外人无法分辨。仔细分析这一说法，不难看出，这其实是李世民一党的造谣中伤，理由是：李渊晚年最宠爱的就是张婕妤和尹德妃二人，可是，二人站在李建成的立场，得罪了李世民。平定洛阳之后，李渊命令诸位嫔妃赶往洛阳宫中，挑选洛阳宫中的美女，接管国库中的珍宝，这些嫔妃们私下向李世民索要财物，并替兄弟们要官，但李世民没有答应。张婕妤与李世民的过节是：当时李渊下诏命令李世民主管的陕东道行台可以在辖区自行其是，李世民将一片良田送给了淮安王李神通，张婕妤的父亲也看中了那块地，李渊亲自写下手诏把那块地赏赐给了张婕妤的父亲，可是，李神通捷足先登，不肯从命。张婕妤遂在李渊面前说：“陛下下诏把地赏赐给我父亲，可是秦王夺去送给了别人做人情！”李渊听后，勃然大怒，召来李世民，挽起衣袖，大声斥责道：“我的诏命效力还没有你的教令大吗？”数日后，李渊说着李世民的小名（不详）对裴寂说：“这孩子长期率军在外，独断专行惯了，被书生们教坏了，不再是昔日我的孩儿了啊！”尹德妃与李世民的过节是：李世民的府属杜如晦骑马经过尹德妃父亲尹阿鼠的家门，尹阿鼠不满其傲慢，骂道：“你是什么人，胆敢经过我家门前却不下马！”于是，率领数名家童拦住杜如晦的马，把他拖下马来，痛打一顿，打断了杜如晦的一根指头。事后，尹阿鼠让尹德妃对李渊说：“秦王手下的人凶狠至极，竟然欺负我的父亲。”李渊再次发怒，斥责李世民道：“你身边的人竟然把我嫔妃一家欺负到这种程度，更何况平常百姓呢！”李世民反复解释，但李渊根本不听。

有了这种过节，李世民审定的旧史自然不会说张婕妤和尹德妃的好话，说李建成、李元吉与二人私通，更显得这谣言编得拙劣，尤其恶劣的是，还故意说有传言如此，是宫闱秘事，说不清楚，故意弄得虚虚实实，不惜给其老父、兄弟、庶母身上泼脏水，实在恶毒。

有了这些矛盾，就算是意识到刘黑闼的威胁，李渊岂能放心再派李世民东进？如果没有刘黑闼，李世民就是一个脱离军队的天策上将，可以在闲暇时间读读书，提高提高自己的文化素质，这是李渊给李世民指的一条出路，然而，恰恰是刘黑闼的出现，又给了李世民一个机会，尤其是等到河北道行台尚书左仆射李神通在饶阳大败之后，河北地方军队已经无力抵挡住刘黑闼的攻势了，而这时，好在是李孝恭也顺利地平定了萧铣，这才促使李渊再派李世民、李元吉东进。

武德四年行将过去，回顾这一年，有三件大事：上半年，李世民消灭窦建德、王世充，下半年则是李孝恭消灭萧铣以及刘黑闼的起兵，除了这三件事情外，整个帝国还发生了其他不大不小的事情。

突厥方面：与唐朝之间的关系彻底破裂，滞留唐朝使者郑元璹、汉阳公李瑰（李孝常弟弟）以及左骁卫大将军长孙顺德三人，李渊也扣留了突厥使者。五月二十二日，在李世民拿下洛阳不久，代州总管李大恩也击破了突厥卵翼下的苑君璋，同月，镇守泾州的长平王李叔良（李渊堂弟）却在与突厥军队的交战中阵亡。八月，在刘黑闼举事后，突厥人于十八日再度进攻代州，总管李大恩派行军总管王孝基抵御，结果，唐军全军覆没。十九日，突厥军队包围了崞县（今山西省原平市），二十日，王孝基从突厥人那里逃回。李大恩兵力寡少，只能固守州城（今山西省代县），一个多月后，突厥人这才离去。九月，突厥人卷土重来，再次进攻并州，李渊派遣左屯卫大将军窦琮等人北上迎击，四日，另一方向的突厥人也向原州（今宁夏回族自治区固原市）杀来，李渊派行军总管尉迟敬德等人迎战。三十日，灵州（今宁夏回族自治区灵武县）总管杨师道（杨恭仁的弟弟）也击破了突厥人。

东北方向：三月二日，李渊以靺鞨酋长突地稽为燕州（今辽宁省锦州市）总管。但到了六月十四日，营州（今辽宁省朝阳市）人石世则逮捕了总管晋文衍，发动叛乱，拥立突地稽为主。饶阳之战后，李艺回到了幽州，但幽州（今北京市）遭遇了前所未有的饥荒。高开道答应送给李艺一些粮食，赈济幽州的军民，李艺先把一些年老体弱的人送到了高开道那里［高开道原来的根据地在渔阳（隋唐渔阳在今天津市蓟州区），降唐后，被任命为蔚州（今河北省蔚县）总管，但也有可能是遥领］，高开道都一一妥善安置。李艺听后非常高兴，就又派了三千人，带上数百辆大车、一千多匹驴马，前去拉粮食，可是，等这些人来到高开道那里后，高开道突然翻脸，把他们全都扣留了下来，与李艺绝交，又自称燕王，北连突厥，南结刘黑闼，率军进攻易州（今河北省易县），没有攻克，大肆劫掠一番而去；又派部将谢棱向李艺诈降，李艺出兵接应，行至怀戎（今河北省涿鹿县西南），反受到谢棱的偷袭，被击败。自此以后，高开道与突厥军队联合，经常骚扰河北一带，恒州、定州、幽州、易州都深受其害。此年七月，高句丽新国王高建武（高元的弟弟）派人向唐朝进贡。

东南方向：杜伏威派部将王雄诞进攻李子通，李子通部署精兵驻守独松岭（今浙江省安吉县东南）。王雄诞派偏将陈当率领一千多人登上高地，扼守险要，逐渐逼近李子通的军队，安插了很多旗帜，夜里则把火炬绑在树上，布满山野。李子通担心众寡不敌，烧毁军营，退守杭州。王雄诞乘胜追击，又在杭州城下将其击败。十一月七日，李子通无计可施，只好投降。杜伏威将李子通及其仆射乐伯通一起送到长安，也许是妄杀窦建德、王世充的教训，让李渊感到懊悔，这一次，他竟然下令释放了李子通。

消灭李子通后，王雄诞又转兵进攻盘踞黟县、歙县十余年的变民头领汪华（已于同年九月降唐，被封为歙州总管）。汪华率军在新安洞口（今安徽省歙县北）迎战，王雄诞将精兵埋伏在山谷之中，出动数千老弱之兵与汪华军战斗。双方刚一交手，王雄诞的军队就假装战败，逃回大营，汪华乘胜直逼敌营，但无法攻入营中。行将日暮，汪华下令撤军，可等到他率军回到洞口驻地时，王雄诞的伏兵却已经端掉了自己的老巢，汪华只好投降。另外一位变民头领闻人遂安盘踞在昆山（今江苏省昆山市），杜伏威命王雄诞前去讨伐。王雄诞因昆山险峻，易守难攻，遂单人匹马来到城下，说服闻人遂安投降。自此，杜伏威完全占领了淮南、江东之地，东到大海，南到仙霞岭，都是他的地盘。王雄诞也因功被任命为歙州总管，赐爵宜春郡公。

其他方向：一是山东、淮北一带。刘黑闼起事后，王薄说服了青州、莱州、密州投降了唐朝；文登（今山东省威海市文登区）变民头领淳于难也投降了唐朝，被任命为登州刺史。海州变民头领臧君相也献出五个州降唐，被拜为海州（今江苏省东海县）总管。二是江西一带。弋阳（今江西省弋阳县）变民头领卢祖尚投降，九月被任命为光州（弋阳）总管。卢祖尚在隋朝末年纠集本乡壮丁，组成军队，保卫本乡，后向皇泰主称臣，当时他才十九岁。三是岭南方向。消灭萧铣后，李孝恭任命李靖为岭南抚慰大使，检校桂州总管，招抚岭南。李靖来到岭南后，分派使者前往各地，招抚了九十六个州，得到百姓六十余万户。

一一三 粗定河北

武德五年（公元622年）一月，刘黑闼自称汉东王，改元天造，定都于洺州（今河北省邯郸市永年区）。他以范愿为尚书左仆射，董康买为兵部尚书，高雅贤为右领军，以王琮为中书令，刘斌为中书侍郎，其余窦建德时期的官员全部官复原职，并恢复了窦建德时期的法律。

一月八日，东盐州（今河北省海兴县）治中王才艺逮捕了刺史窦务本，献出州城，投降了刘黑闼。同月，李世民率领唐军抵达了获嘉（今河南省获嘉县），刘黑闼放弃相州（今河南省安阳市），退守洺州老巢。幽州总管李艺率领数万人马南下合击刘黑闼，刘黑闼听说后，留下左仆射范愿率领一万多人守卫洺州，亲率大军迎击李艺，当晚驻军沙河（今河北省沙河市）。唐将程名振携带六十面战鼓在洺州城西两里的河堤上猛击，鼓声震天动地，洺州城内顿时人心惶惶，范愿震惊之余，赶忙派人飞马向刘黑闼禀报，刘黑闼听后，也以为唐军主力已逼近洺州，遂率领大军匆匆返回了洺州，只派遣弟弟刘十善和行台张君立率领一万多人去进攻李艺。一月三十日，众寡不敌的刘十善、张君立所部在徐河（漕河，流经河北省保定市北）被李艺打得大败，伤亡八千多人。同日，洺水县（今河北省曲周县）人李玄感占领了县城，向唐军投降。李世民派彭公王君廓率领一千五百骑兵赶往洺水，进入县城。在回师途中，刘黑闼听说了洺水县降唐的消息，率军折向东来，二月十一日，刘黑闼的军队抵达列人（今河北省邯郸市肥乡区北），李世民派秦叔宝率军截击，将其击破。

二月十七日，李世民率领唐军攻下了邢州（今河北省邢台市）。十九日，井州（今河北省井陉县）人冯伯让献出城池，向唐军投降。二十四日，李艺率军接连攻克了刘黑闼的定州（今河北省定州市）、栾州（今河北省赵县）、廉州（今河北省藁城市）和赵州（今河北省赵县，在这期间赵州一度改名为栾州），生擒刘黑闼的尚书刘希道，而后率军与李世民在洺州城下会合。

接下来发生的事就有些莫名其妙了。

刘黑闼的主力部队向洺水县发起猛攻。城池周围都有宽五十多步的护城河，刘黑闼在城东北修筑了两条甬道，意欲逐渐逼近城池。李世民率领唐军增援了三次，但都被刘黑闼击退，无法继续前进。李世民担心王君廓难以守住，召集众将商议，李世勣说："一旦甬道修到城下，城池一定会陷落。"行军总管罗士信自告奋勇，请求代替王君廓守城，于是，李世民登上了洺水城西一座高大坟茔，用旗语命王君廓撤出城池，王君廓遂率众死战，杀出了一条血路，突围而出，而罗士信则趁机率领二百多名亲信，又闯入城去。刘黑闼命令部队不分昼夜发起强攻，正巧，天降大雪，唐军无法组织有效的增援，二月二十五日，洺水县城终于被刘黑闼的军队攻破。刘黑闼很早就听说罗士信是员猛将，本想饶他一命，但罗士信拒不投降，刘黑闼遂下令将其斩杀，罗士信死时年仅二十岁。二月二十九日，李世民又夺回了洺水。

这里令人莫名其妙的是：一、李世民和李艺为什么不乘虚进攻洺州？二、李世民为何让王君廓出城，又让罗士信入城？既然罗士信能杀入城内，李世民的大军难道就无法接近、进入城中？

三月，李世民和李艺在洺水（流经河北省曲周县以北）南岸扎营，分出一部分兵力驻扎在北岸。刘黑闼不断挑战，但李世民就是坚守不战，只是派出一支奇兵切断了刘黑闼的粮道。

三月十一日，刘黑闼以高雅贤为尚书左仆射，在军中大摆筵席进行庆贺。李世勣率军逼近刘黑闼的大营，高雅贤趁醉跨上战马，单人匹马冲出大营，追杀唐军。李世勣的部将潘毛挥舞长枪，一枪将其刺于马下，高雅贤的亲兵随后赶到，将他扶回大营，还未走到营门，高雅贤就气绝身亡了。三月十三日，唐军众将再次逼近刘黑闼的大营，潘毛被刘黑闼的部将王小胡生擒。

刘黑闼从冀州（今河北省衡水市冀州区）、贝州（今河北省清河县）、沧州（今河北省盐山县）、瀛州（今河北省河间市）等地调运粮食，唐程名振率领一千多人截击，凿沉了敌人的粮船，焚毁了粮车。

李世民与刘黑闼相持了六十多天。刘黑闼暗中派军偷袭李世勣的军营，李世民率部赶来救援，反被刘黑闼包围。尉迟敬德率领壮士杀入重围，把李世民和略阳公李道宗解救了出来。

李世民判断刘黑闼军粮吃尽前，一定会与唐军决一死战，遂派人到洺水上游修筑拦河坝，并嘱咐道："等到我们与敌人决战时，就掘开堤坝！"果然，到了三月二十六日，刘黑闼率领两万步骑南渡洺水，进抵唐军大营之外列下了阵势。李世民亲自率领精锐骑兵与刘黑闼的骑兵对决，将其击败，继而，转兵进攻刘黑闼的步兵。刘黑闼率军殊死搏斗，战斗从中午一直打到黄昏，打了数个回合，刘黑闼军逐渐处于下风。王小胡告诫道："我们已经筋疲力尽了，应该早早撤出战斗！"遂与刘黑闼一起偷偷逃离了战场，但刘黑闼的军队并未察觉，依然在苦苦搏杀。就在这时，唐军在上游掘开了拦河坝，洺水奔腾而下，冲到战场，深达一丈多，刘黑闼军顿时崩溃，被斩杀了一万多人，淹死了数千人。刘黑闼与范愿等二百多人逃奔突厥，河北之地被唐军平定。

李世民为了达到目的，竟然不顾双方战士的性命，掘坝水淹战场，可谓是丧心病狂——也许李世民暗中部署水攻，根本没有告知李艺，而受到最大损失的也极有可能是李艺的幽州突骑，这似乎也埋下了李艺与李世民之间仇隙的种子。

徐圆朗听说刘黑闼失败的消息后，不禁大为恐惧，无计可施。河间人刘复礼劝说徐圆朗道："有个名叫刘世彻的人，才能超过当代任何人，在东夏享有盛名，而且，还有非同寻常的相貌，真有一副帝王的器宇啊。将军如果要自立为帝的话，终归会一事无成，假如拥立刘世彻为帝，就可以轻松夺取天下。"徐圆朗觉得他说的有道理，就让他去浚仪（今河南省开封市）迎接刘世彻。等到刘复礼走后，又有人对徐圆朗说："将军您受人迷惑，打算迎立刘世彻为帝，一旦刘世彻大权在握，将军岂能自全？我不敢举出古代的例子，难道将军就忘了翟让与李密二人的事了吗？"徐圆朗听了，又觉得这人的意见不错。等到刘世彻率领数千人马来到后，等待徐圆朗出城迎接，徐圆朗却迟迟不出，只是派人出城请刘世彻入城。刘世彻知事情有变，想要逃走，但又担心难以逃脱，只好硬着头皮入城。徐圆朗把刘世彻的兵马全部夺去，任命他担任自己的司马，命其说服谯州（今安徽省亳州市）、杞州（今河南省杞县）。这里的百姓久闻刘世彻的大名，纷纷投降，徐圆朗见状，更是心生猜忌，索性又把刘世彻给杀掉了。

击败刘黑闼之后，秦王李世民即转军南下，将要进攻徐圆朗，而就在这时，一直对李世民不放心的李渊突然下诏命其火速赶回长安，把唐军的指挥权交给齐王李元吉。接到诏书，李世民不得不返回，四月九日，李世民回到长安，李渊亲自来到长安城东的长乐坂迎接。见到李渊后，李世民详细分析了前线的形势，李渊又命他前往黎阳（今河南省浚县），与大军会合后，一起朝济阴（今山东省菏泽市定陶区）进发。同月，行台民部尚书史万宝率军攻克了徐圆朗的陈州（今河南省淮阳县）。六月，李渊下令淮安王李神通进攻徐圆朗。

七月，李世民攻克了徐圆朗十余座城池，威震淮河、汜水一带，杜伏威也深感恐惧，请求入朝。李世民认为淮河、济水一带已基本平定，遂留下淮安王李神通、行军总管任瑰、李世勣继续进攻徐圆朗，七月六日，李世民班师回朝。八日，杜伏威来到长安，李渊拜其为太子太保，仍然兼任行台尚书令，留在长安，位次在齐王李元吉之上。以阚稜为左领军将军。李子通对乐伯通说："杜伏威既然来到了长安，江东尚未安定，我逃回江东，搜集旧部，可以立下大功。"二人遂潜逃出长安，行至蓝田关，被官吏逮捕，斩首。

整个武德五年上半年，唐帝国的周边局势可谓是喜忧参半。

北方多忧。

北方虽然李世民赶跑了刘黑闼、粗定了河北，但由于突厥人的介入，北方局势更趋不稳。就在李世民攻克洺水县的头一天，即二月二十八日，延州道行军总管段德操也率军进攻梁师都的石堡城，梁师都亲率增援部队解救，段德操与之战斗，大破梁师都，梁师都仅率十八骑仓皇逃离战场。李渊又给段德操增兵，命其乘胜进攻夏州（今陕西省榆林市横山区），唐军攻克了夏州东城，梁师都率领数百人退守西城，并向突厥求救。突厥援军及时赶到，唐军这才撤离了。李渊当然意识到，突厥人是他稳定北方的最大障碍，在突厥人的扶植下，梁师都、苑君璋、高开道、刘黑闼不断骚扰北方各地，让唐军疲于奔命，但目前唐军尚不具备与突厥展开全面对攻战的条件，于是，李渊试图拉拢突厥颉利可汗，给他送去了大量财物，并许诺与其结为亲家。颉利可汗就把扣押的唐朝使者郑元琦、汉阳公李瑰、左骁卫大将军长孙顺德等人送回，李渊也下令把突厥使者特勤热寒、阿史那德等人送回。

但双方之间并没有实现和平。

就在双方放还对方使者的同时，颉利可汗与高开道、苑君璋等人还在进攻并州总管刘世让驻扎的雁门（今山西省代县），攻了一个多月一直没能攻下，遂撤离北去。接着，高开道转攻易州（今河北省易县），杀死了刺史慕容孝干。李大恩上书称，突厥境内发生了饥荒，唐军可以趁机收复马邑（今山西省朔州市），李渊遂命令殿内少监独孤晟率军与李大恩一起进攻苑君璋，约定二月两军在马邑城下会师，但届时独孤晟没有到达，李大恩孤军不敢继续前进，遂停留在新城。四月，颉利可汗派遣数万骑兵与逃到突厥的刘黑闼一起包围了李大恩，李渊派遣右骁卫大将军李高迁救援，但援军尚未到来，李大恩所部的粮食吃完，趁夜突围，结果被突厥截杀，唐军全军覆没，李大恩也被杀了。五月，突厥又进攻忻州（今山西省忻州市），被李高迁击败。另外，在西北方向，吐谷浑也蠢蠢欲动，六月三日，吐谷浑骚扰洮州（今甘肃省临潭县）、旭州（今甘肃省碌曲县东）、叠州（今甘肃省迭部县），岷州（今甘肃省岷县）总管李长卿将其击破。八月，吐谷浑军队又击败了李长卿，李渊下诏命令益州行台右仆射窦轨、渭州（今甘肃省陇西县）刺史且洛生率军增援。

南方则多喜。

一月，同安（今安徽潜山县）变民头领殷恭邃投降；岭南黎族头领杨世略献上循州（今广东省惠州市惠阳区）、潮州（今广东省潮州市）投降；唐朝使者说服了泉州（今福建省闽侯县）、睦州（今浙江省淳安县）、建州（今福建省建瓯市）降唐；二月，豫章变民头领张善安献出虔州（今江西省赣州市）、吉州（今江西省吉安县）等五个州投降，被拜为洪州总管；三月，李唐朝廷以隋朝交趾太守丘和为交州总管，丘和派遣司马高士廉上书请求入朝，李渊下诏同意，派其儿子丘师利前去迎接；四月，隋朝鸿胪卿宁长真献出宁越、郁林之地向李靖投降，交州、爱州（越南北部）的道路才得以畅通，唐朝以宁长真为钦州（今广西壮族自治区钦州市）总管；广州变民头领邓文进、隋朝合浦（今广西壮族自治区合浦县）太守宁宣、日南（越南北部）太守李晙投降；七月，隋朝汉阳太守冯盎听从李靖的召唤，率领本部降唐，唐朝将其统辖地域分为高州（今广东省茂名市）、罗州（今广东省廉江市）、春州（今广东省阳春市）、白州（今广西壮族自治区博白县）、崖州（今海南省海口市琼山区）、儋州（今海南省儋州市）、林州（今广西壮族自治区桂平市）、振州（今海南省三亚市）八个州，以其为高州总管，封为耿国公。自此，岭南全部被平定。

一一四 消灭黑闼

三月李世民赶跑了刘黑闼，但到了六月，他卷土重来了。

突厥人在并州方向进攻受挫后，六月一日，刘黑闼又引导突厥军队开始转攻河北，李渊命令燕郡王李艺迎击突厥人。六月十七日，刘黑闼与突厥军队一路南下，进攻定州。其旧部曹湛、董康买聚集人马，纷纷响应，七月十五日，李渊下诏任命淮阳王李道玄为河北道行军总管，命其率军负责对付刘黑闼。

值得注意的是：就在刘黑闼一路南下、徐圆朗尚未彻底平定的情况下，李渊却在七月六日命李世民班师回朝了，这多少令人感到有些不解，要么是李渊对李世民心存疑虑，要么是李唐朝廷不得不应对更大的威胁，而从后来事态的发展上分析，后者的可能性更大一些。

八月六日，突厥颉利可汗调派大批军队开始向李唐朝廷发起大规模的进攻了！根据当时的情况看，突厥人试图以刘黑闼为诱饵，将唐军主力吸引在关东地区，然后，再以主力部队乘虚在西线大举南下，一举攻克关中！

然而，李渊在关注关东战局的同时，丝毫没有放松对突厥的警惕，当他预感到一场大战即将来临之时，就未雨绸缪，及时把李世民从东线调回了。

八月七日，在东线，颉利可汗亲率十五万骑兵进入雁门，另外派遣一支部队在西线进攻原州（今宁夏回族自治区固原市）。八月十一日，李渊命令太子李建成率领唐军从豳州（今陕西省彬县）出发，迎击突厥西路军，秦王李世民从泰州（今山西省河津市）北上，迎击突厥东路军；又命令左武卫将军段德操向夏州挺进，以切断突厥军队的退路，命云州（今陕西省延安市）总管李子和（郭子和，被赐姓李）向云中（今内蒙古自治区托克托县）方向突击。

十二日，李渊询问文武百官：“突厥一面进犯我们，一面又派人前来求和，是战是和，哪个有利？”中书令封德彝回答：“突厥人凭借着犬羊一般的部众，对我们非常轻视，假如不战就向他们求和，就会显得我们很软弱，等到明年还会再来，臣认为不如迎击，等到胜利之后再与之讲和，那么，恩威就兼备了。”李渊同意了。

二十日，并州大总管襄邑王李神符在汾东（汾河东岸）击败了突厥军队，汾州（今山西省汾阳市）刺史萧顗也击败突厥军队，斩首五千多人。

二十七日，河北突厥军队攻克了廉州（今河北省藁城市）；二十九日，西线突厥军队攻克了大震关（今甘肃省张家川县东南）；李唐关中地区岌岌可危。

在这种情况下，李渊不得不派遣郑元璹前去拜见颉利可汗。当时，突厥有数十万精锐骑兵，从介休（今山西省介休市）一直到晋州（今山西省临汾市）数百之内漫山遍野都是，郑元璹见到颉利可汗后，责备突厥违背了合约，与颉利可汗相互辩论，颉利可汗理屈词穷，满脸通红，显得很不好意思。郑元璹趁机劝说道：“唐朝与突厥风俗不同，突厥即使得到了唐朝的土地，也无法居住。如今掳掠得到的财物全都成突厥百姓的了，与可汗您自己又有什么相干？不如撤军，双方恢复和亲，可汗就免去了跋涉之劳，不动不摇就能拿到无数金币，全都能纳入可汗您自己的金库之内，这比舍弃友邦兄弟之情、令子孙结下无穷无尽的仇怨哪个更好呢？”颉利可汗听后顿时大喜，当即下令撤回。

九月十五日，唐交州（今甘肃省张家川县西南）刺史权士通、弘州（今甘肃省庆阳市）总管宇文歆、灵州（今宁夏回族自治区灵武县）总管杨师道在三观山击破突厥军队。十七日，太子李建成班师回朝。十八日，宇文歆又在崇岗镇（今宁夏回族自治区平罗县西）截击突厥军队，斩杀了一千多人。二十四日，定州总管双士洛在恒阳（今河北省曲阳县）击破了东线突厥军队。二十八日，领军将军安兴贵在甘州（今甘肃省张掖市）击破了突厥军队。

以外交手段说服了颉利可汗撤军，李唐朝廷这才腾出手来，集中力量对付卷土重来的刘黑闼。

九月，刘黑闼攻克瀛州（今河北省河间市），杀害刺史马匡武；盐州（今河北省海兴县）人马君德献出城池投降了刘黑闼。

十月一日，李渊下诏，命令齐王李元吉前往关东，进攻刘黑闼。四日，晋升李元吉为领军大将军、并州大总管。五日，贝州刺史许善护与刘黑闼的弟弟刘十善在鄃县（今山东省夏津县）交战，许善护全军覆没，六日，唐右武候将军桑显和在晏城（今河北省辛集市境内）击破了刘黑闼的军队。观州（今河北省藁城市西北）刺史刘会献出城池，投降了刘黑闼。十七日，行军总管淮阳王李道玄与刘黑闼在下博（今河北省深州市东南下博镇）交战。当时，李道玄率领的唐军有三万人，但李道玄与副将史万宝不和，战前，李道玄率领轻装骑兵杀入敌阵，命史万宝随后跟进，但等到李道玄杀出后，史万宝对部下说："我奉陛下手诏，称淮阳王还是个孩子，军事行动要听我的指挥。如今，淮阳王轻率冒进，如果与之一起进攻，一定会一起失败。不如以淮阳王为诱饵，淮阳王失败后，敌人一定会争相前进，我们严阵以待，以逸待劳，一定能将其击败。"于是，他眼睁睁地看着李道玄杀入敌阵，拒不增援，李道玄遂战死，死时年仅十九岁。等到李道玄被杀后，刘黑闼的军队士气大振，乘胜朝史万宝所部杀来，此时的史万宝所部早已军心大乱，无心迎战，顿时崩溃，史万宝仓皇逃回。

李道玄战死后，关东地区一片恐慌。洺州总管庐江王李瑗弃城而逃，当地州县全都背叛，十余天之内，刘黑闼再次收复了旧地，十月二十七日，他再次进入洺州。十一月三日，沧州刺史程大买弃城逃走。

齐王李元吉畏惧刘黑闼军队强盛，不敢进击。

到武德五年，李渊与李世民之间的关系逐渐变得疏远起来，而李建成、李元吉与李世民之间的关系则变得紧张了。史书称，每次李世民在宫中陪伴李渊饮宴，面对李渊身边宠爱的嫔妃们，想到自己的母亲死得很早，未能见到李渊当上皇帝，享受一天的荣华富贵，有时不由自主地唉声叹气，流下眼泪，李渊见状，很不高兴。嫔妃们遂暗中在李渊面前说李世民的坏话："海内万幸没有发生大的变故，陛下年事已高，只应终日娱乐，可是，每次秦王总是愁眉苦脸，独自流泪，其实是憎恶我们，等到陛下千秋万岁之后，臣妾母子一定不会为秦王所容！"又说："皇太子仁爱孝顺，陛下把臣妾母子托付给他，一定能够保全。"李渊听后，也不禁感慨万千，自此对待李世民开始疏远起来，而对李建成和李元吉则更加亲密。

太子中允王珪、太子洗马魏徵对太子李建成说："秦王功盖天下，四海归心，殿下仅仅因为年长而位居东宫，没有立下大功以镇服天下。如今，刘黑闼率领残兵败将，人数不过万人，粮食匮乏，一旦大军前去，必将如摧枯拉朽一般，殿下应该抓住时机，亲自率军前去，趁机联络山东豪杰，这样一来，您的地位才会稳定。"李建成遂向李渊请求亲自率军前去讨伐，李渊答应了。十一月七日，李渊下诏命令李建成率军讨伐刘黑闼，陕东道大行台（李世民的势力范围）以及山东道行军元帅、河南、河北各州全部接受李建成的指挥，并授予李建成独断专行之权。

十一月二十二日，齐王李元吉派军在魏州（今河北省大名县）进攻刘十善，将其击败。刘十善被击败后，刘黑闼率军再来，相州以北各个郡县全都叛唐，唯独魏州总管田留安发兵固守。当时山东各地纷纷响应刘黑闼，各地官民相互猜疑，而田留安却非常坦然，只要是前来汇报的，不论亲疏，全都让他们直接进入自己的卧室，他还多次对大家说：“我与你们大家一起为国讨伐叛贼，应当同心协力，谁真的想要叛变，那就砍下我的脑袋去投奔叛贼得了。”这样一来，军民们反而说：“田大人对我等推心置腹，我们也该尽心竭力进行报答，绝不能负心！”有一个叫苑竹林的人原本是刘黑闼一党，田留安知道后，不仅没有追究，相反还把他当作自己的心腹，安排在自己身边当差，还把房门钥匙交给他掌管。苑竹林非常感激，遂洗心革面，死心塌地地追随田留安，田留安也因功被晋封为道国公。

刘黑闼率军强攻不下，南下攻克了元城，而后，又回师包围了魏州。十二月十一日，刘黑闼攻克了恒州（今河北省正定县），杀害刺史王公政。十六日，幽州大总管李艺收复了廉州（今河北省藁城市）、定州（今河北省定州市）。十七日，田留安击破了刘黑闼，生擒其莘州（今山东省莘县）刺史孟柱及六千人。

刘黑闼一直攻不下魏州，而这时，李建成和李元吉的大军也进抵昌乐（今河南省南乐县），刘黑闼率军南下抵御，两军两次列阵，但均没有交手。魏徵对李建成建议道：“上次李世民击破刘黑闼，其部将全部被处死了，妻子儿女也都被关押了起来，因此，虽然陛下下了赦免诏书，但齐王李元吉来到之后，河北军民无人相信。如今，应当将抓获的俘虏一一进行安抚，然后，全部予以释放，这样一来，我们就可以坐等敌人离散了。”李建成采纳了这一建议。不久，刘黑闼的部众开始叛逃，有的逮捕头领投降了唐军，刘黑闼的军粮也已吃完，他担心城内田留安出城，与城外大军里应外合，发起进攻，遂趁夜撤退。行至馆陶（今河北省馆陶县），永济渠上的桥梁还未架好，无法通过。十二月二十五日，李建成、李元吉指挥唐军赶到，刘黑闼命令王小胡背靠永济渠列阵，他亲自督促架桥，刚一架好桥，刘黑闼就逃到了渠水对岸，而在东岸的部队军心大乱，全无战心，顿时崩溃，纷纷投降。唐军乘胜过桥追击，但刚过去一千骑兵，桥梁就坏了，因此，刘黑闼得以率领数百骑兵逃走了。

《革命记》称，刘黑闼一行逃到深州，崔元逊为刘黑闼的深州总管，手里有三千多兵，打算接纳刘黑闼，固守城池，向突厥求救。有一个叫张善护的人过去曾任乡长，来到军中，对几个士兵说："你们可以逮住刘黑闼，换取富贵，今天不捉他，以后终归会继续祸乱山东，扰乱我等的生活。"几个士兵相互说："这事非得领兵将领诸葛德威不可。"张善护知道诸葛德威没有酒肉，不会离开军营，遂宰杀一口猪，准备一桌好酒好菜请诸葛德威饮宴，席间，他把这事说了，诸葛德威一口答应。刘黑闼来到深州城下后，崔元逊请他入城，但刘黑闼没有同意，只在城外铺下席子吃饭。崔元逊称自己城内的守军全都是精锐，足以固守，请求把他们拉出来让刘黑闼过目，刘黑闼答应了，崔元逊让诸葛德威率领壮士出来，谁知，出乎所有人意料的是：诸葛德威竟然下令生擒了刘黑闼！崔元逊逃到了突厥。诸葛德威将刘黑闼及其弟弟刘十善送到洺州李建成那里，全被斩杀。刘黑闼临刑时叹息道："我自个好好的在老家种菜，却被高雅贤等人害得到了今天这个地步！"

这是武德六年（公元623年）一月三日的事。

一一五　马邑之战

武德六年一月刘黑闼被杀后，到了二月，徐圆朗也走投无路，弃城与数名骑兵夺路而逃，途中被人杀死，兖州之地就此平定。

虽然刘黑闼和徐圆朗被杀了，但武德六年李唐的局势依然不容乐观。

北方主要有突厥、夏州的梁师都、幽州的高开道、并州的苑君璋等势力在捣乱。

夏州梁师都：三月，梁师都的部将贺遂、索同献出统领的十二个州向李唐投降；四月，鄜州道行军总管段德操北上进攻梁师都，前锋进抵夏州，劫掠梁师都的百姓、牲畜而还；五月，梁师都的部将辛獠儿带着突厥军队骚扰林州（今甘肃省庆阳市境内）；六月，梁师都又带着突厥军队入侵匡州（今陕西省吴堡县西北）。

幽州高开道：三月，高开道发兵劫掠文安（今河北省文安县）、鲁城（今河北省沧县西北），唐骠骑将军平善政截击，将其击败。五月，高开道带着奚人的骑兵入侵幽州，长史王诜将其击破；刘黑闼叛唐时，燕州总管、靺鞨头领突地稽率领部众帮助唐军，把部落从朝阳迁往幽州的昌平城（今北京市昌平区）；当高开道入侵幽州时，突地稽率军截击，将其击破。七月，高开道又率众劫掠赤岸镇（今地不详）、灵寿（今河北省灵寿县）、九门（今河北省藁城市西北）、行唐（今河北省行唐县）三县而去。八月，高开道又带着奚人骚扰幽州，被当地军队击退。九月，高开道又带着两万突厥骑兵入侵幽州。

并州苑君璋：五月，苑君璋的部将高满政骚扰代州，被骠骑将军李宝言击退。六月十四日，高满政献出马邑向李唐投降。不久前，前并州总管刘世让被任命为广州总管，临行之际，李渊征询他安定北方边境的策略，刘世让献计道："突厥人之所以能屡屡南下并州，是有马邑作为他们的中途歇脚之地罢了。我建议派出猛将驻守崞城（崞县，今山西省原平市），在那里多多储备金银财帛，招募来归降的，要重重有赏；平时派出骑兵骚扰其城下，践踏其庄稼，让其军民无法生活，不出一年，敌人没有了粮食，必然会投降的。”李渊连连称是，说道：“除了你，还有谁能称得上是猛将！”遂派他驻守崞城，马邑人逐渐感到了唐军的压力。当时，马邑军民大多不愿当突厥治下的百姓，李渊趁机又派人前去招抚苑君璋，高满政劝说苑君璋杀尽突厥守军，归降唐朝，但苑君璋不从。高满政遂顺应民心，率众趁夜偷袭苑君璋，苑君璋发现情况不妙，逃奔突厥，高满政杀掉苑君璋的儿子以及两百名突厥守军，归降了唐朝。六月二十三日，要报仇雪恨的苑君璋与突厥吐屯设率众反攻马邑，高满政将敌人击败，李唐朝廷任命高满政为朔州总管，封为荣国公。高满政归降后，李渊即派遣右武候大将军李高迁协防马邑，七月二日，苑君璋再度纠集一万多突厥骑兵来到马邑城下，双方在腊河谷（在今山西省朔州市以北）激战，唐军再次将敌人击败。

失去马邑，令颉利可汗勃然大怒。虽然在武德六年上半年，不论是高开道还是梁师都，抑或苑君璋，都带着突厥军队南下，突厥人尚未直接撕毁与李唐在去年八月定下的合约，但高满政的降唐以及马邑的失守，突厥人从大漠南北要想深入并州腹地，就失去了一个进攻的策源地，因此，颉利可汗决心对李唐发起新一轮的大规模攻势。

七月九日，突厥在西线开始向原州发起进攻；十一日，在并州方向，大举进攻朔州。李高迁心生恐惧，率领本部两千多人马擅自撤离马邑，趁夜南逃，但当他们刚刚离开马邑，就遭到了突厥骑兵的截杀，伤亡过半。颉利可汗亲自率众向马邑城发起了猛烈的进攻，高满政率军迎战，有时一天之内激战十余回合。李渊命令驻守崞城的刘世让以及行军总管尉迟敬德前去增援，但刘世让行至松子岭，见突厥军队力量很强，遂不敢继续前进，又退守崞城。李高迁身为太原功臣却不战而退，令李渊大怒，下令将其除名徙边。七月二十五日，李渊下令李建成率军防御关中北部，以李世民率军驻扎在并州，抵御突厥。

八月一日，突厥进攻真州（今陕西省榆林市东北），又进攻马邑；十六日，突厥军队进攻原州；二十八日，突厥军队攻克了原州的善和镇（今甘肃省镇原县西南）；三十日，又进攻渭州（今甘肃省平凉市西）。此后，突厥在西线的攻势减弱，到了九月三日，李建成就受命班师了。

颉利可汗原本是盛怒而来，但当他亲自率军来到马邑城下时，发现苑君璋已经失去人心，马邑军民同仇敌忾，与突厥人殊死搏斗，这一情况令颉利可汗大感意外。就在两军在马邑前线激战时，双方之间的谈判也在紧锣密鼓地进行着。颉利可汗派人向唐朝求婚，李渊提出条件："等你解除了马邑之围以后，再提此事。"颉利可汗打算满足李渊的要求，但义成公主苦苦请求继续发起进攻。因高开道擅长攻城，颉利可汗遂从幽州方向召来了高开道，命其率众猛攻马邑，但仍然未能攻下。颉利可汗派人劝说高满政投降，高满政破口大骂，拒不投降。马邑城内粮食即将吃尽，而唐军救兵迟迟不来，高满政打算率众突围，部下杜士远担心敌人兵强马壮，肯定无法脱身，遂于十月二十日，杀死了高满政，投降了突厥，马邑陷落。入城后，苑君璋又杀害城内豪强以及高满政的同谋三十多人。李渊以高满政的儿子高玄积为上柱国，继承荣国公爵位。

实际上，在九月初，似乎李唐已经与颉利可汗达成了默契，西线突厥军队似乎已经北撤了，太子李建成也得以返回，但由于义成公主的坚持，马邑之战还未结束，因此，李世民还继续留在并州，却迟迟不曾北上增援马邑，这大约是为了避免继续刺激颉利可汗，不仅如此，就在马邑陷落的前三天，即十月十七日，李渊还下令让李世民班师回朝了！而突厥人占领马邑之后，却在五天之后，即二十五日又把马邑交还给了唐朝，撤军了。李渊以秦武通为朔州总管，实际控制了马邑。

究其原因，大约是：当时李唐朝廷已经与颉利可汗达成了协议，但突厥军队还没有撤离马邑城，就在这时，城内的高满政意外为部下所杀，突厥人意外地占领了马邑，占领后，即将城池交还给了唐朝。颉利可汗为何不占领马邑？也许是因为，在颉利可汗看来，突厥人不习惯生活于此地，不可能在这里留下大量的突厥部众，而原本依附于突厥人的汉族军民此时已心向唐朝，与其要一个时常与自己捣乱的边镇，倒不如得到金银财帛、美女更加实惠。颉利可汗满足了李渊的要求，李渊同样也是如此，据《资治通鉴》记载，"突厥恶弘农公刘世让为己患，遣其臣曹般阤来，言世让与可汗通谋，欲为乱，上信之。冬，十月，丙午（初四日），杀世让，籍其家"。刘世让是一位有勇有谋的良将，但正是他的存在，令颉利可汗坐卧不安，必欲杀之而后快，果然，李渊听命于颉利可汗，以莫须有的罪名将其杀死。史书称，李渊杀死刘世让是听信了突厥使者的话，好像是受了蒙蔽，但以李渊的老谋深算，这种说法根本是站不住脚的，李渊岂能轻信对手的谗言？在不久之前，刘世让还给李渊建议扼守崞县，被李渊称赞为猛将，此时怎会轻易诛杀？即便是刘世让增援马邑不力，但也比不战而逃并全军覆没的李高迁要强很多，大敌当前，怎能不经审理匆匆杀掉呢？显然，杀掉刘世让一定是突厥人向李渊提出的条件，史书讳言李唐政府屈从突厥、诛杀良将，才这么说的。事情的真相极有可能是：李唐政府以刘世让的死换取了马邑。

看似危险的北方局势，再一次转危为安。

等到突厥人退去之后，并州大总管长史窦静（窦抗之子）上书请求在太原屯田，以节省运粮之苦，执政者都认为这样一来有可能引发新一轮的骚动，没有答应。窦静反复上表，李渊遂下诏命其入朝，当着自己的面与尚书左仆射裴寂、尚书右仆射萧瑀以及中书令封德彝辩论，裴寂等人理屈词穷，于是，李渊就听从了窦静的建议，后来，每年能增收数千斛谷子，遂任命窦静为检校并州大总管。十一月，秦王李世民也请求增加并州的屯田，李渊同意了。

一一六 江南复反（一）

俗话说，福无双至，祸不单行。

当北方狼烟四起之时，李唐周边地区也是一片乱离。一月，嶲州（今四川省西昌市）人王摩沙起兵发动叛乱，自称元帅，改元进通；李渊派遣骠骑将军卫彦前去讨伐。三月，在遥远的江西地区，在去年二月降唐的张善安却再度发动叛乱，李唐朝廷派遣舒州总管张镇周前去讨伐。四月，吐谷浑入侵芳州（今甘肃省迭部县），刺史房当树逃奔松州（今四川省松潘县）。同月，南州刺史庞孝恭、南越州百姓宁道明、高州头领冯暄一起叛乱，攻陷了南越州，并乘胜进攻姜州（今广东省合浦县西北），合州（今广东省雷州市）刺史宁纯率军前去讨伐。五月，吐谷浑以及党项进攻河州（今甘肃省临夏市），李渊命令岐州（今陕西省凤翔县南）刺史柴绍率军救援。柴绍的妻子平阳公主刚刚于本年二月去世，但由于军情紧急，柴绍不得不率军西进。六月，瓜州（今甘肃省酒泉市瓜州县）总管贺若怀广巡视境内，来到沙州（今甘肃省敦煌市），当地百姓张护、李通造反，贺若怀广与数百人守卫内城，凉州总管杨恭仁派军救援，反被张护等人击败。接着，张护、李通杀掉了贺若怀广，拥立窦伏明为主，进逼瓜州，被长史赵孝伦击退。同月，柴绍率领唐军与吐谷浑军队作战，被敌人包围，敌人登高射箭，箭如雨下。柴绍命人弹起琵琶，让两位舞女相对翩翩起舞。吐谷浑人感到非常奇怪，个个放下弓箭，驻足观赏，柴绍见敌人放松了警惕，偷偷派遣精锐骑兵绕到敌人背后，突然发起进攻，将敌人打得大败。七月，岗州刺史冯士翙占据新会（今广东省江门市新会区）造反，广州总管刘感前去讨伐，冯士翙投降，刘感让他官复原职。

虽然四处狼烟，但这些都是些疥癣之疾，到了八月，在柴绍的打击下，吐谷浑表示归降，九月，窦伏明也献出沙州投降了唐朝。

与突厥之间的和谈进展得非常顺利，一切逐渐开始向好，然而，就在李渊刚想松一口气的时候，富庶的江南发生了意想不到的变故——八月九日，淮南道行台仆射辅公祏也发动了叛乱！

辅公祏原本与杜伏威是挚友，辅公祏年长，杜伏威把他看作自己的兄长一般，军中也称其为伯父，像敬重杜伏威一样敬重他。时间长了，杜伏威逐渐开始猜忌辅公祏来，任命养子阚稜为左将军，王雄诞为右将军，借此夺去了辅公祏的兵权。辅公祏也看出了杜伏威的心思，一直郁郁寡欢，与老友左游仙佯装学习仙道，不问世事，以韬光养晦。等到去年七月杜伏威入朝时，留下辅公祏镇守丹阳（今江苏省南京市），命王雄诞担任辅公祏的副将，并暗中告诫王雄诞说："我去长安以后，假如不被夺去实权，就不要让辅公祏发动叛乱。"杜伏威离开后，左游仙就开始劝说辅公祏速速谋反，但由于王雄诞手握强兵，辅公祏无机可乘，所以一直没有发动，于是，辅公祏就谎称接到了杜伏威的书信，声称怀疑王雄诞怀有二心，王雄诞听说后，不辨真假，竟然真的以为自己受到了杜伏威的怀疑，心里非常生气，遂称病不再办公。辅公祏趁机夺去王雄诞的兵权，命同党西门君仪来到王雄诞的家中，把谋反之计告诉给了王雄诞。到了这时，王雄诞才恍然大悟，非常后悔，说道："如今，天下即将安定下来，吴王杜伏威又身在京师，大唐兵威，所向无敌，为何无缘无故干这种灭族的蠢事呢？王雄诞就是死，也不敢听命！如今，我听命于你，只不过多活一百多天罢了，大丈夫岂能爱惜当前的死而干出不义之事呢！"辅公祏知道无法说服他，遂将其勒死。王雄诞爱护士卒，深得将士们之心，他统领军队，纪律严明，秋毫无犯，听说他被杀的消息，江南军民无不掩面而泣。

辅公祏又谎称唐朝扣押了杜伏威，杜伏威在长安写信给自己，命自己起兵，于是，开始打造铠甲，囤积军粮，不久，又在丹阳称帝，国号宋，整修南陈的宫室之后，居住在那里，设置百官，任命左游仙为兵部尚书、东南道大使、越州（今浙江省绍兴市）总管，与三月份起兵的张善安（以豫章——今江西省南昌市为据点）联络，任命其为西南道大行台。

八月二十二日，李渊下诏命令襄州道行台仆射赵郡王李孝恭率领水军东下，直扑江州（今江西省九江市）；岭南道大使李靖率领交州（今越南河内市）、广州（今广东省广州市）、泉州（今福建省闽侯县）、桂州（今广西壮族自治区桂林市）之兵向宣州（今安徽省宣城市）进发；怀州总管黄君汉从谯州、亳州南下；齐州总管李世勣沿淮河、泗水南下，四路大军一起讨伐辅公祏。

李孝恭将要出发时，宴请众将，命令部下取来水喝，可是杯子里的清水突然化为血水，众人均大惊失色，以为是不祥之兆，李孝恭却泰然自若，说道："这是辅公祏断头的预兆啊！"说完一口喝下，众人这才心悦诚服。

九月十五日，辅公祏派遣部将徐绍宗进攻海州（今江苏省连云港市东海县），陈政通进攻寿阳（今安徽省寿县）。如果辅公祏的军队占领了淮河以北，势必扰动刚刚平定的兖州地区，威胁青齐，九月，在并州局势渐趋平静时，李渊下令以李世民为江州道行军元帅，准备将其调往南方指挥对辅公祏围剿行动。

黄州总管周法明率军东进讨伐辅公祏，但张善安驻扎在夏口（今湖北省武汉市），挡住了他的去路。周法明驻军荆口镇（今湖南省岳阳市北），十一月十日，他登上战舰喝酒，张善安派数名刺客乘坐小船而来，周法明毫无防备，被刺客杀死。十二日，舒州总管张镇周等人在猷州（今安徽省泾县）黄沙（在泾县东南）大破辅公祏部将陈当世所部。

十二月二日，安抚使李大亮率军来到洪州（今江西省南昌市），讨伐张善安。张善安与李大亮隔河搭话，李大亮向其说明祸福，张善安回答："我其实本无谋反之心，只是被将士们误导，如今也想投降，但害怕投降后还会被杀。"李大亮说："张总管既然已想投降，那么你我就是一家人了！"说完，即拍马独自一人渡河，与张善安紧握双手，一起交谈，显示毫无隔阂，张善安大喜，当即表示愿意归降。不久，张善安也率领数十名骑兵来到李大亮的大营，李大亮把张善安的随从骑兵留在营外，只带张善安一人进入营内谈话，二人谈了很久，张善安告辞，这时，李大亮却突然翻脸，下令武士把张善安抓了起来，张善安的随从全都逃回了自己的大营。张善安的士兵们听说李大亮扣留了自己的主帅，个个义愤填膺，倾巢出动，将要进攻李大亮。李大亮命人对叛军们说道："我没有强留总管，是总管真心实意要归顺朝廷，他亲口对我说：'如果我回去以后，恐怕将士们会有不同意见，自己会被他们控制。'是他故意不回去的，你们为何要迁怒于我呢！"叛军们听了，又大骂张善安："张总管出卖我等，想向他人献媚！"遂四散而去。李大亮趁机追击，俘虏了很多人。李大亮把张善安送到长安，张善安自称没有与辅公祏联络，李渊赦免了他的罪过，但等到辅公祏被消灭后，唐军得到了张善安的书信，李渊这才下令把他杀了。

对比李建成和李世民的表现，李建成在九月三日接到李渊的命令之后就撤军了，但李渊让李世民撤军颇费了一番周折：李渊在最初并没有正式下诏命其从并州撤军，而是在九月十九日下诏任命李世民为江州道行军元帅，意欲将李世民调往江南平叛，此后，李渊又杀了刘世让，突厥则让出了马邑，双方恢复了和平，十月十七日，李渊这才正式下诏命令李世民撤回。同日，李渊也离开长安，前往华阴，对外宣称是去打猎，其实，李渊可能另有担心：当时，李渊与李世民之间已经出现了分歧，李渊任命李世民为江南道行军元帅之后，李世民应该立即丢下并州的军队，前往江南上任，但李世民并没有这样做，而是逗留在军中近一个月，借故迟迟不去。李渊不得不下诏明令李世民返回，可是，李世民依然态度消极，李渊动身前往华阴，既有催促李世民之意，也有以防万一的意思，即便是在这种情况下，李世民一直到十一月十七日，走了整整一个月才回到了华阴，李渊在忠武顿接住了李世民。

也许，在这近两个月里，重新掌握了军队的李世民的内心翻江倒海，这时他就想蠢蠢欲动、发动政变吗？也许……

一一七 江南复反（二）

李渊任命李世民为江南道行军元帅，不过是个障眼法，实际上，李世民也并没有指挥江南的战斗，更不要说带兵打仗了。

武德七年（公元624年）一月十一日，赵郡王李孝恭进攻枞阳（今安徽省枞阳县），大破辅公祏军。二月，辅公祏派军包围了猷州，刺史左难当坚守城池，安抚使李大亮率军赶来，将辅公祏军击退，与此同时，赵郡王李孝恭所部又攻克了鹊头镇（今安徽省铜陵市北），打通了通往丹阳的通道。二月十二日，行军副总管权文诞在猷州又击败辅公祏军，并乘胜收复了枚洄（今安徽省泾县东南）等四座军镇。二月，太保、吴王杜伏威暴病而死。杜伏威的死很可能不是自然死亡，辅公祏对外宣称是奉杜伏威之命才起兵的，等到后来李孝恭灭掉辅公祏后，将辅公祏的文告上报李渊，李渊遂下诏将杜伏威除名，并将其妻子儿女罚为奴婢，一直到唐太宗时才予以赦免。

辅公祏的部将冯惠亮和陈当世率领三万水军驻扎在博望山（今安徽省当涂县西南），陈正通和徐绍宗则率领三万步骑兵驻扎在青林山（在今安徽省当涂县东南），还在梁山长江两岸拉起铁锁，横断长江江面，兴建了一连串却月城等防御工事，绵延十余里，又在长江西岸构筑营垒，以抵御唐军。

李孝恭和李靖率领水军抵达舒州之后，李世勣也率领一万齐州军队推进到淮河南岸，并一举攻克了淮河重镇寿阳。冯慧亮等人拒绝应战，李孝恭派出奇兵切断了冯慧亮等军的粮道。冯慧亮等军军粮开始缺乏，只好放手一搏，趁夜进逼李孝恭的大营。李孝恭睡在床上，一动不动，接着，他召集众将商议对策，大家都说："冯慧亮等人率领精锐部队，占据水路要道，强攻一时难以攻克，不如直插丹阳，捣毁其巢穴，攻下丹阳之后，冯慧亮等人自然就崩溃了！"

李孝恭将要听从众将的意见，但李靖反对道："辅公祏的精兵虽然在这里，但他亲自统领的也不在少数，如今，博望等地我军尚且无法攻克，等到了丹阳，辅公祏固守石头城，岂能轻易攻克！假如我们进攻丹阳，在十天半月之内无法攻克的话，冯慧亮等人一定会尾随而来，届时我军将腹背受敌，这太危险了。冯慧亮和陈正通都是身经百战的老贼，他们内心并非不想出战，只是由于辅公祏严令他们固守，想要把我们拖死罢了。假如我们进攻他们的堡垒，以激怒他们，一定可以引诱他们出战，一战就能搞定他们！”李孝恭表示同意。

三月十六日，李孝恭命令老弱之兵先向敌人的堡垒发起进攻，而留下精兵在后面严阵以待。进攻堡垒的老弱之兵无法取胜，遂败退下来，敌人遂出兵追击，追了数里，就碰上了早已等待多时的唐军主力。早已投降唐军的阚稜脱下头盔对敌人说道：“你们难道不认识我阚稜吗？”叛军中不少人都是阚稜的旧部，也都深知他的威猛，见到阚稜后，全无斗志，有的甚至倒地下拜，遂被唐军打得大败。李孝恭、李靖乘胜追击，转战一百多里，梁山（今安徽省和县南）、博山、青林两座堡垒相继被唐军攻克，冯慧亮、陈正通等人逃回丹阳，叛军被杀、淹死的有一万多人。

二十一日，安抚使任瑰攻克扬子城（今江苏省扬州市南长江渡口），辅公祏的广陵（今江苏省扬州市）城主龙龛投降。

李靖的军队最先抵达丹阳城下，辅公祏大为恐惧，率领数万人马弃城东逃，打算前往会稽，投靠左游仙，李世勣率军追击。二十八日，李孝恭攻克了丹阳。辅公祏逃到句容（今江苏省句容市），他身边的数万人马全都溃散，只剩下了五百多人，夜里，他们来到常州过夜。当晚，其部将吴骚等人阴谋抓住他请功，辅公祏觉察出事情不妙，遂丢下妻子，独自与数十名心腹砍开城门仓皇逃走。行至武康（今浙江省德清县），被当地百姓围攻，西门君仪战死；辅公祏被活捉，送到丹阳后，被斩首。李孝恭命令部队分头捉拿辅公祏的余党，全部斩杀，江南就此被平定。

三月二十九日，李渊任命李孝恭为东南道行台右仆射，李靖为兵部尚书。不久，又废掉行台，以李孝恭为扬州大都督，李靖为都督府长史。李渊对李靖的表现非常满意，他说：“李靖是萧铣和辅公祏的克星！”

在消灭辅公祏之战中，阚稜立下了汗马功劳，他本人也把这当一回事，有点自高自大。辅公祏被捕后，污蔑阚稜与自己暗中来往，正巧，李孝恭在没收敌人田宅时把阚稜、杜伏威、王雄诞等人的家财与叛党一起没收了，阚稜出面申诉，惹恼了李孝恭，李孝恭大怒，遂下令以谋反罪将阚稜杀掉了。

平定江南后，四月一日，李渊下诏大赦天下。

就在李孝恭、李靖进攻辅公祏时，二月，高开道也被部将张金树杀掉。去年一月刘黑闼被杀，十月突厥人又与李唐恢复了和平，高开道感觉自己没有了出路，也想投降，但又担心自己反复不定，终归会被唐朝杀掉，又不敢投降，况且，他还想到有突厥支持自己，料想唐朝也不能拿自己怎样，遂打消了投降的想法，可是，他手下的将士们大多是山东百姓，长期追随他来到北方，都思念家乡，士气低落。高开道从军中挑选了数百壮士，称之为假子，由张金树统领，作为他的贴身卫队。刘黑闼的旧将张君立逃到高开道这里，与张金树密谋抓住高开道。张金树派数名同党一起进入阁楼与高开道的假子们嬉戏，等到傍晚，暗中弄断了这些人的弓弦，把他们的武器也藏到了床下。天完全黑下来后，又趁黑把这些人的武器从床下抱出来，逃出。张金树率领同党大声鼓噪，攻进了阁楼，假子们将要抵御，但弓弦已断，刀剑也找不到了，于是纷纷出来投降。与此同时，张君立也率众高举火把，在阁楼外面呼应，内外顿时一片大乱。

高开道自知无力回天，遂身披铠甲，手持武器，端坐在大堂之上，与妻妾们演奏音乐，痛饮美酒。众人都害怕高开道骁勇，不敢上前，等到天快亮的时候，高开道这才起身，一一勒死了妻妾和儿子们，然后自杀。张金树整顿军队，把高开道的假子们全部斩杀，又杀死了自己的同伙张君立，当天死了五百多人。然后，他派人前来投降，李渊下令在其地设置妫州（今河北省怀来县），以张金树为北燕州都督。

李唐朝廷在应对各地的叛乱和外部骚扰的同时，也开始逐步建立和完善了一系列制度。李渊称帝以后，就恢复了科举制度，又按照“务在宽简，取便于时”的原则，恢复了隋朝开皇年间的法律制度以及府兵制度，还在武德二年二月十四日，颁布了税赋制度，武德四年制定了币制。随着全国基本上统一之后，李渊又在武德七年二月下诏，大力提倡儒学，他在诏书中称：“自古为政，无不把教育放在首位。只有通过学习，才能使人仁义礼智信都兼备。”又下令，各州推荐人才，州县乡都要设立学堂。三月，他又进一步确立了唐代的官制，他规定：以太尉、司徒、司空为三公；以下是尚书、门下、中书、秘书、殿中、内侍六省；再次为御史台；以下依次为：太常到太府为九卿、将作监、国子学、天策上将府、左右卫到左右领卫将军府为十四卫；东宫设置三师、三少、詹事、两坊、三寺、十率府；王、公、公主配备属官。地方上分为州、县、镇、戍，其中州分为上中下三等，四万户以上的为上州，两万户以上为中州，两万户以下的为下州。除了实职官员之外，还有所谓的散官，其中从开府仪同三司到将仕郎一共二十八级，是文职散官；从骠骑大将军到陪戎副尉共计三十一级，为武职散官；从上柱国到武骑尉十二等，是为奖励军功而设置的勋官。四月一日，唐朝政府在大赦天下的同时，又颁布了新的均田制和租庸调法。其中，均田制规定：五尺为一步，二百四十步为一亩，一百亩为一顷。十六岁到二十岁的中男和年满二十一岁到五十九岁的丁男，每一个人分配一顷土地，老弱减十分之六，即给四十亩，丧偶女子减十分之七，即三十亩。其中，十分之二的土地作为可以传给子孙的土地，十分之八是国家分配给的口粮田，死后充公重新分给他人。租庸调法规定：每位壮丁每年向国家缴纳两石粟米；调则根据土地情况不同，分别缴纳绫、绢、𫄨（一种粗绸）、布。每年，壮丁要服二十天的劳役，如果不服役，每天要缴纳三尺布帛；因国家临时征发的劳役，十五天的，免除该人当年的调；服役三十天的，免除当年的租和调。遇到自然灾害的，损失十分之四的，免去租；损失十分之六的，免去调；损失十分之七的，各种税赋全免。根据百姓的家财，把全国百姓分为九等；一百户为一里，五里为一乡；四家为一邻；四邻为一保。在城市中的居民点称为坊，野外的居民点叫村。为官的人家不准经商，与民争利；工商杂业，不得成为士人。男女从出生到四岁之间，被称为黄；到了四岁以后，被称为小；到十六岁被称为中；二十岁以后，被称为丁；六十岁被称为老。

李渊还十分重视文化建设，早在武德五年，他就下诏编纂《艺文类聚》，到本年九月十七日，该书编纂完成，由欧阳询呈给李渊。《艺文类聚》保存了大量失传的古书名目和引文，是继隋朝《北堂书钞》之后的又一部类书，具有很高的价值。

一一八 钩心斗角（一）

外患逐渐消除，而内讧却愈演愈烈。

回顾太原起兵以来，李渊集团从一开始实力并不很强，在夺占关中过程中，他采取了拉拢、收编、打压等种种手段吞并当地变民力量，依靠李建成、李世民以及宗室整合了各股势力，逐渐确立了自己的地位。建立唐朝以后，李渊更是目光如炬，充分施展了他的纵横捭阖之才，审时度势，一次又一次地化解了帝国面临的种种危机，引导李唐这条航船朝着统一中国的目标前行，而在这一进程中，他所依靠的左膀右臂就是太子李建成和次子李世民，尤其是李世民出征的机会更多一些。

然而，在战乱年代，谁手握兵权，谁说话就有分量。假如李世民是个没有非分之想的人的话，也就罢了，可惜的是，他是一个充满了野心和激情的人物，在一次又一次的出征中，李世民大肆培植自己的势力，把各类人才都纳入自己的秦王府中，为即将到来的夺权行动打下坚实的基础。这些人主要有：李靖“太宗寻召入幕府”；尉迟敬德归降后，李世民“赐以曲宴，引为右一府统军”；秦叔宝“拜马军总管”，“寻授秦王右三统军”；程知节“授秦王府左三统军”；张公谨“为王世充洧州长史”，“引入幕府”；刘师立“初为王世充将军……太宗惜其才，特除之，为左亲卫”；段志玄“迁秦王府右二护军”；公孙武达“从平王世充、窦建德，累迁秦王府右三军骠骑”；屈突通“复从太宗讨王世充……寻拜陕东大行台右仆射，镇于洛阳”；宇文士及“迁秦王府骠骑将军”；萧瑀“为府司马”；封德彝受诏“参谋军事”；李安远“从太宗征伐，特蒙恩泽”；李君羡“初为王世充骠骑”，“叛而来归，太宗引为左右”；田留安为王世充征南将军，“帅众来归”，李世民“以留安为右四统军”；薛万均初随李艺，“及太宗平刘黑闼，引万均为右二护军”以及秦王府十八学士等等。而据《新唐书·袁朗传》的记载，李建成一方则有詹事李纲、窦轨、庶子裴矩、郑善果、友贺德仁、洗马魏徵、中舍人王珪、舍人徐师谟、率更令欧阳询、典膳监任璨、直典书坊唐临、陇西公府祭酒韦挺、记室参军事庾抱、左领大都督府长史唐宪；李元吉则有记室参军事荣九思、户曹武士逸、典签裴宣俨、文学袁朗等人。

三王拉帮结派，各树朋党，都紧盯着皇帝宝座，而关键就在于李渊的态度。如前所述，史书上所云李渊早就答应要立李世民为太子，这显然是李世民篡改历史后留下的谎言，实际上，从一开始，李渊的态度就非常明确：以长子李建成为皇位继承人。站在李渊的角度，这一决定有充分的理由：一是立嫡立长的封建伦理。二是隋朝灭亡的教训。三是李建成个人条件。李建成比李世民年长九岁，执政经验更加丰富，他为人仁厚，能文能武，从各个方面来看都要比锋芒毕露的李世民更适合做一个太平天子。其实，在刚刚定鼎长安不久，李渊就已经敏锐地察觉出李世民的野心了，武德二年，他不顾李世民的苦苦求情，毅然决然地诛杀了太原功臣刘文静，就是一个明显的信号。固然，刘文静的死有来自各方面的因素，但毋庸讳言，在太原起兵之前，刘文静就已经是李世民的心腹了，据《旧唐书·刘文静传》称："文静察高祖有四方之志，深自结托，又窃视太宗，谓（裴）寂曰：'非常人也，大度类于汉高，神武同于魏祖，其年虽少，乃天纵矣。'寂初未然之。"此后，李世民抵御薛举，刘文静为元帅府长史；李世民拜太尉、陕东道行台尚书令，镇长春宫，刘文静又是陕东道行台左仆射，从镇长春宫。可以说，刘文静是李唐建立之初李世民的第一死党。刘文静与李渊心腹裴寂之间的矛盾，以及李渊对刘文静的打压，直至最后的诛杀，从一个侧面反映了李渊与李世民父子之间的矛盾，也是李渊对李世民的打压和警告。但在随后的日子里，李渊是不是也曾经动摇过呢？也许他也会在李建成与李世民之间摇摆，正如《资治通鉴》在贞观九年李渊去世后，李世民说的那样："武德六年以后，高祖有废立之心而未定，我不为兄弟所容，实有功高不赏之惧……"不过，这也是正常的。

武德二年九月刘文静被杀之后，在并州前线领兵的裴寂战败，逃回了关中，在这种情况下，李渊不得不重新起用了李世民。等到李世民收复晋阳之后，很快又与齐王李元吉一起领兵东进，一举消灭了王世充和窦建德二王，至此，李世民的声望也达到了顶峰，在东出关东的这一年中，他也大大地扩充了秦王府的实力，夺嫡的野心更为明显。李渊掌握了这一动向，及时采取了明升暗降的策略，给予李世民天策上将军的虚衔，又把秦王府的下属外派到外地任职，剪除了李世民的羽翼。然而，出乎所有人意料的是：看似已经安定下来的关东地区，又出现了一个刘黑闼和气势汹汹南下的突厥以及突然反叛的辅公祏，李唐内部的政治斗争只好又暂时放在了一边。

经过一番手忙脚乱之后，到武德七年上半年，全国局势基本上已稳定，而李建成、李元吉与李世民之间的矛盾却逐渐激化了起来。齐王李元吉曾经劝说李建成除掉李世民，并说："我替哥哥亲手杀了他！"一次，李世民跟随李渊一起驾临李元吉的家中，李元吉提前让护军宇文宝埋伏在卧室之内，打算行刺李世民。李建成性格仁厚，担心惊吓了父皇，连忙制止。李元吉怒道："我是替哥哥您打算的，与我有什么好处！"但是，为了自保，李建成也擅自招募了长安以及四方骁勇之士两千余人担任东宫卫士，分别驻扎在太子宫左右长林门，号称长林兵；又暗中命令右虞候可达志从燕王李艺那里调来了三百名幽州突骑，配备在太子宫的各个官署，打算逐步把他们变成太子卫队的正式人员，但此事被人告发，李渊把李建成召来斥责了一通，将可达志流放到了嶲州。

据《新唐书·李元吉传》称："时秦王有功，而太子不为中外所属，元吉喜乱，欲并图之。乃构于太子曰：'秦王功业日隆，为上所爱，殿下虽为太子，位不安，不早计，还（旋）踵受祸矣，请为殿下杀之。'太子不忍，元吉数讽不已，许之。"也就是说，李元吉并非没有企图，他见李建成仁厚，地位不牢，打算将李建成和李世民一并除去，所以才支持李建成除掉李世民，而李建成在最初的时候却不忍心，在李元吉的反复劝说下，他终于答应了。

武德七年五月，李渊下令在宜君县的玉华山凤凰谷中修建了一座行宫仁智宫，这座宫殿仅仅经过一个月的建设就完工了，到了六月三日，李渊带着李世民、李元吉一起前往仁智宫避暑，命李建成在长安留守。临行前，李建成命李元吉伺机刺杀李世民，说："安危的关键，就在今年。"庆州（今甘肃省庆阳市）都督杨文干原本是李建成的部下，二人关系很深，李建成曾命他招募壮士，秘密送到长安。李建成又命令郎将尔朱焕、校尉桥公山把铠甲送给杨文干。

尔朱焕和桥公山行至豳州后，就向李渊告发，称李建成命令杨文干起兵，二人里应外合；又有宁州人杜凤举也来到仁智宫揭发。李渊得报后，不禁大怒，借口有其他事情需要商量，给李建成写下亲笔诏书，命其赶往仁智宫。李建成接到诏书后，不明就里，吓得不敢前往。太子舍人徐师谟劝说李建成占领长安，起兵；太子詹事主簿赵弘智则劝说李建成轻车简从，亲自前往仁智宫，面见李渊谢罪，李建成答应了。

李建成一行来到距离仁智宫六十里的毛鸿宾坞堡后，他把随从全部留在此地，只带十余名骑兵拜见李渊，叩头谢罪，恳请饶恕，整个身体投于地上，因用力过猛，几乎气绝而死。李渊仍然余怒未消，当晚，将李建成软禁在帐幕之中，只送给一点粗麦饭，命殿中监陈福看管，又派司农卿宇文颖飞马赶往庆阳，征召杨文干。宇文颖与李元吉私交很深，他来到庆阳后，反把情况告诉给了杨文干，杨文干遂起兵发动了叛乱。李渊命令左武卫将军钱九陇与灵州都督杨师道（李渊五女婿）合击杨文干。

六月二十六日，李渊召见李世民询问对策。李世民回答："杨文干不过是一介狂徒，其胆敢造反，我判断已经被其下属生擒了，如若不然，只需派出一名将军就足够了。"李渊说："不对。杨文干的事牵扯到李建成，恐怕响应的人会很多，你该亲自走一趟，事成之后，我将立你为太子。我不能像隋文帝那样自己杀死自己的儿子，我还是会封建成为蜀王的。蜀国的军队非常弱小，以后如果能侍奉你的话，你要保全他；如果不能侍奉你，你制服他也比较容易。"即便李渊真的说过这些话，曾经对裴寂说过李世民已不再是自己昔日的孩儿的他，说的肯定也不是真心话。

杨文干叛乱一事迷雾重重。

李渊带着李世民和李元吉前往距离长安数百里的仁智宫，身边不会不带上大批人马，在这时李建成却要让远在庆阳的杨文干举兵，这原本就是匪夷所思的。尔朱焕和桥公山给杨文干送去铠甲大约是实情，但这并不意味着李建成要命杨文干起兵，更何况，在李元吉家中那么好的机会，李建成就不愿向李世民痛下杀手，如今，他怎么会舍易就难，不惜背上一个背父之名要发动政变呢？而事情的真相可能是：尔朱焕和桥公山则极有可能被李世民收买了，李世民让二人告发，其目的就是想激变李建成，然后，可以名正言顺地取而代之，让李建成落入汉武帝卫太子刘据不得自陷谋反的境地。然而，冷静的李建成毕竟不同于刘据，他没有采纳徐师谟的建议，而是采纳了赵弘智的建议，冒着生命危险只身前往仁智宫解释。李建成的解释和行动让李渊很快就清醒了，他决定把杨文干召来对质。

不料，前去庆阳的宇文颖却把太子李建成被逮捕的消息告诉给了杨文干，不明真相的杨文干为了自保，仓促之间就举兵了。消息传来，当面对质已经不可能了，而此时的李渊又该如何应对这场危机呢？仁智宫远离京师，隋文帝在离宫被杀的往事肯定会浮现在李渊的脑海，经过一天一夜的思考，李渊肯定已对这一事件作出一个大致的判断：仅凭尔朱焕三人的口供还无法坐实李建成真的要谋反，况且，李建成也没有理由造反，即便真有可能，也是为人所逼，此人当然是秦王李世民；这一事件也很有可能是李世民幕后策划的一场阴谋。假如真的如此，如今不及时惩处李建成，自己又远离京师，李世民在阴谋落空的情况下，就可能会采取第二套方案，铤而走险，这样一来，自己的处境就危险了，这也许就是李渊在二十六日召见李世民问计的原因。

李世民提出杨文干已被部下抓获的判断，又称可以派一名将军前往，其目的就是不愿远离仁智宫，并且试探李渊的内心，但他低估了老谋深算的李渊，李渊坚持让李世民亲自前去，表面上说了一番冠冕堂皇的理由，其真实目的却是把李世民从仁智宫支开、解除自己的眼前之危，为了达到这一目的，李渊在李世民面前继续装傻，做出一副深信李世民的样子，并不惜以事成之后让他当太子为诱饵。

李世民听了李渊的话，当然觉得和平接任太子总比冒险政变要好得多，遂打消了原计划，按照李渊的指示前往庆阳了。

一一九 钩心斗角（二）

李世民走后，李渊仍不放心。

当天晚上，李渊担心会出现意外（当时李建成已被控制，杨文干远在庆阳，李渊担心的意外又从何而来？不言自明），亲自率领禁卫军离开仁智宫，走出山谷，又一直向南前行了数十里地。史书在这里写得很巧妙，称，这时，东宫官属将卒相继而来了，李渊下令让他们每三十人作为一队，把李渊和嫔妃们团团围在中间，提心吊胆的李渊就这样度过了一晚，一直到第二天才返回仁智宫。

值得注意的是：东宫的人马就在距离仁智宫南六十里的毛鸿宾坞堡！显然，李渊等人当晚是冲着毛鸿宾坞堡而来的！假如李渊确信李建成想要谋反，他岂能率领宫人趁夜南下，与东宫的人马会合呢？并且，还命东宫将士护卫自己？他要躲避的不是李世民又会是谁！

史书称，李世民离开仁智宫之后，李渊的嫔妃们轮番替李建成求情，封德彝表面上依附李世民，暗中却帮助李建成，李世民对此一直不知，此时，封德彝又在外替李建成斡旋，于是，李渊遂回心转意，把李建成派回长安留守。嫔妃们以及封德彝的斡旋也许是真的，但真正左右李渊决策的还是他自己对事物的洞察力。早在二十六日之前，李渊似乎已经作出了幕后黑手是李世民的判断，这才有了二十六日他力促李世民前去庆阳的决定，等到李世民西去之后，他又担心李世民会杀个回马枪，连夜离开仁智宫，南下与东宫将士们会合。惊魂甫定，李渊把李建成派回长安，自然是题中应有之义：一是可以避免李世民径直占领长安，发动政变；二是有李建成在京师，也足以震慑住李世民，使其不敢铤而走险，胆敢刺杀自己。

当李世民还在庆阳前线时，李渊已经查清了事情的真相。史书称，李渊仅仅责备此事源于兄弟之间不和睦，归咎于太子中允王珪、太子左卫率韦挺以及李世民的天策兵曹参军杜淹，将三人一并流放到嶲州；将太子洗马魏徵免官了。王珪、杜淹、韦挺过去就相识，也许在言谈之间王珪和韦挺向杜淹透露了些什么，结果引起了这一场轩然大波。《杜淹传》称："太宗知淹非罪，赠以黄金三百两。"处分王珪、韦挺，当是因为二人奉命给杨文干送去铠甲，而处分杜淹则可能是因其买通了尔朱焕和桥公山二人。

杨文干攻克了宁州（今甘肃省宁县），驱赶军民固守百家堡（今甘肃省庆阳市境内）。李世民率领来到宁州之后，杨文干之军即行崩溃。七月五日，杨文干被下属杀死；宇文颖被生擒后，也被杀掉了。

自从去年十月与突厥和亲之后，突厥人并没有停止对李唐边境的侵扰：武德六年十二月二十八日，突厥军队进攻定州，州军将其击退；武德七年三月二十七日，突厥军队进攻原州（今宁夏回族自治区固原市）；五月二日，突厥军队进攻朔州（今山西省朔州市）；六月，又进攻代州所辖的武周城（今山西省左云县），被周兵击退；七月一日，苑君璋率领突厥军队又进攻朔州，被总管秦武通击退；十日，突厥军队再度进攻原州，李唐朝廷派遣宁州刺史鹿大师率军救援，又派杨师道前往大木根山（今内蒙古自治区鄂托克前旗）布防；十二日，突厥人进攻陇州（今陕西省陇县），李唐朝廷命令护军尉迟敬德率军迎击；十五日，突厥军队进攻阴盘（今甘肃省平凉市东）；二十一日，突厥吐利设与苑君璋又进攻并州。与此同时，吐谷浑和党项也不断侵扰陇西一带。

七月二十六日，经历了一场虚惊的李渊终于回到了长安。

有人对李渊说："突厥人之所以屡屡入侵关中，是我们的金银财宝都集中在长安。假如把长安毁掉，迁都别的地方，突厥人带来的祸患自然就消失了。"李渊认为说得很对，就派中书侍郎宇文士及前往樊城（今湖北省襄阳市）、邓城（今河南省邓州市）一带寻找可以迁都的地方，打算把都城迁到那里。太子李建成和齐王李元吉、尚书左仆射裴寂都赞成，尚书右仆射萧瑀心里虽然知道这不可行，但不敢劝谏。秦王李世民劝谏道："少数民族带来的灾难，从古至今都是存在的。陛下神圣英武，兴起民间，安定华夏，拥有百万精兵，所向无敌，为何仅仅因为少数民族骚扰边境就匆匆迁都躲避，令天下人蒙羞，让后世耻笑！昔日霍去病只是汉朝的一员战将，尚且有扫灭匈奴的志向，何况臣身为帝国的宗室，恳请陛下给我几年期限，我一定能拴住颉利可汗的脖子，将他带到皇宫门前，如若不然，再迁都不迟。"

李渊说道："你说的好！"

李建成却说："昔日樊哙曾打算率领十万之众纵横于匈奴之中，秦王刚才说的话是不是与之相似？"

李世民反驳道："情况发生了变化，用兵也各不相同。樊哙不过是一介小丑，何必提他！不出十年，我一定要平定漠北，我不敢胡言。"

李渊这才打消了迁都的计划。

李建成和李渊的嫔妃们趁机在李渊面前说："突厥虽然屡屡骚扰边地，但得到贿赂后就撤离了。秦王表面上说是抵御突厥的，其实内心想掌握兵权，以达到他篡位的目的！"

《续世说》记载：李渊在长安城南打猎、阅兵，太子李建成、秦王李世民、齐王李元吉都随从出猎。其间，李渊命三个儿子比试射箭。李建成有一匹少数民族的战马，非常壮实，只是容易摔倒。李建成把它交给李世民说："这是一匹十分难得的骏马，能飞越数丈宽的山涧，弟弟你擅长骑马，骑骑试试。"李世民骑上后，追逐麋鹿，果然马中途摔倒，李世民从马背上一跃而下，跳到数步之外，而后，又翻身上马，继续飞奔，这样经过三次，李世民毫发未损。他得意地对宇文士及说道："他是想用这种办法杀害我，死生有命，又能拿我怎样！"李建成听说后，遂让嫔妃们在李渊面前进谗言，说："秦王自称，我有天命，即将成为天下之主，岂能白白死掉！"李渊听后，勃然大怒，先召见李建成和李元吉，而后才召来李世民，斥责道："天子自有天命，不是人的智力所能夺取到的，你追逐皇帝宝座也太着急了！"李世民脱去帽子，连连叩头谢罪，自请下狱由司法机关审理，但李渊的怒气仍未消除。

正巧，有人来报突厥人再度入侵了，李渊这才收回怒容，将李世民安抚了一番，命其戴好帽子，一起研究对付突厥的策略。闰七月二十一日，李渊下诏命令李世民和李元吉率军驻扎豳州，抵御突厥，李渊亲自到兰池（今陕西省咸阳市东）给二人饯行。史称，每次遇到外患，李渊总是让李世民率军抵御，但等完事后，他对李世民的猜忌变得更深了。

究竟是什么原因让李渊差一点想要迁都避难？是他拒绝了突厥的求婚还是什么，现在已不得而知了，但李渊肯定是惹恼了突厥人。到了八月，颉利可汗和突利可汗二人率领突厥全国的军队悉数南下，这一次，他们不再以并州为主攻方向，而是取道西路，从陇上直扑长安。李世民率领唐军与突厥大家在豳州遭遇，当时，关中连日下雨，士兵们已非常疲惫，武器破旧，朝野上下、军中内外一片恐惧。

八月十二日，颉利可汗率领一万多骑兵突然逼近豳州城西，在五陇阪列下阵势，唐军将士十分害怕。李世民对李元吉说："如今，敌人欺负到我们头上，我们不能示弱，应当与之决一死战，你能与我一起出战吗？"李元吉回答："敌人如此，为何草率出动，一旦失利，后悔都来不及了！"李世民又说："既然你不敢出战，那我自己前往，你留在这里观战。"他率领骑兵径直奔向敌阵，向对面喊话："我们与可汗和亲，为何违背合约，来到此地！我是秦王，可汗能打，就上前与我单打独斗；如果率众前来，我也只用身边这一百骑兵应战！"颉利可汗不知虚实，只是笑了笑，没有回答。李世民又上前几步，命身边的骑兵给突利可汗传话："你过去与我结下盟誓，遇到紧急情况，要相互支援，如今你却率军前来，为何没有一点香火之情呢？"突利可汗也没有回答。李世民又缓缓上前，将要渡过水沟，颉利可汗见李世民竟然草率出来，又听李世民说自己与突利可汗有什么香火之情，怀疑突利可汗与李世民之间有什么阴谋，遂派人上前制止李世民，说："大王不用过来，我没有别的意思，只是想与你们重申盟约罢了。"遂率军稍稍退去。

此后，大雨一直下个不停。李世民对众将说："敌人依仗的就是弓箭，如今大雨连绵，弓胶全都失去了作用，他们就像是飞鸟折断了翅膀，而我们则居住在室内，吃着热腾腾的饭菜，刀枪锋利，以逸待劳，有这么好的机会再不利用，还等待什么呢！"于是，率军偷偷出城，冒雨前进，突厥大惊。李世民又派人劝说突利可汗，晓以利害，突利可汗听从了李世民的意见。颉利可汗想要出战，突利可汗却不同意，只好派突利可汗和夹毕特勤阿史那思摩（颉利可汗的堂叔）来见李世民，请求和亲，李世民答应了。突利可汗遂与李世民结为异姓兄弟，二人结下生死盟约。二十五日，阿史那思摩来到长安，拜见李渊。李渊命其登上御榻，予以安慰，并封他为和顺王。阿史那思摩长相像匈奴人，不像突厥人，因此，处罗可汗怀疑他的血统，在处罗可汗和颉利可汗时期，只让他当一个夹毕特勤，而不能当一个带兵的设（将军）。

一二〇 山雨欲来

李世民在豳州并没有进攻，而突厥与李唐之间似乎也没有达成有效的协议。

八月三十日，李渊派尚书左仆射裴寂出使突厥，大约是代表政府与突厥签订正式的合约，然而，接下来，突厥与唐军之间的零星战斗始终没有停歇。九月六日，突厥人进攻绥州（今陕西省延川县），都督刘大俱迎战，抓获了三名突厥特勤（公爵）。十月三日，突厥军队又进攻甘州（今甘肃省张掖市）。

到武德八年（公元625年）一月，突厥和吐谷浑各自派人请求与唐朝建立贸易关系，李渊下诏同意了。中国国内百姓因战乱缺乏耕牛，自从开设互市之后，双方取长补短，国内百姓购买了大量牲畜，各类牲畜布满了原野。

四月，李渊驾临鄠县（今陕西省西安市鄠邑区），在甘谷打猎，又在终南山上营建了太和宫。同月，西突厥统叶护可汗派人来到长安，请求和亲，李渊对裴矩说："西突厥路途遥远，对我没有什么帮助，如今向我求婚，该如何处理？"裴矩回答："今日，东突厥非常猖獗，为国家安危考虑，应当采取远交近攻的策略，臣认为，应当答应他的请求，以威胁东突厥颉利可汗，等再过数年之后，我国足食足兵，足以对付东突厥之后，再做打算。"李渊采纳了裴矩的建议，派遣侄儿、高平王李道立出使西突厥，统叶护可汗大喜。武德六年二月，李渊以为天下逐渐平定，曾下令废除了关中十二军，但在接下来的一年里，突厥军队不断骚扰唐朝边境，五月十八日，李渊再次下令恢复了关中十二军，以太常卿窦诞等人为将军，训练军队，准备大举反击突厥。

五月二十一日，凉州的匈奴人睦伽陀引导突厥军队偷袭凉州都督府，攻进了内城，长史刘君杰率军将敌人击退。

六月二日，李渊前往终南山的太和宫避暑。据《旧唐书·李元吉传》称："高祖将避暑太和宫，二王当从，元吉谓建成曰：'待至宫所，当兴精兵袭取之。置土窟中，唯开一孔以通饮食耳。’”李渊的犹豫不定以及三王之间的矛盾已经威胁到了李渊本人的安全，李元吉想趁李渊此行囚禁李渊，发动政变，但估计李建成没有答应，此事才不了了之。十四日，李渊命令燕郡王李艺率军驻扎在华亭县（今甘肃省华亭县）以及弹筝峡（今甘肃省平凉市西北泾河上游河谷）；又下令水部郎中姜行本组织人力，切断石岭道（今山西省忻州市南三十里处的石岭关），以防御突厥入侵。

七月，睦伽陀进攻武兴（今甘肃省武威市西北）；二十四日，代州总管蔺谟在新城（今山西省宁武县北二十六里阳方口以北）与突厥军队交战，唐军战败；又命令行军总管张瑾驻扎在石岭（石岭关），命令李高迁率军向太谷（今山西省太谷县）挺进，以防备突厥军队从并州南下。二十五日，李渊下令李世民率军进驻蒲州（今山西省永济市）。

八月一日，突厥军队强行通过了石岭，进攻并州（今山西省太原市）。二日，西线突厥军队则进攻灵州（今宁夏回族自治区灵武县）。六日，东线突厥军队接连攻击潞州（今山西省长治市）、沁州（今山西省沁源县）、韩州（今山西省襄垣县）。李渊下令安州大都督李靖从潞州道出击；行军总管任瑰驻扎在太行，抵御突厥这次南下。颉利可汗率领十余万大军大肆劫掠朔州地区。十一日，并州道行军总管张瑾与突厥在太谷交战，唐军全军覆没，张瑾脱身投奔李靖。行军长史温彦博被敌人抓获，突厥人因温彦博负责机要工作，询问他国家的军队、粮食等军事机密，温彦博拒不回答，突厥人将其押解到阴山。十九日，突厥军队再次进攻灵武；二十三日，灵州都督、任城王李道宗将敌人击破。二十五日，突厥军队进攻绥州（今陕西省子长县东）；二十六日，颉利可汗在进行了一个月的劫掠之后，向唐朝请和，而后又撤离而去。

九月二日，突厥没贺咄设攻陷了并州的一个县；五日，代州都督蔺谟将其击败。十五日，右领军将军王君廓在幽州击破突厥军队，斩杀了两千余人。同月，突厥人进攻蔺州（今山西省吕梁市离石区）。

十月十七日，突厥人进攻鄯州（今青海省海东市乐都区），唐朝命令柴绍率军增援。十一月八日，突厥人又进攻彭州（今甘肃省庆阳市西峰区）。

从武德七年开始，当唐朝平定了各个割据势力之后，突厥人就成了唐朝的主要威胁。武德八年就这样在突厥不断的入侵和唐军的抵抗中度过了，到了武德九年（公元626年）这一形态依然持续着。

武德九年二月二十八日，突厥人进攻原州，唐朝命令折威将军杨毛率军迎击；三月，吐谷浑、党项骚扰岷州，梁师都也攻下了静难镇。二十三日，突厥军队进攻灵州。二十五日，唐朝派遣南海公欧阳胤出使突厥，欧阳胤来到突厥之后，打算率领五十名随从刺杀颉利可汗，没有成功，被突厥人扣押起来。二十九日，突厥军队进攻凉州，凉州都督、长乐王李幼良将敌人击退。

四月九日，突厥人又进攻朔州；十二日，进攻原州；十五日，进攻泾州（今甘肃省泾川县）。二十日，李靖在灵州的硖石（今宁夏回族自治区青铜峡市西南）与突厥军队激战，双方从清晨一直战至下午四时，才把突厥人击退。二十五日，突厥军队又进攻西会州（今甘肃省靖远县）。

五月，党项人进攻廓州（今青海省贵德县）；突厥进攻秦州（今甘肃省天水市）；吐谷浑、党项进攻河州（今甘肃省临夏市）；突厥进攻兰州（今甘肃省兰州市）、陇州（今陕西省陇县）。李渊命令平道军柴绍率军抵御。

太史令傅奕上书李渊请求废除佛法，他说："佛在西域，言语妖妄，路途遥远，汉人翻译的佛经，随心所欲，进行假托。致使那些不忠不孝之人削发为僧，享受与君主、长辈作揖的特权，令那些游手好闲之徒换身衣服，就可以躲避劳役、税赋。谎称六道轮回，恐吓那些愚蠢之人，欺骗那些平庸之徒，于是，这些人就开始忏悔昔日做过的坏事，为的是祈求将来的福报，布施一万钱，就想得到一万倍的回报，斋戒一天，就想换来一百天的口粮。愚蠢痴迷之人妄想追求功德，不怕朝廷禁令，轻易违法乱纪，有的犯下大罪，身陷囹圄，才在监狱里拜佛，希望能被赦免。况且，生死寿夭，全在自然；刑德威福，全由君主；富贵贫贱，在于功劳，可是，愚蠢的僧人说这都来自佛，这其实是在与君主争权，与自然夺利，是最大的乱政！我国从上古以至秦汉，并无佛法，君主清明，臣子忠诚，国祚长久。汉明帝开始才引进少数民族的神灵，西域的和尚传来了佛法，西晋时期，国家还有严格的法律明令禁止中国人不得削发为僧。自从五胡乱华开始，君主平庸，臣子奸佞，政治黑暗，国祚短促，佞佛的梁武帝和北齐高澄的下场就是前车之鉴。如今，天下的和尚尼姑人数高达十万，浪费绸缎，装饰由泥巴塑的泥人，竞相展示妖术，迷惑百姓。我请求将这十万和尚尼姑进行婚配，国家即可得到十万户的百姓，让他们生男育女，经过十年休养生息，十二年的教育训练，即可向国家提供充足的兵源。这样一来，天下就避免了被这些游手好闲之徒蚕食的灾祸，百姓们也懂得了威福在君主的道理，被迷惑的风气自然得以改观，淳朴向善之风也就逐渐形成了。我曾经看到北齐章仇子佗的奏疏，称：‘和尚尼姑白白浪费国家资财，佛塔寺院奢侈浪费，耗费国家金银布帛。’和尚们竞相鼓动宰相，尼姑们巴结公主嫔妃，对章仇子佗百般打击、陷害，最后，他竟然被处死了。等到周武帝宇文邕灭掉北齐时，下令封了他的坟墓，以示表彰。臣虽然无能，但我愿意以此人为榜样。”

李渊召集群臣讨论，只有太仆卿张道源赞同傅奕的主张。萧瑀说：“佛是圣人，可傅奕却加以指责，指责圣人的，就是目无法律，要予以治罪。”傅奕反驳道：“作为人，最大的伦理没有超过君主、父亲的，佛身为嫡子却背叛了自己的父亲，又身为一介平民却胆敢对抗天子。萧瑀尊奉无君无父的教育，对尊敬父母这一行为进行非议的人，眼里就没有父母，就是说萧瑀这种人的！”萧瑀无言以对，只是双手合十，说：“地狱就是让这些人下的！”（“非圣者无法，非孝者无亲”是《孝经》上的话，萧瑀以上一句指责傅奕，傅奕就用下一句反驳萧瑀）

李渊对僧人、道士也不满意，觉得他们不遵守戒律，还躲避赋税，正如傅奕所言，加之寺庙建在都市之内，和尚、平民相互混杂，全无静修的样子。于是，李渊下令，全国对和尚、尼姑、道士、道姑进行淘汰，对于那些确实笃信、精修的，迁至大的寺院、道观之内，统一管理，赏赐衣服、食物，至于那些不合格的，则一律勒令还俗；长安城内只保留三座寺庙、两座道观，各州只保留一所，下余的全部废弃。

一二一 喋血玄武（一）

武德九年（公元626年）六月一日，金星在白天划过天空。据《汉书·天文志》的记载，出现这种天象，预示着天下将要改朝换代，更换君主。

时至今日，李建成、李元吉与李世民兄弟之间的矛盾已不可调和，相互之间的争斗也趋于白热化了。如前所述，李世民觊觎皇位由来已久，也有着深刻的历史原因，具体说来，大致可以从以下几个方面进行分析。

一是李世民原本就是李渊比较欣赏的一个儿子。《新唐书·李元吉传》称："初，元吉生，太穆皇后恶其貌，不举，侍媪陈善意私乳之。"说明，李元吉从小就不得其母窦氏的喜爱，大约李渊对他也是不太喜欢的，这可能也是李渊驻守太原，而把他留在河东的一个原因，至于李建成也留在河东，勉强可以视为李渊让这个长子看护家园，还没有直接证据证实李渊也不喜欢这个孩子，但是，李渊将李世民一人带在身边，显然就说明他喜爱这个孩子的。

二是唐初局势的客观需要。由于在太原起兵之前，李世民直接参与了谋划、组织，因此，在起兵之后，他的身边就有了属于自己的武装，正是基于此，在李建成和李元吉来到晋阳后，李渊才没有把所有的军队都交给比李世民大九岁的李建成，而是赋予了李世民与李建成同等的领兵权，在西河之战中如此，在随后的霍邑之战、关中之战中亦是这样，这种安排不仅给了李世民培植个人势力的空间，而且为他觊觎皇位埋下了伏笔。占领长安、建立唐朝之后，李渊很快就册立李建成为太子，并把政务交给他全权处理，史称："高祖忧其不闲政术，每令习时事，自非军国大务，悉委决之。又遣礼部尚书李纲、民部尚书郑善果俱为宫官，与参谋议。"（《旧唐书·李建成传》）而令次子李世民统管军务，以李建成主政、李世民主军、李元吉留守，也是当时的客观需要。

三是李世民势力的急剧膨胀。唐朝建立之后，李世民的职务如下：武德元年，为尚书令、右翊卫大将军，进封秦王，拜右武候大将军、太尉、使持节、陕东道大行台尚书令，诏蒲、陕、河北诸总管兵皆受其节度；武德二年，镇长春宫，进拜左武候大将军、凉州总管；武德三年消灭刘武周之后，又拜为益州道行台尚书令；武德四年，加号天策上将，领司徒、陕东道大行台尚书令，位在王公上，增邑户至三万，赐衮冕、金辂、双璧、黄金六千斤，前后鼓吹九部之乐，班剑四十人；武德五年，刘黑闼被灭之后，加拜左右十二卫大将军；武德八年，进位中书令。由于李世民长期在外征战，再加上他非常注重笼络人才，因此，“谋臣猛将并在麾下”（《旧唐书·李孝恭传》），比如丘行恭、丘师利、公孙武达、尉迟敬德、程知节、秦叔宝、张士贵、张亮、张公谨、齐善行、薛万均、刘师立、侯君集、段志玄、庞卿恽、罗君副、李孟尝、独孤彦云、郑仁泰等。另据《册府元龟·外臣·备御三》记载：“以太常卿窦诞为参旗将军，吏部尚书杨恭仁为鼓旗将军，淮安王神通为玄戈将军，右骁卫将军刘弘基为井钺将军，右卫大将军张瑾为羽林将军，左骁卫大将军长孙顺德为骑官将军，右监门将军樊世兴为天节将军、右武候将军安修仁为招摇将军，右监门卫大将军杨毛为折威将军，左武候将军王长谐为天纪将军，岐州刺史柴绍为平道将军，钱九陇为苑游将军。”这是武德八年重新设置的十二军的主将，具体分析，柴绍、刘弘基、窦诞、李神通、长孙顺德、钱九陇、杨毛、樊世兴、安修仁都是李世民的人；杨恭仁、王长谐、张瑾中立；只有李艺是李建成集团的人，由此可知，十二军的大部分是李世民的人。除了十二军，再来说十二卫，十二军与十二卫将军很多是兼职，比如杨恭仁以左卫大将军兼鼓旗将军，罗艺以左翊卫大将军为天节将军，钱九陇以右武卫将军为苑游将军等等，如果说武德四年李渊授予李世民天策上将军头衔还有一种荣誉称号的性质，那么，到了武德五年十月，李渊设了个“领左右十二卫大将军”的官衔，授予了李世民，并称给予其“总摄戎机”的特权，也就是说，十二卫大将军都属于李世民的领导，就给予了或者说承认了李世民控制十二卫军队的特权。李世民除了能够控制十二军、十二卫之外，秦王府以及陕东道大行台本身还拥有他自己的特权。秦王、齐王各有左右六护军府、左右亲事府、帐内府。“其左一右一护军府护军各一人，掌率统军已下侍卫陪从。副护军各二人，长史各一人，录事参军各一人，仓曹参军事各一人，兵曹参军事各一人，铠曹参事各一人。统军各五人，别将各十人，分掌领亲勋卫及外军。左二右二护军府、左三右三护军府，各减统军三人，别将六人。余职员同左一右一府。”左右亲事府各置统军一人，“掌率左右别将侍卫陪从。”而秦王还拥有在关东地区任命地方官吏等种种特权。由于李世民兼任陕东道（大行台）、益州（尚书令）、凉州（总管）三地的最高执行官，他可以名正言顺地在这些地区安插自己的心腹，令这些地区变为自己的领地。可以说，经过多年的经营，李世民已经拥有了与李唐朝廷中任何人比权量力的资本，谁要想动他已经是非常困难了。

四是李世民本人的性格。从过去李世民的表现不难看出，他是一个充满了激情的人，是一个渴望建功立业、扬名四海的人，正如宋代历史学者范祖禹说的那样，探讨李世民的本性，他是一个“性本强悍，勇不顾亲”的人，他有一种激情，有一种强烈的欲望，他的内心其实充满了冲动，当自己具备了夺嫡的实力之后，他早已按捺不住悸动的心绪，不可能就此退缩。

李建成与李世民之间的争斗，肇始于李世民。为什么这么说呢？李建成原本就是皇储，假如皇储的地位为人所撼动，那么惹麻烦的人一定是那个试图撼动皇储地位的人，而不是皇储本人。面对咄咄逼人的李世民，李建成在最初并没有引起足够的重视，只是在齐王李元吉和太子宫下属如王珪、魏徵等人的反复劝说下，仁厚的李建成才意识到问题的严重性。即便如此，作为长兄的李建成仍然没有想到要痛下杀手，把李世民杀死了事，然而，当武德七年六月杨文干事件发生之后，差一点把李建成投入万劫不复的深渊，当这一事件被化解之后，李建成才开始把李世民作为自己的敌人对付了。

作为李世民，虽然有着盘根错节的人脉，但毕竟李建成是自己的哥哥，又是名正言顺的太子，要想扳掉他又谈何容易！当双方之间的争斗进入白热化的程度时，李世民要考虑各种可能性：一是冒险消灭李建成，夺取皇位，这当然是上佳；二是退而求其次，一旦在政治斗争中失败，李世民还需要选择一个退路，那就是他经营了数年之久的关东地区，因此，他先后派遣屈突通等人驻守洛阳，就是给自己留一条退路；三是最下策是屈从于李建成、李元吉，做一个温顺的王爷，但是，这显然不是李世民的性格，他根本无法做到。

无法做到，就只能演绎成一场你死我活的绝杀。如果说李世民的野心从武德二年开始萌芽，到武德三年消灭刘武周以后逐渐发展，到武德四年消灭王世充和窦建德之后达到了顶峰，在接下来的几年里，就是李世民与李建成之间生死较量的时刻了，武德五年李世民洺水之战水淹两军，虽然史无明文，但从后来事态的发展来看，此举让李艺所部损失惨重，也让他大为恼火，成了与李世民不共戴天的仇人，当李建成东来之后，采取了相对缓和的政策，逐渐争得了河北军民的人心，也赢得了李艺的爱戴。在武德六年一月李建成消灭刘黑闼之后，仅仅不到一个月时间，到这一年的二月，李艺就上书唐高祖请求入朝，唐高祖以李艺为左翊卫大将军。李艺入朝有可能是在李建成的恳请之下作出的决定，在十二军和十二卫大部分都处于李世民控制之下的情况下，李建成动员李艺率领幽州突骑入朝，显然是为了增加自己在朝中的实力。值得注意的是：与李艺入朝相呼应，李渊也在这一年年初就裁撤了十二军，削弱了李世民的实力，显示了稳定太子地位的立场。

一二二 喋血玄武（二）

李艺入朝的第二年就发生了杨文干事件。

众多学者认为，杨文干事件是李世民一手策划的一场阴谋，而这场试图逼迫李建成叛乱的阴谋最终又无疾而终，这不仅令李建成觉得必须奋起反抗，而且也令李渊对李世民产生了更大的戒备。李世民偷鸡不成蚀把米，处境更加险恶。

身处异常险恶的境地，李世民最先想到的还是给自己找一个退路。能拼就拼一把，不能拼的话，也要狡兔三窟，先寻找退路，这是一般人正常的想法，李世民也不例外。洛阳及其周边地区都是李世民的统治区域，他将这里当作自己万不得已退守的根据地，与李建成分庭抗礼，有这种想法是再正常不过的了。想到就做到，李世民未雨绸缪，在此之前就已经以行台工部尚书温大雅镇守洛阳，派遣车骑将军张亮率领秦王府的亲信王保带领一千多人进驻洛阳。根据李世民的指示，张亮来到洛阳之后，大肆结交这里的豪强，李世民的办法很简单，那就是送钱，不问多少，让张亮随意支出。李元吉向李渊告发称张亮图谋不轨，李渊下令调查，有关部门把张亮逮捕之后，张亮始终一言不发，此事最终不了了之，张亮最终也官复了原职。

史称，李建成夜里请李世民到家中饮宴，席间派人给李世民下毒，李世民突然感到心痛不已，口吐鲜血达数升之多，淮安王李神通把李世民搀扶到西宫（李世民原来居住在西宫的承乾殿，武德五年七月建弘义宫，该宫也在宫城之西，此处当指弘义宫）。李渊闻讯，也亲自来到这里看望，还告诫李建成："秦王平素就不胜酒力，从今往后再也不许晚上喝酒了。"接着，李渊又对李世民说道："最先提出晋阳起兵，又平定四方，这都是你的功劳。我本来打算立你为继承人，你却坚决推辞，况且，李建成年长，又一直担任继承人，我不忍心废掉他啊。我看你们兄弟之间难以和睦相处，同处京师，一定会出现纷争，我打算把你派往关东，驻在洛阳，从陕（今河南省陕县）以东的事务都由你做主，我答应让你使用天子的旌旗，就像汉朝梁孝王那样。”李世民哭泣，以不愿意远离父亲为由推辞。李渊又说：“天下一家，东西两京路途很近，我想你的话，立即就出发去看望你了，不用伤心难过了。”李渊的话其实也正中李世民的下怀，假如李世民能够顺利来到洛阳，他实际上已经赢得了与李建成平起平坐的名分和实权，对他而言，又何乐而不为呢？然而，李建成与李元吉商量道：“一旦秦王到了洛阳，拥有土地和军队，再也无法控制了。不如把他留在长安，他不过是一介平民而已，很容易就能搞定他。”于是，二人暗中指使好几个大臣向李渊上书，称：“秦王身边的亲信听说陛下将要派他东去，无不欢呼雀跃，我们观察他的本心，恐怕此去不会再回来了！”又派遣心腹在李渊跟前反复说明此事的利害关系，最终，李渊打消了原来的打算，李世民东去的事也就不了了之了。武德九年二月，李渊又加李元吉为司徒。这个司徒职位原本是李世民的，如今李渊却把它给了李元吉，显然是在排挤李世民。

由于内争不断，在武德八年突厥大举入侵时，李世民行动消极，他驻军蒲坂，却坐视并州道行军总管张瑾在太谷全军覆没，李世民的种种作为给了李建成和李元吉口实，他们亲自或者通过李渊的后宫嫔妃不断在李渊跟前说李世民的坏话，李渊打算惩处李世民，但侍中陈叔达（陈后主的弟弟）劝道：“秦王立下大功，不能废黜啊，况且，他性情刚烈，一旦受到打击，恐怕会心生愤懑，或许会得上一个急病，到时候陛下后悔都来不及了！”李渊才作罢。李元吉又暗中请求杀掉李世民，李渊说：“他立下平定天下的大功，罪状并不明显，要杀害他，找什么借口呢？”李元吉回答：“秦王刚刚平定东都时，不赶快回京，而在东都散了很多钱财以树立个人的恩惠，又违背诏书，这不是谋反又是什么！只需速速杀掉，不必担心没有借口！”但李渊没有吱声。

双方之间已剑拔弩张，形势也变得越来越紧张，两个敌对的阵营互挖对方的墙脚，无所不用其极。李建成和李元吉想到秦王府中猛将如云，一心想把他们拉拢到自己麾下，他们曾偷偷派人给左二副护军尉迟敬德送去了一车金银财宝，并送去一封书信，提出希望与尉迟敬德结下友谊，但尉迟敬德一口回绝道：“我尉迟敬德不过是个住在茅草棚里的低贱之人，隋末大乱，我身陷叛逆集团，罪该万死。秦王对我有再生之恩，如今又效命王府，只有以死相报，我对殿下没有功劳，不敢接受这种厚赏。如果我私下与殿下结交的话，便是怀有二心，贪图利益而忘掉了忠义，对于这种人，殿下要他何用！”李建成屈尊去结交尉迟敬德，却被拒绝，这让他很没面子，顿时大怒，遂断绝了来往。尉迟敬德将此事转告给了李世民，李世民说道：“大人你的内心与山岳一样忠贞，即使送来如山的黄金，我也深知不会改变。不过，没必要一口回绝，他送来的金银只管接受，这又何妨？况且，这样一来，你就知道了他们的奸计，难道不是好事吗？不然，大祸就要降临到你的头上了！”果然，不久，李元吉指使刺客趁夜刺杀尉迟敬德，尉迟敬德知道后（应当是李世民布置在李建成、李元吉阵营中的内线），大开房门，高卧在床上，刺客已闯入尉迟敬德院内数次，但始终不敢跨入卧室一步。见硬的不行，李元吉又来软的，他向李渊进谗言，李渊下令把尉迟敬德抓了起来，投入大牢，将要杀掉，李世民当然不能坐视，他苦苦恳请，李渊才把尉迟敬德放了。李建成和李元吉又给右二护军段志玄送去金银，段志玄也没有接受。《旧唐书·李安远传》称：“后隐太子建成潜引以为党援，安远（时任右武卫大将军）固拒之，由是太宗益加亲信。”他们还说左一马军总管程知节的坏话，李渊将程知节外任为康州（今甘肃省成县）刺史。程知节对李世民说：“大王身边的股肱羽翼快被剪除干净了，你自己岂能长久！程知节我以死也不会前去上任，希望大王早下决心！”

李建成、李元吉挖秦王府的人，李世民当然也在挖李建成和李元吉的墙脚，不过，由于此事会影响到李世民在玄武门事变中的形象，史书并没有明言，但透过字里行间，也能看出一二来。比如，《旧唐书·李艺传》就记载：“太宗左右尝至其营，艺无故殴击之。高祖怒，以属吏，久而乃释。”李世民的心腹为何要来到李艺的军营？这个心腹又会是谁呢？李艺怎么会无缘无故地将此人痛打了一顿？从房玄龄总会“独先收人物，致之幕府。及有谋臣猛将，皆与之潜相申结，各尽其死力”这一点来看，秦王府来的人有可能就是他，他来到李艺军中当然也不是毫无目的的，肯定是肩负着拉拢李艺的使命，但由于李艺对李世民恨之入骨，竟然将房玄龄痛打了一顿，用这种方式表明了自己的态度。当然，李世民肯定也从太子府和齐王府中拉拢了一大批人，要不然当李元吉决定刺杀尉迟敬德时，尉迟敬德怎么会及时得到了消息呢？其实，后来被李世民重用的魏徵也很有可能在此时就已经被李世民收买作为内线了，这是因为，秦王府内的基干力量是瓦岗派，而魏徵也是瓦岗人，在屡次劝说李建成无效的情况下，魏徵可能已被李世民拉拢过去了。

秦王府中的文武官员无不心怀恐惧，无计可施。行台考功郎中房玄龄对比部郎中长孙无忌说道："如今我们与太子、齐王之间的矛盾已经不可调和，一旦突然发生意外，不仅秦王府玉石俱焚，而且还有可能连累到江山社稷，不如劝说大王行周公诛杀管叔蔡叔之事，存亡之际，不容迟疑，必须速速发动！"长孙无忌回答："我也早有此心了，只是一直不敢开口，你今天说的话，正合我意，我马上转告大王。"李世民听了长孙无忌的话，即把房玄龄引入内室商议，房玄龄说："大王功盖天地，理当继承大位，今天的危难正是上天赐给您的机会，千万不要错过了！"遂与杜如晦一起劝说李世民诛杀李建成和李元吉。

但不久，李建成对李元吉说："秦王府中的智囊最令人忌惮的莫过于房玄龄和杜如晦二人了！"也都让李渊将二人同时从秦王府中驱逐出去了。李世民的心腹只有长孙无忌（李世民妻兄）还在府中走动，与李世民的舅舅雍州治中高士廉、左候车骑将军侯君集以及尉迟敬德等人一起劝说李世民早下决心，但面对如此大事，李世民犹豫了，他向灵州大都督李靖和行军总管李世勣二人问计，但李靖和李世勣都不愿蹚这种浑水而谢绝了，《隋唐嘉话》称，自此，李世民对二人非常敬重起来。呵呵，真的吗？

一二三 喋血玄武（三）

玄武门事变是一场发生在皇宫之中的明目张胆的政变，在历史上是根本无法掩盖的，这也是一向想把自己塑造成明君形象、千古一帝的李世民一生最为担心的一件事。

李世民生怕自己身后落得个囚父杀兄的恶名，因此，在他生前就指使史官大肆篡改了历史：一是从太原起兵开始就突出李世民的作用，此后又夸大李世民的战功，掩盖他的失败；二是虚构了李渊三次答应立他为太子的说法；三是编造杨文干事件、李建成下毒事件以及给李世民骑烈马事件；四是删除了李世民在玄武门之变之前对李建成、李元吉甚至是李渊方面的布局，被李世民拉拢过去的、在玄武门事变中起到关键作用的李建成、李元吉一方将领集体不予立传，担心后世会看到整个玄武门事变的真相；五是大肆篡改玄武门事变的过程，致使今天我们在史书中看到的玄武门事变支离破碎，疑问重重。

据《唐会要》记载，早在贞观九年十月十六日，唐太宗李世民就急于想看到国史，他提出的理由是：前代的国史藏在史官那里，君主看不到，今天我想看看，为的是能更好地知道我的得失。谏议大夫朱子奢说："陛下没有做错什么，即使看看也没什么大不了的，但开了这个先例，后代史官必然会因写史不对君主的口味而遭到杀身之祸，史官为了保命，就不会如实记载历史，这样一来，后人还能看到什么真相？"但李世民不从，还是一意孤行看了。《贞观政要》记载，贞观十三年，褚遂良担任谏议大夫兼任知起居注，唐太宗又想看看，褚遂良说："我没听说过帝王要亲眼看国史的。"唐太宗又问："我有什么不好的地方，你一定会记下吗？"褚遂良做了肯定的答复，《唐会要》将此事记作贞观十六年四月二十八日。贞观十四年，他又对房玄龄提出同样的问题，房玄龄和许敬宗等人从贞观十四年开始撰写高祖、太宗实录，到贞观十七年完成，并呈给李世民过目。李世民在看到玄武门之变时发现“语多微隐”，又下令“削去浮词，直书其事”。《旧唐书·许敬宗传》说：“初，高祖、太宗两朝实录，其敬播所修者，颇多详直，敬宗又辄以己爱憎曲事删改，论者尤之。”可以说，史书关于玄武门事变的记载是在李世民一手指导下撰写的，其可信度可想而知。因此，在写到这里时，我们不妨先按照旧史的记载往下写，而后再提出我们的疑问，简单予以分析，最后再根据我们的理解还原出当时的情形。

武德九年，当唐朝内部矛盾重重之时，突厥卷土重来，到六月份，突厥郁射设率领数万骑兵进驻黄河以南地区，包围了乌城（今陕西省定边县南）。李建成推荐齐王李元吉代替李世民都督各军北征，李渊答应了，命令李元吉都督右武卫大将军李艺、天纪将军张瑾（二将均是李建成和李元吉的人）等人北救乌城。李元吉请求秦王府的猛将尉迟敬德、程知节、段志玄、秦叔宝等一起北上，并把李世民手下的精锐将士都补充到李元吉的军中。

已经被李世民收买的太子率更丞王晊给李世民送来一个惊天的消息：“太子对齐王说：‘如今你得到了秦王的精兵猛将，拥有数万之众，我与秦王在昆明池（长安城西南）给你饯行，命壮士在帐幕之中就地把他杀死，向主上报告就说是暴病而死，主上也不会不信。我再让人在主上面前劝说，让我亲政。尉迟敬德等人落到你的手里，要将其全部活埋，谁敢不服！’”

李世民把王晊的话告诉给了长孙无忌等人，长孙无忌等人就劝说李世民先下手为强。李世民叹息道：“骨肉相残，古今最大的恶行，我确实知道大祸即将临头，我是想等到他们先下手以后，再以大义进行讨伐，这不是也可以吗？”尉迟敬德回答：“人们谁不怕死？如今众人以死追随大王，这是天意啊。大难即将到来，而大王却仍然无动于衷，不知忧虑，大王即便是看轻自己的生命，可是又把江山社稷置于何地呢？大王不听我敬德的话，敬德我将逃往穷乡僻壤，不能继续留在大王身边，与大王一起为人诛杀了！”长孙无忌也说道：“再不听从敬德的话，大事去矣，敬德等人一定会离开大王，无忌我也当与他们一起而去，不能继续侍奉大王了！”李世民又说：“我的意见不能全部推翻，还是再想一想。”尉迟敬德说：“大王遇事狐疑不定，没有智慧；遇到难关，不当机立断，是没有勇气。况且，大王平素豢养的八百余名猛士们在外地的，如今已经全部入宫了，都已全副武装，手持武器，事已至此，大王岂能中止！”

李世民又征询其他人的意见，众人（有人说这里的众人应当是指侯君集）

都说："齐王凶狠乖戾，肯定不会侍奉哥哥。近来，我们听说护军薛实曾对齐王说：'大王的名字合起来就是一个唐字，大王终归是要主持唐家的祭祀的（指当皇帝）！'齐王高兴地说：'只需除掉秦王，搞定东宫太子则易如反掌了！'他与太子之间的阴谋还未得逞，就已经产生了害死太子之心。有了这种贪得无厌、不断作乱的野心，又有什么事情做不出来！如果二人成功的话，恐怕天下不再是大唐的了。以大王的贤能，搞定他们二人就像从地上捡起一根草根那么容易，为何要顾及凡夫俗子推崇的气节而忘记社稷的安危呢！"

李世民依然犹豫不决，众人又说："大王认为舜是什么样的人？"

李世民回答："圣人。"

众人又说："假如舜在挖井时一直不逃出来，他将最终为弟弟所杀，变为井中的泥土；假如他在房顶上不跳下，也会成为房上灰尘，以后岂能让全天下的百姓得到他的恩惠？所以说，父母用小棍子打的时候，就静静地承受；如果父母拿着大棍子来打，那就赶紧逃走，这是因为事关重大，必须先保全自己的性命。"李世民命人占卜，幕僚张公谨从外面来见，一把把龟壳扔到地上，说道："占卜是用来决断有疑虑的事的，如今我们要干的再无疑虑的余地，占卜什么！假如占卜后不吉利的话，我们岂能停下来！"于是，李世民才下定了决心。

定下之后，李世民命长孙无忌秘密召唤房玄龄等人来见，房玄龄说："圣旨不让我再侍奉大王，今天如果私自前往，一定会被杀掉，我不敢从命！"听了长孙无忌的回复后，李世民勃然大怒，他对尉迟敬德说："难道房玄龄、杜如晦二人想要背叛我吗！"取下自己的佩刀，交给了尉迟敬德："你前去看看，假如他们真的不愿前来，可当即砍下他们的人头来见我！"尉迟敬德来到房玄龄家中后，与长孙无忌一起劝说道："大王已经决定了，你应速速前往，一起商议行动方案。我们四个人不可在路上走在一起。"于是，尉迟敬德让房玄龄和杜如晦身穿道士衣服，与长孙无忌一起进入秦王府中，尉迟敬德则绕道也随后赶来。

六月三日，金星再次划过天空。

傅奕暗中对李渊上奏："金星出现在秦的地域，秦王当有天下。"当天，李渊就把傅奕的奏表转交给了李世民，意欲逼迫李世民自杀，而李世民则趁机反咬一口，上书称李建成和李元吉与李渊后宫中的嫔妃淫乱，还说："我对兄弟们没有一点亏欠，今天要杀掉我，就像是要替王世充和窦建德报仇。臣今天含冤而死，将永远也见不到父亲了，魂魄归于地下，实在是无脸再见那些贼人！"李渊见到李世民的奏表后，不禁愕然，他回复道："等到明天我将亲自查问此事，你要早点来！"

第二天就是六月四日。

一大早，李世民就率领长孙无忌等人埋伏在玄武门内。张婕妤暗中获悉了李世民奏表中内容，派人火速告诉给了李建成。李建成召来李元吉一起商量，李元吉说："应当整顿太子宫卫队，称病不朝，观察观察形势再说。"李建成回答："是的，我已下令军队戒严，但如果我们不入宫，又怎能知道究竟发生了什么事？我将与弟弟一起前去，看看到底是怎么回事。"于是，二人一起朝皇宫而来，直奔玄武门。当时，李渊已经把裴寂、萧瑀、陈叔达、封伦、宇文士及、窦诞、颜师古等近臣召入宫中，打算把此事查个水落石出。

一二四　喋血玄武（四）

当李建成和李元吉二人行至临湖殿（确址不详，当是宫城西北临湖修建的宫殿）的时候，顿时发现大事不好，赶忙掉转马头，朝东宫跑去。

李世民在后呼喊，李元吉弯弓就要朝李世民射去，但奇怪的是：李元吉竟然三次都无法把弓拉满，说时迟，那时快，只见李世民弯弓搭箭，一箭正中李建成，当场就把他射死了。尉迟敬德率领七十名骑兵一拥而上，把李元吉射下马来。李世民的马逃入树林之中，李世民被树枝挂住，跌下马来。李元吉突然赶到，夺下李世民的弓，打算用弓弦把李世民勒死。尉迟敬德飞马赶来，大声喊道："住手！"李元吉见尉迟敬德赶来，慌忙夺路而逃，想逃往武德殿躲避，却被尉迟敬德紧紧追赶，一箭将其射死。李建成死时三十八岁，李元吉死时二十四岁。

太子宫中翊卫车骑将军冯立听说李建成被杀后，叹息道："岂有活着受人恩惠，等他死了，却躲避大难呢！"遂与副护军薛万彻、屈咥直府左车骑谢叔方率领激愤的东宫、齐王府两千精兵直奔玄武门。张公谨力大无穷，他独自关上城门，不放东宫和齐王府的军队进入。云麾将军敬君弘掌握着禁卫军，驻扎在玄武门，他挺身而出，要与东宫、齐王府兵搏杀，他的亲信劝阻道："事情还不知道怎么发展，暂时静观其变，等到军队集中以后，再组成阵型出战不迟。"但敬君弘置若罔闻，与中郎将吕世衡大喊着迎战，结果二人全部被杀。驻守玄武门的军队与薛万彻等人率领的东宫、齐王府的军队激战很久，但仍然无法攻进玄武门，无奈，薛万彻大喊着要率领大家去进攻秦王府，秦王军谁都知道秦王府已非常空虚，都非常害怕，这时，尉迟敬德手持李建成和李元吉的人头向大家展示，东宫、齐王府的士兵们这才四散溃逃。薛万彻与手下数十名骑兵逃入终南山中避难；冯立杀死敬君弘后，对部下们说道："这多少也替太子报了仇了！"遂解散了军队，踏上了逃亡之路。

当时，李渊正在宫中内湖里泛舟，李世民命尉迟敬德闯入，尉迟敬德身披铠甲，手持长矛，径直来到李渊那里。李渊见状，大惊失色，说道：“今日作乱的是谁？你为何来到这里？”

尉迟敬德回答：“秦王因太子、齐王作乱，率军已将二人诛杀了，恐怕惊动了陛下，特意派我前来护驾！”

李渊扭头对身边的裴寂等人说道：“没有想到今天竟然发生了这种事，该如何是好？”

萧瑀、陈叔达说道：“李建成和李元吉原本就没有参与当初的起义，又没有建立什么功勋，他们嫉妒秦王功高望重，才沆瀣一气。如今，秦王既然已经将二人诛杀，功劳盖过宇宙，天下都归心秦王，陛下如果把他封为太子，委以政务，就没有什么事了！”

李渊回答：“好！这也是我素来的愿望啊！”

当时，禁卫军和秦王府的军队还在与东宫、齐王府的军队鏖战，尉迟敬德请求李渊写下手诏，命令各军全部接受秦王的指挥，李渊答应了。

天策府司马宇文士及从东上阁门出宫宣布诏书，局面才平定了下来。李渊又命令黄门侍郎裴矩（据《旧唐书》的记载，此时裴矩的职务是太子詹事兼检校侍中）来到东宫命令东宫将士们，东宫将士这才各自散去。

这时，李渊才把李世民召来，抚摸着李世民的脊背说道：“这些天来，我差一点犯下了‘投杼’的错误（曾母投杼，意思是说自己差一点听信了流言，冤枉了好人）。”

李世民跪在地上，把脸贴在李渊的胸前，吮吸李渊的乳头，号啕大哭了很久。

当天，李建成的儿子安陆王李承道、河东王李承德、武安王李承训、汝南王李承明、巨鹿王李承义；李元吉的儿子梁郡王李承业、渔阳王李承鸾、普安王李承奖、江夏王李承裕、义阳王李承度全部被杀，并把他们从皇家户口中剔除。

这就是旧史上描述的玄武门之变的整个过程。

然而，仔细研读这些记载，我们会发现很多不尽合理的地方：玄武门是皇宫的北门，李世民等人是怎么把军队埋伏到玄武门内的呢？李世民究竟带了多少兵？是旧史上说的仅仅九个人吗？（如《新唐书·李建成传》称：“迟明，乘马至玄武门，秦王先至，以勇士九人自卫。”）还是尉迟敬德说的已有八百多人入宫了呢？所谓的玄武门之变，主战场是在玄武门还是在临湖殿？既然李世民已经伏兵于玄武门了，难道就没有一丝动静？外人竟然没有觉察出一丝反常？裴寂等人究竟是李渊召来的还是得手后的李世民召来的呢？李建成和李元吉在临湖殿究竟看到了什么，让他们大为惊恐，拨马而回？冯立等人既然在率军围攻玄武门之前就已经得知李建成已被杀的消息，为何在尉迟敬德把李建成和李元吉的人头向士兵们展示以后，东宫、齐王府的士兵们才散去呢？为何李世民又要令尉迟敬德从李渊手中索取手诏，先后由宇文士及和裴矩二人安抚？当李世民等人诛杀李建成和李元吉时，李渊为何没有听到动静？宫中禁卫军又去向了何方？竟然无人向李渊禀报？如果李渊当时没有失去人身自由，他身边又有这几位位高权重的近臣，岂能不会出面弹压？既然早已约定好了今日审理此事，为何一大早李渊要泛舟湖上？当尉迟敬德来到李渊那里时，李渊已不在湖上了，那李渊到了哪里？如果他当时还有自由，为何不有所作为？如果没有了自由，又是何人把他挟持到了某地？李世民射杀李建成、尉迟敬德射杀李元吉之后，尉迟敬德先到玄武门展示二人的人头，而后又闯入李渊身边索要手诏，在这一大段时间里，李世民又在何处？李渊身为皇帝，身边当有数百贴身卫士，岂容尉迟敬德径直闯入？当李元吉劝说李建成暂时观望时，李建成为何要执意与李元吉一起入宫？李建成和李元吉身边的谋士们诸如魏徵又在何处？竟无一言相劝？还是李建成和李元吉身边的人都一味劝说二人入宫？玄武门之变到底是李世民被逼之下发动的还是蓄谋已久的？在整个事变中，李世民究竟是怎么部署的？他是否控制了李渊？如果是，那么是先控制了李渊而后才杀死了李建成和李元吉还是相反？在紧急关头，精于骑射的李元吉为何拉不满自己的强弓？他的弓箭是否已提前被人做了手脚？正如以前的“杨文干事件”“毒酒事件”“昆明池密谋”“傅奕密奏”“秦王密奏”一样，高祖的“泛舟池上”又有多少真实性呢？

带着种种疑问，我们不得不回过头来再次梳理一下李建成、李元吉集团与李世民集团这几年来在争夺皇位继承人的斗争中各自采取了什么手段，总结起来，双方的手段大体相同：一是都争取朝中重臣的支持。在朝廷中，尚书左仆射裴寂和中书令封德彝倾向于太子李建成，但封德彝做得更为隐秘，以致在他生前李世民始终没有发现；而内史令萧瑀和侍中陈叔达则倾向于李世民。萧瑀是隋炀帝萧皇后的弟弟，又是李渊、隋炀帝母亲独孤氏娘家的女婿，李渊对他非常看重，史称："时军国草创，方隅未宁，高祖乃委以心腹，凡诸政务，莫不关掌。高祖每临轩听政，必赐升御榻，瑀既独孤氏之婿，与语呼之为萧郎。"二是争取宫中嫔妃的支持。李建成和李元吉拉拢宫中嫔妃，自不待言，李世民也没有闲着，不过，他做得更加隐秘，拉拢不到高祖身边的红人，他就退而求其次，拉拢一些并不显眼、但不见得起不到作用的人，如《旧唐书·长孙皇后传》称："后孝事高祖，恭顺妃嫔，尽力弥缝，以存内助。"三是罗织党羽。不论是在京师还是在地方，双方都大肆培植自己的势力。四是挖对方的墙脚。这在以前也提到过，但对比李建成和李世民的做法，李建成一上来就要挖秦王府的主要将领尉迟敬德、段志玄等人，这不仅成功的可能性很小，而且还暴露了己方的动向，可谓得不偿失。细节决定成败，同样地，在这件事上，李世民就做得更加高明，他没有从太子、齐王一党的骨干力量入手，而是暗中收买了更低一层的人。这些人原本地位就低，容易产生投机心理；主子对他们的恩典不多，更易被收买；收买他们目标不大，比较隐秘；令他们做内线，不见得就探听不到绝密信息，可以说是投入少，而产出多。比如，陈寅恪在巴黎图书馆见到李义府撰的《常何墓志铭》，其上称："七年，奉太宗令追入京，赐金刀子一枚，黄金卅挺，令于北门领健儿长上，仍以数十金刀子委公赐骁勇之夫，趋奉藩朝，参闻霸略，承解衣之厚遇，申绕帐之深诚。九年六月四日令总北门之寄。"该墓志铭透露出起码几点信息：一、李世民收买了常何，并命常何在禁卫军中培植心腹，采用的手段就是送钱；二、玄武门事变这一天，是常何率军在玄武门值班的。再如，太子率更丞王晊也被李世民收买，当李建成与李元吉密谋在昆明池杀死李世民时，李世民很快就知道了。又如，当李元吉打算派人刺杀尉迟敬德时，尉迟敬德也提前得到了消息，这说明齐王府内也有李世民的内鬼。

一二五 喋血玄武（五）

要想弄清楚玄武门事变的整个经过，还必须对唐代宫城情况做一深入的了解。

唐长安城就是隋文帝在汉魏长安城以南重新选址修建的大兴城，主要分为三部分：外郭城、皇城和宫城。外郭城开十二座城门，南面正中为明德门，东西分别为启夏门和安化门；东面正中为春明门，南北分别为延兴门和通化门；西面正中为金光门，南北分别为延平门和开远门；北面的中段和东段分别与宫城北墙和以后的大明宫南墙重合，西段中为景耀门，东西分别为芳林门和光化门。宫城和皇城均位于外郭城北部，其中皇城又位于宫城以南，其东西与宫城等长，南北宽1843米，周长9.2公里。城北与宫城城墙之间有一条横街相隔，其余三面辟有五门：南面三门，中为朱雀门，两侧为安上门和含光门；东西面各一，分别为景风门和顺义门。南面正中的朱雀门是正门，向南经朱雀大街与外郭城的明德门相通，向北与宫城的承天门相对，构成了全城的南北中轴线。城内有东西向街道7条，南北向5条，道路之间分布着中央官署和太庙、社稷等祭祀建筑。

宫城位于皇城以北，东西长2820米，南北宽1492米，周长8.6公里。城四周有围墙，南面正中开承天门，两侧为永安门、长乐门，南面有左右卫、左右骁卫、左右武卫、左右威卫、左右领军卫，掌宫禁宿卫及皇城安全；还有左右金武卫，掌宫中、京城巡警；左右监门卫掌诸门禁卫；左右千牛卫掌侍卫。在宫城与皇城之间的横街东西两端分别是延喜门和安福门。宫城以内又被划分为三部分，正中为太极宫，称作“大内”，东侧是东宫，为太子居所，西侧是掖庭宫，为后宫人员的住处。其中，太极宫东西宽1285米，南北长1492米，面积约1.92平方公里。宫内由南向北分为前朝、后寝和苑囿三块区域。前朝的正殿为太极殿，四周有廊庑围成的巨大宫院，东西两侧建有官署。后寝的主殿是两仪殿，东西两侧分别为武德殿和承乾殿，在武德初年分别由李元吉和李世民居住。在两仪殿的后面是甘露殿，东西两侧分别为神龙殿、安仁殿、凌烟阁等；再往北就是苑囿，西北有咸池殿、望云亭等亭台楼阁，东北有紫云阁、凝香亭等，其北的宫墙上西为玄武门，东为安礼门。

太极宫的东侧是东宫，东宫南面也有三个门：中间为重明门，东面的叫永春门，西面的叫广运门，东宫由南而北依次有显德殿（后为避唐中宗李显的讳而改为明德殿）、崇教殿、丽正殿等，北门为玄微门，西面有通训门与太极宫前殿相通。东宫诸门外的南面是太子诸率府，其中，太子左右率府、司御率府掌兵帐与仪卫；左右清道率府掌昼夜巡警；左右监门率府掌诸门禁卫；左右内率府掌侍卫。

太极宫的西侧是掖庭宫，有嘉猷门、通明门与太极宫相通，主要是宫女和宦官们的住所。

在太极宫宫城也就是玄武门、安礼门外面（以北），是皇家园林，称为北苑或者西内苑，北衙左右羽林军就屯营苑内。在西内苑外西北角则是武德五年七月五日李渊下令给李世民修建的弘义宫［《旧唐书·马周传》中，马周称："臣伏以东宫皇太子之宅，犹处城中，太安（李世民即位后把老父李渊从太极宫中迁出，迁到了弘义宫，改名为太安宫）乃至尊所居，更在城外……"云云］。武德初年，李世民和李元吉是被李渊特许一起居住在太极宫内的，李世民住在两仪殿西面的承乾殿，李元吉则住在东面的武德殿后院，史称："与上台、东宫昼夜并通，更无限隔。皇太子及二王出入上台，皆乘马携弓刀杂用之物，相遇则如家人之礼。由是皇太子令及秦、齐二王教与诏敕并行，百姓惶惑，莫知准的。"这当然是与唐初特殊的形势有关，以李世民和李元吉居住于大内之中，显然让李渊感到放心。

如果是正式的朝会，太子李建成可以从太子宫的通训门进入太极宫，但在一般情况下，李渊身处后寝宫或者苑囿区，李建成要去拜见他，就不大可能从太极宫的前殿穿越重门一直进到后寝宫，而是从太子宫的北门玄微门出来，向西来到玄武门，由玄武门再进入大内——而玄武门又与李世民居住的弘义宫距离太近了！

我们试图还原当时的情形。

先说说唐高祖李渊。

李渊虽然一直支持李建成，但由于唐朝建立以后，外患频仍，只有最大限度地消除内讧所带来的消极影响，才有可能完成统一中国的大业，因此，面对日益膨胀的李世民集团，李渊一直将其限制于可控范围，然而，随着李世民个人实力的逐渐增强，其野心也越来越大，尤其是在他占领洛阳之后，在洛阳逗留了很长时间，拒不还朝，其间，他将缴获大量的金银财宝、美女玩好等战利品都拿来赏赐给“山东豪杰”，以换取他们对自己的忠心，进一步扩大自己的势力。在万般无奈之下，李渊甚至从长安派来自己最亲近的嫔妃控制洛阳的局面（虽然她们无权指挥军队，但管理这些战利品则应为分内之事，经过李世民指示修改的史书把李渊派嫔妃赶到洛阳，说成是挑选隋朝宫女以及接收府库珍宝，将李渊刻画成一个贪婪荒淫的老人，实在荒唐，而此事恰恰说明李世民在洛阳做得太过分了），对于李世民的所作所为，李渊深感痛心，他曾对裴寂说出：“此儿久典兵在外，为书生所教，非复昔日子也。”

从那时起，李渊应该对李世民彻底失望了，到武德五年七月，李渊给李世民修建了一座既没有雉堞（女墙）又没有门楼的弘义宫，将李世民迁出了大内，美其名曰为了表彰李世民的功绩，才专门给他修建了一个宫殿，其实上却是李渊对李世民心存猜忌的表现。当李渊感到李世民集团是一个威胁的时候，他就着手予以处理了，废除了十二军、征召李艺入朝、把秦府兵将外调等等，无不针对李世民而来，然而，就在李渊按部就班地稳定内部时，北有突厥、南有辅公祏又在捣乱，对李世民，他不得不又回到绥靖政策的老路上来。很快，就到了武德七年六月，又发生了杨文干事件，与此同时，突厥却越来越成为唐朝一个大的威胁，李渊只好采取各打五十大板的办法，教育双方要和睦相处，但是，这种处置办法不仅不能遏制李世民的野心，相反，又加快了他夺权的步伐。据《旧唐书·李元吉传》称：“建成乃荐元吉代太宗督军北讨，仍令秦府骁将秦叔宝、尉迟敬德、程知节、段志玄等并与同行。又追秦府兵帐，简阅骁勇，将夺太宗兵以益其府。又谮杜如晦、房玄龄，逐令归第。高祖知其谋而不制。”也就是说，由李元吉取代李世民出征，把秦王府的精兵猛将都配给李元吉以及把房玄龄和杜如晦驱逐出秦王府，这都是李渊一手策划的，到玄武门之变之前，李渊可能已经决定除掉李世民了。

当六月三日傅奕上书称天变后，李渊把傅奕的奏表转交给了李世民，李世民意识到李渊打算将自己置之死地，遂提出一个出人意料的指控：李建成和李元吉与高祖的爱妃通奸！假如这一指控是真实的，李世民就没有必要发动玄武门之变了，只要他能够拿出证据，他就胜了，然而，实际上，他发动了这场突如其来的政变，而这也反证出他对兄弟们的指控纯属污蔑。不过，李世民的指控在一定程度上却麻痹了李渊，史书称，李渊见到李世民的奏表之后，“愕然”，可能有所夸张，以李渊丰富的经验，也许他是想将计就计，像他上次处理杨文干事件那样，再耍弄一次李世民，骗他乖乖入宫，让他当着群臣的面彻底就范。

然而，这一次，李渊失算了。

李建成和李元吉方面：

据《旧唐书·魏徵传》称，魏徵“见太宗勋业日隆，每劝建成早为之所。及败，太宗使召之，谓曰：‘汝离间我兄弟，何也？’征曰：‘皇太子若从征言，必无今日之祸。’太宗素器之，引为詹事主簿”。魏徵的话反过来说明：李建成并没有听从魏徵的话，要么是没有对李世民采取果断措施，要么是没有按照魏徵的策划对付李世民。从当时的情况来说，李建成也没有必要铤而走险，自己是太子，父皇又支持自己，东宫卫队并不比秦王府的弱，按部就班地走下去，李世民只能是走投无路，缴械投降，因此，不管是李建成还是李元吉万万没有想到李世民会剑走偏锋、孤注一掷！

当张婕妤派人把李世民奏表的内容告诉给李建成之后，应当在六月四日上午，在李建成与李元吉商量时，李建成说了一句：“兵备已严，当与弟入参，自问消息。”这里的兵备已严，应当不是指自己的东宫军队已经戒严，而是在他接到张婕妤的通报后，得知李渊今日召见自己的真实情况后，打探宫中消息的人又传来了宫城各门已经戒严的消息。在这种情况下，没有做亏心事的李建成仍然没有足够的警惕，而是决定与李元吉亲自入宫，察看消息，而他的这一轻率举动却招致了杀身之祸。面对如此大事，东宫、齐王府的文武群臣难道集体噤口了吗？此时的魏徵又在干些什么呢？不得而知，不过，依情理推断，当然不会，但极有可能是意见纷纭，其间很有几个已被李世民收买的人一定会极力劝说李建成和李元吉速速入宫，也必定会说出一些诸如，要尽快亲自入宫见驾，以免引起父皇猜疑等等的话来，当然，即使有，也一定是会被删去的。

一二六 喋血玄武（六）

李世民方面：

李世民等待这一天可以说是蓄谋已久。从武德四年留在东都迟迟不回，到武德六年在并州故态复萌，再次逗留不还，再到武德七年杨文干事件，企图将李建成陷入死地，再到武德九年以行台工部尚书温大雅镇守洛阳，派遣秦王府车骑将军张亮等人到洛阳，李世民一直没有放弃觊觎皇位。

秦王府房玄龄、杜如晦等人可能从很早以前就已经给李世民设计了很多种方案，这些方案大致有：一是逃离长安，占据洛阳，与长安分庭抗礼，继而以清君侧为名强行夺取皇位；二是陷害李建成、李元吉，借李渊之手处死二人；三是直接刺杀李建成、李元吉；四是在最后关头，不排除直接杀死李渊。

在这些方案中，只有第二种方案风险最小，但自从杨文干事件之后，此路已经不通。如今，要么就此屈服，要么铤而走险——李世民选择了后者！

在戒备森严的皇宫，要想明火执仗地杀死太子、王爷，又谈何容易！从李世民的角度来看，假如不提前控制住李渊，李渊以皇帝之尊站在宫门之上一声令下，李世民也有可能会瞬间人头落地。基于这种分析，越来越多的学者们认同，玄武门之变很有可能是李世民先以全部兵力袭占了李渊的寝宫（临湖殿一带），并凭借着自己领左右十二卫大将军，“总摄戎机”的特权，控制了宫中各门禁军，等于把李渊囚禁了起来，静等李建成、李元吉自投罗网。史书虽然留下了李世民亲手射杀李建成的细节，但删除了他囚禁、逼迫父皇一页，这是因为，杀死兄弟还可以用“周公诛杀管叔蔡叔”来替自己开脱，而威逼父皇就是犯上作乱了，是根本找不出任何借口的。

可是，要控制住皇帝，又是多么困难！即便是平时，皇帝身边的禁卫军也有数百卫士，还有千牛备身、备身左右等贴身卫士（“内廊阁门外，分为五仗：一供奉仗、二亲仗、三勋仗、四翊仗、五散手仗也，皆坐于东西廊下……隋置左右千牛备身二十人，掌供御弓箭，备身六十人，掌宿卫侍从。凡千牛备身左右，执弓箭以宿卫。”见《旧唐书·职官三》），各个宫门、殿阁还有卫士。

不过，显然李世民集团对此也早有预案，对李世民有利的地方是：他本人就是领左右十二卫大将军，能够牢牢地控制住禁卫军，并在禁卫军军中安插、培植自己的势力。十二卫是禁卫军，隋文帝时，有左右卫（宫廷禁卫）、左右武卫（外廷宿卫）、左右武候（皇帝出行护卫、昼夜巡查）、左右领左右府（侍卫左右）、左右监门（护卫宫门）、左右领军（负责十二军日常事务），是为十二卫。到开皇十八年，又设置了奋身府。到隋炀帝时，把名字改了：左右卫改为左右翊卫、左右奋身改为左右骁卫、左右武卫不变、左右领军改为左右屯卫、增加了左右御卫、改左右武候为左右候卫，为十二卫，在此之外，又把左右领左右府改为左右奋身、左右监门不变，共为十六府。唐武德年间，有左右卫、左右骁卫、左右武卫、左右威卫（隋的左右屯卫）、左右领军卫、左右金吾卫（隋的左右候卫）十二卫，另有左右监门卫、左右千牛卫四府，共计十六卫。每卫设大将军一名，将军两名。这十六卫的官衙都在宫城以南，因此，又被称为南衙诸军。据《唐六典·诸卫》称：“左右卫、大将军各一人……（下辖）亲府、勋一府、勋二府、翊一府、翊二府等五府、中郎将各一人……校尉五人……队正二十人……”又据《新唐书·兵》：“士以三百人为团，团有校尉；五十人为队，队有正；十人为火，火有长。”每一个府大约有士兵1500人，每一个卫大约有士兵7500人。

与之相对应的，驻扎在宫城以北即玄武门以外北苑的又有左右龙武、左右羽林（唐德宗以后改为左右神策军）、左右神武六军，被称为北衙六军。北衙六军在玄武门事变时并没有完全成形，据《新唐书·兵志》称：“初，高祖以义兵起太原，已定天下，悉罢遣归，其愿留宿卫者三万人。高祖以渭北白渠旁民弃腴田分给之，号‘元从禁军’。后老不任事，以其子弟代，谓之‘父子军’。及贞观初，太宗择善射者百人，为二番于北门长上（长期驻守），曰‘百骑’，以从田猎；又置北衙七营，选材力骁壮，月以一营番上（轮流值班）。十二年，始置左右屯营于玄武门，领以诸卫将军，号‘飞骑’。”《旧唐书·王毛仲传》对此也有记载，称：“初，太宗贞观中，择官户蕃口中少年骁勇者百人，每出游猎，令持弓矢于御马前射生，令骑豹文鞯，著画兽文衫，谓之‘百骑’。”由此可见，正是经过了玄武门之变，唐太宗李世民意识到了玄武门的重要性，才逐渐在这里驻屯了常备军，这也说明了在玄武门之变以前，在此附近只有元从禁军。

唐代也继承了北周以来的府兵制，采取了兵民合一的办法，史称："初，府兵之置，居无事时耕于野，其番上（轮流值班）者，宿卫京师而已。若四方有事，则命将以出，事解辄罢，兵散于府，将归于朝，故士不失业，而将帅无握兵之重，所以防微渐、绝祸乱之萌也。"因此，十二军的统帅其实只是遥领，关中十二道下辖了很多折冲府，每个府有兵源800～1200名，根据路途远近决定入京到十二卫中值班的间隔时间，因此，从理论上说，十二卫将领与某个时期统领的士兵不会建立起私人纽带威胁到皇权，但反过来说，作为李世民要想发动政变，只需笼络住十二卫的将领们即可。

李世民只是兼任十二卫大将军，而左右监门和左右千牛卫这四府并不归李世民的管辖，当直属于李渊，因此，李渊身边的卫队就是左右千牛、左右监门以及元从禁军了。元从禁军驻扎在城外，作用不大；左右千牛是李渊的贴身卫士，李世民似乎也难以拿下；只有左右监门负责门禁，意义重大，当是李世民着力需要攻破的，尤其是距离弘义宫最近、通往李渊寝宫的玄武门就更为重要了……

唐初曾经担任过监门将军的主要有：右监门将军樊世兴、右监门卫大将军杨毛、右监门将军元仲文、左监门将军秦行师、行左监门将军许洛仁等。至于在玄武门之变前担任左右监门将军的则极有可能是右监门将军元仲文、左监门将军秦行师二人，这是因为，在玄武门之变后，李世民曾经下诏褒奖了有功人员，元仲文和秦行师就名列其中，而《旧唐书》中提到二人时，记载二人的官职就是左右监门将军，但令人奇怪的是，接着又说了句"并事微不录"。就不给二人立传了。此地无银三百两。对于涉及玄武门之变细节、有可能引起人们对事变过程猜疑的人物，旧史大多没有立传，并且，在李世民夺权之后，对于那些从李建成阵营中被拉拢过来的武职也没有委以重任，比如前述的常何，这当然属于帝王心术，也是他有意掩盖玄武门事变的真相，淡化所造成的消极影响。然而，由于事变之后李世民在诏书上赫然提到了二人，对此，写史人也难以回避，只好用了"事微不录"来搪塞，一起被"事微不录"的还有一个参与政变的后来官至右威卫大将军的李孟尝。这里的微字既可以理解为小，亦可以翻译成隐秘，但一般应理解为微小，可是，假如这样理解的话，这一句搪塞话恰恰犯了一个致命的逻辑错误：既然二人没什么事迹，为何又与玄武门之变中立下大功的长孙无忌等人一起表彰呢？显然，之所以不留下他们的事迹，与不给常何立传的用意是一致的，那就是要有意掩盖些什么。

还有证据：据出土的《安元寿墓志》上称："皇基肇建，二凶构逆。公特蒙驱使，委以心腹。奉敕被甲，于嘉猷门宿卫。"安元寿是安兴贵的儿子，两唐书也没有给他立传，理由应当同上。据该墓志记载，安元寿是武德五年被引入秦王李世民的幕府的，嘉猷门是太极宫的西门，可想而知，整个太极宫城门现在已全部为李世民所控制了。

由此，我们的脑海里似乎已逐渐清晰起来了：在六月三日深夜至迟到六月四日凌晨，负责整个太极宫宫禁、隶属于左右监门将军的军队已经神不知鬼不觉地被李世民掌握了。此情此景，与两年前的仁智宫是多么地相似啊！那时，李渊为了避免被人瓮中捉鳖，在答应立李世民为太子、支开李世民后，竟然深夜带人逃出了仁智宫，与李建成的东宫人马会合，两年后的今天，李渊故技重演，口口声声让李世民第二天早点入宫，名为对质，实际上又会是什么呢？这一次，李世民再也不会上李渊缓兵之计的当了，他要动真的了！

一二七 喋血玄武（七）

玄武门之变，李世民究竟投入了多少兵力？

对此，旧史讳莫如深，因为，这直接牵扯到李世民试图掩盖的政变细节。第一种是九人擒二凶的说法。第二种是八百人的说法。第三种是一两千人的说法。

九人擒二凶的说法，在今天看来显然是假的，这不过是显示李世民神武的一种虚假宣传，由于其本身的虚假性，造成在旧史中有很多矛盾之处，光是这九个人就有不同的说法：《旧唐书·隐太子传》：“太宗将左右九人至玄武门自卫。”《旧唐书·长孙无忌传》：“六月四日，无忌与尉迟敬德、侯君集、张公谨、刘师立、公孙武达、独孤彦云、杜君绰、郑仁泰、李孟尝等九人，入玄武门讨建成、元吉，平之。”此种说法加上长孙无忌自己，实为十人。《旧唐书·刘师立传》：“太宗之谋建成、元吉也，尝引师立密筹其事，或自宵达曙。其后与尉迟敬德、庞卿恽、李孟尝等九人同诛建成有功……”《庞卿恽传》：“从太宗讨隐太子有功”，与《长孙无忌传》相比，又多出了一个庞卿恽。变成了十一人。《程知节传》《秦叔宝传》分别说二人也参战了，这又在《长孙无忌传》之外。《高士廉传》又称：“及将诛隐太子，士廉（时任雍州治中、李世民兼任雍州牧）与其甥长孙无忌并预密谋。六月四日，士廉率吏卒释系囚，授以兵甲，驰至芳林门，备与太宗合势。”《长孙顺德传》称：“武德九年，与秦叔宝等讨建成余党于玄武门。”而《旧唐书·太宗本纪》：“六月四日，太宗率长孙无忌、尉迟敬德、房玄龄、杜如晦、宇文士及、高士廉、侯君集、程知节、秦叔宝、段志玄、屈突通、张士贵等于玄武门诛之。”又变成了十二人。当时屈突通已奉命镇守洛阳，此处记载显系错误。

由此可见，玄武门之变参战的秦王府主要将领也不止九人，这是一场决定秦王府全体人员命运的大决战，肯定是所有的秦王府人员都参加了，不仅有将，而且更有秦王府能够动员的全部步骑兵。《长孙皇后传》称："及难作，太宗在玄武门，方引将士入宫授甲，后亲慰勉之，左右莫不感激。"就说明了这一点。

关于八百人的说法，主要来源于在玄武门之变之前史书中无意留下的尉迟敬德说过的那句话。他在劝说李世民发动政变时说："……且大王所蓄养勇士八百余人，在外者今已入宫，擐甲执兵，事势已成……"但是，这里同样有个疑问：如前所述，秦王、齐王各有左右六护军府、左右亲事府、帐内府，《旧唐书·李元吉传》称："将夺太宗兵以益其府……"也就是说秦王府原本就有数量可观的卫队，李元吉将要夺去，但还没有夺走，这进入弘义宫的八百多名勇士是在编卫队，还是李世民长期以来暗中豢养的？已不得而知，但可以肯定的是这绝非秦王府卫队的全部，联系这场决斗的重要性，李世民定会孤注一掷，投入的兵力当不止八百多人，可能要在一两千人之多。

玄武门之变的第一战场在哪里？

只要支持了李世民在六月四日那一天先囚禁了父皇李渊这一论点，那么，第一战场肯定就发生在李渊的寝宫。除了这场政变合理的设计外，还有一些旁证：《旧唐书·隐太子传》称："……俄而东宫及齐府精兵二千人结阵驰攻玄武门，守门兵仗拒之，不得入，良久接战，流矢及于内殿。"把"流矢及于内殿"说成是李建成和李元吉被杀后，东宫和齐王府兵与禁卫军交战时发生的，但政变参与人郑仁泰、杜君绰的墓志铭上都透露出一些蛛丝马迹，郑仁泰的墓志铭在谈及此事时说道："于时，储闱阶乱，祸极戾园。季邸延妖，蠹殷傲象。兵缠丹掖，珍集紫宸。公奉睿略于小堂，肃严诛于大义。二凶式殄，谅有力焉。"杜君绰的则提到："（兵）交御辇，矢及宸闱"，隐约显示出当时可能在李渊的寝宫进行了战斗。另外，在20世纪初敦煌藏经洞发现的唐代残卷《唐太宗入冥记》，其中，阎罗王曾问到了阴间的李世民说："问大唐天子太宗皇帝去武德九年，为甚杀兄弟于前殿，囚慈父于后宫？"该书大约成书于武周时期，距离玄武门之变很近，虽然是一本通俗小说，且可能对唐太宗有不恭之处，但该书也说明即便是在盛唐时期人们就已经怀疑在玄武门之变中，李世民的确曾经囚禁了李渊。

基本解决了这些疑问，让我们试着还原或者叫推测出这场惊心动魄的政变吧。

武德九年六月三日夜，秦王府上下彻夜无眠。当晚，通过长孙氏以及其他渠道，李世民准确地获取了李渊的休息之地。宫中各门值班将领也都是李世民的人，尤其是驻守玄武门的是中郎将常何、云麾将军敬君弘、中郎将吕世衡，均被李世民买通。李世民命令宫城各门在第二天紧闭城门，实施戒严。

深夜，秦王府中偷偷将铠甲兵器拉到玄武门城楼，士兵们身穿单衣，像幽灵一样尾随而至，由于秦王府将士们倾巢出动，在激战中预计到秦王府可能会失守，长孙氏也来到了玄武门。假如当天夜里秦王府的军队已经来到玄武门的话，李世民当即会发动吗？不知道。有利的一面是：夜袭成功的可能性会增大；能够避免伏兵长期在玄武门暴露的危险，但不利的一面也是显而易见的：深夜入宫除非极其缜密，必定会弄出声响来，如果引起了宫外的警觉，就将功亏一篑。

由于史料的缺乏，我们不知道李世民对李渊寝宫的攻击具体发生在何时，我们甚至不清楚李世民的军队是六月三日深夜还是六月四日凌晨进驻玄武门的，但是，按照常理分析，进驻玄武门的李世民军队不可能长久地待在这里，宫中耳目众多，久则生变，假如李世民在六月四日凌晨就已经将军队送进玄武门的话，他极有可能会很快组织对李渊寝宫的袭击。至于这次袭击是强攻还是设计偷袭，已无从查究了，但假如真是如此，那么随后发生的张婕妤给李建成报信以及李渊召来萧瑀等人，自然都变了味：张婕妤给李建成的报信，就是李世民指使宫中使者引诱李建成前来；李渊召见萧瑀等人，也是李世民假托李渊之名，把朝廷重臣诱骗入宫的手段而已。

也许经过激烈的搏斗，秦王府军队彻底压制了李渊的贴身卫士们，李渊在慌乱之中与亲近数人跳上船，逃到了后苑的湖中。此时的李世民就在临湖殿，一方面指挥秦王府军队全力捕捉李渊；另一方面则时刻关注着玄武门外的动向。然而，在李渊尚未被擒时，故意大开的玄武门迎来了李建成、李元吉二人。二人众多的卫队被勒令停在了玄武门之外，只带着数名高级将佐进入宫中，但他们行至临湖殿时，搏斗过的现场赫然映入眼帘，二人见状不禁大惊失色，匆忙掉转马头，就往回跑。李世民在后面挥手喊话，李元吉弯弓搭箭，就要射向李世民，然而，他的弓箭早已被内鬼提前做了手脚，根本拉不满弦。说时迟那时快，就在这当儿，李世民一箭将李建成射死。看到大哥被杀，李元吉顿时火冒三丈，他不再逃跑，而是冲李世民扑来。李世民哪是李元吉的对手，慌忙拍马而去。看到李元吉直取李世民，尉迟敬德率领七十名骑兵赶忙前来救驾，一个士兵一箭射中李元吉的坐骑，李元吉登时摔下马来。杀红眼的李元吉满腔怒火，飞奔着死死猛追夺路而逃的李世民，慌乱之中李世民逃入丛林之中，竟然被树枝挂下马来，动弹不得，李元吉一个箭步冲了上来，夺下李世民手里的弓箭，用弓弦勒住李世民脖颈，差一点把他勒死。就在这千钧一发之际，尉迟敬德及时赶到，李元吉虽然能打过李世民，却是尉迟敬德的手下败将，见尉迟敬德冲来，他本能地丢下李世民，朝东南方向自己曾经居住过的武德殿后院逃去。尉迟敬德穷追不舍，一箭将其射死。

宫中激战的同时，玄武门守将慌忙要关闭城门，但东宫军队也情知有变，开始向内冲击。敬君弘、吕世衡率军杀出，张公谨则在后面关门，敬君弘、吕世衡终因寡不敌众，全部战死，但由于二人在前面抵挡，最终让张公谨得以关上了玄武门。关上城门之后，东宫齐王府的军队与守门兵之间的战斗，不过是城上城下的射箭罢了，射了许久，东宫内鬼薛万彻（薛万彻此举从客观上减轻了力量薄弱的玄武门守军的压力，因此，我怀疑薛万彻是内鬼之一）等人又呼喊着要转攻秦王府，这实际上起到了减轻玄武门压力的作用。

然后就是彻底控制住了李渊和朝廷重臣。李世民可能先逼迫李渊屈从，但李渊没有答应，只好由尉迟敬德向东宫齐王府军队展示李建成和李元吉的人头，瓦解东宫齐王府军队的军心，而后，又以二人的人头威胁李渊。萧瑀、陈叔达称：“……把李世民封为太子，交给军国大权，您就安全了（无复事矣）！”言外之意，就是如若不然，李世民会一不做二不休，李渊可能也会性命不保。思前想后，好死不如赖活着，李渊屈服了。

紧接着，依照李渊的命令，听命于李世民的左骁卫大将军长孙顺德和秦王右三统军秦叔宝等人率军攻入东宫和齐王府，把李建成和李元吉的儿子以及他们的死党杀得一个不留。

这也许是玄武门事变的真相，但这也仅仅是推测而已。

一二八 政变之后

成王败寇。

只要你成功了，不管你用的是什么手段，都已不再重要。

虽然自己心仪的太子李建成和齐王李元吉以及他们的孩子都被杀害了，但死者不能复生，生者还需继续活着，在群臣的劝说下，李渊终于非常理智地选择了放弃。李渊态度的转变，既保全了自己，也让李世民的政变得以圆满收场，难怪他感激涕零，倒在父皇的怀中哭个不停。

六月四日显然是个血雨腥风的日子。当天，太子李建成、齐王李元吉的几个儿子全部被杀，京城之内笼罩在一片恐怖的气氛之中。李世民手下的众将还想趁势把李建成、李元吉手下有名有姓的文臣武将一百多人悉数杀死，并没收他们的全部家财，但尉迟敬德头脑清醒，坚决反对道：“犯罪的是二凶，如今已经将二人诛杀，如果再牵连到他们的下属们，这不是稳定局势的办法。”于是，李世民听从了，当天，即以李渊的名义颁布了大赦令。大赦令规定了三点内容：一是只诛杀李建成和李元吉二人，其余同党一概不予追究；二是四月下诏勒令还俗的和尚、尼姑、道士、女道士全部恢复原状；三是朝廷政务交给李世民全权处理。六月五日，冯立、谢叔方都出来自首，而薛万彻还在逃亡。李世民命人屡屡敦促，薛万彻才从终南山中出来。李世民说：“这些人都是忠义之士啊！”遂赦免了他们。

六月七日，李渊下诏立李世民为皇太子。又重申：“从今往后，军国事务不论大小全部交给皇太子裁决，然后上报。”李世民移住东宫，并开始在东宫丽正殿处理政务。

政变之后，李世民采取了以下措施稳定局势。

一是组建自己的领导班子。六月十二日，李世民以宇文士及为太子詹事，长孙无忌、杜如晦为太子左庶子，高士廉、房玄龄为太子右庶子，尉迟敬德为太子左卫率，程知节为太子右卫率，虞世南为中舍人，褚亮为舍人，姚思廉为太子洗马。七月，李世民又以秦王府护军秦叔宝为左卫大将军，以程知节为右卫大将军。七月六日，唐朝政府任命高士廉为侍中，房玄龄为中书令，萧瑀为尚书左仆射，长孙无忌为吏部尚书，杜如晦为兵部尚书。七日，又以宇文士及为中书令，封德彝为尚书右仆射，前天策府兵曹参军杜淹为御史大夫，中书舍人颜师古、刘林甫为中书侍郎，左卫副率侯君集为左卫将军，左虞候段志玄为骁卫将军，副护军薛万彻为右领军将军，右内副率张公谨为右武候将军，右监门率长孙安世（长孙无忌的哥哥）为右监门将军，右内副率李客师（李靖的弟弟）为领左右军将军。经过一番调整，李唐朝廷的重臣分别为司空裴寂（该年一月由李渊任命，接替被任命为司徒的李元吉），尚书左仆射萧瑀（顶替裴寂），尚书右仆射封德彝（由中书令晋升），侍中陈叔达、高士廉，中书令宇文士及、房玄龄（原中书令杨恭仁被罢免）。论功行赏，以尉迟敬德和长孙无忌为第一，李世民赏赐二人各一万匹丝绸；除此之外，他还下令把整个齐王府查封，府内所有的金银财帛全部赏赐给了尉迟敬德。

二是实现和解。李世民深知帝国面临的局势非常危急，外有突厥的大举入侵，内又刚刚经历了一场大变，如果不采取和解政策，极力安抚李建成、李元吉一党，势必激出一场大乱。玄武门之变后，李世民命人把原太子洗马魏徵召来，问道："你离间我们兄弟，是何道理？"魏徵回答："假如皇太子听从我的话，肯定不会有今日之祸。"李世民素来看重他，将他任命为太子詹事主簿。李世民还将在杨文干事件中被流放的原太子中允王珪、韦挺以及秦王府的杜淹一并召回，拜为谏议大夫。虽然朝廷下了大赦令，但李建成、李元吉一党仍然心怀疑惧，而一些贪图富贵的人不顾赦令争相追捕，想得到朝廷的赏赐。谏议大夫王珪将这一情况禀报了太子李世民。七月十日，太子李世民下令："六月四日受到东宫和齐王一事牵连的以及十七日受李瑗一事牵连的（见下），一律不得告发，违反的反坐。"十一日，李世民又派遣谏议大夫魏徵前往山东进行安抚。魏徵来到磁州（今河北省磁县），正巧遇到当地郡县把前太子千牛李志安、齐王护军李思行押往京师，魏徵说："我奉命之日，东宫、齐王府的亲信们全都被赦免了，如今你们又把李思行等人押到京师，谁不人人自危？就是派来了使者，又有谁还会相信！我不能怕受到猜疑而不替国家着想，况且，既然我受到国士一般的礼遇，怎敢不以国士一般的举动回报皇上呢！"于是，他当即下令释放了李志安等人。

李世民听说后，非常高兴。史称，李世民还下令释放皇家园林中的奇珍异兽，命令各地不再进贡此类玩物，让百官上书言事，咨询治国之道，政令简明严肃，人们都感到非常满意。李世民的和解政策起到了很好的效果，东宫原将领冯立和谢叔方分别被委任为左屯卫中郎将和右翊卫郎将，冯立对亲戚们说："受天大的恩遇，誓死报答。"不久，突厥进抵渭桥，冯立率领数百骑兵与突厥死战，所向披靡，杀伤了很多敌人。

三是处置叛乱。李唐建立之后，可以说关中是李渊父子共同努力打下的；河南等地是李世民打下的；河北最终是李建成、李元吉打下的；而荆州、岭南、江淮这大半个中国则是赵郡王李孝恭打下的，因此，《旧唐书》称："自大业末，群雄竞起，皆为太宗所平，谋臣猛将并在麾下，罕有别立勋庸者，唯孝恭著方面之功，声名甚盛。"李孝恭平定了辅公祏叛乱之后，即被任命为扬州大都督，但已经引起了李渊父子的猜忌。到玄武门之变前后（具体日期不详），就有人向朝廷告发说李孝恭想要谋反，李唐朝廷下令将其召回了京师。《新唐书》称，李孝恭被召回后，经过司法部门的审讯，查无实据，朝廷又把他释放了，给了一个宗正卿的虚职。召回李孝恭也许是李渊干的，也许是李世民干的，但都是为了防止地方实力派慢慢坐大。等到玄武门事变之后，李世民立刻又想到了与李建成关系亲密、握有数万军队的幽州大都督、庐江王李瑗。

武德六年李艺入朝之后，在太子李建成的斡旋下，太子党的庐江王李瑗被任命为幽州都督。李渊觉得李瑗懦弱无能，又派遣右领军将军王君廓前去辅佐。王君廓出身强盗，阴险狡诈，又非常强悍，李瑗把他看作自己的左膀右臂，答应结为亲家。武德八年十月，王君廓曾率军截杀突厥军队，俘虏斩杀了两千余人，缴获五千多匹战马，取得了一次大胜。李渊得知后，不禁大喜，特意将其征召入朝，赏赐给御马，并令其在皇宫中骑上马出宫。看着王君廓的背影，李渊对侍臣们说道："我听说蔺相如怒斥秦王时，眼睛都流出了鲜血。过去，王君廓征讨窦建德时，将要出战，李靖阻止，王君廓顿时勃然大怒，眼睛、鼻子、耳朵全都流出了鲜血。此等壮烈之气，堪与古人相提并论，对他要破格赏赐！"

李建成死后，李世民担心李瑗会作乱，命令通事舍人崔敦礼乘坐驿马车征召李瑗入朝，这还是对付李孝恭的套路。李瑗内心不安，与王君廓商量对策，而王君廓则想出卖李瑗，用李瑗的人头铺平自己的升官之路，遂对李瑗说："大王如果进京，一定不会安全。大王您是皇亲国戚，出任一方大员，拥有数万精兵，岂能来一个使者就能把您召回？况且，我听说赵郡王李孝恭已经被捕，而太子、齐王又是这个下场，如今大王回京，能保全性命吗？”二人相对而泣。李瑗对王君廓说：“今天我把性命就交给你了，我决心已下，决定反了！”遂逮捕了崔敦礼，逼问京城发生的事情，但崔敦礼一直不屈服，再无二话，于是，李瑗把崔敦礼关了起来，征召军队，准备起兵。李瑗派人召唤燕州刺史王诜商议，兵曹参军王利涉对李瑗说：“大王不接受诏书而擅自征召军队，这是在造反啊。只有改弦更张，随机应变，先安定人心。如今假设各州拒不听命，大王征调不来军队，将如何保全？”李瑗追问：“该如何是好？”王利涉献计道：“山东军民过去追随窦建德，各地的豪强昔日都被任命为官，如今全都被免为平民，这些人想要叛乱，就像是干旱的秧苗盼望春雨一样。大王应当派人到各地宣布恢复他们的官职，命其各自在当地招募军队，倘若各州官员不从的，可以命这些豪强就地诛杀。如果能做到这一点，河北之地很快就会平定，然后，大王再派王诜与突厥联络，从太原西进，兵临蒲坂、绛州；大王亲率大军攻入洛阳，西逼潼关。两军相互配合，不出一个月，天下就平定了。”李瑗听从了，把军务全都交给王君廓处理。王利涉又建议：“王君廓反复无常，不可以把军权都交给他，应该趁早除掉他，以王诜代替。”但李瑗犹豫不决。王君廓得知后，亲自来见王诜，王诜正在洗头，握着湿漉漉的头发出来，王君廓一刀将其脑袋砍下，手持王诜的人头对大家说：“李瑗与王诜谋反，囚禁朝廷使者，擅自调集军队，如今，我已经杀了王诜，只剩下李瑗一人，已无能为力了！你们如果追随李瑗，最终会落得个满门抄斩的下场；如果跟着我去抓他，现在就能得到富贵！祸福如此，你们想怎么办？”众人听后，均说：“我们愿意讨伐叛贼！”王君廓率领部下占领了西城城墙，而后亲自率领一千多人打开监狱，把崔敦礼放了出来，这时，李瑗才知道，赶忙率领数百人披上铠甲出来。刚走出家门，就碰上了王君廓，王君廓大喊：“李瑗造反，你们为何要追随他呢？”李瑗手下这数百人听后，全都丢下武器，四散而逃。只剩下李瑗一人狼狈地站在那里，骂道：“你这个小人竟然出卖我，你自己也快轮到了！”王君廓抓住李瑗，将他勒死，李瑗死时四十一岁，人头被送到长安，他也被清除出皇家户籍。

六月二十六日，唐朝任命王君廓为左领军大将军，兼任幽州都督，把李瑗的家人都赏赐给他做奴婢，加左光禄大夫，赏赐一千段丝绸，食邑一千三百户。

一二九　渭桥退敌

八月一日，突厥派人前来求和；七日，吐谷浑前来求和。

八月八日，李渊下令把皇位传给李世民，李世民佯装不同意，推让了一番，到第二天，李世民才在东宫显德殿登基即皇帝位，这一年，李世民二十九岁。

登基的当天，李世民就宣布大赦天下，关内以及蒲州、芮州、虞州、泰州、陕州、鼎州六州百姓免除田租、调两年，全国其他地方百姓免除一年。二十一日，立长孙氏为皇后，她就是历史上著名的长孙皇后。长孙氏，是隋右骁卫将军长孙晟之女，小名观音婢。长孙晟的哥哥长孙炽曾记得李世民的母亲窦氏年少时对舅舅北周武帝宇文邕说过要善待突厥公主的话，对长孙晟说：“这是个聪明妇人，一定会生出好儿子，不可不与这家联姻。”于是，就把长孙氏嫁给了李世民。长孙氏比李世民小三岁，年少喜欢读书，特别俭朴，李世民即位后，对长孙皇后更加尊重，经常想与她一起研究赏罚之事，可是，每次长孙皇后都回绝了，她说：“母鸡管打鸣，这一家就要衰败了，妾是一个妇道人家，岂敢过问国家大事？”李世民坚持让她发表意见，但她始终不答。

唐太宗李世民对侍臣们说：“妇女们幽居在深宫，实在可怜。隋朝末年以来，隋炀帝不断从民间挑选宫女，以至于离宫别馆这些不是皇帝经常去的地方也填满了宫女。这都是耗费财力的行为，我不会这样做。况且，这些宫女除了打扫宫室之外，又有什么用处呢？今日，我将下令把她们送出宫去，让她们自由婚配，不仅省去了宫中开支，还能平息她们的怨气，遂其天性。”于是，八月二十八日，李世民下诏称：“宫女众多，幽闭深宫，实在令人怜悯，应当予以挑选放出，让她们各自回到亲戚家中，听任她们嫁人。”放出三千多人。唐太宗李世民在即位之初就释放了三千宫女，这当然是一件德政，不过对此不宜过高估计，这是因为，李世民即位之后，暂时无处安置太上皇李渊，因此，他仍然居住在东宫，李渊还住在太极宫。李世民当然不好意思把给李渊服务的宫女们弄到东宫来，但继续让这么多人伺候一个太上皇，又显得不太妥当。释放这些宫女既能给自己争来政绩，又可以降低李渊的规格，还有意无意地在公众面前贬低了李渊一把，可谓是一石三鸟。

李世民即位前后，突厥军队其实已经可以随意进出关中，能够轻易打到长安了。玄武门之变不久，突厥军队就开始进攻陇州（今陕西省陇县）和渭州（今甘肃省陇西县），吐谷浑军队也向岷州（今甘肃省岷县）发起了进攻，李世民命令右卫大将军柴绍领兵前去迎战，到了七月三日，柴绍在秦州（今甘肃省天水市）击破突厥军队，斩杀一名突厥特勤（公爵）和上千名敌人。再到八月，突厥和吐谷浑又同时前来求和，可是，他们的求和其实是假，主要还是想进京探听一下刚刚经历了一场大变的唐朝的虚实，在此期间，由于梁师都内部逐渐衰弱，为了自存，他只好依附于突厥，采取以攻为守的策略，极力撺掇突厥趁机打击唐朝，故而，到了八月，颉利可汗和突利可汗又率领十余万大军入寇泾州（今甘肃省泾川县），一直推进到武功（今陕西省武功县），唐朝京师长安城戒严。

八月二十四日，突厥军队进攻高陵（今陕西省西安市高陵区），二十六日，泾州道行军总管尉迟敬德率领唐军与突厥军队在泾阳（今陕西省泾阳县）激战，唐军大破突厥军队，生擒突厥俟斤（领兵官）阿史那乌没啜，斩首一千多级。

八月二十八日，颉利可汗率军来到渭水便桥北岸，派遣心腹大臣执失思力来拜见唐太宗，并探听唐军的虚实。执失思力为了恐吓唐太宗，夸张地说：“如今，颉利可汗和突利可汗率领百万雄师已经到了！”

唐太宗不为所动，责备道：“我与你家可汗当面和解，赏赐、馈赠无数金银财帛。你家可汗自己违背了盟约，引兵深入，对我难道就没有一点羞愧的？你虽然是个蛮族，但也该长着一颗人心，岂能把我们的大恩忘得一干二净，还自诩强盛？我如今先斩杀了你再说！”执失思力吓得连忙谢罪求饶。萧瑀、封德彝请求以礼把他打发回去，但唐太宗拒绝了，他说：“我现在把他放了，敌人会以为是我畏惧他们，将更加肆意妄为。”遂下令把执失思力囚禁在门下省。

唐太宗亲自骑马从玄武门出城，与高士廉、房玄龄等六人径直来到渭水岸边，与颉利可汗隔着渭水交谈，斥责他们违背了誓约。突厥将士们大惊失色，纷纷下马跪拜，不一会儿，唐军大队人马也纷纷赶到，霎时间漫山遍野，旌旗招展，战鼓齐鸣，铠甲耀眼。颉利可汗见唐朝扣留了执失思力，而唐太宗又亲自出马，唐军军容甚盛，不禁面露惧色。

唐太宗指挥各军退后布阵，他独自留下与颉利可汗谈话。萧瑀觉得唐太宗实在是太轻敌了，拦在马前苦苦劝谏，唐太宗说："我早已成竹在胸，这你不知。突厥之所以胆敢倾国而来、直抵我京师，是他们觉得我国内有难，朕刚刚即位，认为我不可能抵御强敌。如果我示弱于敌，闭门固守，敌人一定会纵兵大掠，局势就难以控制了，因此，我才轻骑出城，就是显示没有把他颉利可汗放在眼里；又展示军容，显示我们一定会与之决一死战；出其不意，又让他们不知如何应对。敌人既然已深入我腹地，一定会心生恐惧，所以，要与之决战，一定能够取胜；与之和解，也一定能牢固。制服突厥，在此一举，你就在一旁看我的吧！"

当天，颉利可汗派人前来求和，唐太宗答应了。第二天，唐太宗与来到城西，斩杀白马，与颉利可汗在便桥之上盟誓。突厥军队随即撤离。渭水便桥，今称西渭桥，位于今陕西咸阳西南的沙河河道上，与汉魏长安城西南第一门章城门遥遥相对，故此称之为便桥。杜甫《兵车行》："爷娘妻子走相送，尘埃不见咸阳桥。"以及王维的《渭城曲》："渭城朝雨浥轻尘，客舍青青柳色新。劝君更尽一杯酒，西出阳关无故人。"就发生在这里。

突厥退去后，萧瑀向李世民求教："未与突厥和解之时，众将纷纷请战，陛下就是不同意，臣等也满腹疑虑，不久，敌人真的退去了，其中有何奥妙？"

李世民回答："我看突厥人数虽多，但军容不整，他们一心想着就是索取钱财，当他们求和之时，可汗一人在渭水西岸，达官贵人们纷纷前来见我，我如果把他们灌醉拿下，趁机偷袭他们，可以说易如反掌。再命令长孙无忌和李靖在豳州（今陕西省彬县）埋下伏兵，等到敌人逃回时，伏兵在前面截杀，大军在后面追击，自然会大获全胜。之所以没有下令发起进攻，是我刚刚即位，国家尚未安定，百姓还没有富裕，当与民休息。一旦与敌开战，我们的损失就太大了，双方结下深仇，敌人一定会因恐惧而整修战备，这样一来，我们最终未必能够得手，所以，我才决定隐忍不发，送给他们金银财帛，他们既然已经得到了心中想要的东西，自当会撤回国内，而且，还会志得意满，不再戒备，我们再趁机训练军队，等待时机，一战可将其灭国。'打算夺取对手的东西，就先送给他一些东西。'说的正是这啊。你明白了吗？"

萧瑀倒地叩头，连连说道："我智不及此。"

九月，颉利可汗送来三千匹战马、一万口羊，唐太宗没有接受，只下诏要回被突厥人劫掠的中原百姓以及被突厥扣留的温彦博。二十二日，李世民把禁卫军将士们集合起来，在东宫显德殿的大院内练习射箭，训练之前，他教育大家说："中原王朝自古以来就遭受蛮族的入侵，这没有什么大不了的。值得我们忧虑的是：边境稍稍安定下来，君主就沉湎于游乐之中，忘记了军备，等到敌人入侵时就难以抵御了。今天，朕不让你们去挖掘池塘、修建花园，只令你们练习骑马射箭，闲居无事的时候，我就是你们的老师，等到突厥来侵时，我就当你们的将帅，就是希望我们的百姓能够得到少许的安定！"他每天率领数百人练习，亲自组织测试，射中靶子多的赏赐给弓箭、宝刀、布帛之类，他们的长官也受到相应的奖励。群臣们纷纷劝谏道："根据法律规定，在皇帝面前舞弄刀枪的，将被处以绞刑。如今让这些低贱之人在陛下身边张弓搭箭、舞枪弄棒，陛下身处其间，万一有个狂妄之人行刺陛下，出人意料，陛下有个三长两短，这不是看重江山社稷该做的。"韩州刺史封同人谎称接到诏书，乘坐驿马车匆匆回京，苦苦劝谏，但李世民就是不听。他说道："皇帝，视四海为一家，全国之人都是朕挚爱的子民，朕一一推心置腹，为何对自己的宿卫将士们还要横加猜忌呢！"听了皇帝的话，禁卫军将士们个个都非常感动，人人奋发进取，数年之间，都变成了武艺高强的人。

一三〇 大封功臣

渭桥退敌的真实情况肯定不是如此轻松。

史书为了显示唐太宗的雄才大略，故意写得如此洒脱，而真实的情况则是：唐朝政府以大量金银财帛换取突厥的撤兵，可以说是一个城下之盟，至于唐朝政府究竟给了突厥人多少财物，史书有意不记，已无从考究了。

九月二十四日，李世民亲自评定各位功臣的爵位和采邑的等级，新封长孙无忌为齐国公，房玄龄为邢国公，尉迟敬德为吴国公，杜如晦为蔡国公，侯君集为潞国公，各人均食邑三千户。他命侍中、光禄大夫陈叔达在殿下点名宣布，并说：“朕评定各位的功劳未必适当，有什么话，你们尽管当面提。”于是，众人纷纷争功，吵闹不休。淮安王李神通说：“臣在关西起兵，最先响应义旗，如今，房玄龄和杜如晦等人不过是玩弄笔墨的书生，他们的功劳反而位居我之上，臣私下确实不服。”李世民回答：“太原起义之初，叔父确实率先响应，但也是为了自救避祸。等到窦建德横扫山东，刘黑闼死灰复燃，叔父您却望风溃逃。房玄龄等人运筹帷幄，安坐而稳定社稷，论功行赏，自然当在叔父之上。叔父，您是国家的至亲，朕实在并不是吝惜财物，只是不可因私恩而滥赏啊！”丘和之子、丘行恭的哥哥丘师利等人更是愤愤不平，指天画地，夸耀各自的战功，但见李神通都被李世民搞定了，众将说：“陛下非常公平，就算是淮安王尚且如此，我等怎敢不安本分？”大家这才心悦诚服了。

中书令房玄龄对唐太宗说：“秦王府过去的亲信们没有被加官晋爵的，都发牢骚说前太子东宫和齐王府的官员们得官还比他们早。”唐太宗回答：“古代所谓的大公无私，是指宽容公平没有私心。丹朱、商均，二人分别是尧和舜的儿子，而尧、舜把二人都废黜了；管叔、蔡叔，二人都是周公的弟弟，但周公把他们都杀了，由此可知，君主要以天下为公，不能存一点偏私之心。昔日，诸葛孔明不过是一个小国的宰相，尚且说：‘我的心就是一杆秤，不会因人而异。’何况我现在治理的是一个大帝国呢！朕与你的衣食都来自于百姓，这就是说，百姓们已经把他们的劳动成果奉献给了我们，但我们尚未把恩泽施与我们的百姓，如今，我们给百姓们挑选治国理政的贤才，就是为了让百姓们安居乐业啊。用人只问能否胜任，岂能因为亲疏而区别对待呢？凡是见过一面的人尚且亲近，岂能忘了过去的下属？假如没有才能，岂能仅仅因为是过去的下属就要予以提拔？现在，你不提他们才能如何，只说他们发牢骚，这怎符合至公之道？”

虽然李世民这么说，但李神通等人的反对还是起到了一定的效果。十月，唐太宗下诏追封前太子李建成为息王，谥号为隐；齐王李元吉为海陵王，谥号为刺，改葬。改葬之日，李世民在宜秋门哭泣，表现得非常悲哀。魏徵、王珪上表请求一直送葬到墓地，李世民答应了，并下诏命令东宫、齐王府的旧僚都去送葬。八日，李世民册立年仅八岁的嫡长子、中山王李承乾为皇太子。

到了十月十八日，李世民下诏大封功臣，规格比原来大大降低了。

他加封司空、魏国公裴寂一千五百户（原为五百户）；

长孙无忌（由左武候大将军改任吏部尚书，玄武门之变中功劳第一，长孙皇后之兄，从小即与李世民友善）、王君廓（左领军大将军，兼幽州都督、彭国公，尚驻守幽州、酬谢诛杀李瑗之功）、尉迟敬德（玄武门之变功劳第一，任右武候大将军）、房玄龄（中书令）、杜如晦（兵部尚书）一千三百户；

左骁卫大将军、薛国公长孙顺德（长孙无忌族叔），右卫大将军、霍国公柴绍，左翊卫大将军、天节军将、开府仪同三司李艺（镇泾州），宗正卿、赵郡王李孝恭（不久晋升礼部尚书、改封河间王）一千二百户；

右卫大将军侯君集，左武候将军、定远郡公张公谨，左骁卫将军、襄武郡公刘师立一千户；

并州都督、曹国公李世勣（李世勣降唐后，先封莱国公、后改为曹国公，贞观十一年改封为英国公），秉钺将军、任国公刘弘基［时任李神通副将、驻守豳州，东起子午岭（今甘肃省花池、合水、宁县、正宁和陕西省铜川市耀州区、旬邑、黄陵、富县等地）西到临泾（今甘肃省镇原县）］九百户；

侍中、义兴郡公高士廉，中书令、郢国公宇文士及，左武卫大将军、翼国公秦叔宝，右武卫大将军、宿国公程知节七百户；

右骁卫将军、左武卫将军、冠军将军、上柱国、凉国公（据其子安元寿墓志铭，安元寿为李世民的右千牛备身）安兴贵，左武候大将军、申国公安修仁（安兴贵弟弟），遂州（今四川省遂宁市）都督、莒国公唐俭，益州道行台左仆射、酇国公窦轨（李渊之妻窦氏娘家堂侄），使持节十一州诸军事、洛州刺史、左光禄大夫（据《屈突通墓志铭》）屈突通，尚书左仆射、宋国公萧瑀，尚书右仆射、道国公封德彝，少府监、葛国公刘义节（原名刘世龙，原为太府卿）六百户；

右武卫将军、苑游将军、郇国公钱九陇，右监门将军、莒国公樊世兴（樊兴），检校右监门将军、清水县公公孙武达（原为秦王府右三军骠骑），右威卫大将军、汉东郡公李孟常，左骁卫大将军、樊国公段志玄（本传称食邑九百户，当为后来增加的），右骁卫将军、郸国公庞卿恽，怀州总管、长平郡公张亮（原为秦王府车骑将军），刑部尚书、永康县公李靖，御史大夫、安吉郡公杜淹，右监门将军、河南县公元仲文四百户；

检校益州行台左仆射、遂夔二州总管、息国公张长逊，左领军将军、萧国公张平高，右武卫大将军、广德郡公李安远（“从太宗征伐，特蒙恩泽”），右武卫将军、金河郡公李子和（郭子和），左监门将军、清水郡公秦行师，左骁卫大将军、新兴县公马三宝三百户。

上述共计四十三人，但该记载有所遗漏，比如，提出异议的淮安王李神通，据《旧唐书·李神通传》的记载，李神通时任左武卫大将军，“贞观元年，拜开府仪同三司，赐实封五百户。”再如，右武候将军张士贵参与了玄武门之变，但史书本传对此只字不提，也没有记载此次封赏，显然是有意无意的漏记。又如，《旧唐书·刘政会传》：“贞观初，累转洪州都督，赐实封三百户。”对于其他人等也都一一进行了安抚，比如陈叔达，“贞观初，加授光禄大夫。”如丘和：“九年，除特进。”丘和之子丘行恭被“隐太子之诛也，行恭以功迁左卫将军”。

李渊执政时期，曾经两次褒奖功臣，一次是在武德元年八月六日，他下诏褒奖了十七名太原功臣，他们分别是：李世民、尚书右仆射裴寂、纳言刘文静（已被杀）、左骁卫大将军长孙顺德、右骁卫大将军刘弘基、都水监赵文恪（因在刘武周进攻并州时临阵脱逃而被赐死）、右屯卫大将军窦琮（已死）、卫尉少卿刘政会、鸿胪卿刘世龙（刘义节）、吏部侍郎殷开山（已病死）、左翊卫大将军柴绍、内史侍郎唐俭、库部郎中武士彟（如今为应国公，利州、荆州都督）、骠骑将军张平高、左骁卫长史许世绪（已死）、李思行、李高迁（因突厥进攻马邑高满政时临阵脱逃而被流放），他们得到的是特许被免死的一次到两次，其中，李世民、裴寂和刘文静免死两次，其余人等免死一次。到武德三年二三月份，李渊又褒奖了十一人：尚书左仆射、魏国公裴寂，太子少保、新昌县公李纲，左武候大将军、陈国公窦抗，太常卿、沛国公郑元璹，纳言、汉东郡公陈叔达，内史令、宋国公萧瑀，兵部尚书、蒋国公屈突通，户部尚书、荥阳郡公郑善果，右武候大将军周罗睺，御史大夫、滑国公皇甫无逸，同州刺史郭宏道（隋朝尚舍奉御），他们得到了在奏事和侍立时可以上到大殿之上的特权（见《唐会要·功臣》）。对比李渊的这两次褒奖可以看出，第一次针对的就是太原功臣，第二次除了裴寂是太原功臣之外，其余都是旧隋投降过来的官吏，他们大多有着比较大的影响力，或者与李渊私交很好。

李世民的这一次大封功臣，比李渊来得实在得多，给的是实实在在的食邑。这些受封功臣们大致分为：

一是李世民的亲信。这部分人又可细分为：1. 秦王府积极参与玄武门之变人员，分别为长孙无忌、尉迟敬德、房玄龄、杜如晦（以上1300户）、侯君集、张公谨、刘师立（以上1000户）；2. 秦王府一般参与或虽未参与但有功人员，分别为：高士廉、程知节、秦叔宝（以上700户）、屈突通（600户）、公孙武达、段志玄、李孟尝、庞卿恽、张亮、杜淹（以上400户）；3. 虽非秦府人员却是朝中倾向于李世民的文武大臣。长孙顺德（1200户）、刘弘基（900户）、宇文士及（700户）、安兴贵、安修仁、唐俭、萧瑀、封德彝（以上600户）、李安远（300户）；4. 可能在玄武门之变中暗中支持秦王的禁卫军将领。右武卫将军钱九陇、右监门将军樊兴、右监门将军元仲文（以上400户）、左监门将军秦行师（300户），据《旧唐书·职官三》称："凡京司应入宫殿门者，皆有籍。左（监门）将军判入，右（监门）将军判出。"李世民把掌管人员出宫的右监门将军元仲文赏赐的多于左监门将军秦行师，可能是因为元仲文在保证宫内人员出去方面做得很到位，确保了政变前没有走漏风声。

二是态度中立大臣或者暧昧的地方实力派。王君廓（1300户）、柴绍、李孝恭（以上1200户）、李勣（900户）、窦轨（600户）、李靖（400户）、张长逊、李子和、马三宝（以上300户）。

三是李世民的异己势力。裴寂（1500户）、李艺（1200户）、刘义节（600

户）、张平高（300户）。裴寂一直是李渊的心腹近臣，裴寂与李世民的心腹刘文静的斗争，最终导致了刘文静的被杀，虽然李世民暂时给予裴寂最高的奖赏，但那都是看在李渊的面子，等到位子坐稳以后，肯定是会找裴寂算账的；同为太原功臣的刘义节，“高祖镇太原，裴寂数荐之，由是甚见接待”，因此，他自然是裴寂的人，虽然李世民暂时赏赐了他，但把他从太府卿改任为少府监，虽然都是从三品，但太府卿是掌管整个帝国的国库，少府监却只管皇帝的私房钱，重要性不可同日而语，“贞观初，转少府监，以罪配流岭南，寻授钦州别驾，卒。”张平高也是太原功臣，此前为左领军将军，封萧国公，可能他也不服从李世民，“贞观初，出为丹州刺史，坐事免，令以右光禄大夫还第，卒。”

一三一 励精图治（一）

玄武门之变后，很多人自然会把李世民与杨广联系在一起。

唐太宗李世民的确与八年前死去的隋炀帝杨广有相似之处：一是二人都很有才能，也曾经立下了大功。《隋书·隋炀帝本纪》称：“上美姿仪，少敏慧，高祖及后于诸子中特所钟爱。”史臣曰：“炀帝爰在弱龄，早有令闻，南平吴会，北却匈奴，昆弟之中，独著声绩。”《旧唐书·太宗本纪》称：“太宗幼聪睿，玄鉴深远，临机果断，不拘小节，时人莫能测也。”在唐朝建立过程中，李世民也是立下了赫赫战功，这都是不容否定的。二是二人得位都不正。二人都是次子，都是通过杀死原太子而得以继位的。

二人的不同之处又有很多：一是就个人素质方面，杨广比李世民更加全面。杨广好学，文采很好，而李世民则“略输文采”。二是隋炀帝在隋文帝生前已被册立为太子，并深得隋文帝、独孤皇后的喜爱，虽有传闻说二十二年前的隋炀帝杨广也是弑父篡位的，但那毕竟属于宫闱秘闻，难以考证；而李世民并未得到父皇的青睐，如今的他则是光天化日在皇宫明目张胆搞的政变！

正统的儒家观点认为，隋朝二世而亡，亡在废长立幼。隋炀帝登基时接管的是一个富庶的大帝国，尚且灭亡了，如今的李世民的手里则是一个刚刚经历了一场大乱、又有深深外患的国家，难道刚刚建立的唐朝也要毁于这场政变吗？这当然也是当上皇帝的李世民认真思考的事情，他要向所有的人证明，他绝不会重蹈他表叔隋炀帝的覆辙，既然把自己定位为处死管叔蔡叔的周公，他也要做到“周公吐哺，天下归心”！要克制自己内心的欲望，真正做到从谏如流，在隋炀帝和唐太宗身上，历史再一次向人们昭示了“谦受益，满招损”这个浅显的道理。后来，历史对李世民一个评价说：“迹其听断不惑，从善如流，千载可称，一人而已！”

有了励精图治的雄心壮志，一切就有了动力，也有了方向。为了猛补自己的不足，唐太宗在弘文殿搜集了二十多万卷图书，另在殿旁边建了一个弘文馆，挑选天下文学之士虞世南、褚亮、姚思廉、欧阳询、蔡允恭、萧德言等人，兼任弘文馆学士，命他们轮流值班，唐太宗则在处理政务之余，把学士们引入内殿一起学习旧史，探讨治国理政的经验教训，有时一直讨论到午夜才罢。又挑选三品以上官员的子孙充当弘文馆的学生。

唐太宗还对司空裴寂说："近来，很多人上书言事，我把这些奏表都贴在墙壁上，进出时随时都能看到，我常常思考治国之道，有时候一直到深夜才睡下。你们也该恪尽职守，努力工作，让朕满意。"他还多次把魏徵召入内室，询问政治的得失，魏徵有治国之才，性格直爽，知无不言，言无不尽，唐太宗都欣然接受。唐太宗曾经勉励他说："爱卿劝谏前前后后涉及了二百多件事，若非你一心为国，怎能做到这一步？"

一次，唐太宗下令征调军队，封德彝上奏道："中男（16~17岁）虽然年纪未满十八岁，但是那些体格魁梧的，也可一并征召入伍。"唐太宗答应了。诏书写好送出宫后，已升任尚书左丞的魏徵见了，认为不妥，坚决不在诏书上签字，翻来覆去了三四次。唐太宗大怒，把魏徵召入宫中，责备道："体格魁梧的中男，都是一些谎报年龄逃避劳役的奸民，把他们征召了，又有什么害处？你何至于如此固执！"

魏徵回答："军队在于统御，而不在人多。陛下征召精壮之士，好好统领，照样可以无敌于天下，何必多征些年幼的来充数呢？况且，陛下总是说：'我以诚实信用来治理天下，目的是让百姓们都不再相互欺诈。'可是，陛下即位以来，已经失信好多次了！"

唐太宗听了，不禁愣了，问道："你说朕怎么失信了？"

魏徵回答："陛下刚即位的时候，曾经下诏说：'拖欠朝廷财物的，一律不需归还了。'但有关部门对此理解说，拖欠秦王府的财物，不属于朝廷财物，照样继续追索。陛下是以秦王升为天子的，秦王府内的财物不是朝廷的财物，又是什么？陛下又下诏说：'关中免除两年税赋，关外免除一年。'但不久，陛下又下诏说：'已经服过劳役或者已交了赋税的，从第二年开始计算。'第一个诏书下发后，这些已交的赋税就退还给了百姓，接到这个诏书，官员们又从百姓那里把退还的征收了上来，这本来就已经让百姓们感到奇怪了，如今又开始征召军队，还说什么从第二年开始计算啊！还有，与陛下一起治理天下的是地方官们，平时陛下把地方行政都全权委托给了他们处理，唯独检验兵源，陛下却认为他们可能心怀奸诈，这难道是以诚信在治理国家吗？”

唐太宗听了，高兴地说道：“我原认为你固执己见，怀疑你不通晓政事，如今听你讨论国家大事，觉得你洞悉治国的精要。朝廷的命令没有公信力，则百姓们就不知所从了，怎么能治理好国家？朕犯的错误太大了！”遂不再征召中男，并赏赐给魏徵一个金瓮。

十月二十九日，民部尚书裴矩上奏道：“请求对于那些被突厥军队践踏庄稼的百姓予以抚恤，建议每户赏赐一匹绢。”唐太宗说道：“朕以诚信治理天下，对百姓不能空有抚恤之名，而不让百姓得到实惠，每一户百姓的人数有多有少，岂能千篇一律按户进行抚恤呢？”于是，按照每一口人另行制定标准进行抚恤。

萧瑀是李渊的近臣，过去曾向李渊推荐封德彝，李渊拜封德彝为中书令。李世民即位后，又晋升萧瑀为尚书左仆射，封德彝为右仆射。封德彝为人阴险，遇事原本已经与萧瑀商量好了一个意见，但到李世民面前总是临时又变了，弄得萧瑀十分被动。玄武门之变前，封德彝就是首鼠两端，表面上与李世民打得火热，实际上却在暗中帮助李建成和李元吉，不过，封德彝干得非常隐秘，包括李世民在内的秦王府上下都没人知道。如今，房玄龄和杜如晦刚刚进入中枢，自然对于封德彝都非常亲近而疏远萧瑀，这让萧瑀十分不满。萧瑀自以为过去就更倾向于李世民，应该受到李世民的重用，殊不知，一朝天子一朝臣，如今的李世民需要的是让秦王府旧邸的心腹执掌朝政，看不清这一点，萧瑀还煞有介事地上书在李世民面前大发了一通牢骚，他在奏章中言辞激烈，语无伦次，令李世民非常讨厌。

李世民即位后，最关心的就是如何能够让帝国长治久安，自己这一系永远当皇帝。他经常问萧瑀：“朕想让子孙长久当皇帝，社稷永远安定，该怎么办？”萧瑀回答：“臣看前代国祚长久的，无不是分封诸侯，好让帝国有磐石之固。秦始皇吞并六国，废除诸侯国而设置郡守，仅仅经过两代就灭亡了；汉朝建立后，分封诸侯王，国祚连绵了四百多年。曹魏和两晋又废除了这一制度，国运也不能长久，由此可见，分封诸侯的办法是可行的。”李世民觉得有道理，遂开始讨论此事。

当然，李世民的孩子们都还小。过去，李渊为了控制全国，把李氏宗室都封了王，命他们镇守四方，因此，像李神通等这些非常疏远的宗室们也都被封王了，李姓诸侯王多达数十人。李世民要想巩固自己的统治，就需要把自己的孩子们都封成王，让他们取代过去的这些诸侯王。一次，他平静地询问群臣："把皇室全部封王，对于江山社稷是否有利？"封德彝回答："过去，只有皇帝的儿子和兄弟们才能够被封王，其余人等除非立下了大功，没有被封王的。太上皇敦睦亲族，大封宗室，这是从两汉以来从未有过的事。封了这么多王，必然会带来百姓的负担，恐怕这不能向天下百姓显示出陛下治国的公心啊！"李世民说："是啊。朕身为天子，就是为了养育百姓，岂能让百姓们困苦来养我自己的家族呢？"

一三二 励精图治（二）

武德九年十一月五日，李世民下令把宗室诸郡王一律降为县公，只有几个立下战功的没有降。被降的主要有：永安王李孝基（李渊的堂弟，夏县之战中被俘、被杀），淮安王李神通封王的几个儿子胶东王李道彦、高密王李孝察、淄川王李孝同、广平王李孝慈、河间王李孝友、清河王李孝节、胶西王李孝义，襄邑王李神符封王的儿子们，范阳王李孝协［长平王李叔良（系李渊堂弟，武德四年已战死）之子］，襄武王李琛（李渊的堂侄）之子李俭，汉阳王李瓌（襄武王李琛、河间王李孝恭的弟弟）等。

没有降的主要有：淮安王李神通（李渊的堂弟、有十一个儿子）、襄邑王李神符（李神通弟弟）、河间王李孝恭（襄武王李琛的弟弟）、淮阳王李道明［下博之战中被杀的李道玄（李渊堂侄）的弟弟］、任城王李道宗（李道玄的堂弟，抵御梁师都立下战功）、陇西王李博乂、渤海王李奉慈。李神通和李神符辈分较高，又立下战功；李孝恭立下大功，虽然生活奢侈无度，但为人非常低调，深得李世民的信任，史称："太宗甚加亲待，诸宗室中莫与为比。"李孝恭曾说："我的住宅多少有些奢华，这也不是我的本心，该把它卖掉，再另买一处，只需够住就行了。我死之后，儿子们如果有才能的话，能保住也就不错了，如果不成器，也免得总被人惦记着。"李道玄是李世民的死党，李道明是沾了哥哥的光。李道宗也是有战功。李博乂和李奉慈二人既没有战功，又十分无能，但二人是李世民兄弟最近的堂兄。李渊有三个哥哥李澄、李湛、李洪，都早死，且李澄、李洪还都没有孩子，唯独李渊的二哥李湛有后代，李博乂和李奉慈就是他的儿子。二人只知道吃喝玩乐，一直受到李渊的鄙视。

不久，一直牢骚满腹的萧瑀又与侍中陈叔达在李世民跟前激烈争吵，弄得李世民火冒三丈，武德九年十月二十五日，萧瑀和陈叔达被冠以对皇帝不敬的罪名，双双被免官了。

景州（今河北省献县）录事参军张玄素在隋朝末年曾担任景城县户曹，窦建德攻下景城后逮住了他，一千多当地百姓哭号着替他求情，后被窦建德任命为黄门侍郎。李世民早就听说张玄素很有才能，就派人把他召来，询问治国之道。张玄素回答："臣下观察从古迄今，没有比隋朝末年更乱的了，岂不是因为隋朝皇帝太专权了，令法律日益混乱？要是君主能够在上虚心纳谏，臣子在下面不要阳奉阴违，岂能落到国破家亡的境地？况且，万乘之主还要亲自处理日常事务，一天办理十件事情，假如有五件不合适的话，办得合适的固然很好，那不合适的又该如何？况且，日理万机，已会出现很多失误，一天一天下来，长年累月，失误必将越来越多，这样一来，国家能不灭亡吗？假设隋朝君主能够广泛地任用贤能之臣，只需高坐皇宫大殿监督，百官奉公守法，天下百姓谁敢作乱？臣又看隋末大乱时，真正争夺天下的也不过区区十几个人，其余的变民也都是在保全本乡本土，想着等天下安定了，再归顺朝廷，由此可见，真的想要犯上作乱的人并不多，只是由于君主未能让百姓安定，才导致天下一天比一天混乱起来。陛下如果真能从前不久的大乱中吸取教训，一日慎过一日，就是尧舜之道又能好多少呢！"唐太宗觉得他说的很对，将他提拔为侍御史，不久又晋升为给事中。

前幽州记室直中书省张蕴古撰写《大宝箴》，献给唐太宗，进行讽谏。他在上面写道："圣人接受上天的委任，来拯救万民，因此，上天是让君主一个人在治理天下的百姓，而不是让天下的百姓来供养君主一个人。"又说："层层皇宫，每天晚上睡觉的地方不过是一张床铺，那些昏君们却修建华丽的宫室；无数美味佳肴，吃的也不过是几个想吃的菜，可是那些愚蠢之人搞些酒池肉林。"又说："不要一直阴阴沉沉，让自己陷入昏聩；也不要苛察小事，以显示自己的聪明。虽然皇冠前面的冕旒挡住了双眼，但君主仍然能够看到无形的事物；即便皇冠的黈纩塞住了两耳，君主也能听到万民的呻吟。"唐太宗看后，赏赐给他两匹丝绸，提拔他为大理丞。

十二月二十一日，唐太宗与群臣讨论如何才能肃清盗匪。有人提出要严刑峻法，唐太宗嗤之以鼻，说道："百姓们之所以去做强盗，就是国家的赋税、劳役沉重，官吏贪婪，搜刮无度，致使饥寒交迫，无法存活下去，这才不顾廉耻，铤而走险。朕将要轻徭薄赋，厉行节约，选拔、任用廉洁的官吏，一定让百姓们丰衣足食，如此一来，天下百姓自然就不会做强盗了，严刑峻法又有什么用！"

还有一次，唐太宗对侍臣们说："君主靠的是国家，而国家依靠的则是百姓，作为君主的，必须先保护好百姓们。残酷地剥削百姓来满足君主的欲望，就好比割下自己身上的肉来充饥，肚子虽然吃饱了，人却死亡了，君主自己富足了，可是国家灭亡了。要想安定天下，必须先端正自己的品行，世上没有身体正直而影子歪斜的，也没有上面清明而下面混乱的。因此，身为君主，他最大的灾患不在外面，而来自他自己的贪欲。想要过上奢华的生活，开支自然就会增大，而开支一旦增大，就不得不给百姓们增加沉重的税赋，赋税增加了，百姓们的生活就陷入困顿，就会出现民不聊生的情况，一旦民不聊生，国家也就随之危险了，国家出现了危机，君主也就面临灭顶之灾了。朕经常思考这些问题，所以一直不敢放纵自己的欲望。"谏议大夫魏徵回答："古代的圣明之君都能够从自身入手，进而体察万事万物。过去，楚王聘请著名思想家詹何询问治国之道，詹何却回答修身之术，楚王再问，詹何说：'我还没听说过君主身心端正而国家大乱的事情。'陛下您说的，与古人的思想是相通的。"

唐太宗对大多数官吏都会多多少少地接受贿赂感到非常忧虑，他暗中让人给一些官吏送去贿赂进行试探。一个刑部的司门令史接受了一匹绢，唐太宗打算杀一儆百，处死此人。已改任民部尚书的裴矩劝谏道："身为官吏接受贿赂，当然该死，但是，陛下故意让人送去贿赂，人家才接受的，这实际上是在故意让人犯法，恐怕不是'道之以德，齐之以礼'（出自《论语》，以道德来引导，以礼仪来规范）的做法吧。"唐太宗听后，非常高兴，他把五品以上的文武群臣召来，对大家说："裴矩能够据理力争，不当面顺从，倘若每件事大家都能如此，还用担心国家治理不好吗？"唐太宗的所为就是如今所说的"钓鱼执法"，是故意引诱人犯罪，在钓鱼执法中，行为人即使"犯了罪"，也是不应该受到处罚的。

其年裴矩已年近八十岁，到第二年，即贞观元年，他就去世了。裴矩一生历仕北齐、北周、隋、唐四朝，北齐时期，因其博学多才而被任命为高平王高仁英（北齐武成帝高湛第六子）文学；北齐灭亡后，杨坚担任定州总管，把他召为记室，对他很是信任；隋文帝登基后，裴矩被任命为给事郎，直内史省，后被升为吏部侍郎；隋炀帝即位后，裴矩揣摩隋炀帝好大喜功的心思，撰写了《西域图记》三卷，为隋朝灭掉吐谷浑、臣服西域立下了大功，深得隋炀帝的赏识，等到隋末大乱时，史称"帝既昏侈逾甚，矩无所谏诤，但悦媚取容而已"。

司马光在评价裴矩时感慨地说道："古人曾经说过：'君主圣明，臣子就会正直。’裴矩在隋朝是个佞臣，在唐朝却是个忠臣，这不是他的本性变了，而是因为，君主不喜欢听到自己的过错，忠臣也会变成佞臣，君主乐意听到直言，则佞臣也能变为忠臣。由此可知，君主就是臣子的表率，臣子就是君主的影子，标杆动了，影子自然就会随之而动。”

一三三 贞观初年（一）

转眼就是新年，唐太宗已经登基四个月，在公元627年的一月一日，他下令改元为贞观元年，历史也就此步入了长达二十三年的著名的贞观年间。

唐朝著名史学家吴兢给我们留下了一部非常有名的书《贞观政要》，给我们展示了贞观年间唐太宗与臣子们君臣相得、孜孜求治的情景，成为历代帝王将相的楷模，对于治国安邦具有重大的参考价值，也为我们了解贞观的政治留下了宝贵的史料，我们就结合着这部史料，来挖掘唐太宗君臣在贞观初年的执政轨迹吧。

贯穿整个《贞观政要》的核心思想，就是唐太宗君臣深深的忧患意识，渗透着他们改造现实的强烈的责任感和紧迫感，这种忧患意识可以说在《贞观政要》中体现得淋漓尽致、俯拾皆是。

贞观元年，唐太宗对侍臣们说：“我听说一则故事，说的是西域的胡商得到了一枚珍贵的珠宝，竟然切开身体，把珠宝藏在体内，有这种事吗？”侍臣们回答：“有。”唐太宗说：“人们都嘲笑此人贪图珠宝却不爱惜身体，岂不知官吏收受贿赂而徇私枉法、帝王穷奢极欲而丢掉国家，与这个可笑的胡商又有什么两样？”魏徵说：“过去，鲁哀公对孔子说：‘有个非常健忘的人，搬个家就连自己的妻子都忘记了。’孔子回答：‘还有更健忘的，夏桀和商纣连自己的身体都忘记了。’也是说的这个道理。”唐太宗说：“是啊！朕与你们要齐心协力，相互支持，以免也被后人耻笑啊！”贞观二年（公元628年），唐太宗对侍臣们说：“人们都说天子尊贵，啥都不怕，朕却不是这么认为的：天子上畏惧上天的监督，下忌惮百官的仰视，需要兢兢业业，尚且担心不合天意，不能让百姓满意。”魏徵回答：“这确实是治国的根本，希望陛下能够始终如一，就好了。”六月十三日，唐太宗对侍臣们说：“我阅读《隋炀帝集》，文辞深奥，也懂得尧舜做得对，桀纣做的错，可是，他做事为何恰好相反呢？”魏徵回答：“君主即使聪明睿智，也要虚心听取他人意见，这样一来，智慧的人就会竭尽全力献出计策，勇敢的人也会使出全身的力量，可是，隋炀帝自恃才高，刚愎自用，所以，他虽然言必尧舜，可做的却是桀纣之行，自己又浑然不觉，以致最终走向了灭亡。”唐太宗说：“这一教训过去不久，我们应当牢记在心啊！”一次，唐太宗说：“梁武帝君臣只会清谈，侯景之乱，百官连马都不会骑；梁元帝被北周军队包围，还在讲解《老子》，群臣身穿戎装听讲，教训太深刻了。朕喜欢的只有尧、舜、周公、孔子之道，把这比作鸟有翅膀、鱼有池水，没有了这些，就死掉了，一刻钟也离不开啊！”

与此同时，唐太宗即位之后，还非常重视探讨为君、为政之道。

贞观元年（公元627年）一月三日，唐太宗设宴款待群臣，席间，演奏《秦王破阵乐》，唐太宗说道：“朕昔日受命专门负责军事，民间遂创作了此曲，虽然没有文德的雍容，然而，大业由此奠定，我不敢忘本。”尚书右仆射封德彝连忙说：“陛下以神武平定天下，靠文治岂能与之相比？”唐太宗说：“靠武力平定大乱，守住大业则要靠文治，用文用武，全在乎时代不同。你说文不如武，这是不对的。”封德彝忙叩头道歉。闰三月二十日，唐太宗对太子少师萧瑀说：“朕从小就喜欢弓箭，自以为已经谙熟了其中的奥妙，前不久，我拿了十几把好弓，给做弓的工匠看，可是，工匠说：‘这都不是好材料做的。’朕询问原委，工匠回答：‘木料的中心不正，它的纹理就时常倾斜，这种弓虽然有力，但射出去的箭不直，因此说不是好弓。’朕听后才恍然大悟。朕以武力平定天下，用过的弓实在是太多了，可是，我仍然不懂得其中的道理，何况我当上皇帝的时间很短，明白的治国道理肯定比我对弓箭的知识要少很多，我对弓箭的知识尚且有缺失，更何况是治国的道理呢？”从此以后，唐太宗下诏命令凡是京师的官员只要是五品以上的，都要在中书内省轮流值班，每次召见，唐太宗总要下令赐座，详细询问宫外的情况，了解百姓们的疾苦以及国家政策上的失误。六月二十八日，唐太宗与侍臣们讨论周朝和秦朝国运长短的原因，萧瑀回答：“商纣王是个无道昏君，周武王发兵征讨；周朝没有罪过，而秦始皇却灭掉了六国。虽然二者都得到了天下，但人心所向并不相同。”唐太宗说道：“你只知其一，未知其二。周朝得到天下之后，推行仁政，而秦朝得到天下后却更加推崇诈术和暴力，这是二者国运长与短的根本原因。因为，在夺取天下时，还可以采取非常手段，但取得天下之后，就应该推行王道了。”

唐太宗问魏徵：“什么样才能称为明君？什么样称为昏君？”魏徵回答：“君主之所以能贤明，就在于他能听取各方面的意见；之所以昏聩，就是偏听偏信。《诗经》说：‘古人说过，还需问问割草打柴的。’昔日，尧舜治理天下，住的房屋开了四个门，听取、观察四方的事物，所以才无所不知，像共工、鲧这些人无法蒙蔽，奸佞之人也不能迷惑。秦二世却把自己藏在深宫之中，远离臣民，偏信赵高，结果等到天下崩溃了，他还浑然不觉。隋炀帝偏信虞世基，各地变民攻城略地，他也毫不知情，所以说，君主能够做到听取各个方面的意见，那么，朝廷上的贵臣就难以蒙蔽君主了，这样一来，下情也一定能够上达了。”唐太宗非常欣赏魏徵说的这些话。他又问黄门侍郎王珪：“近代君臣治理国家，总是不如前代，这是什么原因呢？”王珪回答：“前代的帝王治理国家主张清心寡欲，崇尚无为而治，把老百姓们的愿望和想法当成帝王自己的心思，到了近代，君主想的只是要损害百姓利益以满足自己的欲望，任命的大臣已不再是满腹经纶的儒学大家。汉代的宰相没有一个不是精通经书的，如果朝廷遇到疑难问题，都能够引经据典进行处理，所以，百姓们人人懂得礼仪，国家也随之太平，到了近代，重视武备，轻视儒生，还有以刑罚来治理国家，儒家的行为规范受到损害，淳朴的民风也随之变坏。”唐太宗非常赞同，从此以后，对于通晓儒学又兼具治国的实际才干的官员，往往会得到破格提拔。

贞观四年（公元630年），唐太宗询问萧瑀：“隋文帝是个什么样的君主？”萧瑀回答：“他能够约束自己，遵从礼仪，勤于政务，每次上朝，都忙到天黑，五品以上的官吏都能与他一起座谈国事，侍卫们也是轮流吃饭，虽然他不是一个仁爱开明的君主，但也说得上是一个励精图治的君主了。”唐太宗却持不同的意见，他说：“你只知其一，不知其二。此人性格明察秋毫，内心却不开明。内心不明，就会观察不清；太过苛察，就会满腹疑虑。再加上他是欺负孤儿寡母而夺取的天下，总是担心群臣内心不服，不肯信任百官，事事要亲自决断，虽然费心费力，却未必事事合理。群臣明白他的内心，也都不敢直言，大家只不过是顺从旨意、照章办事而已。我就不是这样。天下如此之大，百姓如此之多，千头万绪，必须予以变通处理。只有把事务交给群臣研究，由宰相斟酌，考虑稳妥之后，再上报给我决定，下令执行，岂能让皇帝一人日理万机、靠自个决定呢？况且，就算一天决断十件事情，五件不行，处理正确的固然好了，但错误的又该如何？一天天下来，错误堆积如山，国家怎能不灭亡？哪能比得上任用大批贤能之臣，皇帝只需依法监督呢？”遂下令各部门一旦发现政令不妥的，不得只管执行，要尽到臣子们的责任。

说到唐太宗，人们自然而然就会想到他的求谏、纳谏。

唐太宗面容威严，前来觐见的百官在他面前往往会紧张得手足无措，更不要说进谏了。唐太宗意识到以后，每次接见群臣，总是刻意表现得和颜悦色，以期能听到群臣的劝谏，进而了解到朝政的得失。他曾对朝廷重臣们讲：“人要想看清自己，就必须有一面镜子；君主要想知道自己的过失，就必须靠忠臣。假如君主自认为非常圣明，臣下也不敢进谏，要想国家不败亡，能成吗？到头来，君主丧失了自己的国家，而臣子们也不能保全自己的家庭。像隋炀帝君臣们就是不远的例子：隋炀帝拒谏饰非，非常残暴，臣下不敢说话，致使他听不到自己的过错，最终走向了灭亡，而虞世基等人也被处死。前事不远，后事之师，你们以后发现对百姓不利的措施，一定要极力劝谏我。”

贞观元年，唐太宗对侍臣们说：“好的君主任用了奸臣，也不能治理好国家；忠臣侍奉了昏君，同样不能搞好国家，只有君臣际遇，如鱼得水，才能让四海升平。朕虽然愚昧，幸亏有你们大家一起辅佐，希望你们能够直言极谏，让天下走向太平。”谏议大夫王珪回答：“臣听说过：‘木材弹上墨线就能锯得很直，帝王接受劝谏就能成为圣君。’因此，古代的圣王一定会有七名负责劝谏的大臣，君王不听劝谏，他们会一个接着一个死去。陛下襟怀开阔，接受臣下愚昧的意见，我们身处不讲避讳的时代，一定会言无不尽。”唐太宗连连点头，下令从此以后，凡是宰相一级的重臣入宫讨论国家大事，也让谏官们（王珪、魏徵等人）参与。谏官们有什么意见，唐太宗总会虚心接受。

贞观二年，唐太宗对侍臣们说：“明君能够经常思考自己的缺点反而能够变得更好，昏君常常掩饰自己的过失自然会变得越来越愚昧。隋炀帝喜欢自我夸耀，拒谏饰非，遇到这种君主，身为臣子的的确难以犯颜直谏。虞世基不敢直言，恐怕也不足深究。昔日，箕子装疯而得以自全，孔子也称赞他是位仁义之人。等到隋炀帝被杀后，虞世基也该死吗？”杜如晦回答：“天子身边有敢于直谏的大臣，就算是个无道昏君，也不至于会丢掉国家。孔子说过：‘史鱼真耿直啊！国家有道，他像箭杆一样正直，国家无道，他依然如此！’虞世基岂能因为隋炀帝无道、不接受谏言，就闭口不言呢？苟且偷安，尸位素餐，又不能弃官而去，这与箕子大不相同。昔日，晋惠帝的贾皇后想废掉愍怀太子，司空张华不能劝谏，苟全性命，等到赵王司马伦兴兵废掉贾皇后以后，又派兵逮捕了张华，张华说：‘将废黜太子之日，不是我没有说话，而是我的意见没有被采纳。’来使说：‘大人身为三公，太子无罪被废，既然你说的话未被采纳，你为何不辞职？’张华无言以对，遂被处斩，灭掉三族。古人说：‘危难时不去扶持，倾倒时不去支撑，要这种宰相又有什么用！’因此，君子在大是大非面前，立场坚定，敢于担当。张华既然不能尽节，又不能全身而退，大臣的气节早已丧失了；虞世基身为宰相，位居进言之地，却始终没有一句忠言，的确该死。”唐太宗说：“你说的确实不错。君主必须有忠臣辅佐才能国泰民安，隋炀帝难道不是由于身边没有忠臣，自己听不到自己的过失，最终导致恶贯满盈，走向灭亡了吗？如果君主所为有什么不当之处，臣下又不去劝谏，一味地溜须拍马，每件事都赞不绝口，如此一来，君主就会变成昏君，臣子也会变成佞臣，君主昏暗，臣子阿谀，国家很快就要灭亡了。朕如今的期望是：君臣上下，各自出于公心，相互切磋，一起把国家治理好。你们要进尽忠言，纠正我的过错，我无论如何也不会因为你们的忠言而责备你们的。”一次，唐太宗与王珪等人边喝酒边聊天，当时，一位美人在一旁侍候。她本来是庐江王李瑗的爱妾，李瑗谋反失败后被没入宫中。唐太宗指着她对王珪说：“庐江王太坏了，派人杀死她的丈夫而把她占为己有，如此暴虐，怎不灭亡？”王珪离开座位，起身说道：“陛下觉得庐江王夺取她是对是错？”唐太宗愕然说道：“哪有杀了人又夺取人家的妻子，你却问朕是对是错？你究竟是什么意思？”王珪接着说：“臣听说《管子》里曾经说过：齐桓公到虢国，问那里的百姓：‘虢国为什么会灭亡？’百姓回答：‘是因为虢国的国君善待好人，厌恶坏人。’齐桓公说：‘依你之见，虢国国君可是位明君啊，何至于会亡国？’百姓回答：‘不是如此。虢国国君善待好人却不能重用他们，厌恶恶人却不能除去他们，所以他亡国了。’如今，这位妇人就在陛下身边侍奉，臣自认为陛下就像虢国国君那样。陛下如果认为杀人而夺取人家的妻子是错误的，陛下把她留在自己身边可谓是知道邪恶而自己不能清除啊。”唐太宗听后大喜，连连称善，当即下令把这位美女还给了她的亲戚。

魏徵长相一般，却很有胆略，经常犯颜直谏，有时候，唐太宗非常恼火，而魏徵却从容淡定，神色不变，唐太宗也慢慢消了怒气。一次，魏徵曾请假离京，等回来后问唐太宗：“我听说陛下打算去终南山游玩，外面都已经收拾完毕了，为何不去？”唐太宗笑道：“开始确实有这个打算，害怕你生气，才中止了。”唐太宗养了一只漂亮的苍鹰，让它站在自己的手臂上，看到魏徵前来，赶忙把苍鹰藏在怀中。魏徵在远处其实已看见，所以汇报时故意把时间拖得很长，结果，那只苍鹰竟然被捂死了。

唐太宗喜欢骑射，孙伏伽劝谏说：“天子住在深宫之内，出外先要净街，这不仅仅是为了显示尊严，更重要的是从社稷的安危考虑的。陛下喜欢骑马射箭，与近臣们嬉戏，这是年少王爷所为，不是天子该做的，这既不能保护陛下的身体，又不足以给后世树立好榜样，臣觉得陛下不该这么做。”唐太宗听了很高兴，不久，就提拔他为谏议大夫。唐太宗谈及关中和关东人，总会流露出不同的感情，殿中侍御史张行成劝谏说：“天子以四海为家，不该有东西之分，否则恐怕让人感到陛下心胸狭窄。”唐太宗认为他说的对，重重加以赏赐，从此，每当朝中遇到大事，总让他也参与讨论。

一三四 贞观初年（二）

贞观四年，唐太宗与侍臣们谈论隋朝的统治。

魏徵说：“臣过去在隋朝曾经听说，出现了盗匪，隋炀帝派于士澄前去捉拿，只要有疑似的，都是严刑拷打，有两千多人屈打成招，并下令同日斩杀。大理丞张元济觉得很奇怪，试着复核了有关文书，发现有六七个人，在案件发生之前就已被关押在别的地方，案件发生后才被放出来，但也屈打成招。张元济顺藤摸瓜，发现这两千人当中只有九个人在当时行踪不明，但官吏中有熟悉这些人的还能证明其中的四个人是无辜的。然而，有关部门认为隋炀帝已经下达了斩杀的命令，遂不再上奏，一并把这两千人都杀掉了。”唐太宗听后说：“从这件事上来看，不仅仅是隋炀帝无道，就是隋朝臣子们也没有尽心。他们应当进行劝谏，不怕有杀身之祸，岂能一味逢迎，只求讨得皇帝的欢心呢？君臣如此这般，岂能不败？朕依靠你们来辅佐，就能使牢狱空虚，希望你们慎终追远，就像今天这样。”

治国理政，关键在于得到人才，唐太宗对此高度重视，多次提到用人问题。

一次，唐太宗说：“朕看古代的帝王实行仁义之政的，往往国祚长久，而严刑峻法的，虽然能够救一时之弊，但往往很快就灭亡了。既然看到前代的经验教训，就要引以为戒。如今，我打算一心施行仁义诚信政治，以期能够移风易俗。”王珪回答：“天下困顿已久，陛下在此时治国，弘扬道德，这是万代之福，不过，如果没有贤才，就无法实现目标，关键是要得到人才。”唐太宗说：“朕求贤若渴，就是深夜做梦都念念不忘。”给事中杜正伦说：“哪个时代都有奇才，随时等待朝廷的发掘。难道非要遇到傅说、吕尚才能治理好国家？”唐太宗十分欣赏他说的话。他对房玄龄等人说：“为政没有比公平更重要的了。昔日诸葛亮把廖立、李严流放到南方的蛮夷之地，等到诸葛亮去世时，廖立和李严都哭了，甚至有人因悲伤过度而死的，如果不是大公无私，岂能如此！还有，像高颎身为隋朝宰相，也能公平处事，懂得治国的核心，隋朝的兴亡与高颎的生死密切相关。朕既然要效法前代的明君，你们也不能不学习前代著名的贤相啊！”

唐太宗命封德彝推荐人才，过去很久，封德彝一直没有举荐。唐太宗问是怎么回事，封德彝回答说：“不是臣没有尽心，是当今没有遇到奇才啊。”唐太宗说：“君子用人就好比使用一些器皿，各取所长，古代治国者岂是从别的时代借来的人才？全是你自己没有找到贤才，岂能把一个时代的人都污蔑了！”封德彝满脸羞愧，唯唯而退。御史大夫杜淹上奏道：“各部门的文书可能会出现差错，请求派御史深入各部门就地检查。”唐太宗问封德彝的意见，封德彝回答：“设置官员，各司其职，如果真的出现差错，御史当然可以进行弹劾，但是，如果要到各个部门进行检查，又太过烦琐了。”杜淹听了，默不作声。唐太宗问他：“为何不再坚持？”杜淹回答：“讨论国家大事，最重要的一点就是要有公心，说得对的就要赞同。封德彝刚才说的确实知大体，臣口服心服，所以不敢犟嘴。”唐太宗高兴地说道：“你们都能这样，朕还能有什么担忧的呢！”

右骁卫大将军长孙顺德接受他人贿赂，事发后，唐太宗说道：“长孙顺德如果真能有益于国家，朕自然会与他共享国库的财帛，何至于如此贪婪！”虽然如此说，但唐太宗仍然念及他的功劳，没有加罪，只在大殿上赏赐给他数十匹绢。大理少卿胡演说道：“长孙顺德徇私枉法，接受贿赂，罪不可赦，为何还赏赐给他绢！”唐太宗说道：“他如果还有人性的话，得到绢的耻辱甚于受刑；假如他还不知道羞愧，那不过是一个禽兽罢了，杀了他又有什么用处！”五月，有人上书请求唐太宗清除身边的佞臣，唐太宗问：“谁是佞臣？”那位上书人回答：“臣居住在偏远的乡村，无法知道那人是谁，希望陛下与群臣交谈，有时假装恼怒以试探他们，那些坚持真理的，就是正直的大臣，那些畏惧陛下的权威而曲意顺从陛下的，就是佞臣。”唐太宗对此不屑一顾，说道：“君主就如同是水源，臣子就是支流，假如水源都浑浊了，还想巴望着河流会清澈，这是不可能的事。君主自己就崇尚诈术，还怎么去要求臣子们正直呢？朕正要以至诚之道来治理天下，看到前代的君主经常以诈术对待臣子的，常常会替他们感到羞耻。你的办法虽好，朕却不用。”

贞观二年，唐太宗对房玄龄和杜如晦二人说：“你们身为仆射，应当替朕排忧解难，广开耳目，寻访贤能之人。听说你们每天处理诉讼案件有数百之多，这样整天忙于政务，哪里还有时间和精力替朕寻访贤才呢？”于是，他命令尚书省，对于一些琐碎小事都交给尚书左右丞来处理，只有那些疑难冤案才上报给尚书仆射。一次，唐太宗对侍臣们说：“朕每天夜里都在想人间百姓们的事情，有时夜半也睡不着，就是担心刺史、都督能否善待百姓，所以，我把他们的名字写在屏风上面，坐着、躺着都能看到，他们做了什么好事，就在他们的名字下面记录下来。我住在深宫之中，看不远也听不远，所依靠的就是这些刺史和都督们，他们实在是国家安危的关键啊，必须选择优秀人才去担任。”

贞观三年，唐太宗对吏部尚书杜如晦说：“近来，我看吏部在选拔人才的时候，只重视口才和文笔，忽视了人的品行，几年过后，这些人的劣迹逐渐显现，即使加以惩处，但百姓们已经受到危害了，如何才能选拔出优秀的人才呢？”杜如晦回答：“两汉选拔人才，标准是这些人都是本乡本土的著名人士，州里上报给中央，然后才加以任用，所以，当时号称是人才济济。现在，每年选拔的人才多达数千人，这些人表面上看着都是忠厚老实，人事部门短时间内根本无法深入了解他们的品行，只是根据规定授予他们相应的品级而已。选拔人才的制度确实不完善，难以选出真正的人才。”唐太宗还想恢复两汉时期的举荐制度，但因对功臣们将要实行世袭官爵制度，这件事就中止了。

杜淹推荐刑部员外郎邸怀道，唐太宗问此人有什么才能，杜淹回答：“隋炀帝南巡江都前，召见百官询问去留之计，邸怀道时任礼部主事，只有他认为不可，这是我亲眼所见。”唐太宗说：“你说邸怀道做得对，你自己为何不这样做呢？”杜淹回答：“那时，臣官职低微，又知道即使劝谏，隋炀帝也不会听从，白白送死，毫无用处。”唐太宗又说：“你既然知道隋炀帝刚愎自用，拒谏饰非，你为何又侧身在他的朝廷之上呢？既然当了人家的官，为何又不劝谏？你在隋朝的时候，权且可以说官位低微，可是你后来在王世充的朝廷上官位就很高了，为何也不出面劝谏？”杜淹回答：“臣不是没有劝谏王世充，是王世充没有听从我的意见啊。”唐太宗又说：“王世充如果贤能而接受劝谏，就不至于亡国；如果暴虐而拒谏饰非，你又如何躲过了劫难？”杜淹无言以对。唐太宗说：“今天你可谓是身居高位了吧？还能劝谏吗？”杜淹回答：“甘愿以死劝谏。”唐太宗听后，不由自主地笑了起来。

监察御史陈师合上呈给唐太宗一篇《拔士论》，称一个人不可以身兼数职，矛头直指杜如晦。唐太宗看后，说道：“房玄龄和杜如晦并非因是我的旧臣而被提拔的，全凭他们的才能可以治理天下，你难道想离间我们君臣吗？”遂将陈师合流放到了岭南。有人告发尚书左丞魏徵用人不公，徇私情，唐太宗命御史大夫温彦博前去调查，查无实据。温彦博对唐太宗说：“魏徵不知回避，以远离嫌疑，虽然内心无私，但也有不当之处。”唐太宗命温彦博责备魏徵，并说：“从今往后要自觉避嫌。”过了几天，魏徵入宫，对唐太宗说：“我听说君臣之间休戚与共，连为一体，当以诚相待，如果上下之间只顾及表面的规矩，则国家兴亡还未可知，因此，臣不敢接受陛下的命令。”唐太宗顿时醒悟，说道：“我已经后悔了。”魏徵叩头说道：“臣万幸能够侍奉陛下，希望陛下能让臣成为良臣，而不是忠臣。”唐太宗问道：“忠臣和良臣又有什么不同吗？”魏徵回答：“稷、契、皋陶，他们君臣同心协力，都享受到尊荣，这就是所谓的良臣；而龙逄、比干，当面纠正君主的过错，自己被杀，国家也随之灭亡了，这就是所谓的忠臣。”唐太宗很高兴，下令赏赐给魏徵五百匹绢。

一三五 贞观初年（三）

从贞观元年到贞观五年间，李唐朝廷重臣分别为：

贞观元年：

司空（正一品）裴寂。

尚书左仆射（从二品）萧瑀：因与陈叔达口角而被免官，很快就被任命为太子少师，于贞观元年又被任命为左仆射。萧瑀在朝廷讨论政务时，总是滔滔不绝，房玄龄和杜如晦等人都说不过他，虽然也都知道他说的不错，但就是不听他的，这让他十分失落，到本年年底，唐太宗又把他罢免了。

尚书右仆射（从二品）封德彝：本年六月就去世了，七月，唐太宗以长孙无忌为尚书右仆射。长孙无忌既是唐太宗的内兄，又与唐太宗是老友，还有佐命之功，唐太宗对他非常信任，早就想让他当宰相了，只是由于长孙皇后坚决反对说："臣妾贵为皇后，娘家已经非常尊贵了，我打心眼里不愿再让哥哥执掌朝政。西汉吕氏、霍氏、上官家族的下场足为殷鉴，请陛下详察。"但唐太宗不听。

侍中（正二品）高士廉：王珪曾经给唐太宗送上一封密表，委托高士廉代为转呈，高士廉却把这封奏表给压下了，后来，唐太宗知道了，本年八月，将其贬为安州（今湖北省安陆市）大都督。

中书令（正二品）宇文士及、房玄龄：九月，宇文士及被贬为殿中监（从三品，掌管皇帝的衣食住行）。

吏部尚书（正三品）参与朝政杜淹：其他官员开始参与研究朝廷大事，与宰相无异。

《旧唐书·职官志二》称："武德、贞观故事，以尚书省左右仆射各一人及侍中、中书令各二人，为知政事官。其时以他官预议国政者，云与宰相参议朝政，或云平章国计，或云专典机密，或参议政事。贞观十七年，李勣为太子詹事，特诏同知政事，始谓同中书门下三品。自是，仆射常带此称。”

贞观二年：

司空裴寂。

尚书右仆射长孙无忌：一月三日，长孙无忌辞职。当时有人给唐太宗送上密表，称长孙无忌权力太大，唐太宗把奏表交给长孙无忌看，并说：“我与卿毫无隔阂，假如你我之间听到什么各自相互瞒着，则君臣之间就会产生隔阂了。”又召来百官，对大家说：“我的孩子们都还很小，我疼爱无忌就像疼爱我自己的孩子们一样，不是他人能够离间得了的。”但经过此事以后，长孙无忌也担心会出现灾祸，一再请求辞职，长孙皇后又强烈要求，最终唐太宗这才答应了，任命为开府仪同三司。所以，贞观二年一年，唐帝国既没有尚书左仆射，也没有右仆射。

侍中杜如晦：以兵部尚书检校侍中，兼任吏部尚书，还统领东宫兵马。到十二月，又以黄门侍郎王珪晋升为侍中。

中书令房玄龄：七月，兼任太子詹事。李靖一月以刑部尚书检校中书令，三月，出师抵御薛延陀。

吏部尚书参与朝政杜淹：十月去世。史称：“时淹兼二职，而无清洁之誉，又素与无忌不协，为时论所讥。”

贞观三年：

司空裴寂：一月二十九日，唐太宗下令罢免了裴寂。

尚书左仆射房玄龄。

尚书右仆射杜如晦。

检校侍中王珪。

秘书监魏徵：参与朝政；与房玄龄、杜如晦均于二月六日任命。

贞观三年是一个非常重要的年份，经过两年的经营，到这一年唐太宗彻底控制了大权，巩固了自己的统治地位，而惩处裴寂就是一个信号。

众所周知，裴寂是李渊的心腹，且并非李世民一党。《唐摭言》就曾说，李渊平时不称呼裴寂的大名，只呼裴三。玄武门之变后，唐太宗隐忍了两年多，这都是出于稳定政局的需要，贞观二年，唐太宗到南郊祭祀回来时，还假惺惺地命裴寂和长孙无忌一起登上御车，裴寂不敢，唐太宗说：“因你有佐命之功，长孙无忌也辅佐于我，才让你们二位上车，你不坐谁坐？”显然，唐太宗的意思是说裴寂是李渊的人。有一个名字叫法雅的和尚，原本受到李渊、李建成的宠信，出入于两宫之间，至此，李世民下令将其软禁起来。法雅心生不满，口出妖言，被人告发，唐太宗命兵部尚书杜如晦审理此案。杜如晦上奏说法雅称裴寂听到过自己说的话，裴寂不承认：“我只听到法雅说过届时将有疫病，并未听说过什么妖言。”但法雅做证说裴寂听到过。唐太宗下令将裴寂免官，削去一半食邑，送归老家安置。裴寂一案显然是个冤案，但欲加之罪，何患无辞？裴寂却不识相，他上书请求唐太宗允许自己住在京师。唐太宗数落他道：“算算你的功劳，不应到这个地位，仅仅因为皇恩才使得你位居群臣之首。武德年间，政务出现了很多纰漏，官员纪律松弛，这都是因为你的过错。我因为念及旧情，才没有将你处死，让你放归家乡，洒扫坟墓，岂能推辞？”裴寂只好回到了老家蒲州。

裴寂回到老家不久，就又发生了一件与法雅事件如出一辙的怪事：裴寂家的总管恭命对裴寂报告说：“过去一个叫信行的狂人，住在汾阴，经常对咱家中一个家僮说：‘大人有天命。’”裴寂听后吓得魂不附体，但又无计可施，暗中让恭命杀掉家僮，然而，恭命把那个家僮放跑了。后来，裴寂命恭命前去田庄收租，恭命却把收来的一百多万钱挥霍一空，裴寂大怒，将要派人去抓捕恭命，恭命遂向朝廷告发了。唐太宗得报后，勃然大怒，对侍臣们说道：“裴寂有四条死罪：一是位居三公却与妖人法雅亲密；二是事发之后，他心怀不满，称国家夺取天下，是出自他的谋划；三是妖人说他有天分，他竟然隐瞒不报；四是暗中想杀人灭口。我杀掉他不是没有理由，但是大家既然都认为将其流放，那么，我就听从大家的意见。”于是，就把裴寂流放到了交州，又流放到静州（今广西壮族自治区梧州市）。裴寂被流放到那里时，正遇上当地山蛮作乱，有人又诬陷山蛮劫持裴寂为主，李世民说：“朝廷对裴寂有不杀之恩，他肯定不会如此。”不久，传来确切的消息说，裴寂率领家僮击败了乱贼。李世民想到裴寂在太原起兵时的大功，又下诏将其召回朝廷，裴寂却去世了，终年六十岁。裴寂的儿子裴律师娶了李世民的十六妹临海公主，官至汴州刺史。

其实，唐太宗收拾裴寂的两个案件法雅案和信行案都很牵强：在法雅案中，法雅说裴寂听到了自己说的妖言，但裴寂不承认，这个证据是一对一的，很难给裴寂定罪；信行案就更荒唐了，信行早已死掉，家僮也无从查找，只有恭命称一个早已死掉的信行曾在生前对家僮说过裴寂有天命的话！还说裴寂要杀他恭命是为了灭口！这更是天方夜谭。反观上述两案尤其是信行案，我们感到非常眼熟，几年前的杨文干事件难道不也是这样吗！买通一个人告发，让当事者陷入左右为难的境地，一旦一步走错，就陷入设局者早已布下的天罗地网，百口莫辩：要么自首，这需要勇气，且自首以后前途未卜；要么隐瞒，也没有出路；要么铤而走险，那更惹来杀身之祸。这个局反复出现，令人不能不怀疑这还是李世民及其幕僚杜如晦搞的鬼。

在处理裴寂仅仅六天之后，唐太宗就任命房玄龄和杜如晦分别担任尚书左右仆射了，组建了以二人为核心，以王珪、魏徵、李靖、戴胄等人为成员的领导班子，这自然是唐太宗牢牢控制大权的另一个重要标志。

第三个标志是：到这一年的四月四日，李世民又把太上皇李渊赶出了宫城，将他迁到了李世民的旧居弘义宫，并改名为大安宫。大安宫远离宫城，既偏远，又相对简陋，历史仿佛给李渊开了一个玩笑：七年前，自己把儿子李世民从宫城的承乾殿赶到了弘义宫，七年后，儿子又把自己赶出宫城，弄到了这里！此时的他会百感交集吧……

第四个标志是：给刘文静平反！史称："贞观三年，追复（刘文静）官爵，以（刘文静）子树义袭封鲁国公，许尚公主。"谁都知道，刘文静是唐高祖李渊下令杀掉的，按理说，就算要给他平反，也要看在老父的面上，起码等到父亲死后再说吧？如今，李世民迫不及待地给刘文静平反，其实是非同寻常的一件事情，它起码说明了：一是体现了李世民急躁强悍的一贯作风；二是李渊已没有了任何影响力；三是李世民已确立了彻底否定武德政治的决策。

一三六　贞观初年（四）

贞观四年：

尚书左仆射房玄龄；

尚书右仆射李靖：因破突厥之功，八月任命；

侍中王珪：二月转正；

中书令温彦博：二月任命；

秘书监参与朝政：魏徵；

御史大夫参与朝廷：萧瑀；

吏部尚书参与朝政：戴胄；

兵部尚书参与朝政：侯君集。

到贞观三年年底（《资治通鉴》称是贞观四年三月），一贯善于阴谋的杜如晦在当了不足十个月的宰相后就死掉了，死时年仅四十六岁。唐太宗非常痛心，追赠其为司空，封莱国公，并亲自写下诏书命令虞世南给其撰写碑文。后来，一次唐太宗吃瓜，味道甜美，想到了杜如晦，不禁悲从中来，泫然落泪，派人切下一半送到杜如晦的牌位前祭奠。又赏赐给房玄龄一条黄银腰带，说道：“昔日杜如晦与你一起辅佐我，如今却只剩下你一个了！”又说：“我听说黄银能避邪。”命把黄银腰带又送到杜如晦的灵堂。杜如晦的儿子杜构继承爵位，他的另一个儿子杜荷娶了唐太宗的第十六女城阳公主，后与太子李承乾谋反被杀。

戴胄，字玄胤，相州安阳（今河南省安阳市）人。明习法律，熟悉公文制作，隋朝末年担任门下省的录事、给事郎；王世充篡位前，戴胄劝谏，王世充不从；戴胄因此而被调出洛阳，辅佐王世充的侄儿王行本镇守虎牢；李世民击败王行本后，戴胄被任命秦王府士曹参军，唐太宗即位后，戴胄也被任命为大理少卿。

一次，吏部尚书长孙无忌受召入宫，没有解下佩刀就进入了东上阁。时任尚书右仆射的封德彝认为监门校尉没有发现，罪该处死，长孙无忌误带佩刀进宫，罚交二十斤铜，唐太宗竟然听从了。戴胄驳斥道：“校尉没有发现，也是失误。在皇帝面前，臣子的所作所为不得以失误为借口开脱自己的罪责，按照法律规定：‘进奉食物、医药、船只，失误不知道的，也要处死。’陛下如果考虑到长孙无忌的功劳赦免他的话，这不是我们执法部门过问得了的，但如果按照法律规定，仅仅罚铜，这不适当。”于是，唐太宗让群臣再次讨论，但封德彝仍然坚持原来的意见，唐太宗又将听从，戴胄又说：“校尉是由于无忌的疏忽而获罪的，处罚应当轻些；假如单说失误，他们两个是一样的，可是二人一生一死，有天壤之别，我以死恳请。”唐太宗受到感动，遂赦免了校尉。当时，朝廷大开选举之门，有人伪造自己的家世，唐太宗下令自首，如果不自首，一旦发现就要处死。不久，就发现一人伪造了身世，戴胄依法判决流放。唐太宗说：“朕下令说不自首的处死，你却判为流放，这是向天下人表明我们朝廷说话不算数，你是想徇私枉法吗？”戴胄回答：“陛下如果当时就杀了此人，那我也是没有办法的，既然您已经把他交给了司法部门，臣不敢枉法裁判。”唐太宗又说：“你守你的法，难道要让我失信吗？”戴胄回答：“法律，是国家向全天下人展示的最大的信义，陛下的言语，则是凭借一时的好恶而说出的。陛下一时愤怒决定要杀掉此人，继而又觉得不妥而将其送交司法部门审判，这是陛下忍下小小的愤怒而给天下存着最大的信义啊！如果陛下顺着自己的性子而违背了信义，臣真的替陛下惋惜啊！”唐太宗只好说：“处罚有误，你却能够纠正，朕还有什么可担忧的呢！”

贞观二年，尚书左仆射萧瑀被免官，封德彝又死了，唐太宗还觉得房玄龄和杜如晦没到走上前台的时候，尚书省没有了最高长官，唐太宗对戴胄说：“尚书省是中央的核心机关，一旦有什么失误，天下肯定要受到连累，如今，我是把你当作尚书令和尚书仆射一般重用的，一定不要让我失望了。”戴胄能力很强，人们都评价武德年来称职的尚书左丞，只有戴胄一人。戴胄还兼任谏议大夫，与魏徵二人隔日值班。贞观三年，他又被晋升为户部尚书，兼任检校太子左庶子。原来，尚书右仆射杜如晦专门负责人事工作，杜如晦临死前请求把人事工作交给戴胄，唐太宗遂下诏命其兼任吏部尚书，其户部尚书、太子左庶子、谏议大夫不变。戴胄虽然办事能力很强，但没有多大的学问，主管吏部之后，在选拔人才方面注重懂实务的人才，而轻视那些文学之士，因此受到了士大夫们的批评。到了贞观四年，他被罢免了吏部尚书一职，以本官参与朝政，不久又晋爵为郡公。

侯君集，豳州三水（今陕西省旬邑县）人。他为人善于伪装，喜欢吹嘘，他练过射箭，虽然水平不高，却自诩武勇。李世民当秦王时，把他引入幕府，历任左虞候、车骑将军，封全椒县子。逐渐受到李世民的信任，进入核心层。在玄武门之变中，他出的主意最多。唐太宗即位后，被拜为右卫大将军。贞观四年，晋升为兵部尚书，参议朝政。

贞观五年：

尚书左仆射房玄龄；

尚书右仆射李靖；

侍中王珪；

中书令温彦博；

秘书监参与朝政魏徵；

吏部尚书参与朝政戴胄；

兵部尚书参与朝政侯君集。

房玄龄、魏徵和温彦博曾犯了小错，御史大夫萧瑀弹劾，但唐太宗并没有予以追究，因此，萧瑀深感不安，遂被罢免了御史大夫一职，改任为太子少傅，不再参与朝政。

在平人马周，字宾王。马周从小是个孤儿，非常贫困，但酷爱读书，尤其精通《诗经》《左传》，他行为放荡不羁，不为当地人看重。武德年间，马周在博州担任助教，每天总是喝得酩酊大醉，不把讲课放在心上，刺史达奚恕屡加斥责，马周拂袖而去，来到曹州、汴州，又受到了浚仪令崔贤的羞辱，遂西到长安。马周行至新丰，住在客栈内，客栈主人没有把他放在眼里，只照顾前来入住的商人们，马周遂要了一斗八升酒，独自一人悠然喝着，给主人留下了深刻印象；马周来到长安后，就住在中郎将常何（把手玄武门的那位）的家中。

贞观五年（《资治通鉴》称是贞观三年），唐太宗下令百官都要上书指出朝廷的得失，常何是员武将，没有什么学识，马周出身下层，对社会生活有着深刻的认识，他就替常何写了奏表，提出二十多条意见建议。唐太宗看了常何的奏表后，对常何刮目相看，相问之下，常何如实回答："这不是臣的能耐，是臣的门客马周起草的。此人每次与臣交谈，未尝不显示一片忠孝之心。"唐太宗当即下令召马周进宫。其间，派出四拨使者到常何家中催促，等与马周交谈之后，唐太宗不禁大喜，当即命其在门下省值班。

我们把唐太宗即位后五年集中在一起来考察，在唐太宗执政这最初的五年里，他满怀着治理好天下的雄心壮志和一腔强烈的忧患意识，除了认真总结前代的兴亡的经验教训、深入探讨为君之道、虚心听取意见建议、着力选拔重用人才、规范人才举荐制度之外，他与贞观初期的核心领导层一起还做了以下几件事情，为贞观之治的最终形成奠定了坚实的基础，做好了人才、物质、制度、外部环境等诸多方面的储备，主要有：一是关心民生民瘼；二是完善中央体制；三是强化地方控制；四是建立选官制度；五是关注法制建设；六是加强文化建设；七是平定内部叛乱；八是清除外部威胁。

首先是关心民生民瘼。贞观元年，关东大旱，唐太宗下诏当地政府开仓赈济灾民，并免除了灾区百姓当年的税赋。唐太宗对侍臣们说："昔日大禹凿山治水，百姓没有怨言，是因为与民同利；秦始皇修建宫室，而百姓怨恨叛乱，是因为损害他人、自己享乐啊。奇珍异宝当然是人人喜爱的东西，然而如果放纵自己的私欲，很快就会灭亡了。朕打算修建一座宫殿，材料都准备好了，想到了秦朝灭亡的教训就作罢了。王公大臣们要体会朕的良苦用心。"唐太宗上任之初，对国家需要足够的粮食储备并未引起足够的重视。贞观二年，他对王珪说："隋文帝开皇十四年，天下大旱，而隋文帝却不许开仓赈济百姓，只让百姓们前往关东寻找食物，到了隋朝末年，天下粮仓内的粮食够天下人吃五十年，隋炀帝自恃富饶，奢侈无度，最终亡国了。粮仓内的粮食足够应付灾年即可，多余的又有什么用呢？"但不久就发生了饥荒，百姓们只好到外地寻找食物，针对这种情况，已升任尚书左丞的戴胄建议道："水旱灾害，过去也都经常发生，国家不能没有九年的粮储，这是礼经所告诫过的。如今，刚刚经过大乱，户口减少，百姓每年缴纳的赋税很少，每年的税赋刚够当年之用，一旦遇到灾年，拿什么来赈济灾民呢？因此，开皇设立制度，令天下百姓按照各自的等级向国营仓库输送粮食，名为社仓，终开皇时代，天下没有了饥民。等到大业中期，国用不足，就用社仓里的粮食来换取朝廷的经费，以致到了隋炀帝末年全部花完。建议：自王公以下一直到平民百姓，根据各自开垦的土地，每到秋季，收取粮食设立义仓。"唐太宗同意了。

继贞观元年关东地区大旱之后，贞观二年关中地区也遭遇了旱灾，出现了饥荒，百姓卖儿卖女，艰难度日。三月二十二日，唐太宗下诏从国库中拿出钱财赎回被卖的儿女，还给他们的父母。二十三日，唐太宗又下诏称，去年关中连日大雨，今年又遭遇了旱灾、蝗灾，特此大赦天下。他在诏书中说："假如能让今年丰收，天下平安，就把灾难降到我的身上吧！令万邦生存下来，这是我的心愿，我无怨无悔。"诏书颁发不久，不少干旱的地方就下雨了，百姓们都很高兴。四月三日，唐太宗下诏说："隋末大乱，加上饥荒，尸横遍野，令人触目伤怀，各地政府要组织人力予以安葬。"六月十六日，唐太宗进入玄武门以北的皇家园林内，见到蝗虫，他捡起几只，祈祷道："百姓靠庄稼活命，你们却把庄稼吃了，我宁愿你们吞噬我的肺腑、肝肠！"抬手就要吃下，侍从连忙劝阻道："这些脏东西可能会引起疾病！"唐太宗说道："朕替百姓们受苦，避什么疾病！"遂一口吞下。史称，当年的蝗虫没有成灾。唐太宗说："朕每次上朝，想说一句话，都要经过深思熟虑，唯恐说错了给百姓们带来灾难，因此，不愿多说。"给事中、知起居事杜正伦说："臣的职责是记录陛下的话，陛下说错了话，臣一定要记下来，所以陛下要慎言慎行，否则不仅对当今有害，而且还会引来后世的耻笑。"唐太宗听后大喜，赏赐给他二百段绢。

一三七 贞观初年（五）

在贞观初年，唐太宗做的第二件大事就是完善中央体制。

唐代最高的官员是所谓的“三师三公”。三师即太师、太傅、太保；三公即太尉、司徒、司空，均为正一品。三师是皇帝的老师，无其人则缺；三公是辅佐皇帝治理天下的重臣，“无所不统”。

虽然这么说，由于三师三公都没有僚属，实际上是个虚职，真正掌握实权的是尚书省、中书省和门下省三省的长官。三省制始于隋文帝，他废除了三公的僚属，而令中书令和侍中知政事，加强了皇权；隋炀帝又把中书和门下二省变成独立的外廷机构，最终形成了尚书、中书、门下相互配合、相互制约的三省体制。一般认为，三省的分工是：中书省决策，通过门下省审核，经皇帝御批，然后交尚书省执行，即所谓的“中书取旨，门下封驳，尚书奉而行之”。但仔细对照史书，情况似乎远并非如此简单：《新唐书·百官志一》称：尚书省“掌典领百官……天下大事不决者，皆上尚书省”。尚书省是最高行政机关不假，但亦可决定处理下级上报不决的问题；《新唐书·百官志二》称：门下省“掌出纳帝命，相礼仪。凡国家之务，与中书令参总，而颛判省事。下之通上，其制有六：一曰奏钞，以支度国用、授六品以下官、断流以下罪及除免官用之；二曰奏弹；三曰露布；四曰议；五曰表；六曰状。自露布以上乃审，其余覆奏，画制可而授尚书省。行幸，则负宝以从，版奏中严、外办；还宫，则请降辂、解严……发驿遣使，则给鱼符。凡官爵废置、刑政损益，授之史官；既书，复涖（莅）其记注。职事官六品以下进拟，则审其称否而进退之。”据此，门下省的职责为：一是与中书省一起商议国家大事；二是将下对上的文书分类，一部分自行审查，一部分上奏皇帝，由皇帝决定，交付尚书省执行；三是陪伴皇帝参加各种典礼；四是掌管印章；五是决定对六品以下官员任免的复核；六是负责起居注等事宜。

另称：中书省："掌佐天子执大政，而总判省事。凡王言之制有七：一曰册书，立皇后、皇太子，封诸王，临轩册命则用之；二曰制书，大赏罚、赦宥虑囚、大除授则用之；三曰慰劳制书，褒勉赞劳则用之；四曰发敕，废置州县、增减官吏、发兵、除免官爵、授六品以上官则用之；五曰敕旨，百官奏请施行则用之；六曰论事敕书，戒约臣下则用之；七曰敕牒，随事承制，不易于旧则用之。皆宣署申覆，然后行焉。大祭祀，则相礼；亲征纂严，则戒饬百官；临轩册命，则读册；若命于朝，则宣授而已。册太子，则授玺绶。凡制诏文章献纳，以授记事之官。"据此，中书省则主要负责上对下的诏命，与门下省的方向正好相反。因此，个人认为，中书省和门下省是方向相反的两个处理朝廷大事的机构，而尚书省则是处理朝廷日常事务的机构。

在隋朝时期，三省之间的地位并不平等，由于尚书省"事无不总"而取得了较高的地位，隋炀帝采取了让其他官员参与决策等一系列措施削弱了尚书仆射的相权，但三省相互制约的体制还不完善。武德年间，李世民担任尚书令，结果一支独大，并最终威胁到了皇帝，等他即位后，很快就意识到了这一问题，开始大力削弱尚书省的地位，以期实现三省之间的平衡。据《旧唐书·职官志二》记载："武德中，太宗为之，自是阙而不置。"第一，唐太宗以自己曾经担任过尚书令为由，不再任命尚书省的最高长官，而以尚书左右仆射为最高长官，这样一来，尚书省的两个仆射只是从二品，不仅级别相对于侍中、中书令而言较低，而且他们之间又能相互制约；第二，将其他官员拉入决策层，扩大了宰相人数，避免宰相权力集中，实现决策民主；第三，在门下省设立政事堂，作为宰相们日常议事之所。第四，进一步分割尚书省各司的权力。贞观二年，唐太宗又在尚书省六司下设置了六司的侍郎，作为六司尚书的副手，又在尚书、侍郎下面设置了左右司郎中各一人。

唐太宗还鼓励大家切实履行各自的职责，他就曾对黄门侍郎王珪说："朝廷设置中书、门下省以相互纠察，中书省制作的诏书如有错误，门下省要予以指出。人心所见，各有不同，假如相互之间你来我往进行交锋，务求让工作达到至善之境，就是丢下自己原来的观点，接受别人的意见，又有何妨！近来，有的是护一己之短，双方反目成仇；有的为避免私怨，就是知道对方错了，也不敢纠正，如此一来，为了照顾一个人的颜面，而给全国万民带来灾难，这是国家将要灭亡的政治。隋炀帝时期，内外百官，就是一味顺从，当时，各人都觉得自己很聪明，能保全自身，等到天下大乱后，家国都亡了，就是万一保全一命的，也落得千古骂名。你们大家都要公而忘私，千万不能人云亦云。”

贞观三年四月四日，李渊被迁出宫城之后，李世民正式入住皇宫，驾临太极殿，他对侍臣们说：“中书、门下都是机要部门，诏书出现不妥的，都要进行论辩。近来，大家都是一味顺从，没有听到不同的声音。假如只需奉命而行，谁不会做？何必还要挑选人才？”按照旧制：凡是军国大事，先由中书舍人写出各自的意见，签上自己的名字，称之为五花判事。中书侍郎、中书令审阅后，给事中、黄门侍郎进行审查，提出反对意见。唐太宗重申了这一制度，从此以后，朝廷就很少犯错了。到贞观四年八月，唐太宗又下诏规范了各级官吏的衣着服饰，规定：“从今往后，三品以上官员身穿紫色官服，四品、五品官员身穿绯色官服，六品、七品官员穿绿色官服，八品穿青色，官员妻子的衣服颜色与其夫的保持一致。”

第三件大事是强化地方控制。

隋文帝把州、郡、县三级改为州、县两级，隋炀帝又把州改称为郡，还是两级体制。李唐建立之初，为了拉拢当地变民集团，李渊任命了大量地方官员，由于州郡太多，也造成了很大的混乱，不便中央管理。为了整合各地的力量，便于开展统一战争，李渊曾经尝试设置大军区性质的“道”，如陕东道大行台尚书省、益州道行台尚书省、襄州道行台尚书省等，后来又担心行台权力太大，威胁到中央统治，又废除了行台制，改为只管理军事的都督制。都督不管民政，权力大大削弱，威胁不到中央了，但随之而来的问题是都督府与地方郡县关系一直理顺不了。贞观元年二月，唐太宗下令合并全国州县，并根据地理位置，把全国分为十个道，分别为：关内道、河南道、河东道、河北道、山南道、陇右道、淮南道、江南道、剑南道、岭南道。唐太宗设立的道其实就是汉代的州，而唐代的州其实就是汉代的郡，名称换了，实质一样，中央以道为单位派出大臣巡视各道下辖的各州。

第四件是建立选官制度。

贞观元年，他对房玄龄说：“治理国家的根本就在于能够审查官吏。要根据人的才能大小授予官职，务必精兵简政。《尚书》称：‘任命官员要唯才是举。’又说：‘官员不一定要满员，而在于得到合适的人才。’如果能够选拔出合适的人才，即使少也足够了；遇到不好的，人数再多又有什么用？古人也把不合格的官员比作画饼充饥，中看不中用啊。《诗经》说：‘谋划的人多了，事情就办不成了。’孔子也说过：‘官员们不身兼数职，怎么能说精简机构了？’还说：‘一千只羊的皮，也不如一只狐狸腋下的毛。’这些都是经典上说过的话，不胜枚举。应该裁减官员，令大家各得其所，就可以无为而治了。你们要认真思考一下这个道理，衡量官员的编制和职责。”房玄龄等人拟定出中央政府的文武官员编制是六百四十人。唐太宗对房玄龄等人说：“从今以后，再有一些乐师、技工等人，就算是他们技术很高，也只能赏赐给一些钱财，绝不能破格提拔官职，让他们与士大夫比肩而立，同坐而食，令士大夫们感到羞耻。”唐太宗说这一番话也是有针对性的，武德元年，唐高祖李渊曾将一个名叫安叱奴的胡人舞师拜为散骑侍郎，当时，礼部尚书李纲就曾经劝谏道：“古代，乐工不得与士大夫为伍，即便是像师旷、师襄这样非常贤能之人，终身及后代也都一直继承祖业，只有在北齐末年曾经加封曹妙达为王，安马驹为开府仪同三司，君主都应当引以为戒。如今，天下刚刚平定，功臣们还没封赏，才能之士还未提拔，却先把一个胡人舞师任命为五品高官，令其在大殿之上走来走去，这无法给后世树立个好的榜样。”但唐高祖不从，说道：“我已经颁布了命令，不能再收回了。”

隋朝选拔人才一般在每年的十一月开始，持续到第二年的春天结束，人们都感到很不方便，吏部侍郎刘林甫上书请求一年四季随时可以进行选拔任用，唐太宗采纳了。唐初，刚刚经过了隋末大乱的士大夫们都不愿为官，出现了“士不求禄，官不充员”的现象，各地官员空缺很多，中央就发给各州很多空白委任状，由各州填写任命。如今，唐太宗才命要求备选人才都必须进京，由中央政府考察后予以任命。这一年，入京的人士共有七千多人，刘林甫根据各人的才能分别任命录用，各得其所。因关中米贵，唐太宗下诏命令一部分人士在洛阳候选。

房玄龄熟悉政务，又有文学素养，一天到晚尽心竭力，唯恐一件事处理有误，他对人处事非常宽和公平，听到别人有一点优点，就好像是自己优点一般非常高兴，对人从不求全责备，不拿自己的长处来要求别人。与杜如晦一起举荐人才，常常觉得自己做得不够，唐初的规章制度大多是二人一手创设的。房玄龄善于谋划，杜如晦精于决断，每次唐太宗与房玄龄一起研究大事，总会说：“非杜如晦不能决断。”等杜如晦来到后，往往最终采用了房玄龄的意见，史称：“房谋杜断”，二人私交很好，一心为国，人们又将二人并称为“房杜”。房玄龄虽然深受唐太宗的礼遇，但伴君如伴虎，有时也会因小事受到唐太宗的斥责，遇到这种情况，房玄龄总会连日跪在朝堂之上谢罪，恐惧得无以复加。房杜二人不仅建立了唐初的选官制度，还制定了严格的考核制度，明确了考核标准。被考核的人员要写出自己一年的工作成绩，由部门长当众宣读，评定优劣，送交尚书省核定，最后当面宣布。考核按照“四善二十七最”来确定，四善是：德义有闻、清慎明著、公平可称、恪勤匪懈。二十七最，即根据二十七种不同的岗位，确定最好的情况，比如，献替可否，拾遗补阙，为近侍最好的；权衡人物，擢尽才良，为人事部门最好的；等等。再由四善与二十七最结合，评定出各人的上上、上中、上下、中上、中中、中下、下上、下中、下下九个等级，进行奖惩。

一三八 贞观初年（六）

第五是关注法制建设。

《旧唐书·刑法志》记载，隋文帝参照北周、北齐法律，制定了《开皇律》，“除苛惨之法，务在宽平。”但到了晚年，常常因个人喜怒而破坏法律，在朝堂上随意杀人。隋炀帝即位后，又制定了《大业律令》。李渊入主长安后，即“约法十二条”，只规定“杀人、劫盗、背军、叛逆的”处死，其余全部废除。李渊建立唐朝后，又下令制定了五十三条格，“务在宽简，取便于时”，武德七年五月，又命令裴寂等人制定，并颁布实施了《武德律》。

唐太宗即位后，即贯彻了“宽仁慎刑”的思想，他说：“死者不可复生，用法务必从宽从简。古人称：‘卖棺材的想让天下出现大疫，不是憎恨人，而是想卖自己做的棺材。’如今，执法部门在审理案件时，务求严苛，以期得到好的评级，该用什么办法才能让案件得到公平的审理呢？”王珪认为要选拔善良正直的人担任法官，判案正确就增加他们的俸禄，如此一来就会得到改善，唐太宗采纳了。

他还命令长孙无忌、房玄龄会同学士、法官们一起讨论修改法律。戴胄、魏徵认为旧法太重，建议其中五十条判决绞刑的应改为免死，砍断右脚。唐太宗仍嫌太严厉了，对侍臣们说：“前代不执行肉刑很久了，如今突然恢复肉刑，砍断人的右脚，实在于心不忍。”谏议大夫王珪说：“古人执行肉刑，认为肉刑是轻罪，如今陛下怜悯死刑太多，让本该处死的又获得了重生。受刑的将庆幸自己能够活命，岂能害怕失掉一个脚？况且，还能对看见的人起到警示作用。”唐太宗说：“本来是为了宽刑，才这样做，然而，每当想到这里，总会产生恻隐之情，久久不能忘怀。”又征询萧瑀和陈叔达等人的意见，大家也都认为：“古代的肉刑是在死刑之外设定的，而陛下的是在死刑之内开恩设定的，是以生换死，当然应为宽大之法。”但唐太宗还是没有下决心改定。蜀王法曹参军裴弘献又上书提出法律中四十多条不便之处，唐太宗遂命他与房玄龄等人一起研究修改法律，最终把砍断右脚之法改为流放三千里，服劳役两年。

根据旧法，兄弟分家后，恩典相互之间不得继承，但因一方犯罪仍要受到牵连被处死，爷孙之间则没为奴仆。同州人房任谋反被杀，他的哥哥房强受到牵连，也将被处死。唐太宗在翻阅案卷时顿生怜悯之情，对侍臣们说：“朝廷不得不使用刑罚，全是因为教化不到之故，百姓又有什么罪过，而要让他们承受重刑？这更显示朕的寡德。用刑的关键在于审查案件的轻重，然后加以惩处，哪有不探究人的主观动机而一概诛杀的道理？这不是在珍惜生命。谋反和大逆主要有两种情形：一是兴师动众，二是口出恶言，违犯了法律。轻重当有差别，可是对于连坐的一概处死，这岂能让朕心安？”又命群臣再议。房玄龄等人经过复议后，说：“就亲疏关系来讲，祖孙之间比兄弟之间更亲，应当处罚重的反而判处流放，应该轻的却反为死刑，这确实不妥。建议：祖孙与兄弟之间连坐的，一律罚为奴仆；恶言犯法、情节较轻的，兄弟之间免死，流放。”唐太宗同意了，从此以后，判处死刑的与过去相比要少了一半。

贞观二年三月五日，大理少卿胡演把每月囚犯的名单上呈给唐太宗，唐太宗命令从今往后，凡是死刑的全都交由中书省、门下省四品以上的官员会同尚书省一起商议，以免出现冤案。不久，又把罪犯拉到大殿之上，其中有前岐州刺史郑善果，唐太宗说道：“郑善果虽然有罪，但官位不低，岂可令其与其他罪犯为伍？从今往后，凡是三品以上犯罪的，不用拉来，只需押到殿门即可。”唐太宗对侍臣们说：“近来，有奴仆告发主人谋反的，这条法律影响很坏，必须废除。假设真有谋反的，一定会有同伙，大家一起策划的事情，肯定会引起他人的议论，还非得等奴仆来告发？从今往后，凡是奴仆告发主人的，一律不予受理，并下令将奴仆斩杀。”

唐太宗曾对侍臣们说：“古语说：‘大赦对于小人来说是件幸事，但对于君子来说是件坏事。’‘一年大赦两次，好人都不敢吭声了。’放任野草疯长，就会害了秧苗；赦免罪犯，也会让他们肆无忌惮地残害良民，因此，朕即位以来，不想屡屡大赦，就是担心坏人借此会轻易犯法啊！”

贞观三年三月八日，唐太宗亲自审理案件，有个叫刘恭的人，脖子上的纹路像个“胜”字，遂说：“我将称霸天下。”因为这一句话而被打入大牢。唐太宗说：“如果上天要让他兴起，也不是朕所能阻挡得了的；如果没有天命，就是脖子上有个‘胜’字，又有什么用呢！”当即下令把那人放了。贞观四年十一月，唐太宗读了《明堂针灸书》，书上称：“人的五脏六腑都与脊背相连。”下诏不得再用杖打囚犯的脊背。濮州刺史庞相寿因贪污而被免官，他自称曾在秦王府服务，唐太宗念及旧情，就下令恢复了他的官职。魏徵劝谏道：“秦王府的旧人朝廷内外尚有很多，这样一来恐怕会人人自恃旧恩为非作歹，让天下的好人们害怕。”唐太宗欣然采纳，对庞相寿说：“我过去当秦王，是一府之主，现在当了皇帝，就是一国之主了，不能再偏袒旧人。朝廷大臣不同意我的意见，朕岂敢违背！”于是，赏赐给他一些财物，把他打发走了。

不过，在刑狱方面，唐太宗也不是没有做过错事。

贞观二年，交州都督、遂安公李寿因贪婪而得罪，唐太宗觉得瀛州（今河北省河间市）刺史卢祖尚是个文武全才，又清廉正直，遂将其征召入朝，对他说：“交州是个大州，距离京师很远，需要有个好的长官进行管理，你有安抚边疆的才能，为我镇守南方，不要以路远推辞。”卢祖尚拜谢出宫，可不久，他又后悔了，以生病为由推辞不干了。唐太宗派杜如晦以及杜如晦的妻兄周范等人再劝：“就是一介平民尚且讲究诚信，为何你既然答应了朕，却又反悔了呢！最好早早上路，三年之后一定召还你，你不要推辞，我一定守信。”可是，卢祖尚就是不从。十月十五日，唐太宗再次召见卢祖尚，当面劝说，卢祖尚还是推辞不干，坚称：“岭南有瘴气，需要终日饮酒，臣不会喝酒，肯定会死在那里。”卢祖尚的话惹得唐太宗勃然大怒，说道：“我连个人都指挥不动，将如何治理天下！”当即下令把卢祖尚就地斩杀。卢祖尚年轻时就勇力过人，在李孝恭讨伐辅公祏之战中，他担任前军总管，立下大功，后历任蒋州刺史、寿州都督、瀛州刺史，是个不可多得的文武全才，他被杀时才三十多岁。当然，卢祖尚既不是李渊的嫡系，更不是唐太宗的嫡系，唐太宗杀起来也不心疼。

卢祖尚被杀不久，唐太宗与侍臣们探讨：“北齐文宣帝高洋是个什么样的人？”魏徵回答：“文宣帝狂暴，然而他与人争论，理屈后就会听从他人的意见。有一个前任青州长史叫魏恺的出使南梁回国后，被任命为光州长史，却拒绝上任，杨愔提出弹劾。文宣帝大怒，把魏恺召来问话，魏恺说：‘臣过去担任大州的长史，出使回国后，有功劳没有过失，却仅仅得到了一个小州的长史，这是臣不上任的原因。’文宣帝听了，对杨愔说：‘这话有道理，你放了他。’这就是他的长处。”唐太宗听后说道：“确实。近期虽然卢祖尚不像个当臣子的，但我杀了他也太残暴了，以此而言，我还不如高洋呢！”遂下令恢复了卢祖尚的官爵和荫子。按唐代荫子制度：职事官一品的，儿子的散阶为正七品上，二品子为正七品下，自三品起始有正从之分，其子所叙品阶递降一阶，从五品子从八品叙。严格说，门荫只限于五品以上官员，但是对六品至九品官，也给予一定的照顾，他们的子弟可以“品子”身份服职役后获得做官资格。大多数高官子弟在取得散阶后，要充任三卫、千牛备身、殿中省进马、太庙及郊社斋郎等职，然后逐步升迁；国子监下设的六学、门下省弘文馆、太子东宫崇文馆也多由高官子弟荫补。

一三九 贞观初年（七）

由于唐太宗担心宰相专权，不仅从制度采取分权制衡，而且还大肆鼓励御史们进行监督。

治书侍御史权万纪，其兄权弘寿曾担任秦王府长史，深得李世民的信任，而权万纪性格刚正，喜欢直言，他担任侍御史以来，与侍御史李仁发一起忠于职守，不避权贵，深得唐太宗的礼遇。他曾弹劾房玄龄、王珪、魏徵、温彦博等人，贞观初期朝廷执政大臣几乎无一幸免，经常受到唐太宗的斥责。房玄龄和王珪负责选拔人才，权万纪弹劾二人选举不公，唐太宗命令侯君集负责调查。魏徵劝谏道："房玄龄和王珪都是朝廷旧臣，素来忠心耿耿，正直无私，深受陛下的厚遇，他们考核的人员多了，其中岂能没有一两个不当的？但探究其间的情节，并非二人故意包庇。假如仅仅据此就推翻二人考核的全部结果，那么二人岂能再被委以重任？况且，权万纪一直也参与了考核，为何不及时指出？等他不参与考核后，才开始弹劾，这就是为了激怒陛下，并非为国尽忠。就算查出是真，对朝廷也没有什么好处；如若是假，也会令重臣寒心。臣爱惜的是治国的大道，不敢袒护他们二人。"唐太宗才下令停止追查。

河内人李好德精神不正常，口出狂言，被人告发，贞观五年（公元631年）八月，唐太宗下诏命令有关部门予以追究。大理丞张蕴古上奏："李好德身患疾病，依法应予免刑。"治书侍御史权万纪弹劾道："张蕴古的籍贯在相州，李好德的哥哥李厚德是相州刺史，肯定是其徇私枉法，未依法处理。"唐太宗听后大怒，遂不假思索就下令将张蕴古斩首，不久，他就又后悔了，下诏："从今往后，有死罪的，即使我下令当即斩杀的，也要经过三次上报以后，再行刑。"

监督与被监督本身就是一对矛盾：监督过分，就有越俎代庖之嫌；监督不力，又形同虚设。权万纪等人的监督，符合唐太宗削弱相权的指导思想，虽然遭到魏徵的反对，但唐太宗并没有改变。张蕴古被杀事件后，魏徵又劝谏道："权万纪等人就是一些得志小人，不识治国大体，把揭发当作正直，以进谗为忠诚。陛下您并非不知道他们不足委以重任，只是取其不避权贵，想要警诫群臣罢了，可是，权万纪等人依仗陛下的信任，包藏祸心，他们弹劾的，均没有罪过。陛下纵然不能推出好的榜样来移风易俗，又为何要亲昵这些奸臣而自毁形象呢！"唐太宗听了，只是沉默不语，赏赐魏徵五百匹绢，不了了之。

贞观五年十二月，唐太宗对侍臣们说："因为死刑很重，朕才命令三次上报，就是为了深思熟虑啊，可是，在实际执行中，有关人员片刻之间就上报了三次，也就失去了设置这一制度的价值。另外，在古代，诛杀犯人，君主要撤去音乐，减少饭菜，我吃饭的时候本来就没有常设的乐队，遇到上述情形，我还是会不吃酒肉的，只不过没有明文规定罢了。还有，法官断案时，只能依据法律条文，就算情有可原的，也不敢违法判案，这样下来，判决的案件岂能没有冤枉的？"二日，唐太宗下诏规定："凡是在京师执行死刑的案件，在行刑前两天之内要向皇帝汇报五次，经过皇帝五次批准才可行刑，由各州处决的犯人，则要经过三次汇报。行刑当天，皇宫主管膳食的不得安排酒肉，内教坊和太常不得演奏音乐，一律由门下省监督。依法当死，但情有可原的，要专门汇报。"于是，有很多罪犯得以免死。五复奏的案件，在行刑前一两日内复奏两次，临刑当天，复奏三次，犯恶逆大罪（谋杀长辈之罪）的只复奏一次。唐太宗对执政大臣们说："朕经常担心自己会因喜怒而随意进行赏罚，因此才想让你们极力劝谏。你们也要做到能接受别人的劝谏，不要自己想干什么就干，讨厌别人违背自己的意愿。假如你们自己就不能接受谏言，又怎能劝谏别人呢？"

六是加强文化建设。

据《旧唐书·礼仪志一》称："太宗皇帝践祚之初，悉兴文教，乃诏中书令房玄龄、秘书监魏徵等礼官学士，修改旧礼，定著《吉礼》六十一篇，《宾礼》四篇，《军礼》二十篇，《嘉礼》四十二篇，《凶礼》六篇，《国恤》五篇，总一百三十八篇，分为一百卷。"

贞观二年，唐太宗下诏命令太常少卿祖孝孙与协律郎张文收一起制定《唐雅乐》。祖孝孙认为南梁、南陈的宫廷音乐多为南方吴楚之音，而北齐、北周的则多北方少数民族曲调，遂兼采二者之长，又融入古代的曲调，制成了八十四调、三十一曲、十二和的《唐雅乐》，六月十一日，唐太宗命令正式演奏，他对音乐的作用不以为然，他听后说：“礼乐不过是圣人根据人性推行教化的一种手段而已，它岂能影响到国家的兴亡？”御史大夫杜淹反对说：“北齐将亡，演奏的是《伴侣曲》，陈国灭亡前，出现了《玉树后庭花》，声音充满了哀怨，路人听到后无不掩面而泣，怎么能说国家的兴亡不在礼乐呢！”唐太宗反驳道：“不对。音乐能让人感动，所以，快乐的人听到后自然会高兴，忧愁的人听到后就会悲伤，是忧是喜全在人自己，不在音乐。将要灭亡的政治，百姓肯定会忧愁困苦，因此听到音乐就会悲伤。如今，这两首曲子都还在，给你演奏演奏，看你还悲伤不？”尚书右丞魏徵说：“古人说：‘礼仪礼仪，难道仅仅是指这些玉帛吗？音乐音乐，难道就是说这些钟鼓吗？’礼乐确实在乎人和，不在声音。”司马光在《资治通鉴》中对李世民对礼乐的看法，提出了尖锐的批评。

李世民让祖孝孙教宫女音乐，效果很差，李世民把他斥责了一顿。温彦博和王珪劝谏道：“祖孝孙是位雅士，陛下却让他去教宫女，又怪罪于他，我们认为不妥。”李世民怒道：“朕把你们当成心腹，你们该尽心竭力侍奉我，反而讨好下级，欺骗上级，替祖孝孙游说吗？”温彦博叩头谢罪，王珪不认错，说道：“陛下要求臣忠诚正直，如今，臣说的岂是私情？这是陛下辜负了臣，并非臣辜负了陛下！”李世民沉默不语，第二天，他对房玄龄说：“从古迄今帝王纳谏确实很难，朕昨天责备温彦博和王珪，至今后悔不已，你们不要因此不敢进言了。”

贞观三年，唐太宗就命令尚书左仆射房玄龄监修国史，他要求：“我见《汉书》中存有《子虚赋》《上林赋》，浮华无用，至于那些上书言事的，只要言辞恳切直爽的，不论我采纳与否，都要载于国史。”

七是平定内部叛乱。

唐太宗即位后，李建成一党、天节将军李艺内心非常不安。一个名叫李五戒的巫师劝说李艺谋反，说：“王爷您的贵气已经发动了！”贞观元年一月十七日，李艺对外谎称接到了密诏，发兵入朝，率军来到豳州（今陕西省彬县）。豳州治中赵慈皓出城拜谒，李艺遂占据了豳州。李世民下诏命令吏部尚书长孙无忌等人为行军总管前去讨伐。赵慈皓听说官军将至，遂与统军杨岌密谋杀掉李艺，结果事情败露，李艺把赵慈皓抓了起来。杨岌在城外发现事情不妙，起兵反攻城池，李艺城内部众很快就自行溃散了。李艺丢下妻子儿女，只身北逃，将要投奔突厥，行至乌氏（今甘肃省泾川县北），为手下所杀，人头被送到了长安。李艺的弟弟、利州（今四川省广元市）都督李寿也因此被杀。

到了四月，又发生了凉州都督、长乐王李幼良的谋反事件。李幼良是李渊的堂弟，他为人残暴，身边一百余亲信都是些无赖子弟。武德年间，有人曾偷了他的马，他当即下令把那人就杀了，李渊曾怒斥道："古人赏赐给盗马贼酒肉，终获后报，你却擅自杀戮，怎么没有古人之风！盗贼确实有罪，你擅自杀戮岂不是也不对吗？"派礼部尚书李纲在朝堂之上召集群臣把他痛打了一顿。唐太宗即位后，有人告发李幼良私通外国，阴谋叛乱，唐太宗就派中书令宇文士及取代李幼良担任凉州都督，并且对李幼良立案调查。李幼良的亲信害怕了，打算劫持李幼良逃到突厥，又想杀掉宇文士及占据河西。又有人告发他们的阴谋，四月十二日，李世民下令赐死了李幼良。《旧唐书》则称，是宇文士及担心会出现意外，而命人勒死了李幼良。

九月二十二日，幽州都督王君廓也阴谋发动叛乱，在逃亡途中被人杀死。王君廓在幽州骄横不法，唐太宗在局势稍稍稳定后，就下诏征召他入朝。幽州长史李玄道是房玄龄的堂外甥，托王君廓给自己带回一封书信，行至渭南（今陕西省渭南市），王君廓私自打开了书信，可是，信是用草书写就的，而王君廓不认识草书，遂怀疑李玄道告发了自己，于是，杀掉驿站的官吏而逃。将要北逃突厥，途中为人所杀。

岭南酋长冯盎、谈殿等人相互厮杀，都未入朝，各州纷纷上报称冯盎谋反了，唐太宗命令将军蔺谟等人调派长江、岭南等十几个州的军队准备讨伐。魏徵劝谏说："中原刚刚安定，岭南路途遥远，又有瘴气瘟疫，无法驻屯大军。况且冯盎谋反的证据不足，不可兴师动众。"唐太宗说："报告的人接二连三，岂能说证据不足？"魏徵回答："冯盎如果造反，一定会分兵把手各个要道，攻城略地，如今上报他谋反已经几年了，可是他的军队并未越境，这就说明他根本没有谋反。各州都称他造反了，陛下又没有派去使者进行安抚，他害怕被杀，所以不敢入朝，如果派一名大臣前去，显示朝廷的诚意，将不用出兵就能让其归附。"十月六日，唐太宗派员外散骑侍郎李公掩持节前去安抚，冯盎果然从命，派儿子冯智戴随李公掩一起入朝。唐太宗大喜，说道："魏徵让我派一介之使，令岭南得以安定，胜过十万军队，不可不赏！"遂赏赐给魏徵五百匹绢。

十二月三十日，利州都督、义安王李孝常等人也阴谋造反，被杀。李孝常并非李唐宗室，《册府元龟》称，他是隋朝兵部尚书李圆通的儿子，在隋末担任华阴令，率军驻守永丰仓，由于在李渊进兵关中时，他献出了永丰仓，被拜为左卫大将军。当时，永丰仓的得失对于李渊的军队意义重大，因此，在唐朝建立之后，李渊念及李孝常的功绩，亲自写信进行褒奖，封其为义安王，并把他纳入李唐宗室。唐高祖对他非常宠信，每次临朝，总是让他与自己坐在一个床榻上。

李孝常与李世民之间并无多少渊源，甚至与太子李建成和齐王李元吉关系还要好一些。京师风云陡然变幻，唐太宗即位后，李孝常就自请入朝了，这大约也是为了让李世民感到放心，然而，在李孝常入朝近一年的时间里，李世民似乎忘记了他的存在，把他晾在一边，迟迟不再给他安排工作了。紧接着，一件非常奇怪的事情又发生了：他的儿子李义宗被人指控犯了抢劫罪！这一指控显得十分蹊跷，按理说，李孝常家也是当朝大员，其子怎会犯了这种罪？李义宗被告发之后，很快就被朝廷诛杀了。由此，李孝常心怀不满，与刘德裕等人阴谋发动政变。刘德裕在武德初年从洛阳归顺唐朝，历任秦王府的库直骑、护军、太子左内率、将军。

李孝常的另一个儿子李义立对好友蔡恽说："过去，我经常与齐王李元吉一起游玩打猎，一次，与齐王一起迷路了，在路边遇见一位鹤发童颜的老妈妈。我问：'大王在哪里？'老妈妈回答：'你就是大王。'说完就不见了。"鄠县丞李延说："往年在太和谷得一石，其状如龟，中间有个常字。另外，新钱的文字是'开元通宝'，这也是圆通之子李孝常当皇帝的预兆。"有个叫刘文赞的人又说卫嵩的诗句中有"天道自常"之句，也是李孝常登基的谶言。

刘德裕遂与李孝常的外甥、统军元弘善，监门将军长孙安业阴谋趁着入宫值班，发动政变，拥立李孝常为帝。刘德裕其实自己也想当皇帝，他的儿子刘孝本对贺娄善积说："我父亲喜欢喝酒，性格豁达，有汉高祖刘邦之风，如今又手握禁卫军，而与左骁卫大将军刘弘基、右骑卫大将军长孙顺德、郎将元律、城门郎韦元整等人关系亲密，如今要干这场大事，一定能够成功，不该屈居人下。"刘文赞也表示同意。刘德裕说："我生下时也不同寻常，另外，大业年间曾有童谣说：'白杨树下一池水，掘开是刘，不掘是李。'姓李的在未掘之前，而姓刘的在掘开之后，说明姓李之后天下将归我家，我将掘开，顺应天命。"

在他们发动之前，阴谋就败露了。李世民下令将李孝常、刘德裕等十二人全部斩杀。刘弘基因与李孝常有来往而被免官、除名。长孙安业是长孙皇后的同父异母哥哥，嗜酒如命，其父长孙晟去世后，长孙安业把幼小的弟弟妹妹长孙无忌和长孙氏逐出家门，二人只好寄居在舅舅高士廉家，等到李世民登基后，长孙皇后并没有把宿憾记在心里，反而对长孙安业非常礼遇。等到谋反事发后，长孙皇后哭着替他求情："长孙安业确实罪该万死，然而，他过去对妾身不好，天下皆知，如今如果真将其诛杀，天下人肯定会说是我的意思，也恐怕会给朝廷带来不良影响。"于是，李世民下令将其流放嶲州。

一四〇 平定突厥（一）

玄武门之变后，很快就发生了李瑗之乱，接着就是突厥入侵，唐太宗渭桥退敌，到贞观元年，又接二连三地发生了李艺、李幼良、王君廓和李孝常叛乱，可见唐太宗即位之初面临的既有内忧，也有外患，因此，唐太宗在贞观初年要解决的第八件大事，就是清除外部威胁。

随着时间的推移，唐朝局势也逐渐趋于稳定。贞观元年五月，一直与唐朝为敌的苑君璋率众归降了唐朝。当初，苑君璋引导突厥军队入侵马邑，杀害了高满政，又退守恒安（今山西省大同市）。苑君璋的手下大多是中原人，他们久居他乡，纷纷投降。苑君璋担心这样下去，自己会死无葬身之地，也只好向唐朝表示投降，希望唐朝朝廷允许自己继续驻守北方，替国家守边，唐高祖同意了。苑君璋要求与唐朝政府结下盟约，唐高祖派雁门人元普赏赐给他“不死金券”，可正巧突厥颉利可汗也派人前来拉拢，苑君璋又开始犹豫不决起来，这时，一个叫郭子威的雁门人劝说道：“恒安地势险要，城防坚固，突厥正强，另外正需依靠他们来坐观时局变化，还不可束手听命于人。”于是，苑君璋又扣押了元普，把他交给了突厥人，与突厥重新联合起来，屡屡南下，骚扰唐朝。到贞观元年，苑君璋终于看到突厥国内政治混乱，难以继续当自己的靠山了，遂趁唐太宗刚刚即位之际向唐朝投降。唐太宗任命苑君璋为隰州（今山西省隰县）都督、芮国公。

苑君璋的降唐说明了突厥内部出现了问题。虽然我们在南北朝时期已经详细介绍了突厥的历史，但为了更清晰地把握它诞生、发展、兴盛、分裂过程，我们不妨再回顾一下。

根据《周书》《北史》和《隋书》，突厥的起源大致有以下几种说法。

一是匈奴别种。《周书》称，突厥姓阿史那氏，是匈奴的一个旁支部落，后被灭国，全族的人都被杀死，只剩下一个十岁小孩，士兵们不忍心杀他，遂将其砍去双脚弃之荒野。有一母狼以肉喂养这个孩子，等孩子长大后，人狼结合，母狼怀孕。邻国国王听说这个小孩还活着，就又派人前来将小孩杀死，见母狼在身边，又要杀死母狼，母狼遂逃到高昌国的北山。这里有洞穴，洞穴里平地，生长着茂密的草木，方圆数百里，四面环山，仿佛世外桃源。母狼在这里生下十个孩子，阿史那是其中之一，经过数代繁衍，逐渐达到数百家，走出洞穴，臣服于柔然，被迁移到金山（阿尔泰山）南麓，为柔然打铁，由于金山形状类似头盔，而俗称头盔为突厥，遂称之为突厥。

二是出自索国。索国在匈奴以北，部落头领叫阿谤步，有十七个兄弟，其中一个名叫伊质泥师都，是母狼生的。阿谤步等人都非常愚蠢鲁莽，部落遂被他人灭亡，而伊质泥师都却比较聪明，能呼风唤雨，他娶了两个妻子，一个是夏神的女儿，另一个是冬神的女儿。她们为伊质泥师都生下了四个儿子，长子讷都六居住在践斯处折施山，号称突厥。讷都六有十个妻子，所生的儿子都随母姓，等到讷都六死后，兄弟们相约谁跳得最高，即推举谁为头领，阿史那年龄最小，却跳得最高，遂被兄弟们推举为主。

三是平凉杂胡。《隋书》称，突厥祖先是平凉的杂胡，姓阿史那，公元439年北魏太武帝拓跋焘消灭北凉沮渠氏后，阿史那率领五百家投奔柔然，居住在金山。

撇开神话因素不提，综合突厥起源的三种说法，大致可以理出如下脉络：突厥祖先为匈奴帝国统治下的一个部落，后曾被灭族；后逃往高昌北山避难，国中有十姓，北魏灭亡北凉后，突厥依附柔然，被安置在金山南麓，成为柔然的锻奴。

据《周书·宇文测传》记载，（西魏大统）“八年（公元542年）……转行绥州事。每岁河冰合后，突厥即来寇掠，先是常预遣居民入城堡以避之。测至，皆令安堵如旧。乃于要路数百处并多积柴，仍远斥候，知其动静。是年十二月，突厥从连谷入寇，去界数十里。测命积柴之处，一时纵火。突厥谓有大军至，惧而遁走，自相蹂践，委弃杂畜及辎重不可胜数。测徐率所部收之，分给百姓。自是突厥不敢复至。测因请置戍兵以备之”。这是突厥出现在中国史书中的最早记录。由此可知，在东西魏分裂前后，突厥族作为柔然的附庸开始登上了中国历史的舞台。西魏大统十一年（公元545年），为了牵制柔然，西魏丞相宇文泰派人与突厥联系，第二年，突厥可汗阿史那土门给西魏进贡，也就是在这一年，铁勒（高车）将要进攻柔然，阿史那土门率领突厥军队截击，大破铁勒军队，收降了五万余落。阿史那土门自恃强盛，又自以为于柔然有恩，遂向柔然可汗阿那瑰求婚。谁知阿那瑰听后大怒，让人将阿史那土门痛骂了一顿，说道："你不过是我的打铁奴才，怎敢说出这话！"阿史那土门也勃然大怒，杀死了柔然来使，与柔然绝交，并派人前往西魏求婚。西魏大统十七年（公元551年），宇文泰答应把西魏公主嫁给了阿史那土门，第二年，即西魏废帝元年（公元552年），阿史那土门率军大破柔然。阿史那土门自称伊利可汗，皇室子弟称为特勤，领兵将领称为设，建立了以鄂尔浑河流域为中心突厥汗国，势力迅速扩展至整个蒙古高原。

突厥第一任可汗伊利可汗阿史那土门仅仅在位一年即死去，公元553年，其子阿史那科罗继位，被称为乙息记可汗，乙息记可汗阿史那科罗也仅仅在位不足一年就去世了，临死前，他没有把汗位传给儿子阿史那摄图，而是传给了弟弟阿史那科罗（又名阿史那燕都）。阿史那俟斤号称木杆可汗，突厥在木杆可汗期间得到了长足的发展，《北史·突厥》称："俟斤又西破哌哒，东走契丹，北并契骨，威服塞外诸国。其地，东自辽海以西，至西海，万里；南自沙漠以北，至北海，五六千里。"

第一任可汗阿史那土门还有一个弟弟，叫阿史那室点密，也就是第二、第三任可汗乙息记可汗和木杆可汗的叔叔，在公元556年率领十万大军西征，他先与波斯萨珊王朝的库思老一世结盟，共同攻打西域霸主哌哒，并以阿姆河为界瓜分了哌哒的土地，阿史那室点密也因此功而被封为西部可汗，名义上受东部总可汗木杆可汗的管辖，但实际上已取得了独立地位。此后，在阿史那室点密的努力下，突厥又与东罗马帝国联盟共同对抗波斯帝国，势力越过阿姆河，延伸至里海一带。

由于突厥第二任可汗乙息记可汗阿史那科罗在位时间太短，儿子太小，在他死后就确立了兄终弟及的汗位继承原则，第三任木杆可汗阿史那俟斤在位二十年，到他北周天和七年（公元572年）去世时，同样没有把汗位传给儿子阿史那大逻便，而是传给了弟弟佗钵可汗（名字不详），但这个时候，佗钵可汗的大哥、乙息记可汗的儿子阿史那摄图已经长大，佗钵可汗就以之为治理东部的小可汗，号称尔伏可汗，又以弟弟褥但可汗的儿子为治理西部的小可汗，号称步离可汗。

第四任可汗佗钵可汗在位10年，到隋朝开皇元年（公元581年）去世时，继承就出现了问题：佗钵可汗没有兄弟了，而下一代的堂兄弟们都已长大，谁当大可汗就是个问题了——是回过头来让第二任可汗乙息记可汗的儿子阿史那摄图当呢？还是让第三任可汗木杆可汗的儿子阿史那大逻便当呢？佗钵可汗临死前只对儿子阿史那庵逻说："我哥哥木杆可汗把汗位传给了我，我死之后，你应该避让阿史那大逻便。"由于木杆可汗在位时间很长且威望很高，又是直接传位给佗钵可汗的，因此，从佗钵可汗这句话中可以看出，他是想把汗位还给木杆可汗这一系的，然而，木杆可汗的儿子阿史那大逻便母亲出身低贱，阿史那摄图在堂兄弟们中间年纪最长，也坚持说："如果立阿史那庵逻，我就率领众兄弟服从，如果立阿史那大逻便，我就兵戈相向。"于是，突厥贵族在佗钵可汗死后竟然拥立了阿史那庵逻（因其在位时间太短，不算一任）。阿史那大逻便不服，总是派人来辱骂阿史那庵逻，阿史那庵逻无奈，就把汗位让给了阿史那摄图，至此，汗位又回到第二任可汗乙息记可汗一系了，但阿史那摄图为了安抚另外两个堂弟，分别封阿史那大逻便为阿波可汗、阿史那庵逻为第二可汗，他自称沙钵略可汗；此时西面可汗阿史那室点密已死，其子阿史那玷厥，号称达头可汗。

一四一 平定突厥（二）

在阿波可汗阿史那大逻便看来，自己的父亲木杆可汗在位时间最长，又是他把汗位传给的阿史那庵逻之父佗钵可汗的，人家阿史那庵逻父子自愿把汗位还给我，与你阿史那摄图有什么相干！你却最终渔翁得利了！

而在沙钵略可汗阿史那摄图看来，是自己的父亲乙息记可汗把汗位传给了弟弟、你阿史那大逻便的父亲木杆可汗，才有了木杆可汗传给佗钵可汗，现在既然要还，就得把汗位直接还到我这里来，我当大可汗自然是顺理成章的事情。

由于在汗位继承问题上的纠纷，阿波可汗阿史那大逻便就与沙钵略可汗阿史那摄图和第二可汗阿史那庵逻有了隔阂，这种隔阂加上隋朝的离间终于酿成了一场你死我活的内斗：开皇三年（公元583年），隋军在白道之战中大破沙钵略可汗阿史那摄图，败后，沙钵略可汗阿史那摄图听说阿波可汗阿史那大逻便里通隋朝，不禁大怒，袭杀了阿史那大逻便的母亲，阿史那大逻便无家可归，只好西逃，投奔了西部堂叔达头可汗阿史那玷厥。达头可汗阿史那玷厥听说大怒，派遣阿波可汗率领十余万大军东进，与沙钵略可汗交战不止，突厥汗国走向分裂。

开皇七年（公元587年），在位六年的第五任大可汗沙钵略可汗阿史那摄图去世，因其子阿史那雍虞闾懦弱，又传位给了弟弟阿史那处罗侯，号称莫何可汗。莫何可汗阿史那处罗侯击败堂兄弟阿波可汗阿史那大逻便，但隋朝建议不要杀死他。仅仅过去一年左右，第六任大可汗莫何可汗阿史那处罗侯就在征战过程中战死，突厥拥立了沙钵略可汗阿史那摄图的儿子阿史那雍虞闾为大可汗，是为第七任大可汗，号称颉伽施多那都蓝可汗。突厥大体以阿尔泰山脉为界正式分裂为东西突厥。都蓝可汗即位后，隋朝采取了分裂瓦解的办法，离间他与堂弟、号称突利可汗的阿史那染干（莫何可汗阿史那处罗侯之子）的关系，答应把隋朝公主安义公主嫁给阿史那染干，这令都蓝可汗阿史那雍虞闾与突利可汗阿史那染干反目成仇，并不再向隋朝纳贡，屡屡骚扰隋朝边境。

隋朝决心大举讨伐都蓝可汗阿史那雍虞闾，都蓝可汗阿史那雍虞闾只好与西方的达头可汗阿史那玷厥（从辈分上是其堂叔祖）实现和解，一起南下进攻突利可汗阿史那染干，结果染干大败，但隋军杨素将达头可汗打得大败。隋文帝改突利可汗为启民可汗，命其驻在黄河河套以南地区。不久，东突厥都蓝可汗阿史那雍虞闾被杀，国内大乱，西突厥达头可汗阿史那玷厥自立为步迦可汗，与隋朝扶植的启民可汗争夺都蓝可汗原有的东突厥部众，派其侄儿阿史那俟利弗进攻启民可汗阿史那染干。但到隋文帝仁寿三年（公元603年），步迦可汗国内大乱，其下属的铁勒、仆骨等十余部都归顺了启民可汗，步迦可汗西奔吐谷浑，下落不明。

步迦可汗失败之后，西突厥没了大可汗，但尚有小可汗，这个小可汗就是被东突厥莫何可汗俘虏的阿波可汗阿史那大逻便一系的鞅素特勤之子，是为泥利可汗，泥利可汗可能是阿波可汗的侄儿。在步迦可汗败亡后，泥利可汗也死了，其子阿史那达漫立，号称泥撅处罗可汗。处罗可汗的母亲向氏是汉人，泥利可汗死后，又嫁给了处罗可汗的叔父婆实特勤，二人回到了长安生活。

此后就到了隋炀帝大业年间，大业五年（公元609年），东突厥第八任可汗启民可汗阿史那染干去世，其子阿史那咄吉继位，称为第九任大可汗号称始毕可汗。大业七年（公元611年），隋炀帝采纳裴矩的意见，立步迦可汗之孙、都六之子阿史那射匮为西突厥大可汗，挑动阿史那射匮袭击西突厥大可汗处罗可汗阿史那达漫，结果处罗可汗大败，逃到长安。隋炀帝把处罗可汗带来的部众一分为三：让他弟弟阿史那阙达度设率领一万多老弱驻在会宁；特勤阿史那大奈驻在娄烦；处罗可汗自领五百骑兵。自此，西突厥又回归到阿史那室点密一系，东突厥还在乙息记可汗一系，而木杆可汗一系则到了隋朝国内。

再后来，就是东突厥始毕可汗阿史那咄吉与隋朝反目，于大业十一年八月袭击雁门，从此成为隋朝北方一大边患。唐高祖武德二年始毕可汗阿史那咄吉去世，其弟弟阿史那俟利弗设立为第十任大可汗，称为处罗可汗（注意与西突厥的泥撅处罗可汗阿史那达漫相区别）。处罗可汗阿史那俟利弗设仅仅在位一年就死了，其弟弟阿史那咄苾被立为第十一任大可汗，号称颉利可汗，此时，始毕可汗的儿子阿史那什钵苾，也号称突利可汗（他的祖父启民可汗阿史那染干在归降隋朝之前也叫突利可汗，注意与之区别）。

从唐高祖武德四年开始，突厥改变了支持唐朝的政策，转而支持梁师都等人不断骚扰北边，唐朝政府采取了时战时和、以战促和、以和为主的应对策略，委曲求全，在武德七年与突厥和谈过程中，秦王李世民试图离间突利可汗阿史那什钵苾与其叔父大可汗颉利可汗阿史那咄苾之间的关系，与突利可汗结为兄弟。

西突厥大可汗射匮可汗继位后，西突厥又复兴了起来，继承奉行与东突厥为敌的政策，而唐高祖则极力拉拢西突厥，以期共同对付虎视眈眈的东突厥。射匮可汗大约在唐朝初年去世，死后，他的弟弟统叶护继位，号称统叶护可汗，是为西突厥第五任大可汗，史称：他“勇而有谋，善攻战。遂北并铁勒，西拒波斯，南接罽宾，悉归之。控弦数十万，霸有西域，据旧乌孙之地”。唐高祖高平王李道立出使西突厥，与统叶护可汗秘密约定于武德五年冬天大举讨伐东突厥。东突厥颉利可汗闻讯，大为恐惧，派人主动结好西突厥，致使唐高祖李渊的计划落空了。此后，统叶护可汗又来唐朝求婚，唐高祖答应了，统叶护可汗大喜，但由于东突厥颉利可汗连年南下，道路阻塞，两家一直未能结亲。

由于有了西突厥的存在，再加上唐高祖的妥善应对，东突厥虽然连年入侵，但每次都是来去匆匆，未能消灭唐朝。从隋朝末年一直到如今，东突厥一直是中原王朝的心腹之患，当李世民稳定了内部之后，他就把目光转向了北方……

东西突厥内部种族复杂，在突厥强盛时，原来种落众多的敕勒各部都分崩离析，分成了很多部落。据《隋书·铁勒》记载：“铁勒之先，匈奴之苗裔也，种类最多。自西海之东，依据山谷，往往不绝。独洛河北有仆骨、同罗、韦纥、拔也古、覆罗并号俟斤，蒙陈、吐如纥、斯结、浑、斛薛等诸姓，胜兵可二万。伊吾以西，焉耆之北，傍白山，则有契弊、薄落职、乙咥、苏婆、那曷、乌讙、纥骨、也咥、于尼讙等，胜兵可二万。金山西南，有薛延陀、咥勒儿、十槃、达契等，一万余兵。康国北，傍阿得水，则有诃咥、曷脋、拨忽、比干、具海、曷比悉、何嵯苏、拔也未渴达等，有三万许兵。得嶷海东西，有苏路羯、三索咽、蔑促、隆忽等诸姓，八千余。拂菻东则有恩屈、阿兰、北褥九离、伏嗢昏等，近二万人。北海南则都波等。虽姓氏各别，总谓为铁勒。并无君长，分属东、西两突厥。居无恒所，随水草流徙。人性凶忍，善于骑射，贪婪尤甚，以寇抄为生。近西边者，颇为艺植，多牛羊而少马。自突厥有国，东西征讨，皆资其用，以制北荒。”而《资治通鉴》则称，铁勒主要有：薛延陀、回纥、都播、骨利干、多滥葛、同罗、仆骨、拔野古、思结、浑、斛薛、奚结、阿跌、契苾、白霫十五部，都居住在漠北，风俗大抵与突厥相同，其中薛延陀部最为强盛。当西突厥处罗可汗（西突厥泥撅处罗可汗阿史那达漫，并非后来的东突厥处罗可汗）强盛时，这些铁勒诸部都臣服于西突厥，可是，泥撅处罗可汗向铁勒人征收非常沉重的赋税，铁勒各部民怨沸腾，后来，泥撅处罗可汗又诛杀了铁勒一百余名酋长，导致了铁勒各部的大叛乱，公推契苾部落酋长哥愣为易勿真莫何可汗，居住在贪于山（天山）北麓；又拥立薛延陀的酋长乙失钵为也咥小可汗，居住在燕末山（确址不详）北麓。但很快射匮可汗就赶跑了泥撅处罗可汗，又逐步恢复西突厥的旧疆，薛延陀和契苾两部又去掉可汗之号，重新臣服了射匮可汗，而居住于郁督军山（今蒙古国杭爱山）的回纥等六部铁勒则臣服于东突厥始毕可汗。

一四二 平定突厥（三）

西突厥统叶护可汗即位后，西突厥实力有所下降，薛延陀部老酋长乙失钵的孙子夷男率领本部落七千多家，脱离了西突厥，向东投奔了东突厥的颉利可汗，然而，好景不长，东突厥颉利可汗上台后，连年与唐朝交战，政治混乱，到贞观元年，被颉利可汗安置在阴山以北的薛延陀部又联络回纥、拔野古等部相继叛逃。颉利可汗派遣他的侄儿欲谷设率领十万骑兵前去讨伐，回纥酋长菩萨率领五千骑兵，毅然迎战。菩萨是回纥俟斤特犍的儿子，非常骁勇，又足智多谋，每次作战，总是身先士卒，常常能以少胜多，他的母亲乌罗浑负责处理部落内部的诉讼，她处事公道，在部众中很有威信。回纥军队与十万突厥大军在马鬣山（确址不详）激战，结果大破突厥军队，俘虏了突厥大量部众，回纥由此强盛起来。薛延陀又击破了突厥的四设（四位将军），突厥也无可奈何。回纥酋长菩萨率领本部落依附薛延陀，薛延陀号称菩萨为“活颉利发”，并派人向唐朝进贡。

从突厥的发展史上来看，突厥上层一直没有解决好汗位的继承问题，一般采取的是兄终弟及的继承顺序，然而，当老一辈全部去世、汗位传至下一代人的时候，就出现了一个究竟是把汗位回归到上一辈第一位可汗的子孙，还是最近一位可汗的子孙问题，往往会产生一系列的内讧，与此同时，由于采取了兄终弟及的继承顺序，在弟弟继承汗位之后，经常会给予失职的原可汗之子很多特权，比如被拜为小可汗，再加上他们尚处于原始社会到奴隶制社会演变过程中，部落内部还保留了比较多的原始民主制度，因此，小可汗拥有较大的自主权，这样一来，往往难以形成合力，尤其是一旦上层之间出现了争夺汗位的内讧，就会发生比较大的冲突。

这也让我们明白了一个现象，那就是：在武德年间，当突厥屡屡大举南侵之时，李唐朝廷虽然处于非常困难的境地，但每次总能化险为夷，而突厥军队也是屡屡浅尝辄止，来去匆匆，这与突厥内部矛盾不无关系。

除此之外，还有我们刚刚讲的突厥国内种族成分复杂，内部矛盾重重，也是制约突厥发展的重要原因之一。从外部环境来看，西突厥的存在以及李唐朝廷采取的正确策略也让李唐朝廷躲过了一场又一场灭顶之灾。

按理说，贞观元年李世民刚刚即位，国内矛盾重重，接连发生李瑗、王君廓等人的叛乱，而关东地区又发生大的旱灾，可以说给了突厥一个南侵的可乘之机，然而，自从武德九年八月李世民渭桥退敌之后，在整个贞观元年突厥人再未南下，似乎有意给李世民一个喘息的机会，这又是什么原因呢？

原因主要有三：一是突厥境内在这几年同样遭遇了比较大的雪灾。史书称，这些年来，突厥国内连年遭遇雪灾、霜灾，平地大雪深达数尺，牲畜大量死亡，发生了非常严重的饥荒，军民饥寒交迫。据格陵兰冰芯记录和欧洲历史文献记录表明，公元626年前后有过一次大规模的火山喷发，此次火山喷发可能是公元627年前后气候变冷的原因。正是由于这一原因，苑君璋在突厥那里生活不下去了，才归顺了唐朝。二是颉利可汗政令不当。过去，突厥民风淳朴，政令简便易行，颉利可汗即位后，得到了一位叫赵德言的汉人执掌国政。赵德言也是出于革新的目的，想用中原王朝的制度取代突厥旧的民俗，提高可汗的个人权威，这当然触动了突厥贵族的利益；颉利可汗信任其他各族酋长，疏远突厥本族贵族，又向各部征收沉重的赋税，导致国内民怨沸腾，各部纷纷叛乱。三是李唐与突厥之间的盟约。过去，突厥就屡屡违背盟约，发兵入侵李唐，盟约当然是不足恃的，不过，有这一纸盟约总比没有强。

看到突厥政治黑暗，各部纷纷叛离，贞观元年七月，李唐朝廷上下纷纷请求唐太宗发兵进攻东突厥，唐太宗征求萧瑀和长孙无忌的意见："颉利可汗君臣昏庸暴虐，灭亡翘足可待，如今，我们发兵进攻，却与之刚刚结盟，理由不足；如果不趁此有利时机进攻他们，恐怕再也没有机会了，你们看该如何是好？"萧瑀认为该发起进攻，长孙无忌则持反对意见，他说："敌人并未骚扰我国边塞，如果我们主动发起进攻，不仅丧失了信用，而且又连累了百姓，这不是王者之师。"于是，唐太宗就打消了这一念头。其实，贞观元年唐太宗刚刚即位，虽然突厥国内出现了可乘之机，但李唐内部也好不到哪去，不仅统治阶层内部暗流涌动，而且关东地区遭遇了旱灾，关中地区遭遇了涝灾，百姓生活非常困顿，根本没有条件采取大规模的军事行动。

到贞观二年，在突厥、唐朝国内的自然灾害依然在持续着：突厥国内还是雪灾，唐朝关中则出现了旱灾。但整体上，突厥国内的情况更为严重。靠近唐朝边境地区的奚族、霫族等数十部纷纷背叛突厥，南下投靠唐朝，与此同时，突厥贵族内部之间的矛盾也逐渐激化起来，局势朝有利于唐朝的方向发展着。

这种矛盾主要是颉利可汗与突利可汗之间的矛盾：突利可汗的大本营原本设在幽州以北，管理着奚族和霫族人，由于这些部族投靠了唐朝，颉利可汗把突利可汗狠狠地训斥了一番，等到薛延陀、回纥等部击败欲谷设后，颉利可汗又命突利可汗率军前去讨伐，谁知突利可汗同样被薛延陀和回纥联军打得大败，狼狈逃回。颉利可汗勃然大怒，把突利可汗关了十几天，痛打了一顿，突利可汗从此对颉利可汗恨之入骨。

突厥国内局势不稳，颉利可汗屡屡向突利可汗征兵，但突利可汗不给，为了自保，突利可汗在贞观二年年初派人向唐太宗请求归顺唐朝。唐太宗对侍臣们说："昔日，突厥非常强大，拥有百万弓箭手，经常欺凌我华夏，并因此骄傲自大，逐渐失去了民心。如今，突利可汗请求归顺我朝，如果不是走投无路，他能这样吗？朕听到这个消息后，是喜忧参半，喜的是：突厥衰落了，我们边境安定了，但是，朕如果行为无道，国家将来也会像今天的突厥这样，能不担心吗？你们要大力劝谏，以免朕出现失误。"

见突利可汗拒不从命，颉利可汗大怒，遂发兵进攻突利可汗。贞观二年四月十一日，突利可汗派人前来求救，唐太宗与群臣商议道："朕与突利可汗结为异姓兄弟，兄弟之间有难，不能不救，可是，颉利可汗与我国也有盟约，这该如何是好呢？"时任兵部尚书的杜如晦说道："夷狄毫无信用可言，终将背信弃义，如今如果不趁乱消灭了他们，将来会后悔不及的。取乱侮亡，从古迄今就是如此。"

四月二十日，契丹酋长率领部落向唐朝投降。颉利可汗派人来到唐朝，提出把梁师都交给唐朝以换回契丹，唐太宗对突厥使者说道："契丹与突厥本不是同族，如今前来归附于我，为何问我索要？梁师都本是我中原之人，趁乱盗取我土地，残害我百姓，你们突厥却对他进行庇护，我兴兵讨伐，你们总是相救，他梁师都就像是条在热锅里苟活的鱼儿，还怕不为我所有？即使我得不到他梁师都，也不会以归顺我的百姓来交换的。"此时，唐军正在围攻梁师都，所以突厥人才有这一提议。

当唐太宗发现突厥已出现了分崩离析的征兆之后，就向梁师都下书劝其投降，但梁师都置若罔闻，于是，唐太宗就派夏州都督长史刘旻、司马刘兰成拟订消灭梁师都的计划。刘旻等人屡屡派遣轻装骑兵突入梁师都辖区，践踏其国内的庄稼，又派人散布谣言，离间其君臣，很快，梁师都国内经济衰退，国民纷纷投降唐朝。其名将李正宝等人阴谋扣押梁师都，结果阴谋败露，逃归唐朝，从此之后，梁师都君臣上下猜疑，刘旻知道时机已经成熟，遂上书请求唐太宗发兵。

接到刘旻的请求之后，唐太宗即派遣右卫大将军柴绍、殿中少监薛万均率军北上，向梁师都发起了进攻；又命令刘旻等人进驻朔方东城（今陕西省榆林市横山区）压制梁师都。梁师都领着突厥军队来到城下，刘兰成偃旗息鼓，拒不出战。等到梁师都趁着夜色回撤时，刘兰成却出城追击，将梁师都和突厥军队打得大败，并乘胜包围了朔方。《旧唐书·薛万彻传》记载："未至朔方数十里，突厥四面而至，官军稍却。万均与万彻横出击之，斩其骁将，虏阵乱，因而乘之，杀伤被野。"突厥人不敢、无暇也无力组织大军赶来救援，唐军将朔方团团围住，最终城内粮食吃尽，四月二十六日，梁师都的堂弟梁洛仁杀死了梁师都，献出城池投降，唐朝以其地为夏州。《新唐书·薛万均传》记载："诸将以城险未可下，万均曰：'城中气死，鼓不能声，破亡兆也。'"

梁师都自公元617年起兵一直持续到如今被消灭，历时十二年之久，是隋末大乱中延续时间最长的变民集团。

一四三 平定突厥（四）

贞观二年，唐太宗趁突厥内乱之际消灭了梁师都，解除了关中地区正北方向的威胁，也为唐军下一步组织对突厥大规模的进攻创造了条件。

除此之外，东西突厥内部均陷入大乱，东突厥与唐朝之间的实力对比进一步朝唐朝一方倾斜。

一是东突厥。东突厥颉利可汗还在与突利可汗缠斗；原来归附于东突厥的薛延陀、回纥等部纷纷脱离东突厥西逃，极大地削弱了东突厥的实力；原来依附于突利可汗的东突厥东部地区的契丹、白霫等部族也纷纷南下，归顺唐朝，让东突厥更是雪上加霜；还有持续的自然灾害，丝毫没有停息的迹象。

二是西突厥。贞观元年，西突厥统叶护可汗派遣真珠统俟斤与高平王李道立回到了长安，向唐朝献上万钉宝钿金带和五千匹战马，作为聘礼，来迎接唐朝公主。颉利可汗当然不愿看到唐朝与西突厥结盟，他屡屡派兵骚扰唐朝边境，并派人对统叶护可汗说："你要想迎接唐朝公主，必须从我的国境内通过。"唐朝公主一直未能成行。统叶护可汗自恃强盛，不爱护百姓，弄得国内民怨沸腾，歌逻禄种族人纷纷叛逃。贞观二年，西突厥内部就发生了一场突如其来的政变，统叶护可汗被他的伯父杀死，其伯父自立为可汗，号称莫贺咄侯屈利俟毗可汗；国内不服，弩矢毕部推举泥孰莫贺设为可汗，但泥孰莫贺设没有答应。统叶护可汗的儿子咥力特勤逃到康国（巴尔喀什湖以北）避难，泥孰莫贺设把他接到本部落，拥立为可汗，号称乙毗钵罗肆叶护可汗。乙毗钵罗肆叶护可汗阿史那咥力与篡位的叔祖莫贺咄侯屈利俟毗可汗（史料失去其名字）连年相互厮杀，双方都派使者来到唐朝，请求与唐朝结为亲家，但唐太宗均不答应，说道："你们西突厥国内大乱，君臣不定，谈什么婚约！"并要求他们双方各自守好疆界，不要再相斗了。由于西突厥也发生了内乱，原本臣服于西突厥的西域各个小国以及原隶属于西突厥的敕勒部落也都纷纷叛离，西突厥也一分为二，实力大大削弱。

三是薛延陀、回纥等部。薛延陀、回纥等敕勒各部脱离东突厥之后，并没有当然地投入西突厥的怀抱，而是选择了独立，与此同时，东西突厥北方的很多部族也都纷纷脱离突厥的统治，归顺了薛延陀，公推其俟斤（酋长）夷男为可汗，但夷男推辞不敢当。一直密切关注北方局势走向的唐太宗深知唐朝最大的敌人是东突厥颉利可汗，他也深谙扶弱抑强的道理，当得知此情后，立即派游击将军乔师望携带诏命从小路找到了夷男，加封夷男为薛延陀真珠毗伽可汗，并赏赐给他旗鼓仪仗。夷男大喜过望，派人向唐朝进贡，在郁督军山（今蒙古国杭爱山）下建立牙帐，建立了薛延陀汗国，东至靺鞨，西接西突厥，北到俱伦水（贝加尔湖），南达大沙漠，全归他的统治，下辖回纥、拔野古、阿跌、同罗、仆骨、白霫等各部落。

由此可见，东突厥已分崩离析，且北有薛延陀，南有突利可汗和唐朝，西有西突厥，到贞观二年，颉利可汗已是四面楚歌。九月十六日，颉利可汗率领东突厥军队南下骚扰唐朝边境，意欲夺回梁师都的旧地，唐朝群臣建议调发百姓，修补古长城和沿边的堡垒。其实，颉利可汗的这次入侵是一次虚张声势，正是由于他担心唐军会趁机讨伐自己，才故意向唐朝展示武力，唐太宗洞若观火，并已有条不紊地进行着战略布局，所以，他胸有成竹地对大家说："突厥国内盛夏却天降严霜，五个太阳一起出现在天空，三个月内接连出现白昼现象，漫山遍野冒出的都是红色之气，灾害连绵不断，他颉利可汗却不知敬畏上天；他迁徙无常，牲畜大量死亡，这是他不用地力；突厥风俗实行火葬，如今却也修建坟墓，背弃父祖之命，这是怠慢鬼神啊；又与突利可汗不和，连年征战，这是与亲戚不和睦，他不知广施恩德，反而更加残暴，骨肉之间相互厮杀，有这四点，他的灭亡指日可待。朕正要替你们大家扫清北方，无须劳动我百姓去修这些个防御工事！"遂以司农卿窦静为夏州都督。

贞观三年八月八日，薛延陀汗国真珠毗伽可汗夷男派遣弟弟统特勤来到长安，向唐朝进贡。唐太宗赏赐给可汗宝刀和宝鞭，说道："你所属部众有大罪的，可以斩杀；小罪的，你可以鞭打！"夷男非常高兴。东突厥颉利可汗听说薛延陀汗国归顺了唐朝，非常害怕，派人来到唐朝，向唐朝称臣，并请求娶唐朝公主，愿意以女婿的身份向唐朝进贡。此时，颉利可汗的正妻是曾经嫁给其父启民可汗以及其两个哥哥始毕可汗、处罗可汗三人的隋朝宗室之女义成公主，义成公主于公元599年在启民可汗原妻子安义公主去世后嫁给了启民可汗，假设当年她15岁的话，那么如今也已45岁，她嫁给颉利可汗也已8年了，假如东突厥国内情况没有糟到一定程度，颉利可汗也不会在唐朝未发一兵一卒的情况下，主动请求称臣，并娶唐朝公主的。史书没有记载唐朝的态度，但极有可能是唐太宗表面上答应了颉利可汗的请求，而实际上丝毫没有停止对东突厥的打击准备。

代州都督张公谨上书详细汇报了东突厥行将灭亡的种种迹象，他分析说："颉利可汗随心所欲，肆意妄为，诛杀忠良，重用奸佞，这是其一；薛延陀等各部已经叛逃，这是其二；突利可汗、拓设（处罗可汗次子，名阿史那社尔，因被薛延陀击败也受到颉利可汗的斥责）、欲谷设均被颉利可汗疏远，无地自容，这是其三；塞北严霜，旱灾肆虐，粮食断绝，这是其四；颉利可汗疏远同族，亲近外族人，外族人反复无常，一旦我军前去，一定会发生内乱，这是其五；流落到北方的汉人很多，听说已纷纷啸聚山林，占据险要，我军一旦出塞，必然会响应。"于是，唐太宗借口颉利可汗既然已经与唐朝和亲，却还支持梁师都，于八月十九日下诏命令兵部尚书李靖为行军总管、张公谨为副总管，出兵向东突厥发起了总攻！

梁师都早在一年前的贞观二年四月就已经被杀，如今唐太宗以此为名讨伐颉利可汗，多少有些牵强。九月九日，东突厥九名俟斤率领三千骑兵投降了唐朝，二十一日，拔野古、仆骨、同罗、奚族酋长一起率众降唐。十一月四日，突厥军队进攻河西，肃州刺史公孙武达、甘州刺史成仁重将敌人击败，俘虏了一千多人。《资治通鉴》称：二十三日，唐太宗以行并州都督李世勣为通漠道行军总管、兵部尚书李靖为定襄道行军总管、华州刺史柴绍为金河道行军总管、灵州大都督薛万彻为畅武道行军总管，共计领兵十余万人，全部受李靖指挥，分路向东突厥发起了进攻。《新唐书·太宗本纪》则称："八月……丁亥，李靖为定襄道行军大总管，以伐突厥。九月丁巳，华州刺史柴绍为胜州道行军总管，以伐突厥。十一月庚申，并州都督李世勣为通漠道行军总管，华州刺史柴绍为金河道行军总管，任城郡王道宗为大同道行军总管，幽州都督卫孝节为恒安道行军总管，营州都督薛万淑为畅武道行军总管，以伐突厥。"从以后的战况来看，《资治通鉴》和《新唐书》的记载都有错误之处。

薛万均有三个弟弟：薛万彻、薛万淑、薛万备，均为猛将。薛万均原为殿中少监，因与柴绍一起消灭梁师都而被拜为左屯卫将军；《新唐书·薛万淑传》

称：“万淑亦以战功显。历右领军将军、梁郡公、畅武道行军总管。”《新唐书·薛万彻传》称：“万彻后从李靖击突厥颉利可汗于塞北，以功授统军，进爵郡公。”由此可知，这次讨伐突厥身为畅武道行军总管的是薛万均的三弟薛万淑，而不是二弟薛万彻，由于薛万彻名气太大，且也参加了此次战役，《资治通鉴》可能是误记了。

唐军兵分六路：一、李靖率军从定襄（今山西省朔州市平鲁区）北上；二、柴绍从金河道（今内蒙古自治区清水河县）北上；三、李世勣从通漠道（《读史方舆纪要》称在大同府南）出云中（今山西省大同市）；四、任城王李道宗为灵武都督，从灵武（今宁夏回族自治区灵武市）出击的；五、营州（今辽宁省朝阳市）都督薛万淑为畅武道行军总管，从营州出击；六、幽州都督卫孝节从幽州（今北京市）北上。

一四四　平定突厥（五）

唐太宗这次对东突厥的进攻，是自隋末以来一二十年间第一次对突厥发起的主动进攻，令人扬眉吐气。

贞观三年十一月二十九日，李道宗在灵州击破突厥军队。

十二月二日，突利可汗入朝拜见唐太宗。唐太宗对侍臣们说："过去，太上皇为了百姓而屈辱地向突厥人称臣，朕非常痛心，如今，突厥可汗向我投降，多少可以一雪前耻了！"十六日，靺鞨派人向唐朝进贡，唐太宗说："靺鞨人远道而来，是突厥人已经归附之故，古人认为，没有制服少数民族的上策，朕今天让中国富强，四方少数民族自然臣服了，这难道说不是上策吗？"二十四日，突厥郁射设率领部众投降。

贞观四年（公元630年）一月，李靖亲自率领三千精锐骑兵从马邑（今山西省朔州市）长途跋涉，进驻恶阳岭（今内蒙古自治区和林格尔县南），夜袭定襄（此时为颉利可汗牙帐所在，今内蒙古自治区和林格尔县），攻破了城池。颉利可汗出乎意料，大惊失色，说道："唐军如果不是倾国而来，他李靖岂敢长驱直入？"突厥人一夜发生数次惊扰，只好把牙帐北迁至碛口（今内蒙古自治区苏尼特右旗西，一说在今内蒙古自治区固阳县西北、乌拉特中旗以东）。

李靖又派人离间颉利可汗的心腹，颉利可汗的心腹康苏密裹挟着隋炀帝的萧皇后和隋炀帝的孙子杨政道前来投降，一月九日，萧皇后一行来到长安。过去，有投降的人称："中国有人偷偷给萧皇后写信。"至此，中书舍人杨文瓘建议予以追查，唐太宗说："当时天下未定，突厥正强，愚民无知，也许会有这事。如今天下已经安定了，过去的罪过，何须再问！"李靖又率军在白道（今内蒙古自治区呼和浩特市西北）大破东突厥。

颉利可汗战败后，先逃往铁山（在阴山以北），手里尚有数万部众，他派执失思力觐见唐太宗，表示谢罪，并请求投降，自己单身入朝，部众全部归附。唐太宗派鸿胪卿唐俭、将军安修仁等人前去安抚，又下诏命令李靖率军迎接颉利可汗。虽然颉利可汗这么说，但实际上还是心有不甘，打算趁春天到来，草青马肥之后，逃到漠北。颉利可汗见到唐俭等人大喜，稍稍放下心来。

李靖与李世勣二人率军在白道会师，二人商量道："颉利可汗虽然战败了，但其部众尚多，一旦逃归漠北，依靠北方蛮夷，道路遥远，难以追上。如今，朝廷的使者已经到了他那里，他肯定会放松警惕，如果挑选一万精锐骑兵，携带二十日的口粮，长途奔袭，一定能不战而将其生擒！"二人把想法告诉了张公谨。张公谨却说："诏书已经接受了他的投降，我们的使者又在他那里，为何要发兵进攻呢？"李靖说道："这就是韩信曾用过的击败齐国的战法。像唐俭等人又有什么值得可惜的！"遂与李世勣二人分工，由李靖率军负责突击，由李世勣所部随后进发，切断突厥人的后路。

当晚，唐军就秘密北上了，行至阴山，遇到一千多帐的突厥部众，全部将其俘获，随军押送。李靖命令匡道府折冲苏定方率领二百骑兵为大军先锋，趁着大雾，一路摸到颉利可汗的大帐。苏定方，是冀州武邑县人。他骁勇绝伦，隋朝末年随父亲苏邕一起保卫家乡，曾亲手斩杀了变民头领张金称，又击破变民杨公卿部。后来，他投靠窦建德，窦建德部将高雅贤对他非常喜爱，把他收为养子，等到刘黑闼、高雅贤死后，苏定方又回到了老家。

二月八日，苏定方一行摸到距离颉利可汗牙帐一里左右时，大雾突然消散，颉利可汗的牙帐赫然就在眼前！苏定方当即命令部队朝敌人掩杀过来，颉利可汗猝不及防，误认为唐军已悉数前来，跨上千里马先逃，其余部众个个如惊弓之鸟，纷纷夺路狂逃。此时，李靖率领大军距离颉利可汗牙帐还有十五里，很快就赶到了，唐军大开杀戒，斩杀了一万多突厥人，俘虏十几万百姓，缴获数十万牲畜，杀死了隋朝义成公主，活捉了义成公主的儿子叠罗施。颉利可汗率领近万人打算逃到漠北，但当他们来到碛口时，发现李世勣早已等待他们多时了，颉利可汗只好掉转马头，率领十余骑向西逃去，其手下大酋长纷纷下马投降，李世勣所部也俘获了五万多人。

二月十八日，唐太宗以大破东突厥而宣布大赦天下。

当初，始毕可汗以自己的叔父苏尼失（启民可汗的亲弟弟）为沙钵罗设，管辖五万多家，以灵州西北作为自己的大本营。等到东突厥内乱后，只有苏尼失一直对颉利可汗忠心耿耿，突利可汗降唐后，颉利可汗就任命苏尼失为小可汗。等到颉利可汗败逃后，就依附于苏尼失，打算再向西南，投奔吐谷浑。大同道（一说是指今内蒙古自治区乌拉特前旗佘太镇）行军总管李道宗率军包抄而来，命苏尼失送来颉利可汗。颉利可汗率领数名骑兵趁夜逃跑，藏匿到山谷之中，苏尼失害怕了，派骑兵追上将颉利可汗抓住。

三月十五日，大同道行军副总管张宝相率军突然包围了苏尼失的大营，生擒颉利可汗，苏尼失也率众投降，漠南之地遂无人居住了。

此战彻底消灭了东突厥，唐朝边境也拓展到阴山以北、漠南一线。战后，唐太宗对李靖给予高度评价，他说："李陵昔日率领区区五千步兵竟然敢于穿过沙漠，虽然最终还是投降了匈奴，但其功劳尚且记载在青史上；李靖率领三千骑兵，深入敌境，夺占定襄，前所未有，这足以能一雪我在渭水的耻辱了！"晋封李靖为代国公；又任命李世勣为光禄大夫，行并州大都督府长史；苏定方也被晋升为左武候中郎将。

唐太宗不费吹灰之力就平定了东突厥，可谓奇迹，也可以说是天意。其实，在这一点上，唐太宗的文治武功并没有起到太大的作用，即便是李靖、李世勣等人向东突厥发起总攻时，唐太宗能够调动的兵力也仅有十万，这也说明当时的唐朝国力也好不哪去。客观上说，东突厥的衰亡最大因素是发生在贞观元年到贞观三年之间漠北罕见的一场大灾难，严重的雪灾让东突厥损失惨重，各部矛盾逐渐激化，也让颉利可汗不得不来到相对温暖，却是陌生而又危险的漠南苟延残喘，这就给了唐军一个绝佳的时机。

在生擒颉利可汗之前，三月三日，唐太宗以突厥夹毕特勤阿史那思摩为右武候大将军。阿史那思摩，史书无传，从陕西省礼泉县出土的李思摩（后赐姓李）墓志铭可知，其曾祖父是突厥第一任大可汗伊利可汗阿史那土门，其祖父为突厥第四任大可汗佗钵可汗（一说是西突厥达头可汗），其父咄六设，武德七年，颉利可汗、突利可汗连兵南侵时，阿史那思摩奉命来到长安，被封为和顺王。阿史那摄图因相貌不像突厥人，在突厥国内未受到重用，一直心向唐朝，唐太宗加封其为右武候大将军就是考虑将来以其统领突厥的部众。五日，突厥思结俟斤率领四万部众前来投降。十一日，唐太宗任命突利可汗为右卫大将军，封北平郡王。十九日，蔡公杜如晦去世，终年四十六岁。

颉利可汗很快就被送到了长安。四月三日，唐太宗驾临顺天楼（皇城南门楼），举行盛大的献俘仪式，将颉利可汗带到御座跟前，斥责他道：“你继承父亲兄长的基业，却肆意妄为，自取灭亡，这是第一罪；屡屡与我盟誓，却总是违背，这是第二罪；自恃强盛，穷兵黩武，搞得白骨蔽野，这是你的第三条大罪；蹂躏我庄稼，劫掠我子女，这是第四条罪过；我赦免了你的罪过，保存了你的社稷，而你却迟迟不来，这是第五。不过，自从我们在渭桥结盟之后，你就不再大举入侵了，这也是饶你不死的原因。”颉利可汗哭着道谢，唯唯而退。唐太宗下令太仆寺对其好好招待。

太上皇李渊听说生擒了颉利可汗的喜讯，叹息道：“汉高祖刘邦被匈奴围困于白登山，却不能复仇，如今，我儿子能灭掉突厥，这说明我托付得人，我还有什么可担忧的呢！”李渊在凌烟阁设宴，召来唐太宗与十几名朝廷重臣以及宗室诸王、公主、嫔妃一起欢宴，酒酣耳热，李渊亲自弹起琵琶，李世民翩翩起舞，在座贵臣纷纷起身敬酒，一直喝到夜深才罢。

一四五　平定突厥（六）

据户部上报，贞观三年，从塞外逃回的汉人以及归降的少数民族，就有一百二十多万，到了贞观四年平定东突厥之后，突厥部落有的向北归附了薛延陀，有的向西逃奔了西域，投降唐朝的又有十万多人，李唐朝廷马上就面临着一个如何安置这些突厥降众的问题。

唐太宗下诏命令群臣商议一个妥善的处理办法。

朝廷群臣大多认为："北方少数民族自古以来就是中原王朝的祸患，今天万幸将其消灭了，就该将他们全部迁往黄河以南的兖州、豫州内地，打乱他们的部落，将他们分散到各个郡县里，教会他们农耕，这样一来就可以把少数民族转化为农民，也好令塞北之地永远空无人烟。"

中书侍郎颜师古的意见则是："突厥、铁勒都是古代中原王朝一直无法臣服的部族，而陛下却能够臣服他们，请求把他们安置在黄河以北，分别设置酋长，统领部落，则永无后患了。"颜师古的意见不同之处有三：一是地域在黄河以北；二是不打乱其原有的组织机构；三是不改变其原有的生活方式。

礼部侍郎李百药认为："虽说突厥是一个国家，但其种落繁多，各有酋长，如今应当把他们遣散，由各个部落推举各自的酋长，相互之间没有隶属关系，如果还想继续保留阿史那氏的话，也只让他们管理本部落。把突厥分割之后就容易控制了，各个部落之间势均力敌，也就难以相互吞并，他们各为保全自己，也无法与中央政府相抗衡了。另外，还请求在定襄设置都护府，对突厥部众进行管理，这才是安定边境的长远之策。"李百药的意见主要是：一、分化突厥各部；二、否定阿史那氏的宗主地位；三、安置在北方，并设立都护府进行管理。

夏州都督窦静反对把突厥人安置到内地，他认为："少数民族的本性就像禽兽，难以用刑罚吓阻，又无法用仁义感化，况且，他们根本不会忘记故土之情。

把他们安置在国中，有害无益，一旦国内出现动乱，肯定会犯上作乱。不如趁其败亡之际，对他们法外开恩，给他们的酋长封王封侯，嫁给他们宗室之女，分割他们的土地，拆散他们的部落，让他们力量分散，权力削弱，易于控制，就可以确保他们永做帝国的藩臣了。”窦静的建议与李百药的大体相同，但又加上了与突厥上层联姻一条。

温彦博认为：“将突厥人迁往兖州、豫州，也违背他们的本性，不符合养育之道。请求按照光武帝刘秀将匈奴安置在塞下的做法，保全他们的部落，尊重他们的风俗习惯，填充空虚之地，令他们作为中国的屏障，这是善策。”

魏徵认为：“突厥世代侵扰中原，是百姓们的仇敌。今天幸而败亡，陛下因其归降，不忍屠杀，那就该把他们放归故土，不可留在中国。少数民族人面兽心，弱小就臣服，强盛就背叛，这是他们的本性。如今，投降的近十万之众，数年之后，人口繁衍可以翻倍，一定会成为我们的心腹之患，到时候后悔都来不及了。西晋初年，各少数民族与汉人杂居，郭钦、江统都劝说晋武帝把他们驱赶到塞外，以防患于未然，可是晋武帝没有听从，二十余年后，果然天下大乱，洛阳之间成了少数民族纵横驰骋之地，这是前车之鉴啊！”

温彦博反对说：“王者对于天下万物，就像上天和大地一样无所不包，如今突厥穷途末路，前来归附我们，为何将他们抛弃，拒不接受呢！孔子说：‘有教无类。’如果将他们从死亡中拯救出来，进行教化，数年之后，全都能变成我们的臣民，再从中挑选出他们的酋长，令他们入宫担任禁卫军将领，他们害怕威严，感恩戴德，又会有什么后患呢！”

唐太宗最终没有采纳魏徵的意见，而是采纳了温彦博的意见，把突厥人安置在东起幽州、西到灵州这一广大地区；把突利可汗统辖的地域划分成顺州、祐州、化州、长州四个都督府；把颉利可汗统辖的地域划分为六个州，左边设置定襄都督府，右边设置云中都督府，以管理突厥部众。

五月七日，唐太宗任命突利可汗为顺州都督，命其率领本部前去上任。临行前，唐太宗告诫他说：“你的祖父启民可汗投靠隋朝，隋朝任命其为大可汗，拥有北方边地，而你的父亲始毕可汗却忘恩负义，开始与隋朝为敌，上天不容，才使你们如此乱离。我之所以没有册立你为大可汗，就是有了启民可汗的前车之鉴，如今，我任命你为都督，你要遵守国法，不要再侵扰劫掠了，这不仅是想让中国长久地保持安定，也是让你阿史那一族能永远平安啊！”八日，唐太宗又晋封阿史那苏尼失为怀德郡王，阿史那思摩为怀化郡王。因阿史那思摩忠于颉利可汗，在突厥各酋长投降李世勣后，只有他追随颉利可汗西逃，唐太宗对他的忠心表示赞赏，不久，又任命他为北开州都督，令其统领颉利可汗的旧部。十三日，唐太宗又任命右武卫大将军史大奈（原名阿史那大奈，突厥特勤，隋朝时即已归降）为丰州（今内蒙古自治区五原县）都督，其余突厥酋长全部被拜为将军、中郎将，仅五品以上的就有一百多人，几乎占唐朝中央官员的一半，因在朝中做官而在长安定居的突厥人就有一万多家。

二十三日，御史大夫萧瑀弹劾李靖在击破颉利可汗牙帐后，军纪涣散，可汗的财宝被掳掠一空，请求把李靖交付司法机关审判，唐太宗特意下诏不予追究。等到李靖觐见时，唐太宗当面把他狠狠地训斥了一番，李靖叩头谢罪，过了很久，唐太宗才说道："隋朝史万岁击破达头可汗后，有功不赏，反而得罪被杀，朕却不同，我记下了你的功劳，赦免你的罪过。"加李靖左光禄大夫，赏赐一千匹绢，食邑五百户。不久，唐太宗又对李靖说："前不久有人进了你的谗言，如今，朕已经醒悟，你不要介意。"又赏赐给他两千匹绢，接着，唐太宗就把萧瑀罢免了，改任其为太子少傅，不再让他参与朝政了，到了八月二十二日，唐太宗又晋升李靖为尚书右仆射。

六月四日，唐太宗以阿史那苏尼失为北宁州都督，以中郎将史善应为北抚州都督；九日，又任命右骁卫将军康苏为北安州都督。

说是天意，还表现在：贞观元年，关中饥荒，一斗米可以换来一匹绢；二年，天下又爆发了大面积的蝗灾；三年，又遭遇了水灾，而突厥也是连续三年遭遇大的灾祸，作为游牧民族，一旦牲畜死亡，在短时间内是无法恢复元气的，而作为农耕民族来说，只要来年有个好收成，很快就会恢复生机和活力，而恰恰是唐太宗决定讨伐东突厥的贞观四年，异常风调雨顺，天下大丰收，前些年流落异乡的难民纷纷回到了故乡，一斗米才值三四个钱，一年下来被处以死刑的全国仅有二十九人！有了充足的物资储备，唐太宗就有了继续招抚突厥其他部落的底气。

由于西突厥乙毗钵罗肆叶护可汗阿史那咥力与叔祖莫贺咄侯屈利俟毗可汗争斗不已，很多西突厥部众流落到伊吾（今新疆维吾尔自治区哈密市），唐太宗在消灭了东突厥之后，又把目光转向了西方，他任命凉州都督李大亮为西北道安抚大使，在碛口（此碛口为哈密市以东沙漠出口）储备粮食，前来归顺的以及过往的使节，络绎不绝。李大亮对于唐太宗的这种做法提出了批评，他上书称：“想要招抚远方，就必须先安抚眼前的，我们中国就如同是一棵树的根，外国就像是树的枝叶，压榨中国的老百姓，来供养外国，这就像是要拔掉树根，来增添枝叶。臣远看秦汉，近观隋朝，重视外国，终归会导致国家受损。现在，我们招徕西突厥，只见浪费，不见利益。况且，河西的州县都非常萧条，自从突厥衰弱以来，百姓们才开始农耕，如今又让百姓们应付这一差事，已不堪重负了，不如撤销安抚一事。伊吾这里本就是一片沙漠，这里的人有的自立酋长，假如他们请求向我们称臣，就接受下来，还让他们居住在塞外，作为我们的屏障，这才是给予空头的恩惠而能得到实惠的好办法啊。”唐太宗接受了。

东突厥灭亡后，营州都督薛万淑派遣契丹酋长贪没折前去游说东北各个部落，奚族、白霫、室韦等十几个部落都表示归顺。

一四六 平定突厥（七）

对李世民来说，贞观四年确实是个好年头，到了下半年，各族百姓降唐的浪潮还在持续……

八月二十六日，突厥突利可汗的弟弟欲谷设率众来降。颉利可汗失败后，欲谷设逃到了高昌（今新疆维吾尔自治区吐鲁番市），听说哥哥突利可汗受到唐朝的礼遇，遂来归降。九月六日，伊吾（今新疆维吾尔自治区哈密市）城主归降。隋朝末年，伊吾成为隋朝领土的一部分，隋朝政府在这里设置了伊吾郡，隋末大乱后，这里投降了突厥。颉利可汗被灭之后，伊吾城主献出下辖七座城池投降，唐太宗遂在此地设置了伊西州。薛延陀思结部饥寒交迫，朔州（今山西省朔州市）刺史张俭派人前去招抚，不少人南下归顺了唐朝，但仍有一些留在漠北。张俭，是隋朝相州刺史张威的孙子，其父张植为车骑将军，其母是唐高宗的堂妹，后来张俭官至东夷都护。张俭兄弟三人，哥哥张大师，后官至华州刺史；弟弟张延师，后官至左卫大将军。根据唐朝制度，三品以上官员家的门庭前可以排列木制的画戟，张俭兄弟三人三家都立了这种画戟，时人都很羡慕，号称“三戟张家”。

来到唐朝的思结族人有的与漠北的亲戚私下来往，张俭知道后也不予禁止，等到张俭调任胜州（今内蒙古自治区托克托县）都督之后，州政府上报说思结部落将要叛逃，唐太宗下诏命令张俭前去调查。张俭单人匹马来到思结部，说服部众迁到了代州（今山西省代县），唐朝政府即任命张俭为检校代州都督。张俭劝说他们进行农耕，当年庄稼丰收，他又担心思结部众储存的粮食一多，会产生异心，遂奏请以市价收购他们手中的粮食，增加边防的粮食储备。思结部众非常高兴，耕田更加卖力，而唐朝边防物资储备也更充实了。十二月二十四日，高昌王麴文泰来到长安拜见唐太宗。西域各国君主都想趁麴文泰到来之际，一起前来，唐太宗派麴文泰的臣子厌怛纥干前去迎接。魏徵劝谏道："过去，东汉光武帝不让西域各国送来人质，也不在西域设置都护府，就是不愿为了蛮夷而让中国百姓辛苦。如今，天下刚刚平定，麴文泰来后，所过之处接待费用已非常庞大，百姓已非常困顿，如今假设有十个国家前来进贡，使团人数当不会少于一千人，边境军民本就十分贫穷了，如此一来将不堪重负。如果允许他们以商人的身份入境，与我边境百姓开展贸易，这当然是可以的；假如把他们当作来宾招待，那可没有什么好处。"当时，厌怛纥干已经出发，唐太宗听了魏徵的谏言，连忙派人让他停下。

到本年的下半年，西突厥乙毗钵罗肆叶护可汗阿史那咥力逐渐强大，他既是前任可汗的儿子，名正言顺，因此，其叔祖莫贺咄俟屈利俟毗可汗的部下纷纷投靠到了他这里。乙毗钵罗肆叶护可汗阿史那咥力率军进攻莫贺咄俟屈利俟毗可汗，莫贺咄俟屈利俟毗可汗战败，逃入金山（今阿尔泰山），为泥熟莫贺设所杀，西突厥各部公推乙毗钵罗肆叶护可汗阿史那咥力为大可汗，至此，分裂一年多的西突厥又重归统一。

除了解除了北方边患之外，在贞观四年前后，南方、西南各地的山蛮也纷纷降唐：贞观三年闰十二月十一日，东谢酋长谢元深、南谢酋长谢强入朝拜谒唐太宗。各谢部落都是南蛮的旁支，居住在黔州（今重庆市彭水县）西南，唐太宗下诏在东谢设置应州（今贵州省三都县），在南谢设置庄州（今贵州省惠水县），隶属于黔州都督管辖。二十九日，牂牁（今贵州省瓮安县）酋长谢能羽以及充州（今贵州省石阡县）的山蛮前来进贡，唐太宗下诏在牂牁设置牂州。

南会州（今四川省茂县）都督郑元璹遣使诏谕党项羌族各部，党项族酋长细封步赖归降，并请求率领本部人马讨伐吐谷浑，唐太宗在其地域设置了轨州（今四川省松潘县西北）。唐朝设置的这些州均为羁縻州，仍以当地民族酋长担任本州刺史。党项族占据的土地方圆三千里，以姓氏区分为各个不同的部落，相互之间没有隶属关系，主要大姓有：细封氏、费听氏、往利氏、颇起氏、野辞氏、旁当氏、米擒氏、拓跋氏。细封步赖受到唐朝的礼遇后，其他各部落也纷纷降唐，唐太宗将其统辖的区域设置了崌州（今四川省茂县）、奉州（今四川省理县）、岩州（今四川省松潘县西北）、远州（今四川省茂县一带）四州。到贞观五年十二月，太仆寺丞李世南开拓党项之地，共计增设了十六州、四十七县。

党项羌族原来居住在古代的析支国之地，分布在今青海省积石山至贵德县河曲一带，属于上古西羌的一支。南北朝以后，西羌逐渐衰弱，有的远窜山谷之中，有的则归附了中原王朝，等到北周灭掉宕昌羌和邓至羌以后，党项羌才慢慢强大起来，主要分布地区：东到松州（今四川省松潘县），西接叶护（意似指与西突厥统叶护可汗相接），南杂春桑、迷桑等羌（在今青海省南部果洛藏族自治州境内），北连吐谷浑（在今青海省北部、甘肃省南部一带，中心区域在青海湖附近）。

贞观四年九月十四日，唐朝国境继续向南开拓，设置了费州（今贵州省思南县）和夷州（今贵州省凤冈县）。随着各族人民纷纷降唐，也就是在这一年，各族酋长来到皇宫门前，请求唐太宗称尊号为天可汗。唐太宗说道："我是大唐天子，难道还让我兼办可汗的事务！"群臣以及各族酋长均山呼万岁。从此以后，唐太宗给西北各族酋长下诏时，均落款为天可汗。

隋文帝曾被东突厥启民可汗上尊号为"大隋圣人莫缘可汗"，如今唐太宗又被各族人上尊号为"天可汗"，显然有赶超隋文帝的意思。

回顾这几年，主要发生了以下大事。

贞观元年，唐太宗相继平定了李艺、王君廓、李孝常的叛乱；突厥国内遭遇大灾，薛延陀、回纥、奚等各部纷纷叛离，苑君璋投降；规范选官制度；修订法律；设定十道。

贞观二年，关中遭遇旱灾、蝗灾；突厥内乱，东突厥颉利可汗与突利可汗相斗不已；唐太宗趁机消灭了梁师都；西突厥统叶护可汗为其伯父所杀，西突厥也陷入内乱；薛延陀汗国在漠北建立。

贞观三年，裴寂死；房玄龄、杜如晦担任尚书左右仆射；唐高祖被迁出宫城；突厥境内的自然灾害依然持续，突利可汗入朝，唐太宗决定发兵进攻东突厥。

贞观四年，李靖、李世勣等将消灭东突厥；四夷给唐太宗上尊号天可汗。

平定突厥之后，唐太宗多少有些飘飘然，六月二十二日，他下令调派士兵整修洛阳宫殿，以备巡幸。给事中张玄素劝谏道："陛下巡幸洛阳还未定下具体的日期，就提前整修宫殿，这并不是当前急需之事。昔日，汉高祖刘邦采纳了娄敬的意见，把京师从洛阳迁到了长安，莫非洛阳的地势不如长安？汉景帝接受了晁错的建议却引发了七国之乱，陛下如今把突厥人安置在国内，突厥人与中央之间的亲密程度与七国相比又如何？岂能不以此为忧而先修建宫室、陛下轻易出巡呢？臣亲眼所见，隋朝在修建宫殿时，附近没有粗大的木材，全都是从远方采伐来的，两千人才能拖动一根大树；用木头制成车轮，但仍然因摩擦生热，冒出火来。改用铁制轮轴，但前进一二里也被磨坏，另外命几百人携带轮轴跟在附近，随时更换，一天之内才能前进二三十里，计算下来，仅此一项就耗费了数十万的人力，其他的就可想而知了。陛下刚平定洛阳时，曾下令将隋朝修建的豪华宫室全部焚毁，还不到十年，陛下竟然又下令重新修缮，为何前人干的坏事，如今还去效仿？况且，如今国家的财力物力岂能赶得上隋朝？陛下征调满身疮痍之人，干出隋朝曾经干过的坏事，恐怕比隋炀帝做得更过分了！”唐太宗说：“你说我连隋炀帝都不如，那你说我与夏桀、商纣相比怎样？”张玄素回答：“要是你不停工，结果将与他们一样。”唐太宗叹息道：“我考虑得不周，竟然会出现这种情况！”回头对房玄龄说：“朕因为洛阳为天下之中，各地进贡的路途差不多，为了方便百姓才下令修建的，如今张玄素说的确有道理，应该停工。以后即便前去洛阳，即使露宿野外又有何妨？”遂赏给张玄素二百匹彩缎。话虽这么说，但到第二年九月，唐太宗就又下令重修了仁寿宫，改名为九成宫；又要重修洛阳宫，民部尚书戴胄劝谏：“大乱刚过，百姓疲惫，国库空虚，如果还如此不停修建宫室，国家将不堪重负了！”唐太宗把戴胄夸奖了一番，说：“戴胄与我非亲非故，却忠诚正直，一心为国，知无不言。”但还是让将作大匠窦琎修去了。窦琎到了洛阳以后，命人开挖池塘，修建假山，将宫殿装饰一新，务求华丽奢靡，唐太宗听说后，十分生气，又命人一一拆毁，还罢免了窦琎的官职。

一四七 居安思危（一）

唐太宗即位之初，曾经与群臣谈及治国之道。

当时，他说道："如今，天下刚刚经过了一场大乱，恐怕社会风气不易好转，百姓难以教化。"魏徵却提出了不同的意见，他说："不对。长期处在安逸环境下的百姓们容易骄傲放荡，骄傲放荡的百姓难以教化；经历了灾难和苦难的百姓忧愁困苦，忧愁困苦的百姓反而容易教化，这就好比饥饿的人容易喂饱，饥渴的人觉得什么都好喝一样。"唐太宗觉得魏徵说得有道理，但是，封德彝反对说："夏商周三代以下，人们逐渐变得狡猾起来，所以秦朝采用法律来治理天下，而汉朝则掺杂了霸王之术来治国理政，这就是因为君主想要教化而不能达到预期的效果，根本不是能够教化而不去教化！魏徵不过一介书生，不识时务，如果陛下相信了他的迂腐之论，一定会给国家带来损害的。"魏徵回答道："五帝三王并没有把天下百姓换一换，照样教化了百姓，昔日黄帝征讨蚩尤，颛顼消灭九黎，商汤放逐夏桀，周武王讨伐商纣，他们都能亲自缔造出一个太平盛世，难道不是在大乱之后吗？假如说古人淳朴，人心逐渐变得狡诈，那么到了今天，天下之人都该化为鬼魅了，君主还治理谁去！"唐太宗最终听从了魏徵的意见，决心施行王道。贞观元年，关中闹了饥荒，一斗米就值一匹绢；二年，全国出现了蝗灾；三年，又发生了水灾，但唐太宗一直勤勤恳恳处理国政，百姓们虽然流亡四方，但并无多少怨言；终于，到了贞观四年，自然灾害过去，天下大丰收，流民们全都返回了故乡，一斗米才三四钱，全年全国被处以死刑的才二十九人。东到大海，南到岭南，家家夜不闭户，外出的商人不用携带粮食，随处都有饭店。唐太宗对长孙无忌说道："贞观初年，上书言事的都说：'君主应该作威作福，不可将权力交给臣下。'又建议：'应当耀武扬威，征服四夷。'只有魏徵劝我：'要偃武修文，中国国内安定了，四夷自然就会臣服。'朕采纳了他的建议。如今，颉利可汗被擒，他手下原来的这些突厥酋长们也都变成了朕身边的带刀侍卫，部落臣民也都改穿了汉服，这都是魏徵的功劳啊，只是遗憾没让封德彝（封德彝已死）见到如今的盛况啊！”魏徵拜谢道：“突厥灭亡，四海安宁，这都是陛下的威望和德行所致，岂是魏徵之力！”唐太宗说道：“朕能重用你，你又能胜任工作，功劳岂能归于朕一人？”

唐太宗在消灭突厥之后，采取了全盘接纳突厥等各少数民族的政策，允许他们改变服饰，成为大唐帝国的臣民，当时唐帝国的文明程度远远高于周边各民族，这一政策对周边民族具有巨大的吸引力，各民族纷至沓来，进入唐帝国境内，这也是贞观四年各少数民族纷纷降唐的原因之一。曾几何时，当隋炀帝面临同一个问题时，他却拒绝了东突厥的汉化，坚守了华夷之辨的立场，导致了东突厥对隋朝逐渐离心离德起来，而唐太宗的态度却在短时期让唐帝国出现了“繁荣”的景象，那么，在对待周边民族的时候，究竟是隋炀帝还是唐太宗的做法是正确的呢？个人认为，从短、中、长期三个角度考察会得出不同的结论：短期效果大致类似战术层面的，显然唐太宗的做法要比隋炀帝的高明，起码他安抚了突厥等民族，暂时解除了边患，而隋炀帝则制造了矛盾；中期，隋炀帝的做法要好于唐太宗，隋炀帝把突厥等少数民族拒之门外，这保证了即使在隋末大乱中，突厥也仅仅是一个外部势力，而唐太宗无视突厥等部众与汉人的文化差异，让少数民族酋长在唐朝朝中担任高官，人数竟然达到朝廷命官总数的一半，这种做法给继任者开了一个坏头，到唐玄宗时期，终于爆发了安史之乱，此后唐朝就陷入了四分五裂的状态，这不能不说是民族融合过程中的阵痛，给本土民族带来巨大的灾难；就长期来说，经历了阵痛后，中华文明接纳了少数民族的文化元素，少数民族则经过长期的磨合，逐渐被同化，虽然本土民族属性不再纯正，却更加多元和丰富。

唐太宗在短短的四五年里就取得了如此大的成就，除了客观因素之外，与他的周围有一大批精干的大臣有着直接的关系。贞观四年的时候，唐朝诸位宰相陪着唐太宗喝酒，唐太宗问王珪：“你很有见识，又擅长谈论，就请你从房玄龄开始一一予以评价，并说说你自己与这几位相比有什么优劣。”王珪回答：“勤勤恳恳，一心为国，知无不为，臣不如房玄龄；能文能武，出将入相，臣不如李靖；奏报详明，处理公允，臣不如温彦博；处理复杂事务，面面俱到，臣不如戴胄；以君主不及尧舜为耻，以谏诤为己任，臣不如魏徵。至于激浊扬清，疾恶好善，与各位相比，我也稍有所长。”唐太宗认为王珪说得很中肯，众人也觉得他说的不错。

当然，这也与唐太宗本人时刻保持清醒的头脑密不可分。

贞观五年，唐太宗对周围的侍臣们说：“自古以来的帝王都不能长期教化天下，他们当政时假如国家内部安定，那么必定就会有外乱骚扰。而如今远方外族归顺我朝，天下五谷丰登，盗贼不起，国家内外宁静。这绝非我个人的能力所能达到的，实在是有赖于各位大臣的鼎力辅佐啊。然而居安不能忘危，治平不能忘乱，虽然明知今天无事，也得考虑如何才能有始有终。要经常这样反省思索，才是难能可贵。”魏徵深表赞同，说：“纵观历史，我们发现君主和大臣往往不能两全其美，相得益彰。有时君主圣明，而臣下不贤；有时遇上贤臣，却没有圣明的君主。如今陛下圣明，所以天下太平，假如当初大唐只有贤臣，而君主不想广施教化和仁义，要想促成今日之美政，也是不可能的。如今国家升平，但是臣等还不敢就此坐享太平，也希望陛下能居安思危，孜孜不倦！”

房玄龄上奏说：“我查阅国库的铠甲兵器，远远多于隋朝。”唐太宗却说：“铠甲兵器，的确不可或缺，然而，难道说隋炀帝的铠甲兵器就不够吗？他却最终丢掉了天下。如果你们都能尽心竭力，一心为国，好令天下百姓安定，这就是朕的铠甲和兵器啊！”康国请求归附唐朝，唐太宗却拒绝了，他说：“前代帝王总喜欢招徕遥远的国家，以换来臣服远国的美名，这毫无益处，反而会令百姓受累。如今康国要求归顺，一旦他们那里出现了紧急情况，我们就不得不发兵相救。军队远征万里之遥，岂不疲劳！麻烦百姓，以换取虚名，朕不会这样做。”唐太宗曾对侍臣们说：“治理国家就好像是医生治病，病人的病情虽有好转，却更需调护，倘若疏忽大意，突然放纵起来，一旦病情复发，将无药可治了。如今，我们中国幸而安定了下来，四夷臣服，确实是从古迄今少有的盛世，然而，朕更担心会有始无终，因而日慎一日，也想能屡屡听到你们的劝谏啊！”魏徵回答：“内外安定，臣并不感到高兴，臣高兴的是陛下能够居安思危啊！”一次，唐太宗问秘书监萧璟（萧瑀的哥哥）：“在隋朝时，你经常能见到皇后吗？”萧璟是隋炀帝的萧皇后的兄弟，所以唐太宗有此一问。萧璟回答：“他自己的儿女们都不能随时见面，臣是什么人能见到？”魏徵说道：“臣听说隋炀帝猜忌齐王，经常派宫中亲信前去探查，听到齐王饮宴，就会说：‘他搞了什么能那么高兴！’听其忧愁，又会说：‘他是心存异志所以才这样！’其父子之间尚且如此，何况他人呢！”唐太宗笑道：“朕如今对杨政道，要比隋炀帝对齐王好多了！”杨政道随奶奶萧皇后回到唐朝以后，唐太宗以其为员外散骑常侍，后为尚衣奉御。

唐太宗身边有一位贤明的长孙皇后，也起了不小的作用。史称，唐太宗有一匹特别喜爱的骏马，经常养在宫中，一天，这匹马竟然无缘无故地死掉了。唐太宗闻讯大怒，降罪于养马之人，将要处死此人。长孙皇后劝谏说：“昔日，齐景公因马死将要杀人，晏子请求数说养马人的罪过道：‘你养马却把马养死了，这是你的第一条罪；你还让国君因为马而杀人，令百姓们知道了，一定会怨恨我们的国君，这是你的第二条罪过；诸侯听说后，也一定会轻视我国，这是你的第三条罪过。’齐景公听了，就放了那位养马人。陛下读书曾经读过此事，难道您忘记了吗？”唐太宗听了，一腔怒火才平息了下来。他又对房玄龄说：“皇后在很多事情上都启发帮助我，对我很有益处。”

长乐公主，是唐太宗的第五女，系长孙皇后所生。贞观六年，将要出嫁给长孙冲，唐太宗因此命令有关部门给长乐公主陪嫁的财物比照长公主（唐太宗的姐妹们）的规格还要更丰厚一些。魏徵得知后，劝说道：“东汉明帝打算分封自己的儿子，说：‘朕的儿子岂能与先帝的儿子们相提并论？食邑按楚王和淮阳王的一半。’史书把这传为美谈。天子的姐妹是长公主，天子的女儿是公主，既然公主之前加上了一个长字，就是因为比公主要尊贵。从感情上讲，虽然不同，但在大义上并无区别。如果让公主之礼超越长公主的话，恐怕不合适。还请陛下三思。”唐太宗点头称是。回到后宫，唐太宗把魏徵的话转告给了长孙皇后，长孙皇后叹息道：“我曾听说陛下非常敬重魏徵，一直不知缘故，如今听到他的这番谏言，竟然能以大义来约束君主的感情，真是社稷之臣啊！妾与陛下是结发夫妻，深蒙陛下礼遇，情深义重，但即便如此，妾每当要开口劝谏时，总是还要等陛下脸色和缓才说，尚且不敢轻易冒犯了陛下，何况是素昧平生的臣子呢？因此，韩非子称劝谏是天下最难的事，东方朔也说不容易，这都是很有道理的。忠言逆耳利于行，这是有国有家的最急需的，采纳了良言天下就大治，拒谏饰非，国家就要大乱，我恳请陛下认真考虑，则天下有福了！”遂命宫使前往魏徵家里，赏赐给他五百匹丝绸。（《新唐书》称四十匹帛、四十万钱，此据《贞观政要》）

一四八 居安思危（二）

贞观六年，唐太宗对侍臣们说：“我看古代的帝王，有兴有衰，就仿佛是有日出必有日落一样，都是因为被蒙蔽了耳目，不知道为政的得失，忠正之臣闭口不言，而谗佞小人日日而进，君王一直看不到自己的过错，遂直到灭亡。朕居于深宫，难以遍观天下之事，因此才让你们作为朕的耳目。你们不要因为天下无事，四海安定，就不以为意。人们爱戴的是君主，君主敬畏的是百姓。天子，是因为他圣明有道，人们才推举他的；如果他昏庸无能，人们就会废弃他，这确实非常可怕。”

魏徵回答：“从古以来的亡国之君，都是因为他们居安忘危，处治忘乱，所以不能长治久安。如今，陛下富有四海，天下安定，又能留心治国之道，经常保持如临深渊、如履薄冰的审慎之心，国运自会长久。我听古人说过：‘君，舟也；人，水也。水能载舟，亦能覆舟。’陛下认为百姓的力量值得敬畏，确实如此。”

同年，唐太宗对侍臣们说：“古人讲过：‘国家在危急时不去扶持，社稷颠覆时又不能扶助，要这样的人来做宰相有什么用？’从君臣大义来讲，臣下能不竭尽忠心匡正补救吗？我常读书，每当看到夏桀杀死关龙逄、汉景帝诛杀晁错时，未尝不抛下书卷叹息。你们只要能义正词严地直言劝谏，使有益于政治教化，我绝不会以冒犯尊严、违背旨意而滥责罚你们。我近来亲临朝堂处理政事，也有违背法令的地方，你们却认为这是小事，而不据理力争。凡大事都是从小事开始，小事不追究，大事就会坏到不可收拾的地步，国家危亡，都是由此而起。隋炀帝残暴，死于匹夫之手，天下百姓，很少听到有人为他痛惜的。你们替我想想隋朝灭亡的事情，我为你们想想关龙逄、晁错被杀的教训，君臣之间相互保全，岂不很好！”

一次，唐太宗对侍臣们说：“朕听说周、秦在取得天下之初，情况并无不同，只是周朝一心向善，积累功德，国祚才绵延八百多年。秦朝穷奢极欲，好施刑罚，不到两代就灭亡了，这难道不是说明了为善者福禄长久、为恶者年寿不长的道理吗？我又听说夏桀和商纣虽然是帝王，但他们与平头百姓相比，我也替他们感到羞耻；颜回、闵损只是普通百姓，但他们与帝王相比，也足以为荣，这也是身为帝王的应该感到羞愧的。我时常以此告诫自己，唯恐自己的德行赶不上他们，而为人耻笑。”魏徵回答：“臣听说鲁哀公对孔子说：‘有一个人非常健忘，一搬家连自己的老婆都给忘了。’孔子回答：‘还有比这人更健忘的。我看夏桀、商纣他们把自己都给忘掉了。’希望陛下引以为戒，以免受到后人耻笑。”

他还对侍臣们说：“自古以来，君王很少能够始终如一把事情做好的。汉高祖刘邦不过是一个亭长而已，开始时能救百姓于水火之中，成就一番帝业，然而，如果他继续在位十几年，国家很有可能还会陷于混乱，我为什么知道呢？这是因为，刘邦有一个像孝惠帝这样仁慈、孝顺、温和、谦恭的儿子，又是他的嫡长子，可他却被爱妃的儿子赵王刘如意迷惑，打算废长立幼；萧何、韩信立下大功，可刘邦却曾无故下令逮捕了萧何，罢免了韩信，其余像黥布等功臣们个个心怀恐惧，有的竟然发动了叛乱。其君臣父子之间相处得如此糟糕，这难道不是国家将亡的预兆吗？有鉴于此，朕才不敢自恃如今天下太平，常常居安思危，以期能够有始有终。”他又说：“我近来见人议论，认为上天呈现吉祥的征兆是美好的事情，频频上表庆贺。而我认为，只要天下太平，家家户户富足美满，即使上天没有祥瑞之兆，也可比尧、舜的清明之治了。如果老百姓穷困不堪，夷狄等少数民族又侵犯中原，纵然满街都长着芝草，苑囿中有凤来栖，这样的时代与桀、纣时又有什么差别呢？我听说后赵石勒称帝的时候，有个郡县的官员点燃连理木，煮白雉肉吃，故意制造祥瑞，难道石勒就可因此被称作明君吗？另外，隋文帝最喜欢祥瑞。他叫秘书监王劭穿着特异的衣服，戴着奇怪的帽子，在朝堂上当着众位大臣洗手焚香，闭着眼睛，口中念念有词，读《皇隋感瑞经》。我过去看到这些人为制造祥瑞之兆，觉得可笑之极。身为国君应当治理好天下，以此来赢得百姓的拥戴。尧、舜在位时，百姓像对待天地那样敬重他们，像对待父母那样爱戴他们。不管什么事情，百姓都乐意去做，他们发号施令，百姓都乐意接受，这才是真正的祥瑞之兆啊。从今以后，各州府如果发现有祥瑞之兆，就不要再上报朝廷了。”

唐太宗对魏徵说：“古人说过，君王必须根据官职来选拔人才，不能轻率任用。朕如今每做一件事，天下之人都能看到；每说一句话，天下之人也都能听到。任用了正直之人，天下善良之人就会受到劝勉；误用了恶人，那些坏人就会钻营求进。赏赐与功劳相当，没有功劳的人员自然就会退避；罚当其罪，恶人就会害怕。由此可知，赏罚不可随意使用，用人更需慎重选择。”魏徵回答：“能够做到知人善任，自古都非常困难，因此，才设置了考核体系进行考察。如今要找到人才，就必须先认真考察他的品行。如果了解他品行端正，才能任用。假如此人干不成事，也只是能力不足而已，不会给国家带来大的坏处。如果误用了恶人，假如此人非常能干，反而会带来更大的灾难。乱世中只求有才，不管品行，但在太平之时，就必须德才兼备，才能任用。”

太常卿韦挺曾经上书唐太宗，指出他治理国家的功劳与过失。太宗写了一道诏书送给他说：“你所呈上的意见极其珍贵，里面的言辞和道理都值得称道，我对此感到十分欣慰。春秋时齐国发生内乱，管仲的箭曾射中齐桓公；晋国蒲城的争斗，勃鞮曾用剑斩断晋文公的衣袖。但齐桓公重用管仲，没有猜疑；晋文公对待勃鞮仍一视同仁，没有什么差别。这是臣子心怀坦诚，为他们的君主效劳。你的忠诚，从行文中就可以看出来。如果你能一直像这样实事求是，刚正不阿，那么你的好名声就可以永远保全了。如果你在这方面懈怠了，那将是多么可惜呀。我希望你能自始至终地做后人的表率。这可以使后来的人看今天所发生的事，就像今天的人看古代所发生的事一样，这难道不是很好吗？我过去没有听说过我所犯下了哪些过错，也没看见我所做过的一切事中存在哪些缺陷，这些功绩都是依靠你们这些忠信、诚实的人的结果。你们不断地提出一些很好的建议，用来告诫提醒我，丰富我治国的思想，如果仅仅依靠我个人的能力，哪里值得一提呢！”

唐太宗因为御史大夫韦挺、中书侍郎杜正伦、秘书少监虞世南、著作郎姚思廉等人所奏的事很合心意，召见时对他们说：“我曾把从古以来臣子尽忠的事迹一一看过，如果遇到圣明的君主，自然就能够诚心规谏，但像关龙逄、比干那样的处境，就不免身遭杀戮株连家人。做君主不容易，做臣子也难。我又听说龙可以驯养得听话，但喉下有逆鳞。你们就敢于犯逆鳞，各自进上奏书。常能这样，我难道还怕宗庙社稷会倾覆！每想到你们一片忠心，一刻也不能忘怀，所以设宴共享欢乐。”还给每人赏赐了数量不等的绢。

贞观七年，太宗要巡幸九成宫，散骑常侍姚思廉进谏道：“陛下身处高位，如果要以救济天下百姓为己任，那么就应该让自己的欲望顺从于天下百姓的需要，而不能要求天下人都来顺从你一个人的需要。然而，整日想远离皇宫到处游玩，这是秦始皇、汉武帝他们经常做的事，不是尧、舜、禹、汤这些明君所为。”话语间，言辞诚恳激切。太宗开导他说：“我患有与气候相关的毛病，天气热了，病痛就要加剧。所以并不是我的本性喜欢到处巡游，但是，我还是十分感谢你的好意。”因此赏赐给姚思廉五十匹丝帛。同年（《资治通鉴》记作贞观十二年），唐太宗驾临蒲州，蒲州刺史赵元楷想好好表现一番，他命令当地百姓身穿黄纱单衣在路边迎接，又把唐太宗的行宫修缮一新，还偷偷准备了一百多只羊、数千尾鱼，打算送给皇亲贵戚和唐太宗身边的重臣们。唐太宗知道此事后，把赵元楷数落了一通：“朕巡视黄河、洛河一带，所过数州，所需物资全由朝廷供给，你准备羊和鱼，雕梁画栋，这都是隋朝的坏风气，今日不可再行，你要明白朕的用心，切实改头换面。”赵元楷听后，又羞愧又害怕，数日之后就死掉了。

工部尚书段纶上报有一个叫杨思齐的能工巧匠，唐太宗下令先试试此人的本事，段纶就让杨思齐制造了一个精巧的木偶。唐太宗对段纶说：“让你引进能工巧匠，目的是要于国有益，可是，你让他先制作了这种玩意，你难道忘记了各行各业严禁制作奇技淫巧之物的行规吗？”遂贬低了段纶的品级，并下令严禁玩木偶戏。

一四九 居安思危（三）

贞观八年，唐太宗对侍从的大臣们说："我每当无事静坐，就自我反省。常常害怕对上不能使上天称心如意，对下为百姓所怨恨。只想得到正直忠诚的人匡救劝谏，好让我的视听能和外边相通，使下面没有积怨。此外近来见到来奏事的人，常显得心怀恐惧，连讲话也变得语无伦次。平时奏事，情况尚且如此，何况要折面谏诤，必然害怕触犯逆鳞。所以每当有人谏诤时，纵然不合我的心意，我也不见怪。假如立刻发怒斥责，恐怕人人心怀恐惧，岂敢再说话！"

此年，陇右一带发生山崩，大蛇时常出没。另外，崤山以东及江淮地区也常常发生洪灾。唐太宗向大臣们询问此事，秘书监虞世南说："春秋的时候，梁山崩塌，晋国国君召集大臣伯宗查问原因，大臣伯宗说：'山川是国家的主脉，如今山崩溃，河断流，大王现在应该不再奏乐、不穿华丽的衣服，乘坐没有文饰的马车，用钱币拜祭梁山。'梁山，是晋国属地，晋国国君采纳了这个意见，果然事后再无灾害。汉文帝元年，齐、楚之地有二十九座山在同一天崩溃，洪水泛滥。汉文帝下令周围的郡国不再向朝廷进献贡奉，又向老百姓施加恩惠，远近之地的百姓无不欢欣鼓舞，不久，灾害自然消失。后来汉灵帝时，有人在皇帝的御座旁发现了一条青蛇；晋惠帝时，在齐地发现了一条长三百步的大蛇，这条蛇经过集市进入朝堂。一般来说，蛇应当生活在杂草丛生的荒野，而这条蛇却进入了集市、朝堂，所以大家都非常奇怪。现在有人在大山、大河边发现了蛇，深山大河必潜藏着龙蛇，这是自然现象，实不足为怪。另外，山东普降大雨，虽是寻常之事，但时间持续过长，恐怕民间有冤情，应当重新审理官司，或许可以顺从天意。而且邪不压正，只要修炼道德就可以使灾害自然消失。"唐太宗觉得此话有理，于是就派使者到灾区赈济灾民，采用宽大为怀的政策重新审理官司，平反了很多冤假错案。

李世民对侍臣们说："隋朝的时候，老百姓即使拥有财物，但怎能保得住呢？自从我平定天下以来，一心一意体恤百姓，没有什么差役摊派，每个人都能维持生计，守住自己的钱财，这些都是我赐予他们的。要是我不停地加收各种赋税，即使多次赏赐资助他们，还不如不这样做。"魏徵听了，回答说："尧、舜在世的时候，百姓会对尧或舜说'我靠种庄稼获得食物，靠打井取得泉水'。百姓们丰衣足食，自在快乐，尚可能对尧、舜说'你对我们又做了些什么呢'。现在陛下如此关爱百姓，百姓可能觉得这只是满足了日常所需而什么都不知道。"魏徵觉得这些话说得还不透彻、清楚，还不足以让太宗明白其中的道理，便又向太宗上奏道："晋文公出去打猎，在砀山这个地方追赶野兽，进入了河水交错的地方，迷失了道路，不知道该从哪儿走出去。不久发现了一个打鱼人，文公对打鱼人说：'我是你的国君，这路该从哪里出去？如果你告诉我，我会重重地赏赐你。'打鱼的人说：'我愿意带路。'文公说：'走出这个大泽再领赏吧。'打鱼的人回答：'鸿鹄要是生活在汹涌澎湃的大河海洋之上，就能保全性命；如果迁徙到小河周围，就会受到猎人弓箭的袭击。龟鳖只要生活在深水中，就能安然无恙；如果跑到浅水滩，必然会受到打鱼人的威胁。现在你在砀山追捕野兽，一直追赶到了这个地方，是不是走得太远了呢？'文公听了，大声赞叹：'太好了！'便命令随行的人记下打鱼人的姓名。打鱼的人说：'你凭什么叫作国君呢？是国君就应该尊奉天地，敬重社稷，保卫边疆，爱护百姓，减轻各种徭役赋税，我也就得到好处了。国君要是不尊天事地，不祭祀社稷之神，不巩固边防，外不结交诸侯，内又丧失民心，一旦国破家亡，我这个打鱼人，即使拥有你丰厚的赏赐，也得不到保全啊。'打鱼人于是坚决推辞，拒不接受文公的赏赐。"太宗听了魏徵的话，称赞道："好！好！你说得太对了。"

虽然这么说，但与贞观四年以前相比，唐太宗多多少少还是有了些变化，这主要表现在以下几个方面。

一是整修宫室。贞观五年九月，唐太宗下令重修隋朝的仁寿宫，改名为九成宫。次年四月，唐太宗到这里避暑，命魏徵写下了一篇《九成宫醴泉铭》，该文叙述了九成宫的来历和其建筑的雄伟壮观，歌颂了唐太宗的文治武功，介绍了宫城内发现醴泉的经过，并说明醴泉的出现是天子令德所致，最后提出"居高思坠，持满戒盈"的谏诤之言，该铭文由时年七十六岁的著名书法家、率更令欧阳询书写，通篇笔法遒劲，神采丰润，典雅大方，看似平淡，实则险急，为中国古代楷书的最高水平。在重修了仁寿宫之后，唐太宗又营建了洛阳宫室，这实际上并非当务之急。

二是喜好田猎。贞观五年十月，唐太宗在后苑骑马猎兔，左领军将军执失思力劝谏道：“上天让陛下当汉族和少数民族共同的父母，陛下为何这样不爱惜自己的身体！”唐太宗还要猎鹿，执失思力解下头巾，跪在地上苦苦劝谏，唐太宗这才作罢。执失思力原本是突厥酋长，武德九年颉利可汗、突利可汗入侵关中时，曾派他进入长安与唐太宗谈判，最终促成了渭桥之盟。颉利可汗失败后，又派他作为特使向唐太宗表示了归降之意，并护送隋炀帝的萧皇后回到了唐朝。颉利可汗归降后，唐太宗命执失思力招徕突厥的浑、斛薛部落，受到唐太宗的信任，被升任为左领军将军。

三是意欲封禅。突厥败亡之后，贞观五年一月，朝集使李孝恭等人就上书请求唐太宗前往泰山封禅，当时唐太宗没有同意，到了这一年的年底，朝集使、利州都督武士彟等人再次上书，请求唐太宗进行封禅，唐太宗还是没有答应。转眼过了新年，文武百官又纷纷上书，请求唐太宗封禅，说实话，唐太宗内心并不是不愿意，但嘴上还是推辞道：“你们大家都认为封禅泰山是一件帝王盛事，可我却不这样认为。如果天下安宁，百姓富足，即使不去封禅，又有什么关系？昔日，秦始皇封禅了，汉文帝没封禅，难道后世会认为汉文帝不如秦始皇贤明？况且，敬奉上天，清扫眼前之地就可祭祀，何必一定要登上泰山，添几尺泥土才能表示诚意呢！”群臣依然苦苦请求。在这种情况下，唐太宗就想答应下来了，但满朝文武只有魏徵一人坚持认为这不是时候。唐太宗问道：“你不想让我封禅，难道说我的功业还不大吗？”魏徵回答：“不是。”唐太宗又问：“还是德行不够？”魏徵又答：“也不是。”唐太宗接着问：“中国不安定？”答：“安定了。”唐太宗追问：“四境少数民族还没臣服？”答：“臣服了。”“连年收成不好？”“好。”“祥瑞还没出现？”“出现了。”“那么，你为什么不同意封禅？”魏徵回答：“陛下虽然在这六个方面都干得不错，然而，我们刚刚经历了隋末大乱，天下户口还未恢复，国库中的粮食依然空虚，而陛下前去东巡，成千上万的车辆马匹，地方上难以接待，况且，陛下前去封禅，周边的仆从国国君都将一起护驾，如今，从洛阳往东一直到东海，满眼疮痍，人烟还非常稀少，这让少数民族们看在眼中，是向他们示弱啊！另外，假如我们给他们的赏赐不多的话，就难以让他们满意，即便如此，就算是免除百姓们几年的赋税，也难以弥补百姓们的损失，这完全是一种爱慕虚名而受实际伤害的无益之事，陛下做它何用！”虽然魏徵这么说，但唐太宗依然蠢蠢欲动，正巧，黄河泛滥，南北几个州都遭遇了严重的水灾，唐太宗封禅的事情才不再提了。

一五〇 居安思危（四）

除了这三点以外，唐太宗在纳谏方面也发生了一些变化。

贞观八年，中牟（《贞观政要》称陕县）县丞皇甫德参上书说：“陛下重修洛阳宫室，令百姓困顿；收取地租，是在搜刮百姓；天下的妇女都喜欢梳成高高的发髻，也都是受到宫中嫔妃的影响。”唐太宗看了奏表后，不禁勃然大怒，对房玄龄等人说道：“皇甫德参是打算让朝廷不差遣一个百姓，不收取一斗赋税，宫中嫔妃都剃成光头，才能让他满意！”打算降旨治皇甫德参的诽谤之罪。侍中魏徵进言曰：“昔日贾谊给汉文帝上书称‘可为痛哭者一，可为长叹息者六’。自古上书，言辞大多很激烈。在上书人看来，假如言辞不激烈的话，就不会引起君主的注意，这就是所谓的‘狂夫之言，圣人择焉’的道理，激烈的言辞确实类似诽谤之言，这需要陛下认真加以辨别。”唐太宗说道：“朕假如治了此人的罪，以后谁还敢再说话？不是你，没人能说出这话。”遂下令赏赐给皇甫德参二十段布帛。又过了数日，魏徵趁机对唐太宗说：“近段时间，陛下不再喜欢听到直言了，虽然还能勉强包容，但已非过去那种豁达大度了。”唐太宗听后，又晋升皇甫德参为监察御史。

一次，唐太宗问魏徵：“群臣们在奏疏中往往说得头头是道，可是一旦面见朕以后，往往语无伦次，茫然无序，原因何在？”魏徵回答：“我观察群臣上书言事，往往要深思熟虑数日才敢下笔，等到陛下跟前，常常因心情紧张，说不出三分之一，再加上劝谏之人本来就会触犯陛下，如果陛下再不和颜悦色，谁敢畅所欲言呢？”从此以后，唐太宗在接见群臣时，言辞更加温和，他还说：“隋炀帝喜欢猜忌，临朝面见群臣时经常沉默不语，我就不同了，我与群臣们亲如一家。”

由此可见，唐太宗在贞观五年以后的确有些懈怠，但由于他本人的自律，更重要的是他的身边还有像魏徵这样的直言敢谏的忠臣，这使得贞观初年良好的政治风气自然延续下来。贞观八年，南方天空出现彗星，长六丈，过了一百多天才消失。唐太宗询问群臣道：“上天出现彗星，全在于朕的德行缺失，国家政治出现问题，这是什么预兆？”虞世南回答：“昔日齐景公时期出现了彗星，齐景公问晏子是什么原因，晏子回答：‘主公开挖池沼唯恐不深，修建亭台唯恐不高，实施刑罚唯恐不重，因此天上出现彗星以警示主公。’齐景公听后害怕了，开始实施德政，此后十六天彗星就消失了。陛下如果不实施德政，就算是屡屡出现麒麟鸾凤，也是毫无意义的。假如朝政没有纰漏，百姓安乐，即便是出现了灾变，又有什么影响呢？希望陛下不要因为自己的功业超过了古人而自大，也不要因为天下太平时间长了而逐渐自满，如果能始终如一，就算是出现了彗星，也不必担忧。”唐太宗说：“我治理国家，确实没有犯过齐景公的过失，可是，朕十八岁就开始经营大业，北灭刘武周，西平薛举，东擒窦建德、王世充，二十四岁而平定天下，二十九岁继承皇位，四方归降，海内安定，自以为从古以来拨乱反正之君无人能超过我的，确实有自大之心，这是我的过错，上天出现星变，难道就是为这？秦始皇平定六国，隋炀帝富有四海，一旦骄傲自满，瞬间败亡，我岂能自满？每当想到这里，不禁深怀恐惧！”魏徵趁机进言说：“臣听说古往今来的帝王在位期间没有不出现灾变的，只要能修德，灾变自然就会消失。陛下因为出现了天变，就反躬自省，检讨自己，即使有了这一灾变，也不会产生坏的影响。”

同年，唐太宗对侍臣们说：“言语，对于一个人而言是非常关键的，谈何容易！就算是平头百姓，假如说一句不好的话，就会被人记住，成为其终身的耻辱和包袱，更何况是万乘之君呢？千万不能失言啊，君主一旦失言，损失可就太大了，岂能与平头百姓相提并论？我经常以此为戒。隋炀帝刚驾临甘泉宫的时候，曾说那里的山泉怪石非常好，就是感到没有萤火虫，遂下令：‘捉一些来，在宫中照明之用。’结果，有关部门赶忙派遣数千人到处捕捉，一会儿就送到宫门五百车萤火虫，像这等小事，皇帝说一句话就是这样，何况大事呢？”魏徵回答：“君主富有四海，一旦出现过错，古人认为就像是出现了日食月食一样，全天下的人都能看到，君主确实应该像陛下说的这样时刻谨言慎行。”

桂州都督李弘节以清廉谨慎闻名，但等到他死之后，唐太宗听说他的家人在街市上贩卖珍珠。听到这个消息后，唐太宗在朝廷之上对群臣说道：“李弘节这人生前，宰相们都说他清廉，如今却发生了这种事，举荐之人岂能无罪？我一定要严肃追查，决不轻饶。”侍中魏徵劝谏道：“陛下说此人不廉，但也没有发现他收受贿赂的一些蛛丝马迹，如今，听说其家人卖珠宝，就要追究举荐他的大臣，臣实在是不明白其中的道理。从本朝创立开始，为国尽忠，清廉自守，始终不渝，唯独屈突通和张道源二人罢了。屈突通的三个儿子来参加科举考试，只有一匹老马，而张道源的儿子则穷得几乎难以自存，可是陛下从来不曾一言提及。如今，李弘节生前为国立下功勋，前前后后多次蒙受朝廷的赏赐，他死之后，并无人说他任官时贪污受贿、残害百姓，他的妻子在街市上贩卖珠宝，这并不是他生前贪污的罪证。陛下明知屈、张二人清廉，却从不抚恤他们的家属，仅仅因为怀疑，就要追究举荐之人，虽然痛恨邪恶并不是什么错，但由此也说明陛下您喜好善行之心并不深厚。臣私下认为陛下的做法不妥，让有识之士听到后恐怕会说陛下的闲话。”唐太宗听后，高兴得拍手说道：“是我没有认真思考，才说出这种唐突之言，由此可见，开口太不易了啊。李弘节家属以及举荐李弘节之人都不用追究了；至于屈突通和张道源的儿子，各授予一个官。”这一年，唐太宗准备向各道派遣黜陟使，唯独关内道没有找出一个合适的人选，唐太宗决定亲自确定这个人，他询问房玄龄道：“这个地方的事务非常重要，你看谁担任合适？”房玄龄还没回答，尚书右仆射李靖却说：“关内道事务重大，只有魏徵可以。”唐太宗听后，脸色一变，说道：“我要到九成宫去，这也不是小事，怎么可以把魏徵外派出去？我每次出巡都带着他，就是为了让他时刻观察我的过失，你们能匡正我的过失吗？为什么说出这种话来？太没有道理了！”于是，把让李靖当了这个关内道黜陟使。

在这段日子里，唐太宗还十分关心太子李承乾的教育，贞观五年，他任命著名的文士李百药为太子右庶子，当时，李承乾读书还很用功，但在闲暇之时嬉闹过度，李百药遂写了一篇《赞道赋》进行讽谏；贞观七年，唐太宗对太子左庶子于志宁、杜正伦说：“你们在辅导太子时，要多对他讲一些百姓人家的寻常事。朕十八岁时还在民间，对百姓疾苦非常清楚，就算这样，等我登上皇帝宝座后，在处理政务时，有时候还会出现错误，经人劝谏后才能觉醒。如果没人劝谏，岂能把事情办好？况且，太子居住深宫，百姓们的艰难困苦，他岂能知晓？身为君主关乎天下安危，不可骄纵奢侈。君主只需下一道命令，敢于劝谏的一律斩首，全天下的百姓们就不敢再发直言了，所以，君主要克制私欲，励精图治，接受谏诤，你们也要多对太子讲这些道理，遇到太子做的不妥之事，也一定要极力谏净，使他能受益。”贞观八年，唐太宗又对侍臣们说：“智慧绝顶之人自然不会沾染坏习惯，然而，中等智慧的人没有恒心，教他们什么，他们就会学成什么样子，因此，从古以来，太子的师傅是最难挑选的。昔日，周成王年幼，周公、召公当他的师傅，他的身边全都是贤才，天天受到的是良好的教育，所以，周成王德行逐渐增长，最终成为一代圣君。秦二世胡亥的师傅是赵高，终日学的就是刑法，继位之后，他诛杀功臣、皇族，残暴不仁，秦朝很快也就灭亡了。由此可见，人的善恶，全在于自己的耳濡目染。朕精心挑选太子、诸王的师傅，给他们树立一个好的榜样。”唐太宗选择的人虽好，太子李承乾却不太争气，屡屡犯错，太子左庶子于志宁撰写了二十卷的《谏苑》进行讽谏；太子右庶子孔颖达也总是犯颜直谏。李承乾的乳母遂安夫人对孔颖达说：“太子年纪已长，岂能屡屡当面被弄得颜面扫地？”孔颖达回答：“我深受朝廷厚恩，死而无恨。”李承乾命其撰写《孝经义疏》，孔颖达根据经文进行阐发，处处进行规谏。对于志宁和孔颖达二人的做法，唐太宗都十分满意，赏赐二人各五百匹帛、一斤黄金。

一五一　居安思危（五）

从贞观四年以来，唐太宗还做了以下几件事。

一是加强对意识形态领域的控制。

隋朝建立以后，隋文帝尊崇佛教，佛教得以长足发展，影响很大。唐高祖李渊起初也信奉佛教，在晋阳起兵之后，还曾到华阴佛寺祈福，但到了武德三年，李渊的态度有所变化，逐渐走上了推崇道教、排斥佛教的道路。《封氏闻见记校注》称，在武德三年，晋州有个叫吉养行的人报告说自己在浮山县羊角山遇到一位白衣老头，老头说：“替我转告唐天子，我太上老君，是他的祖宗，今年天下太平。”于是，唐高祖宣称老子是李唐皇室的祖先，改浮山县为神山县，并在晋州建造了老君庙；武德八年，唐高祖下令道教第一，儒教第二，佛教第三。武德九年四月，唐高祖又以京师寺庙“不甚清净”下令淘汰僧尼、减少寺庙的命令。这一命令下达不久，就发生了玄武门之变，唐太宗即位后，暂时采取了缓和社会矛盾、稳定社会秩序的措施，迫使唐高祖重新下达诏书，收回了淘汰僧尼的成命。

虽然如此，唐太宗对佛教和道教的过度发展所带来的不良影响还是有清醒的认识的，贞观二年，他曾对大臣们说:“梁武帝君臣唯谈空苦，侯景之乱，百官不能乘马。梁元帝为周师所围，犹讲《老子》，百官戎服以听。此深足为戒。朕所好者，唯尧、舜、周、孔之道。”此后，唐太宗就采取相应措施对佛教予以限制，他曾下令各州僧尼人数不得超过三千人。贞观五年，唐太宗对侍臣说：“佛教、道教徒，本应该广做善事，怎么能够让尼姑、道士等人妄自尊贵，坐着接受父母的跪拜礼呢？这样做只会损害民风民俗，使礼仪混乱。现在，应该马上下令禁止这种行为，仍旧让他们对自己的父母行跪拜礼。”

二是提高李唐皇室和权贵们的门第。

虽然在魏晋南北朝时期盛行的门阀制度已经衰落，但其在社会上的影响还很大，唐朝建立以后，以李唐皇室为代表的关陇贵族在政治上拥有很大的权力，但门阀地位并不高，也已没落的昔日山东世家大族在社会上仍有很大的影响力。贞观六年，唐太宗对尚书左仆射房玄龄说："近来，山东的崔、卢、李、郑四姓，虽然家族早就衰败了，但仍然依仗着昔日的门第，自高自大，号称士大夫。每当嫁女给他人时，总要索取大量钱财，越多越好，以钱财多少决定婚约，如同市场商贩一般，这极大地败坏了社会风气，有悖礼经，应当予以改变。"于是，他下诏命令吏部尚书高士廉、御史大夫韦挺、中书侍郎岑文本、礼部侍郎令狐德棻等人修订全国的姓氏，根据史料，去伪存真，撰写了《氏族志》。高士廉等人完稿后，呈给唐太宗审阅，当唐太宗看到他们以山东崔氏的崔干为第一等门第后，非常生气，说道："我和山东的崔、卢、李、郑四姓并无私怨，只是因其世代衰落，家族中没有一个做官的，还妄称士大夫，缔结婚约时索要大量财物；有的才能低下，却妄自尊大，拿着前代的名望与人做交易，依附富贵，我真不明白人们为何要看重他们？况且，假如是士大夫，能为国立下大功，又拥有崇高的爵位，善于侍奉君父，既忠且孝，或者道德高尚，学识渊博，这样也足以立下门户，称得上士大夫。可是，如今的姓崔、姓卢这些人，只是自恃远祖的高官爵位，岂能比得过当朝的显贵？公卿们何必给他们送去财物，助长他们的气势，只图虚名，不顾实际，以与他们联姻为荣呢？我之所以下令重修氏族，其目的就是提高当今权贵们的门第，为何要把崔干评为第一而不看重我大唐的官爵！你们不要管以前的官爵，只以如今的官爵、人品为准，并作为永久的准则。"根据唐太宗的指示，高士廉等人进行修改，把李唐皇族定为第一，外戚为第二，崔干为第三等，共计二百九十三姓，一千六百五十一家。

三是缓和与太上皇李渊的关系。

贞观三年，李世民将父亲李渊迁出皇宫，迁到大安宫，父子二人居所互换，也许在这时二人的关系达到了冰点，不过，随着李世民地位的巩固，他逐渐清除了李渊在朝中的死党，李渊对他再也构不成任何威胁了，二人之间的关系反而开始缓和起来。次年，唐太宗消灭突厥，生擒颉利可汗，这让太上皇李渊非常高兴，凌烟阁宴会上，李渊亲弹琵琶，李世民翩翩起舞，也标志着二人关系的改善。唐太宗建立了前无古人的功业，被四夷酋长公推为天可汗，他也更要表现自己孝顺的一面，到了贞观六年，当唐太宗打算去九成宫避暑时，时任监察御史的马周上书称：“东宫尚在宫城之内，可是，大安宫在宫城西面，规模与陛下的寝宫相比太小，让天下万民看起来不好，应该进行整修，令万民满意。另外，太上皇年事已高，陛下还应该早晚亲自前去侍奉进餐。如今，九成宫与京师相距三百多里，太上皇如果有时思念陛下，陛下怎能赶到跟前？还有，陛下此行目的是想避暑，可是太上皇还处于炎热之中，陛下自己住在凉爽之处，照顾父母冷暖之情恐怕不周，如今既然已经决计动身，难以中止，那就希望能早一点宣布归期，好让众人放心。最后一点是，像王长通、白明达二人都是乐师，韦槃提、斛斯正只会驯马，就算他们技艺出众，也只可赏赐一些财帛，岂能破格提拔，授予官职，让他们与士大夫们并肩立于朝堂之上呢？臣私下以此为耻！”唐太宗一一表示接受，果然，此次出行，唐太宗到该年十月就回京了，回京后，他就与长孙皇后一起前往大安宫，侍奉太上皇李渊吃饭，直到深夜才罢。宴会后，唐太宗还要亲自把李渊的轿子抬到殿门，李渊坚决不从，令太子李承乾代替。贞观七年十二月，唐太宗在汉代未央宫旧址设宴款待太上皇李渊，席间，李渊命颉利可汗（一个月之后，颉利可汗就去世了）起舞助兴，又命南蛮酋长冯智戴吟诗，笑道：“胡越一家，自古未有啊！”唐太宗手捧酒杯，给太上皇祝寿说：“如今，四夷归附，都是陛下教诲的结果，非臣智慧能力所能。昔日汉高祖也曾跟随太上皇在这里设宴，他妄自尊大，臣不会学他。”太上皇大喜，群臣山呼万岁。

唐太宗屡屡请求太上皇李渊到九成宫避暑，但李渊因隋文帝曾在那里死掉，一直不愿前往，唐太宗无奈，只好于贞观八年十月下令在宫城的东北角营建大明宫，将作为太上皇李渊的避暑之地，但大明宫还未建成，李渊就得病了。

从贞观八年秋天李渊中风，一病不起，一直拖到贞观九年五月六日，他终于在垂拱殿驾崩了，终年七十岁。十日，群臣请求根据遗诏请唐太宗主持军国大事，但唐太宗不同意。十一日，唐太宗下诏命令太子李承乾在东宫处理朝政。到六月二十五日，在群臣的再次请求下，唐太宗终于答应处理政务，但小事仍交太子处理。从此以后，每当唐太宗出巡，总让太子李承乾监国。

太上皇生前并没有营建寿陵，七月二十四日，唐太宗下诏：“太上皇的陵墓要按照汉朝长陵的规模，务求高大。”然而，由于工期短促，根本无法完工，秘书监虞世南上书劝谏道：“圣人薄葬亲人，并不是不孝啊，是因为他们深思熟虑，认为厚葬恰恰会给死去的亲人带来麻烦，所以才不那么做。昔日，张释之说过：‘假设坟墓之内有人们贪图的珍宝，那么即使封上南山，人们也能找出缝隙。’刘向也说：‘死亡不会停止，而王朝却有兴衰，张释之的话可谓是深谋远虑。’这话说得非常深刻，合乎道理。陛下圣德超过尧舜，却要效仿秦汉厚葬亲人，臣觉得不合适。就算其间不藏金银珠宝，后世之人望见坟墓如此之大，怎会相信里面没有宝贝呢？况且，如今，陛下已经按照汉文帝规定的37天脱去丧服的做法做了，在陵墓方面却要按照汉高祖的做法，恐怕也不妥当。希望陛下能够按照《白虎通》的规定，把太上皇的坟墓砌为高两丈一尺，陪葬之物一律从俭，并在陵墓旁立下石碑，写明陵墓内的陪葬品，为后世子孙作出榜样。”虞世南的奏表上报后，唐太宗不予回复。虞世南又上书称：“汉朝天子即位后就开始营建陵墓，时间长的，陵墓竟然修了五十余年，今天，用数月时间就想完成数十年的工程，恐怕无法做到。”唐太宗就把虞世南的奏表交给群臣讨论，房玄龄等人认为：“汉高祖刘邦的长陵高九丈，光武帝刘秀的原陵高六丈，九丈太高，二丈一尺太低，就按照刘秀原陵的六丈吧。”唐太宗同意了。又增修太庙，将五世祖李重耳和李渊的牌位放入太庙，连同过去的四个祖先的牌位，共有六个祭室。

十月二十七日，唐太宗把亡父李渊安葬在今陕西省富平县境内的献陵，谥号大武皇帝，庙号高祖，将亡母窦氏迁到陵内合葬，加号为太穆皇后。到了40年后的唐高宗李治上元元年（公元674年）八月，唐朝又改李渊的尊号为神尧皇帝；再到120年后的唐玄宗天宝十三载（公元754年）二月，又改李渊的尊号为神尧大圣大光孝皇帝。

一五二 讨伐吐谷浑（一）

在唐太宗灭亡了突厥之后，四夷臣服，吐谷浑也不例外。

说到吐谷浑，对其历史略作回顾。西晋末年，天下大乱，鲜卑慕容部庶长子慕容吐谷浑因与弟弟、嫡子慕容廆发生矛盾，率领本部部众跋涉万里，从中国东北地区来到青海一带，创建了吐谷浑国。在两晋南北朝时期，中国北方陷于大乱，吐谷浑虽然也受到波及，时盛时衰，但由于地处偏远，国祚一直延续了下来，截至唐太宗贞观八年，吐谷浑已产生了二十位王，十三代，绵延了三百多年。其具体世系如下：

1.吐谷浑（？—317）；2.吐延（317—329）；3.叶延（329—351）；4.碎奚（351—376）；5.视连（376—390）；6.视罴（390—400）；7.乌纥提（400—405）；8.树洛干（405—417）；9.阿豺（417—426）；10.慕璝（426—436）；11.慕利延（436—452）；12.拾寅（452—481）；13.度易侯（481—490）；14.伏连筹（490—529）；15.呵罗真（529—530）；16.佛辅（530—534）；17.可沓振（534—535）；18.夸吕（535—591）；19.世伏（591—597）；20.伏允（597—635）。

隋朝建立之初，吐谷浑屡屡侵扰隋朝西北，但到隋文帝开皇四年后，由于吐谷浑内乱不已，无暇骚扰隋朝，等到开皇九年隋文帝平定陈朝后，吐谷浑王夸吕十分害怕，保据险阻，不敢为寇，双方进入和平时期。夸吕死后，其子世伏继位，双方继续维持和平关系，到开皇十六年，隋文帝又将宗室之女光化公主嫁给了世伏，次年，吐谷浑内乱，世伏被杀，其弟伏允继位，根据“兄死妻嫂”的风俗，伏允又娶了光化公主，吐谷浑与隋朝仍然保持着友好关系。然而，等到隋炀帝即位之后，情况就发生了变化，隋炀帝好大喜功，意欲经营西域，积极开疆拓土，大业四年，隋炀帝听从裴矩之言，拉拢西突厥处罗可汗投降，合击吐谷浑，而他自己则谎称西巡，组织大军直捣吐谷浑腹地，伏允战败，逃到党项部落，吐谷浑灭国。隋朝末年，天下大乱，伏允也趁机复国。唐朝建立后，唐高祖为了灭掉河西的李轨割据政权，曾计划答应放归伏允的儿子慕容顺，以期换取伏允进攻李轨，但不久，安兴贵就击灭了李轨。此后，吐谷浑与唐朝之间交往不断加强，吐谷浑时常向唐朝派来使者，双方还建立了互市，但与此同时，吐谷浑也不断地骚扰唐朝西部边境，从武德三年开始，吐谷浑几乎每年都发兵向唐朝进攻，双方之间的战争一直没有停止。当时，唐朝不得不在西北驻扎了大量军队，到了盛唐时期，这种情况还存留在人们的记忆里，盛唐诗人王昌龄《从军行》（二）就曾写过："大漠风尘日色昏，红旗半卷出辕门。前军夜战洮河北，已报生擒吐谷浑。"

贞观元年唐太宗即位后，吐谷浑伏允派其洛阳公来到长安朝贡，其使者还没返回，伏允就纵兵大肆劫掠鄯州（今青海省海东市乐都区）而去。唐太宗派人前去斥责伏允，并要求他入朝，但伏允称病不来，又替儿子尊王向唐朝求亲。唐太宗要求尊王亲自来京迎亲，但尊王也称病不朝，唐太宗遂下令停婚，并派中郎将康处直前往吐谷浑说明情况。吐谷浑得知后，即派兵骚扰兰州（今甘肃省皋兰县）、廓州（今青海省贵德县，后移治青海省化隆县西）。贞观二年一月，吐谷浑又骚扰岷州（今甘肃省岷县），都督李道彦将其击败，活捉两名吐谷浑王爷，斩杀俘虏七百多人。贞观六年三月，吐谷浑又骚扰兰州，被当地军民击退。

鄯州刺史李玄运向唐太宗建议道："吐谷浑的良马全在青海湖放牧，我们派遣轻装骑兵前去掩袭，一定能获取大利。"唐太宗同意了。

贞观八年六月，唐太宗任命左骁卫大将军段志玄为西海道行军总管，左骁卫将军樊兴为赤水道行军总管，率领唐朝边防军以及契苾、党项的部众，向吐谷浑发起进攻。十月二日，段志玄进攻吐谷浑，唐军击败吐谷浑军队，乘胜追击，追赶八百多里，一直追到距离青海三十里的地方。段志玄和左骁卫将军梁洛仁不愿再战，遂命令军队停止前进，致使吐谷浑人得以赶上青海附近的马匹逃掉了。副将李君羡率领精锐骑兵从小路穿插，在青海湖以南的悬水镇赶上了吐谷浑人，俘获了两万多头牛羊而还。

此时，吐谷浑王伏允年老，信任大臣天柱王，不仅屡屡侵扰唐朝边境，而且又扣留了唐朝使者、鸿胪丞赵德楷，唐太宗派人前去交涉，使者去了十趟，依然无果；唐太宗又亲自接见吐谷浑使者，当面晓谕祸福，伏允却置之不理。实际上，经过了数年的休养生息，唐朝国力已大大增强。屡屡骚扰唐朝边境，并时刻威胁到唐朝与西域联系的吐谷浑已成了唐朝必须拔掉的一颗钉子。

在段志玄率领的唐军退去之后，吐谷浑又于十一月十九日向凉州发起了报复性进攻，接到战报后，唐太宗随即于二十一日下诏大举讨伐吐谷浑。当时，尚书右仆射李靖刚刚因病请求辞职，唐太宗想以李靖为统兵元帅，因其年老（李靖时年64岁），不想让其劳累，李靖听说后，主动请缨，唐太宗大喜。十二月三日，唐太宗任命李靖为西海道行军大总管，统领各军；兵部尚书侯君集为积石道行军总管；刑部尚书、任城王李道宗为鄯善道行军总管；凉州都督李大亮为且末道行军总管；岷州都督李道彦为赤水道行军总管；利州刺史高甑生为盐泽道行军总管，率领突厥、契苾之众向吐谷浑发起了前所未有的大举进攻。其中，突厥军队由突厥酋长、左领军将军执失思力率领；契苾部众则由契苾酋长、左领军将军契苾何力率领。

各总管前面所加之地名，均为吐谷浑境内的要地，也是该路军进攻的目的地，其中：李靖的西海道，是指吐谷浑都城伏俟城一带，在今青海省海南藏族自治州共和县石乃亥乡铁卡加村西南，俗名铁卡加古城。侯君集的积石道，是指青海省积石山一带。李道宗的鄯善道，是指鄯善郡（当在新疆维吾尔自治区境内）。李大亮的且末道，是指且末郡（当在新疆维吾尔自治区且末县附近）。李道彦的赤水道，是指隋朝设置的河源郡一带，即赤水城（今青海省兴海县桑当乡夏塘古城）。高甑生的盐泽道，是指青海省茶卡盐池一带。

得知唐军将要大举进攻，吐谷浑先发制人，煽动归顺唐朝的党项部落，贞观九年（公元635年）一月，这些党项部落纷纷叛降了吐谷浑；三月十四日，洮州（今甘肃省临潭县）的羌族也叛归吐谷浑，并杀害了唐朝洮州刺史孔长秀。当时，盐泽道行军总管高甑生正率军经过此地，遂发兵进攻发动叛乱的羌族，将其击败。同月，李靖率领大军齐集鄯州（今青海省海东市乐都区），与众将商议下一步的进攻计划。侯君集对李靖说："我大军已经来到此地，但敌人尚未逃入深山，应当挑选精锐部队，长驱直入，出其不意，一定能取得大胜。如果不这样，等到敌人远远逃走，依托山险，负隅顽抗，清剿起来会非常困难。"李靖觉得侯君集说得有理，遂下令在挑选军中的精锐，携带少量粮食，向吐谷浑境内杀来。

闰四月八日，任城王李道宗在库山（一说今青海省天峻县南的库库诺尔岭，一说在今青海省湟源县日月山，今从后者）追上了吐谷浑军队。吐谷浑依托险阻，殊死搏斗，李道宗率领一千多骑兵偷偷从山后摸了上来，吐谷浑腹背受敌，顿时一片大乱，被俘虏了数百人。李靖部将薛孤儿率领轻装骑兵在曼头山击破吐谷浑，俘虏五百多人，缴获了大批牲畜。二十八日，李靖率领大军又在牛心堆（今青海省湟中县西南）击破吐谷浑。

伏允焚烧野草，坚壁清野，率领轻装骑兵逃入沙漠（《旧唐书·李靖传》称：大非川，一说今青海省共和县切吉旷原；一说在今青海湖以西的布哈河）。

一五三 讨伐吐谷浑（二）

李靖与众将商议下一步的作战计划。

众将都认为："春草未生，马已瘦弱，不可深入。"李道宗也说："柏海（今青海省玛多县的鄂陵湖、扎陵湖）接近黄河源头，自古以来就很少有人到过那里，敌人既然已经西逃，我们又不知其逃到了哪里，如今行动，全得依靠马力。可是，马匹已经疲惫不堪，军粮又非常短缺，长途跋涉非常困难，倒不如暂时返回鄯州，等到马肥之后再说。"但侯君集反对道："不对。上次，段志玄大军刚撤到鄯州，敌人就已经进抵城下了，这就是因为敌军还很完整，部众还替他卖命。如今，一战将其击败之后，敌人已分崩离析，四散而逃，侦察部队也没有留下，君臣离心，父子走失，我们趁机进攻，如同从地上捡拾草根一样容易，这种机会不抓住的话，将来肯定会后悔的！"

李靖再次听从了侯君集的意见，他将唐军一分为二：

北路军，由李靖率领薛万均、薛万彻、李大亮、契苾何力等人的部队，行军路线大致是：由库山，出曼头山，渡过赤水（今青海省东南恰不恰河上源），越过青海，经过河源（今青海省都兰县以南一带）、且末，一直达到吐谷浑的最西部；南路军，由侯君集、李道宗统领，行军路线大致是：经过破逻真谷（大约在青海省东南大非川以东），翻越汉哭山，转战星宿川（今青海省星宿海），直到柏海。

五月，李靖等人翻越曼头山，西北经过青海湖南，进抵赤水。唐军与吐谷浑军多次交战，连连获胜，生擒伏允的心腹大臣高昌王慕容孝儁。薛万均、薛万彻兄弟轻敌冒进，结果被吐谷浑天柱王包围，唐军战死了十之七八，几乎全军覆没，主将薛万均、薛万彻兄弟也受伤，落下马来，徒步搏杀。就在这千钧一发之际，契苾何力率领数百契苾部众及时赶到，突入重围，所向披靡，将吐谷浑军击溃，唐军这才反败为胜，缴获吐谷浑牲畜三十多万。

赤水之战后，唐军就打开了通往吐谷浑王城伏俟城的道路，李靖很快就率领唐军主力攻克了伏俟城。李靖驻军伏俟城，命令李大亮、薛万均、薛万彻、契苾何力等将率军继续西进，穷追猛打，一直追赶伏允，直到河源。伏允逃入黑党项部落，被安置在空闲之地。李大亮率领的唐军又在蜀浑山（今青海省西南，胡三省注称，在赤水以西）击败吐谷浑，生擒其名王二十人，缴获牲畜五万。执失思力则在居茹川（今地不详）击败吐谷浑。伏允继续西逃，经今天的青海柴达木盆地，进入且末。李靖命令李大亮等将跟踪追击，尾随而至。等到唐军来到且末之后，又听说伏允逃到突伦碛（今新疆维吾尔自治区且末县以西的沙漠腹地），将要逃往于阗（今新疆维吾尔自治区和田县）。契苾何力打算率军追击，可是薛万均对自己不久前冒进心有余悸，坚决不从。契苾何力说："敌人并无城池，只是随水草而迁徙，如果不趁其集中在一起时予以歼灭，等到他们分散之后，岂能捣毁他们的巢穴？"于是，他亲自挑选了一千多名精锐骑兵，直扑突伦碛，薛万均率领大军随后进发。沙漠中没有水源，唐军将士们刺马出血，靠喝血解渴。契苾何力率领的唐军终于找到了伏允的牙帐，伏允万万没有想到唐军竟然追到这里，仓皇而逃，唐军斩杀数千人，缴获二十余头牲畜，生擒伏允的妻子，可惜的是伏允再次逃脱。不过，这次伏允身边仅有一百多骑兵，彻底变成了孤家寡人，十余日后，他就被部下杀害了。一说，伏允是走投无路，自杀了。

再说南路军。

侯君集和李道宗率军穿过破逻真谷，翻越汉哭山，进入无人区，艰苦跋涉两千多里，生擒吐谷浑名王梁屈忽。当时，正值盛夏，这里却降下严霜，山上还是白雪皑皑，其地没有水草，将士吃冰，马匹吃雪。唐军边走边打，屡战屡胜，一直打到星宿川，最后来到柏海。唐军将士北望积玉山，观赏黄河源头，而后胜利回师，与李靖所部在大非川会合。

当北路军和南路军转战几千里、对吐谷浑穷追猛打之时，驻扎在青海湖附近的元帅李靖也加紧对吐谷浑残余势力的清剿。伏允的长子大宁王慕容顺是隋朝公主之子，长期作为人质扣留在隋朝，伏允后来就立了其他的儿子为太子，等到唐朝建立后，慕容顺被唐高祖放归，却失去了太子之位，内心一直十分失意。李靖大破吐谷浑后，吐谷浑部众对一直专权、又采取与唐朝为敌政策的天柱王怨声载道，慕容顺趁机杀死了天柱王，率领部众向李靖投降。不久，伏允的死讯传来，吐谷浑国人遂拥立慕容顺为可汗。

五月十八日，李靖向唐太宗报捷，称已削平吐谷浑，二十一日，唐太宗下诏特许恢复吐谷浑国，以慕容顺为西平郡王、趉故吕乌甘豆可汗。唐太宗担心慕容顺无力控制下属，还特意命令李大亮率领数千唐军驻扎在吐谷浑国边境，为其声援。

南、北两路唐军都取得了辉煌的战果，但还有两路唐军并没有取得预期的战果。一路是赤水道行军总管、岷州都督李道彦所部；另一路是盐泽道行军总管、利州刺史高甑生所部。李靖在向吐谷浑发动总攻之前，曾给党项人送去大量金银财帛，想让他们给唐军当向导。党项酋长拓跋赤辞来到唐军大营，对唐军众将们说："隋朝人言而无信，总是抢掠我们，如今，各路唐军假如没有二心，我一定会给大军供应粮草，如若不然，我将率军占据险要，切断大军的通路。"李靖率领众将与拓跋赤辞歃血为盟，然而，当李道彦所部行至阔水（唐朝的党项羁縻州阔州境内，今四川省松潘县西）时，看到党项人毫无防备，顿生歹意，向党项人发起了突然袭击，缴获了数千头牛羊。李道彦这一短视之举立即点燃起各部羌人的怒火，他们集结在野狐峡（今甘肃省迭部县达拉），挡住了唐军的去路。李道彦与羌人交战，结果大败，唐军被杀数万人，只好退守松州（今四川省松潘县）。左骁卫将军潘兴逗留不进，误了军期，所部损失最多。七月二十二日，李道彦和潘兴二人均被判为死刑减轻一等，流放到边地。

高甑生所部也耽误了军期。高甑生在三月曾进攻叛羌，此后再无消息，直到七月七日，该路军副总管刘德敏还在和叛羌缠斗，而李靖在一个月之前已平定了吐谷浑。李靖之所以能够顺利进入吐谷浑腹地，与其拉拢党项等羌人有很大关系，但高甑生途经洮州时，洮州羌人发动了叛乱，他当然不能坐视不顾，对羌人采取了武力镇压的政策，然而，这一政策让其深陷泥潭，无法按期到达预定区域。李靖以军法对高甑生予以追究，高甑生怀恨在心，回到长安以后，就与广州都督府长史唐奉义一起向唐太宗诬告李靖谋反。

唐太宗与李靖的私交并不深，玄武门之变时，唐太宗曾请李靖给自己出谋划策，却遭到李靖的拒绝。在李靖灭掉突厥后，温彦博就曾举报李靖治军不严，唐太宗当面把李靖痛斥了一顿，此后，李靖虽然官拜尚书右仆射，但在讨论军国大事时，他"恂恂然似不能言"，当了几年尚书右仆射后，李靖又以年老体弱为由主动提出辞职，其实这一年他才六十三岁，这都是李靖的全身避祸之道。几年前，李靖灭掉突厥时受人诬陷，如今，立下大功的他再度官司缠身，并且，这一次，唐太宗命令司法部门彻查此事，经过一番折腾，却查无实据。八月十七日，高甑生被判处死刑减轻一等，流放边地。

高甑生不仅是秦王府旧将，还是一员猛将。还在李世民率军进攻洛阳时，正是他与尉迟敬德、梁建方三将杀入郑军军中，如入无人之境，生擒王世充的侄儿王琬，牵回王琬所骑的骏马。在高甑生被判刑后，有人对唐太宗说："高甑生是秦王府的旧人，应该予以宽恕。"唐太宗回答："高甑生违背李靖的将令，又诬陷李靖谋反，如果宽恕此等事，法律还如何实施？况且，自从晋阳起义以来，功臣很多，假如赦免了高甑生，那么以后人人犯法，岂能禁止？我从未忘掉功臣们立下的功劳，正因如此才不敢轻易赦免啊！"经过此事后，李靖更加小心翼翼，他闭门谢客，不问世事，即使是亲戚很难见上他一面。

唐太宗派使者前往大斗拔谷（今甘肃省山丹县境内）慰问远征军将士们，薛万均竟然诋毁曾经救过自己性命的契苾何力，把功劳算到自己头上。契苾何力忍无可忍，从座上站起，抽出佩刀，就要杀掉薛万均，众将见状，赶忙拦住。使者回朝后，向唐太宗汇报了此事，唐太宗责备契苾何力，契苾何力这才将事情的原委说了一遍。唐太宗得知实情后不禁勃然大怒，打算把薛万均的官职让给契苾何力，契苾何力坚决推辞，说道："陛下因臣的缘故而免去了薛万均的官职，少数民族部众没有见识，肯定会认为陛下重视少数民族而轻视汉族，以讹传讹，民族矛盾会越来越深。另外，还将会让少数民族认为汉族将帅的素质都像薛万均这样，会产生轻视汉族之心。"唐太宗连连称善，对契苾何力非常欣赏，不仅就改任他统领北门禁卫军，代理城门驻军司令，还把宗室之女临洮公主嫁给了他。

一五四 吐蕃崛起

贞观九年唐朝平定吐谷浑几乎与处理唐高祖李渊的丧事同时进行着。

等到安葬唐高祖李渊之后，唐太宗又想起了曾是李渊心腹旧臣、已靠边站了五年的萧瑀，到了十一月二十六日，他下诏以光禄大夫萧瑀为特进，参与政事。他说："武德六年以后，高祖有废立之心，但一直没有定下来，兄弟们不容我，当时的确有功高不赏之忧，萧瑀为人不受利益引诱，不怕死亡威胁，真是位社稷之臣啊！"遂赏赐给萧瑀一首诗，其中有："疾风知劲草，板荡识诚臣。"并说："爱卿的忠诚正直是古人也比不过的，然而就是善恶分得太清，有时也不太好。"魏徵道："萧瑀特立独行，与众人对抗，只有陛下深知他的忠诚，假如他没有遇到圣明的陛下，恐怕难以免祸。"

唐朝五月份册立慕容顺为吐谷浑王之后，仅仅过去十天，慕容顺就被吐谷浑部众杀了。慕容顺的儿子燕王诺曷钵继位，诺曷钵年幼，吐谷浑国内派系斗争激烈，一片混乱。十二月，唐太宗下诏命令兵部尚书侯君集等率军再次进入吐谷浑国，先向各股势力派人劝慰，如果不听从命令，唐军再进行讨伐。

在唐军的直接干预下，吐谷浑国内秩序渐趋稳定。贞观十年（公元636年）三月，诺曷钵请求唐朝颁布唐朝日历，尊奉唐朝的年号，并向唐朝派来子弟充当人质。唐太宗接受了诺曷钵的请求，随即颁发了《宥吐谷浑制》，正式册命诺曷钵为河源郡王、乌地也拔勤豆可汗，至此，吐谷浑国也成为唐朝的一个附属国。到了该年十二月，诺曷钵又前往长安觐见唐太宗，并向唐朝求婚，十一年十一月，又献上一万三千头牛羊，双方之间的关系步入蜜月期。

经过数年的努力，唐太宗相继平定了突厥、吐谷浑，安定了中国北方和西北方，然而，就在此时，在吐谷浑国的南面即如今的西藏地区兴起了一个强大的政权——吐蕃。

据《新唐书·吐蕃》记载，吐蕃（藏族）原本属于西羌，有一百五十个部落，分散在黄河、湟河、长江、岷江之间，为与中原王朝发生过联系。其祖先名字叫鹘提悉勃野，文武双全，逐渐兼并了其他部落，子孙遂号称吐蕃。还有一种说法是：吐蕃人是南北朝时期南凉（今青海省海东市乐都区）国主秃发利鹿孤的后代，秃发利鹿孤有两个儿子，一个叫秃发樊尼，另一个就是秃发傉檀。秃发傉檀继位后，为西秦（今甘肃省兰州市）国主乞伏炽磐所灭，秃发樊尼率领残部又投靠了北凉（今甘肃省张掖市、武威市）国主沮渠蒙逊，被任命为临松（今甘肃省民乐县）太守。北凉被北魏灭亡后，秃发樊尼又率部翻越积石山，逐渐吞并了各股羌族部落，遂成为吐蕃。成书于14世纪的《王统世系明鉴》则说，猕猴与岩魔女结合生下最早的人类，其后，子孙繁衍，到聂赤赞普，即吐蕃王系第一代赞普从天降临后，才有了君臣之分。现今西藏山南地区雅隆河流域，是吐蕃民族的发祥地。早年居住在这里的人民，史称鹘提悉勃野部，或悉勃野部、雅隆部。

吐蕃民俗称壮士为赞，男子为普，因此君主号称赞普，赞普的妻子叫末蒙。据藏文史料《敦煌本吐蕃历史文书》《红史》《雅隆尊者教法史》等记载，前期的吐蕃历史经历了天赤七王、上丁二王、中累六王、地岱八王、赞字五王、圆满四王几个时代，其中，天赤七王分别为：聂赤赞普、穆赤赞普、丁赤赞普、索赤赞普、达赤赞普、德赤赞普、思赤赞普；上丁二王：止贡赞普、布德贡杰；中累六王：阿雪勒、德雪勒、特雪勒、古日勒、张西勒、艾雪勒；地岱八王：萨南森德、德赤南雄赞、色诺南德、色诺布德、德诺南、德诺布、德杰布、德森赞；赞字五王：杰布多弱落赞、赤增南、赤扎黄赞、赤托杰赞、拉托托日年赞；圆满四王：赤年松赞、仲年德俄、达日年叟、南日松赞。这三十二个王均为父子相传。达日年叟在《新唐书》上记作讵素若，他是松赞干布的祖父，南日松赞是松赞干布的父亲。

也就是在松赞干布祖父和父亲在位时期，悉勃野部逐渐兼并了其他部落，势力扩展至拉萨河一带。当时，还有所谓的十二小邦势力，割据一方，与悉勃野部相抗衡，后被南日松赞征服。南日松赞去世后，松赞干布继位，松赞干布在汉文史书上又被称作弃宗弄赞、器宗弄赞、弃苏农赞，等等，据学者考证，他生于公元617年，死于公元650年。公元629年，13岁的松赞干布即位。当时吐蕃内部矛盾激化，母系一族公然反叛，新归附的工布等小邦也发动叛乱。亲政后的松赞干布很快就平定了叛乱，迁都逻些（今西藏自治区拉萨市），再次征服了北面的苏毗、西面的羊同（今西藏自治区阿里地区）、东面的党项等，又与南面的泥波罗国（今尼泊尔）建立友好关系，他又采取了加强王权、制定刑法、确定官制、创制文字等措施，建立起一个强大的奴隶制政权，拥有数十万雄兵，北与吐谷浑为邻，东接唐朝的松州（今四川省松潘县），为四邻小国所畏。

松赞干布对繁荣的唐朝早有耳闻。贞观八年（公元634年），18岁的他派使者前往唐朝聘问，当时，唐朝正要向吐谷浑发起大规模的进攻，为了让吐蕃保持中立，唐太宗派遣冯德遐出使吐蕃。到贞观十年一月十日，唐太宗任命新投降的东突厥处罗可汗次子、颉利可汗侄儿阿史那社尔为左骁卫大将军。阿史那社尔年幼时就以有勇有谋而闻名，被任命为拓设，在漠北建立牙帐，与欲谷设分别统领敕勒各部，任职十年一身清廉。同僚曾鄙视他当了这么长时间的将军还不能富贵，他却说："只要部落百姓们富裕了，我也就满足了。"其他将军们听了，都是一脸羞愧。等到薛延陀背叛后，欲谷设和阿史那社尔均战败，遂率领残部西逃到了西突厥。东突厥颉利可汗败亡的同时，西突厥也是一片混乱，咄陆可汗兄弟为了汗位大打出手，阿史那社尔谎称归降，偷袭咄陆可汗，趁机夺占了西突厥将近一半的土地，拥有十余万部众，自称答布可汗。他对部下们说："最先搞乱我们国家的是薛延陀，我要替可汗报仇，消灭了他们。"部将纷纷劝谏道："我们刚刚夺得西部，需要镇抚这里的百姓，如今匆匆远去，西突厥肯定会卷土重来。"阿史那社尔不从，深入漠北进攻薛延陀，双方恶战了一百多天。此时，西突厥的咥利失可汗继位，阿史那社尔的部众早已厌倦了战争，纷纷从战场上逃离。薛延陀趁机发起进攻，大破阿史那社尔，阿史那社尔只好逃到了高昌（今新疆维吾尔自治区吐鲁番市）。到了高昌后，他的身边只有一万多家部众，又担心西突厥前来趁火打劫，遂归降了唐朝。唐太宗命令把他的部众安置在灵州（今宁夏回族自治区灵武市）以北，而把阿史那社尔留在了长安。唐太宗对阿史那社尔很是看重，又把十四妹衡阳公主嫁给了他，命他率军驻扎在皇家园林。也就是在阿史那社尔结婚前后，吐谷浑王诺曷钵也向唐朝求婚，唐太宗也答应要把宗室之女弘化公主嫁给他为妻。

阿史那社尔和诺曷钵的求婚，也让松赞干布蠢蠢欲动。等到冯德遐回朝时，松赞干布就派使者也随之又来到了长安，此行使者携带了大量的金银财宝，也向唐朝求婚。唐太宗答应嫁给唐朝公主的阿史那社尔和诺曷钵，都是归附唐朝的部落头领，而吐蕃原来既没有与唐朝建立过联系，如今也并未归附唐朝，因此，唐太宗并没有答应松赞干布的请求。使者没有完成使命，生怕受到松赞干布的责罚，就谎称："天子对我非常优厚，差一点都答应了请求，可是正巧吐谷浑王到了，他来后不久，天子就不同意了，大概是吐谷浑王说了我们什么坏话吧？"松赞干布听后，遂迁怒于吐谷浑，与羊同一起向吐谷浑发起了进攻。吐谷浑无力抵抗，逃到青海以北地区，大量部众和牲畜都被吐蕃军队劫掠。此事大约发生在贞观十二年前后。

在击败吐谷浑之后，吐蕃又趁势击败了党项、白兰（大约在今青海省巴颜喀拉山东南一带）等羌族部落，而后，松赞干布率领二十余万大军驻扎在松州（今四川省松潘县）西部边境，派人又向唐朝送来大量财宝，再次求婚。

贞观十二年七月二十九日，吐蕃军队进攻松州，击败了唐朝都督韩威，羌族酋长、唐朝阎州刺史别丛卧施，诺州刺史把利步利均叛降了吐蕃。八月二十七日，唐太宗任命吏部尚书侯君集为当弥道行军大总管，次日，又任命右领军大将军执失思力为白兰道行军总管、左武卫将军牛进达为阔水道行军总管、左领军将军刘简为洮河道行军总管，都督五万步骑前去迎击。

吐蕃大臣纷纷劝说撤军，有八名大臣自杀，但松赞干布没有听从。吐蕃军队进攻松州十余日，九月六日，担任前锋的牛进达趁其不备，向吐蕃军队发起突然袭击，在松州城下大破吐蕃，斩首一千多级。松赞干布心生恐惧，遂率部撤退，派人来到唐朝谢罪，送上黄金五千两及其他财宝，再次向唐太宗求婚，这一次，唐太宗答应了。

一五五　皇后之死

贞观九年，唐帝国的大事是平定吐谷浑和太上皇李渊的驾崩，而贞观十年的大事就是长孙皇后的去世。

长孙皇后一直是唐太宗的得力助手和忠实伴侣，与唐太宗感情深厚。据《鉴诫录》称，长孙皇后的小名叫观音婢，她天性仁慈、孝顺、俭朴、勤勉，又喜欢读书，经常与唐太宗一起闲话历史人物的成败得失，趁机进行劝谏，很有成效。唐太宗有时候心情烦躁，会无缘无故地迁怒于宫女，要予以惩处，每到这时，长孙皇后总会假装大怒，请求亲自审讯，遂把宫女先打入大牢，等唐太宗情绪稳定后，再替宫女们求情，在长孙皇后的干预下，宫内才没有出现滥杀现象。唐太宗的第六女豫章公主的母亲早死，长孙皇后就把豫章公主收为养女，视同己生。宫中嫔妃、宫女们得病了，长孙皇后都会亲自前去探望，把自己的药费、餐费拿出来接济她们，因此，宫中上下无不对她非常敬爱。长孙皇后教育儿子们把节俭看得最为重要，一次，皇太子李承乾的乳母遂安夫人对长孙皇后反映东宫的器物短缺，请求增加一些。长孙皇后却没有答应，说道："身为太子，担心的应该是自己的品德不高，名望不大，还在乎器物不够吗？"

唐太宗身体也不好，得病后长年未愈，长孙皇后一直在一边伺候，不分昼夜不离半步。她还经常在衣带上系了一小瓶毒药，说："皇上一旦有个三长两短，我决不会独自活着！"长孙皇后素来患有哮喘病，贞观八年随唐太宗到九成宫避暑，柴绍等人突然在半夜报告出现了紧急情况，唐太宗身披铠甲走出房门询问情况，长孙皇后也拖着病体紧随其后。侍从们劝她，她却说："皇上震惊，我岂能安心！"经过这场惊吓，长孙皇后的病情逐渐加重了。太子李承乾对长孙皇后说："已吃了各种药，您的病情却不曾好转，请求赦免罪人，剃度人出家，也许能获得上天的福报。"长孙皇后回答："死生有命，这不是人力所能左右得了的。假如做好事能得到福报，我从未做过恶；假如不是如此，搞这些又有什么用处！大赦天下是国家的大事，不能屡屡施行。道教和佛教都是邪恶的异教，祸国殃民，皇上从来不会提倡，为何为了我这一个妇道人家而让皇上去做他从未做过的事呢？要是你真的如此的话，我还不如快点死掉！”皇太子听了母后的话，始终不敢上奏，他私下对房玄龄提及这种想法，房玄龄禀报了唐太宗，唐太宗十分难过，打算为之实施大赦，但长孙皇后强烈反对。

等到长孙皇后病势转危时，与唐太宗诀别。当时，房玄龄因事受到唐太宗的责备，被撤去职务，勒令回家。长孙皇后对唐太宗说：“房玄龄侍奉陛下时间长了，他为人小心谨慎，那些阴谋诡计从未曾往外泄露，如果没有犯下大错，就不宜轻易抛弃此人。妾的本家因为妾的缘故才跻身高位，既然不是出于品德，就很容易栽跟头。假如真的想让我们娘家子孙得以保全，就千万不要把他们放在关键位置，只需给他们安排个奉朝请的闲职就足够了。妾活着对百姓没有什么恩德，死后千万不可害百姓，希望不要因给我修坟墓而劳累了百姓们，只用借着山势做个坟墓，陪葬些瓦器、木器就行了。我还希望陛下能够亲近君子，远离小人，采纳忠言，抵制谗言，减少劳役，停止打猎，如此一来，妾即使在九泉之下，也没有遗憾。儿女们不要叫他们回来了，见到他们悲哀，我心里也不好受。”说完，她拿出衣服中的那瓶毒药，对唐太宗说：“妾在陛下身体不好时，发誓以死追随陛下，决不当吕后那样的人。”唐太宗遂召房玄龄入朝，恢复了他的官位。

贞观十年七月二十一日，长孙皇后在立政殿去世，享年三十六岁。

长孙皇后生前曾采集古代妇人得失故事，撰写《女则》30卷，又曾经写下论文驳斥东汉明德马皇后（东汉第二任皇帝汉明帝的皇后、伏波将军马援之女）未能以身作则，抑制外戚，致使东汉一朝外戚强盛，成为东汉王朝灭亡的原因之一。等到长孙皇后去世后，宫中女官遂把《女则》等书一并上奏唐太宗，唐太宗翻阅后悲痛不已，把这些书让近臣们传阅，说道:“皇后写的这些书，足以垂范百世。朕并非不知天命而为无益之悲伤，只是从今以后，进入内庭，再也听不到皇后的规谏之言了，我失去了一位好辅佐，无论如何也不能忘怀啊！”

十一月，唐朝政府将长孙皇后安葬在昭陵。唐太宗亲自撰写碑文，称：“皇后节俭，遗命要薄葬，以为：‘盗贼们盗墓的本意是为了窃取宝贝，坟墓里既然没有宝贝，他们还盗什么呢？’朕的本意也是如此。君主以天下为家，何必非要把财宝放入坟墓之中，据为己有呢？如今，借着九嵕山作为陵墓，开凿石头的工人才用了一百多人，数十日就完工了。陵墓内不藏金银玉石，陪葬的人马、器皿全部是土制、木制，是那个样子罢了，这样，也许会让奸人死了盗挖之心，也让活着的人和死去的人都安心，后代子孙都要以此为法。”埋葬长孙皇后这一天，将军段志玄和宇文士及分别统领军队从肃章门出城，夜里，唐太宗命宦官前去二人的军营，宇文士及打开营门，让宦官进入营内，而段志玄却闭门不纳，说：“军门夜里不能打开。”使者说：“我有皇帝手诏。”段志玄回答：“夜里不辨真伪。”竟然让使者在营外待到天明。唐太宗听说后，叹息道：“这才是真正的将军啊！”

长孙皇后去世后，唐太宗一直思念不已，命人在宫内修建了一座高楼眺望昭陵，以寄托哀思。一次，他带着魏徵一起登楼，远望昭陵。魏徵望了很久，说道：“臣老眼昏花，看不见。”唐太宗用手指着昭陵，让魏徵看。魏徵说道：“臣认为陛下眺望的是献陵（唐高祖李渊的陵墓），如果说昭陵，臣早就看到了。”唐太宗听后，立即明白了魏徵是在委婉地劝谏自己没有怀念亡父而一味沉溺在思念亡妻之中，他忍不住流下了眼泪，并下令把这座高楼拆除了。

除了长孙皇后去世外，贞观十年和次年还发生了几件大事。

一是分封诸王。在唐太宗即位之初就曾产生分封诸王，令其子孙世袭担任地方官员的想法，这其实是一种历史的倒退，朝臣中只有萧瑀赞成这一做法，其余群臣无一例外地都表示反对，这一争论一直持续了近十年，但唐太宗最终还是决定分封诸王。如今，唐太宗的诸多年龄很小的弟弟已逐渐长大成人，他自己的儿子们也成长起来，于是，贞观十年一月二十二日，唐太宗下令改封赵王李元景为荆王，鲁王李元昌为汉王，郑王李元礼为徐王，徐王李元嘉为韩王，荆王李元则为彭王，滕王李元懿为郑王，吴王李元轨为霍王，豳王李元凤为虢王，陈王李元庆为道王，魏王李灵夔为燕王（十九弟）；蜀王李恪为吴王，越王李泰为魏王，燕王李祐为齐王，梁王李愔为蜀王，郯王李恽为蒋王，汉王李贞为越王，申王李慎为纪王。李灵夔之前的系李世民的弟弟们，之后的系李世民的儿子们。如前所述，李世民一共有二十一个兄弟，到贞观十年已经死去的有：李建成、李元吉、李玄霸、李智云、李元亨（贞观六年病死）、李元方（贞观三年病死），还剩下十五个弟弟，除了上述十个弟弟王位改变之外，还有五个弟弟：郐王李元裕（十七弟），谯王李元名（十八弟），许王李元祥（二十弟），密王李元晓（二十一弟），李元婴（贞观十三年才被封为滕王，最小的弟弟）。据《新唐书》称，郐王李元裕“始王及徙，皆与谯、魏、许、密四王同封”。到贞观十一年，郐王李元裕改封为邓王，谯王李元名改封为舒王，许王李元祥改封为江安王。

唐太宗一生十四个儿子，长孙皇后生下三个嫡子，分别为嫡长子、皇太子李承乾，第四子李泰，第九子李治，其余的儿子分别是：次子李宽（其母地位可能非常低微，史书只称后宫所生，连姓氏、品级都没有）、三子李恪（杨妃生）、五子李祐（阴妃生）、六子李愔（与李恪一母同胞）、七子李恽（王氏生）、八子李贞（燕妃生）、十子李慎（韦妃生）、十一子李嚣（与李贞一母同胞）、十二子李简（后宫生）、十三子李福（杨妃生）、十四子李明（杨氏生）。其中，李宽在武德年间就已经死了；李嚣、李简此时尚未封王，后封王不久就死掉了；李福在贞观十三年才封王，过继给李建成为子；李明后被封为曹王，据《新唐书》记载：“曹王明，母本巢王（李元吉）妃，帝宠之，欲立为后，魏徵谏曰：‘陛下不可以辰嬴自累。’乃止。”由此可知，大约是在长孙皇后去世以后，唐太宗把弟媳杨氏也纳入后宫，对她还非常宠爱，一度还想把她立为皇后！

在这次改封诸王中，只有晋王李治没有变动。

一五六 慎终追远（一）

唐太宗的分封诸王绝不是如此简单，他想的还是要实现诸王世代统治一个地方。

在改封诸王之后，二月四日，唐太宗就下诏任命李元景为荆州都督，李元昌为梁州都督，李元礼为徐州都督，李元嘉为潞州都督，李元则为遂州都督，李灵夔为幽州都督；李恪为潭州都督，李泰为相州都督，李祐为齐州都督，李愔为益州都督，李恽为安州都督，李贞为扬州都督。在兄弟们中间，除了李元景等六人被封为都督外，其余则担任刺史：郑王李元懿“历郑、潞、绛三州刺史”；霍王李元轨“历绛、徐、定三州刺史”；虢王李元凤“历虢、豫、青三州刺史”，道王李元庆“授豫州刺史”。在唐太宗封王的儿子们中，只有李慎未被任命为都督，“贞观中，迁襄州刺史。”晋王李治在贞观七年就已经“遥领晋州都督”了。这一次，虽然任命魏王李泰为相州都督，但也是遥领，以金紫光禄大夫张亮为相州长史，代行都督职权。李泰爱好文学，对士大夫非常尊重，唐太宗对他也十分喜爱，特意命其在魏王府设置文学馆，任由其招揽文学之士。

第二年（公元637年，贞观十一年）一月五日，唐太宗又改任吴王李恪为安州都督，晋王李治为晋州都督，纪王李慎为秦州都督。三子上任时，唐太宗写信告诫他们道：“我打算送给你们一些珍宝，但唯恐你们会玩物丧志，不如就送给你们这封书信吧。”同年六月六日，唐太宗下诏荆州都督李元景等二十一王所担任的刺史一职，全由子孙世袭；十五日，又下诏任命功臣长孙无忌等十四人担任刺史，也令他们的子孙世袭，没有大错，不得罢免。其中，以长孙无忌为赵州刺史，以赵为公国；房玄龄为宋州刺史，国于梁；杜如晦赠密州刺史，国于莱；李靖为濮州刺史，国于卫；高士廉为申州刺史，国于申；侯君集为陈州刺史，国于陈；李道宗为鄂州刺史，王江夏；李孝恭为观州刺史，王河间；尉迟敬德为宣州州刺史，国于鄂；李勣为蕲州刺史，国于英；段志玄为金州刺史，国于褒；程知节为普州刺史，国于卢；刘弘基为朗州刺史，国于夔；张亮为澧州刺史，国于郧。

唐太宗裂地封王的举动几近疯狂，他的理论依据是：西周分封诸侯，国祚绵延了八百年，秦朝没有分封诸侯，经过二世就灭亡了；吕后危害到西汉社稷，也有赖于宗室力量，西汉政权才转危为安。然而，唐太宗仅仅看到这些，没有看到分封诸侯的很多弊端，如果真的实施起来的话，数十年之后，李唐必将分崩离析，再现春秋战国交争或者西晋八王之乱的局面。幸好唐太宗的身边有一群忠心耿耿的臣子，他们不计较个人得失，以长孙无忌为首一起向唐太宗进谏说："群臣披荆棘，追随陛下，如今四海一家，我们实在是不想远离陛下身边，去世代镇守外地，这与流放又有什么不同？"又与房玄龄一起上书，指出了四条不可：一是"违时易务，曲树私恩"，肯定会招致后世的嘲讽；二是我等本来就才能低劣，再蒙厚赏，更是不妥；三是假如孩童继承爵位，扰乱百姓，一定会招致大祸，陛下仁爱，本想让功臣们世代富贵，反倒会让功臣家大祸临头；四是当今全国实行郡县已久，仅仅因为我等就予以改变，百姓失望，将如何去使用民力？

礼部侍郎李百药还上书驳斥分封诸侯这一做法，他在奏表中指出，一个国家国运的长短，主要在人，不在其他。历代王朝的覆灭都是由于帝王自己的昏乱，而不在于是实行郡县制或者分封制，现在再去实行分封制无异于胶柱鼓瑟、缘木求鱼。被封为诸侯的，子孙会慢慢变得骄奢淫逸，无法无天，形成上不能侍奉君主，下不能爱惜百姓的状况。中书舍人马周也上书劝谏，他说：我相信陛下把功臣们封为诸侯，令他们的爵位王国传之子孙，确实是出于爱护他们，然而，即便是尧舜也会生出丹朱、商均这样无能的儿子，更何况是不如尧舜的人呢？如果一个孩童就继承了爵位，万一骄纵起来，对百姓和国家都将是一种灾难，与其让他们祸害百姓，倒不如对那个已经去世的功臣割爱，这表明，对他们的爱护恰恰成了对他们的伤害。臣认为，应该对宗室、功臣只赏赐给土地作为封邑就够了，他们的子孙如果确有才能，可根据才能授予相应的官职，就算他们能力不强，也可免除过失，这实在是陛下对他们的爱护啊。

看到群臣坚决反对，唐太宗这才说："割地分封功臣，我是想让你们的后代世代成为帝国的藩国，你们却轻看誓言，反而牢骚满腹，我又何必非要给你们土地呢？"于是，此事这才作罢。《资治通鉴》记作贞观十三年二月，停止世封刺二是进一步完善府兵制度。贞观十年，唐太宗下令把过去的统军改称为折冲都尉，别将改称为果毅都尉。李唐把全国划分为十个道，设置634个征兵府，其中关内道就有261个，全部隶属于各个卫将军以及太子宫的六率。唐朝的征兵府分为上、中、下三种，上府有1200名士兵，中府1000名，下府为800名。以300人为一团，校尉统领；50人为一队，队正统领；10人为一火，火长统领。《新唐书·兵》记载：一火要配备六匹拉装备的马，要准备乌布幕、铁马盂、布槽、锸、钁、凿、碓、筐、斧、钳、锯各一，甲床二个，镰二个；一队要自行配备火钻一个，胸马绳一个，首羁、足绊各三个；每位士兵要自行准备一把弓，三十只箭，胡禄、横刀、砺石、大觿、毡帽、毡装、行藤各一，麦饭九斗，米二斗，这些东西与自行准备的铠甲等都存在仓库内，出征之前，根据情况再交给士兵们，至于那些轮流到皇宫值班的，只发给弓箭、大刀。

所属兵府的百姓，年满二十岁就要服兵役，年过六十岁，就可以不再服役了。那些擅长射箭的士兵被分配到越骑兵团，其他人则为步兵。每年年末农闲，折冲都尉就率领下辖到服役年龄的百姓进行军事训练，需要给其配备马匹的，政府拿出现金到市场上购买；凡是需要轮流到京师值班的，兵部根据各个兵府距离京师远近，编派来京的次数，距离越远来的次数就越少，但到京师以后的值班时间都是一个月。

这种寓兵于民的做法，在挑选兵员时遵循“财均者取强，力均者取富，财力又均先取多丁”的原则，即贫富差不多的，就挑选强壮的；力量差不多的，就挑选更富裕一点的；财力差不多的，就先挑选男丁多的人家。白居易曾对唐太宗确立的府兵制度有过中肯的评价，他在《白居易集·策林三》中是这样说的:“太宗既定天下，以为兵不可去，农不可废。于是当要冲以开府，因隙地以营田，府有常官，田有常业，俾平时而讲武，岁以劝农，分上下之番，递劳逸之序。故有虞则为战卒，无事则散为农夫，不待征战而封域有备矣，不劳馈饷而军食自给矣。”府兵制是理想状态下理想的制度，但一旦出现了大的战乱，府兵制就会遭到破坏，这是因为，一旦边疆有了战事，就需要有大量的兵员长期驻扎在那里，这在客观上就不可能像过去那样轮流驻守，既让全国各地的兵员轮番上阵，疲于奔命，又不符合军事规律，这势必要招募专业士兵去打仗，募兵制也就应运而生了，唐朝中期以后府兵制的破坏就说明了这一点。

三是完成《贞观新礼》和《贞观律》的修订。礼仪规范和法律制度历来是

三是完成《贞观新礼》和《贞观律》的修订。礼仪规范和法律制度历来是统治阶级调整社会关系的两驾马车，颁行《贞观新礼》是唐太宗巩固统治的一个重要举措。唐朝建立之初，唐高祖即鉴于“礼典湮缺”，因大丞相府司录参军窦威又“多识朝廷”，因而命他“裁定制度”。唐太宗即位后，即在贞观二年下诏任命房玄龄兼任礼部尚书，修订隋朝所定的《五礼》，到贞观七年，修订完成，唐太宗“始令颁示”。此后，唐太宗又命令房玄龄、魏徵等主持对《五礼》再次进行修订，这次修订又邀请了颜师古、孔颖达、李百药、令狐德棻等著名的学者参加。至贞观十一年三月，“房玄龄、魏徵上所定《新礼》一百三十八篇。丙午，诏行之。”唐太宗在将《新礼》颁行天下的诏书中说：“广命贤才，旁求遗逸，探《六经》之奥旨，采三代之英华，古典之废于今者，咸择善而修复，新声之乱于雅乐者，并随违而矫正。”据《贞观政要·礼乐》记载，礼部尚书王珪之子敬直娶太宗女儿南平公主为妻，王珪认为：“根据《礼》，有新妇拜见公公、公婆之礼，近代以后风俗不良，公主出嫁，就不再拜见公公、公婆了。当今皇上圣明，动辄依法行事，我接受公主的拜见，难道仅仅是为了自己？我是为了成全皇上的美德啊！”遂与妻子二人坐着，令公主亲自手持盥洗用具在一旁服侍，仪式完成后，公主这才退下。唐太宗听说后，大为赞赏，从此以后，凡是公主出嫁的，都要举行此礼。

至贞观十一年一月，经过长期修订的《贞观律》正式颁布了。在颁布这一法律前夕，唐太宗对臣下们说：“法令不可数变，数变则烦，官长不能尽记，又前后差违，吏得以为奸。自今变法，皆宜详慎而行之。”强调保持法律稳定的重要性，在唐太宗这一指导思想下，如《新唐书·刑法志》所言：“自房玄龄等更定律、令、格、式，讫太宗世，用之无所变改。”

贞观十一年，唐太宗对侍臣说：“国家法令，惟须简约，不可一罪作数种条。格、式既多，官人不能尽记，更生奸诈：若欲轻罪，即引轻条；若欲入罪，即引重条。数变法者，实不益道理。宜令审细，毋使互文。”《贞观律》有12篇、500条。另有《贞观令》30卷、《贞观式》20卷、《贞观格》18卷，与之配套使用。律、令、格、式是唐朝法规的四种基本形式，律大体相当于现代的《刑法》；令是关于国家体制和基本制度的法规；格是各国家机关处理公务时所应遵守的行政法规；式是指国家机关的公文程式。《贞观律》与古代其他法典相比，规定的死刑要少一多半，贯彻了唐太宗的轻刑思想，其中，规定刑罚为二十等：

笞刑分为五等，从打板子5下到50下；杖刑也分为五等，从打棍子60下到100下；有期徒刑五等，从一年到三年；流刑三等，从一千里到三千里；死刑两等，绞死和砍头。与隋朝法律相比，砍头的少了92条，把流刑改为有期徒刑的有71条，又规定了枷、手铐、铁链、铁锁、棍杖等刑具的尺寸。

自从贞观五年大理丞张蕴古被唐太宗误杀后，法官们都小心翼翼，不敢轻判，就算是判重了，皇帝事后也不予追究。唐太宗后来觉察到了这一问题，就问大理卿刘德威说："近期我发现你们判案都判得较重，这是什么原因呢？"刘德威回答："这全在陛下您身上，不能怪罪群臣。君主喜欢宽刑，法官就会宽大；君主喜欢重刑，法官也会变得严厉。根据法律规定：要对判重的法官予以减三等的处罚，对判轻的法官予以减五等的处罚。而如今则是判重了，不予处罚；判轻了，要加重处罚，这就是法官们为了免祸而竞相加重处罚，这不是谁让他们这样做的，而是他们自己害怕招来祸患罢了。陛下倘若一律依法处置，那么，这种不良风气自然就会改变了。"唐太宗接受了他的建议，从此以后，法官断案才逐渐公平起来。

一五七 慎终追远（二）

如果一定要把贞观时期分段的话，我宁愿把贞观十年、十一年作为一个重要的节点，因为，贞观十年长孙皇后去世，而贞观十一年武则天就入宫了，成了唐太宗第十等的小老婆——才人，这似乎是一种巧合。

贞观十年长孙皇后的死不仅对唐太宗个人是一个很大的打击，而且，正如唐太宗自己说的那样，他失去了一个贤内助，在内宫中再也无人像长孙皇后那样会对他的言行进行劝谏了。实际上，在长孙皇后去世之后，寂寞的唐太宗似乎就迫不及待地开始寻找一个能够取代她心中地位的女人了，他把弟媳杨氏纳入宫中也许就在此时，而武士彟貌美的女儿武则天也是此时被召入宫中的。

据《酉阳杂俎》（前集一）记载，武则天诞生的当晚，雌野鸡一起鸣叫。生下后，她的右手中指上长着一根黑毫毛，向左盘旋像个黑痣，拉起来这根毛有一尺多长。说起武则天，就不得不提到那个令唐太宗坐卧不安的谶言，而要说到那个谶言，又不能不涉及两个神奇的术士——袁天纲（后人往往误记为袁天罡）和李淳风。

据《感定录》记载，在唐太宗时代，就有一本神奇的书，名叫《密记》，书上明确写道："唐三代之后，即女主武王代有天下。"唐太宗看到这本书后，秘密把李淳风召入宫中询问，李淳风回答："臣根据天象推断，这一预兆已经形成了。可是，此人已经进入陛下宫中，从今往后不超过四十年，当拥有天下，诛杀唐宗室子孙，几乎要将其杀尽。"唐太宗追问："探访出来，将其杀掉怎么样？"李淳风回答："上天的旨意，不可违背。王者不会被杀死，就是探访也无法找到。况且，根据占卜，此人已经长成，并且就在陛下宫中，已成陛下眷属。更何况，再过四十年，她也就衰老了，年老之后，人就会变得仁慈起来，其对陛下的子孙也许不会有过度的迫害。今天如果杀掉，上天还会派来一个，再过四十年，也能统御天下了。年少严厉狠毒，势必大开杀戒，替自己报仇，那样一来，陛下的子孙就会被杀光了！”

这就是那个神秘的预言。

文中提及的李淳风就是个奇人。他是岐州雍（今陕西省凤翔县南）人，先祖居住山西太原。其父李播为隋朝高唐尉，郁郁不得志，弃官当了道士，自称黄冠子。曾注释《老子》，并有《文集》十卷问世。李淳风自幼聪慧，博览群书，通晓天文、历算、阴阳之学，贞观初年，被召入太史局，贞观七年，造成灵台候仪。李淳风每次进行占卜，都是分毫不差，就连当时的术士们都感到诧异，怀疑他有什么歪门邪道，并非学习而致，但最终也无法知道其中的奥妙。

另一位著名的术士就是袁天纲。袁天纲是益州成都人，隋朝时曾任盐官令，他主要是精通相术。当时，袁天纲在洛阳，与杜淹、王珪、韦挺交往，袁天纲对杜淹说：“你兰台、学堂齐全、宽广，将因文章而名闻天下。”对王珪说：“法令已成，天地相临，不出十年将官居五品。”对韦挺说：“相貌如虎，将为武将。”最后，他总结说：“不过，你们三位都将会遭遇灾祸。”后来，杜淹进入天策府当了学士，王珪则为太子李建成的太子中允，韦挺被任命为太子左卫率。武德年间，太子李建成与秦王李世民斗争激烈，他们三人均被流放到了嶲州。途中路过成都，三人又去拜见袁天纲，询问各自的前途命运，袁天纲说：“你们终当富贵，杜淹位居三品，寿命不长；王珪和韦挺也是三品，虽然晋升得晚于杜淹，但年寿将超过他，不过，到了晚年，二位的处境也都很艰难。”后全部应验。贞观初年，杜淹被召入长安担任御史大夫后，给袁天纲赠诗，称：“伊吕深可慕，松乔定是虚。系风终不得，脱屣欲安如。且珍纨素美，当与薜萝疏。既逢杨得意，非复久闲居。”唐太宗听说了袁天纲的大名，特意召见，对他说：“古代有神算君平，如今我得到了你，你看如何？”袁天纲回答：“他命不逢时，我遇到了圣明，当然要比他强了。”

李淳风和袁天纲二人也是有交集的。据《能改斋漫录》称，李淳风听说袁天纲的大名，携带见面礼，不远千里来到成都拜见袁天纲，待以师父之礼。另据《大唐新语》记载，就在袁天纲应唐太宗之召，从成都去长安的途中，路过利州，时任利州刺史的武士彟请袁天纲给妻子杨氏看看相。袁天纲看后说道：“夫人的骨骼，一定会生下贵子。”于是，武士彟就把自己的儿子们都找来让袁天纲看。袁天纲看到武则天的同父异母长兄武元庆和次兄武元爽后，说道：“能当上刺史，但晚年仍然不好。”见到武则天的姐姐韩国夫人（《集古录目唐郑国夫人武氏碑》称武则天的姐姐名字叫武顺）后，说道：“这女孩也会大贵，但晚年也不好。”当时，武则天还很小，身穿男孩衣服，被乳母从屋里抱出来。袁天纲一见之下，不禁大惊失色，脱口说道：“这孩子神采深沉透彻，前途难以预料啊。”让小武则天在地上走几步。袁天纲说道：“长着龙眼凤脖，尊贵至极。”又侧身仔细观察，说道：“如果是个女孩，当贵为天子。”

贞观十一年，唐太宗四十岁，正值壮年，此年武则天十四岁，五十四年后的载初二年（公元691年），武则天正式登基即皇帝位。

武士彟初娶相里氏，生下武元庆和武元爽，相里氏死后，唐高祖特意替武士彟选定隋朝皇族杨达的女儿为妻。杨达是隋文帝杨坚的同族侄儿，与隋炀帝是同族兄弟关系，其兄就是隋观德王杨雄。杨氏嫁给武士彟后，又生下三个女儿：长女武顺（后嫁给贺兰越石，被封为韩国夫人，死后改为郑国夫人）、次女武则天、小女武氏（后嫁给了郭孝慎）。武则天生于唐高祖武德七年（公元624年），在她十二岁时，即唐太宗贞观九年（公元635年）时，其父武士彟在听说唐高祖驾崩的消息后，悲痛成疾，不久也去世了，终年五十九岁。武士彟去世后，武则天的两个同族哥哥武惟良、武怀运以及武元爽对武则天的母亲杨氏十分无礼，这让武则天一直怀恨在心。

到了贞观十年、十一年，唐太宗的事业已达到了鼎盛阶段，然而，盛极而衰，这是谁也不能逃避的规律。唐太宗对此也深为忧虑，他在贞观十年的时候，曾询问侍臣们说：“在帝业中，创业与守业哪件更难？”尚书左仆射房玄龄答道：“创业时，各地豪杰竞起，你攻破他他才投降，这样看来，还是创业艰难。”魏徵答道：“帝王兴起，一定是在前朝衰乱的时候，这时推翻昏君，百姓就乐于拥戴，四海之内也都会先后归顺，这正是天授人与，如此看来创业并不难。已经取得天下后，往往会滋生骄傲之心，百姓需要休养生息而徭役没完没了，百姓已穷困凋敝却还是奢侈无度，国家的衰败，常常就在于此。这样看来，守业更难。”太宗说：“玄龄当初跟随我平定天下，历尽了艰难困苦，多次死里逃生，所以知道创业的艰难。魏徵替我安定天下，担心出现骄奢淫逸的苗头，陷入危亡的泥潭，所以知道守业的艰难。如今创业的艰难既已过去，守业这一难事就得和你们一道谨慎对待啊。”还是在贞观九年时，唐太宗就与魏徵讨论亡国之君的问题，他说：“近来阅读北周、北齐历史，我发现亡国之君大多有相似之处。齐主奢侈无度，府库钱财几乎用光，遂让全国各种关卡都收税。我经常把这比作贪婪的人自己吃自己身上的肉一样，肉吃完了，自己也就死掉了。君主横征暴敛，百姓凋敝，君主也就亡国了，齐主就是这种人。然而，北周天元皇帝和齐后主二人谁更差呢？”魏徵回答：“二人虽然都是亡国之君，但行为还是有区别的。齐后主懦弱，政出多门，国家混乱，遂导致亡国；天元性格凶狠，自己大权在握，对比起来，齐后主更无能。”贞观十一年，唐太宗与群臣在洛阳宫西苑游玩，泛舟于积翠池上，他对大家说：“隋炀帝修建的洛阳宫，得罪了百姓，如今全成我的了，这都是因为宇文述、虞世基、裴蕴等人谄媚蒙蔽的结果，你们能不引以为戒吗！”

一五八 慎终追远（三）

唐太宗话虽这么说，但他本人多多少少还是出现了贪图享受的苗头，贞观十一年年初，唐太宗从长安出发前去洛阳，行至显仁宫（在今河南省宜阳县境内），当地官员因时间仓促，准备不足，唐太宗下令予以处罚。魏徵劝谏说：“陛下因此而惩处官员，臣担心大家竞相效仿，到时候弄得民不聊生，恐怕不是陛下东巡的本意。昔日隋炀帝暗示各地奉献酒肉，以送来的多少加以赏罚，所以四海背叛，这都是陛下目睹的事情，为何要步其后尘呢？”唐太宗听后，大吃一惊，说道：“没有你，我听不到这种话。”遂对长孙无忌等人说：“朕昔日经过此地，买饭吃，租房歇息；如今供应这么多东西，我还嫌不足啊！”

与此同时，朝中朋党林立，君子小人鱼龙混杂，太子与魏王李泰之间钩心斗角，等等，帝国内部也隐隐出现了一丝令人不安的征兆，魏徵、马周等人敏锐地觉察出这一苗头，打算上书劝谏。

在贞观十一年前后，特进魏徵接连上了四道奏疏。贞观十一年一月，唐太宗命令修建飞山宫，魏徵上书，指出：考察历代兴亡，原因在于一点，那就是君主失去了为君之道。过去隋朝统一天下时兵力是多么强大啊，三十多年来不可一世。谁想到后来竟毁于一旦，难道是隋炀帝就不希望社稷长治久安，所以要自取灭亡吗？肯定不是这样的，是因为他倚仗国家富强，为所欲为，不计后果罢了。他在位的时候，奴役天下所有的人来满足他一个人的私欲，收集天下所有的宝物供他一个人玩赏，挑选各地的美女供他一个人淫乐，寻找异域奇珍供他一个人消遣……整个朝廷上下，君臣之间都互相蒙蔽欺骗，心怀二志，国家四分五裂在所难免……陛下，您现在住着豪华的宫殿，收藏有天下的奇珍异宝，举国的美女在身边侍候，四海九州的人民尽听您的调遣。如果能从以往的亡国事例中及时吸取教训，总结夺取天下的经验，每日谨慎地处理政务，不要懈怠；去掉纣王的奢靡，抛却始皇的残暴，居安思危，像大禹那样克己勤民，这是为君之道的最好方法……如果忘记了创业的艰难和古圣王恭谨俭朴的美德，大兴土木，一味追求靡丽的雕梁画栋，后果不堪设想，祸乱一旦产生，就很难收拾……江山很难得到但是很容易失去，面对历史的教训，君主难道不应该有所警诫吗？

四月二十五日，魏徵又上书，认为：“君主能够有一个良好开端的多，能够坚持到底的少，这难道是因为取天下容易而守天下难吗？这是因为心怀忧虑就会竭诚对待部下，安乐之后就骄傲自满，轻视外物了。对下属尽心，就算是胡人和越人也会同心同德，轻视外物，就连亲戚朋友也会离心离德，即使拿出权威加以威胁，也只会让人表面服从、内心不服。君主如果见到想要的东西，就该想想知足常乐；将要大兴土木，就该想想适可而止；居于高位、危险增大，就该想想要保持谦虚低调；一切圆满时就该想想满招损的道理；陶醉于打猎时，就该想想每年只进行三次的规矩；心里产生贪图享受的想法时，就该想想将会出现什么后患；想要防止自己被人蒙蔽时，就该想想要广纳贤才的道理；痛恨谗佞小人时，就该想想首先要端正自己的言行；进行赏赐时，要想想会不会在自己高兴之际赏赐随意了；在进行惩处时，就该想想会不会在气头上刑罚太滥了。有了这十思，再选贤任能，择善而从，就可以无为而治……”这就是著名的“十思疏”。

五月，魏徵再次上书，称：“陛下乐善之心已不如过去，闻过则改，也不像昔日，惩处责罚逐渐多了起来，脾气也比以往大了许多，由此可知，古人说的：‘尊贵之后，自然就骄傲起来了；富裕以后，自然就奢侈了。’这话真的不假啊。如今，与隋朝的仓库、粮食、户口、军队相比，不可同日而语，以隋朝如此富强却轻举妄动，最终灭亡了，而我们却无为而治，国家反倒非常安定，安危的道理明明白白。昔日，隋朝还没有大乱时，自以为肯定不会出现动乱，它没有灭亡时，也自以为不会灭亡，所以才无休无止地征收赋税，四处征战，以致大祸临头，还浑然不觉。要看清自己的容貌，莫过于一池静水；要从失败中吸取教训，莫过于研究亡国的道理。我希望陛下能够从亡隋中吸取教训，抛弃奢侈之风，务必做到勤俭节约，亲近忠臣，远离佞臣。以如今天下无事，再像以往那样节俭，就会达到尽善尽美之境。夺取天下确实很困难，守住天下其实很容易，陛下能把很难的事情都能做好，难道就不能把守天下这种容易的事做好吗！”

七月，魏徵第四次上书，称：“孔子说：‘君使臣以礼，臣事君以忠。’文子说：‘同言而信，信在言前；同令而行，诚在令外。’又说：‘自古皆有死，人无信不立。’虽然国家安定了有十年之久，但道德水平还无法达到最高境界，其原因就在于陛下对待臣民的心还不够诚信，虽然陛下即位之初非常勤政，却没能让人感受到现在和那时一样，这种变化是日积月累而来的，并非一朝一夕所造成的。贞观初年，陛下听到善言，有振聋发聩之感，一副吃惊的模样，五六年以内，还非常乐于接受谏言，从那时再往后，陛下逐渐变得不喜欢直言了，虽然能够勉强接受，会予以包容，但已不是往日那么大度了。喜欢直言之士，稍稍开始察言观色，不敢当面直言了，那些佞臣们遂开始在陛下面前有了市场。他们提出一系列奇谈怪论，把同心同德为国尽忠的人称为朋党，把专门喜欢检举揭发的人称为大公无私，攻击倔强正直的大臣专权跋扈，污蔑忠诚劝谏的人是在诽谤。说是朋党，即使忠心耿耿也会受到陛下的猜疑，说大公无私，即使无中生有也会被免除处罚。倔强忠诚的人害怕被人说自己专权，进尽忠言的人担心被指责为诽谤。君子小人，外貌一样，内心迥异：君子替别人掩饰缺点，喜欢称道别人的长处，遇到危难时不会苟且偷生，能够做到杀身成仁；而小人则不会因为自己做得不仁而感到羞耻，也不会因为做得不义而畏惧，只要有利益就会冲上前去，陷害别人保全自己。小人想要陷害别人，什么手段都会使出来。如今陛下要治理国家，必须把国事交给君子，有什么得失之处，可能还会询问小人们的意见。陛下如今对待君子的态度是尊敬而又疏远，对待小人的态度则很亲昵。如此一来，就会为小人所左右，而去惩处君子……陛下如果想令君子小人是非分明，一定要用德行令他们心悦诚服，用诚信对待他们，用大义勉励他们，用礼仪来加以节制，然后鼓励善人，惩罚恶人，这样一来，小人就不会再谗佞了，君子也会自强不息。虽然向往善却不能进用忠良，讨厌恶却不能罢免小人，不能惩罚罪人，不能赏赐功臣，又岂能做到长治久安？”

魏徵的这四次上书，并非单纯地劝谏唐太宗一时一事，似乎与贞观群臣内斗有着直接的关系，贞观九年萧瑀复出，贞观十年六月，温彦博被任命为尚书右仆射、杨师道被任命为侍中，而魏徵却借口眼病坚决辞职，仅仅过去不足一年，魏徵就连续上了四道奏疏，可能是一种有预谋的反击。纵观这四道奏疏，第一道是借着唐太宗打算修建飞山宫劝谏唐太宗节俭，这一道可视为投石问路，紧接着，又上了十思疏，从实处又写到了虚处，第三道则直接指出唐太宗如今变了，从希望唐太宗要汲取亡隋教训这一老话中，却引出要亲近贤臣、远离佞人的这一新意，但还没有全面论述，第四道奏疏产生的背景是：七月，天降大雨，瀔水和洛水漫入唐太宗曾居住的洛阳宫，淹死了六千多人；另据《贞观政要》记载，瀔水泛滥，冲入洛阳城内，淹没了洛阳宫，平地水深五尺，冲毁了宫廷建筑和寺庙十九座，七百多家受灾，这让唐太宗惊吓不小。魏徵借着这一天灾，直接指出唐太宗亲近小人，疏远了君子。唐太宗亲自写下手诏，赞扬魏徵说："昔日，晋武帝平定吴国之后，骄傲自满，何曾身居宰相之位，却不能直谏，还私下在子孙们面前自诩明智，这是最大的不忠。看到你的劝谏，朕知错了，我将会把你写的奏疏放在案头，随时改正。"

七月十三日，唐太宗从洛阳附近的明德宫回到洛阳宫，下诏说："洛阳宫被大水冲毁的，只需稍稍加以修缮，人能住就行了，其余木料要送给城内房屋受损的人家。另外，百官各自上书言事，要直言朕的过错！"二十日，唐太宗下令拆除明德宫和飞山宫的玄圃院，把拆下来的木料送给受灾人家。

一五九 慎终追远（四）

贞观十一年七月的大水灾给唐太宗当头一棒。

在四个月之前，他还在积翠池得意扬扬地嘲笑隋炀帝，如今却在他临幸洛阳之时，河水泛滥，淹没洛阳，冲毁洛阳宫，淹死数千人。原本唐太宗东巡洛阳与洛阳发洪水是两件毫不相干的事情，但迷信的人们会自然而然地把二者联系起来，这让一向以爱民之君自诩的唐太宗情何以堪！这也是他下诏征求直言的原因。

八月十二日，唐太宗对侍臣们说："那些上书言事的人都说朕游猎次数太多了，如今天下无事，不能忘记武备，朕时常与侍从们在后苑打猎，并没有给百姓添一点麻烦，又有什么关系！"魏徵劝道："古代的圣王唯恐听不到自己的过错，陛下既然下令让大家上书言事，就该让人们随心所欲、自由表达各自的意见。只要有一言可取，对国家就是有利的；就算毫无可取之处，对国家也没有损害啊！"唐太宗说："还是你说的对。"遂对上书的官员一一予以安慰。

侍御史马周和中书侍郎岑文本也在上书之列，岑文本在奏疏中称："臣听说拨乱反正之主，创业确实很难，而守业也并不容易，因此，需要居安思危、有始有终。如今天下安定，但户口尚少，开辟的荒地更少；虽然陛下十分厚爱百姓，但战争的疮痍并没有平复；朝廷的教化也遍及了天下，但国库非常匮乏。所以，古人用种树来作比喻，说种植的时间越长，树就越会枝繁叶茂；如果种的时间不长，就算施肥了，又有阳光的温暖，但根基还是不牢，一有人晃动，树木就会枯萎。如今的百姓就是如此。假如关心他们，他们就会逐渐繁衍生息；假如不停地劳役他们，他们就会困顿，一旦困顿，就会民不聊生；民不聊生后，就会心生怨恨；心生怨恨，就会产生背叛之心。孔子说：'君主就像是一条船，百姓就像是河水。水既能承载船，又能颠覆船。'所以，自古圣王虽然受到称赞，也从不沾沾自喜，而是越来越谨慎小心，这就是其中的原因……"

马周在奏疏中称："臣考察前代，自夏商一直到汉朝，国运多的可绵延八百多年，少的也有四五百年，这都是由于积下恩德，百姓无法忘记。后世难道就没有昏君？有赖于前代圣王的恩泽而得以幸免。从魏晋以来一直到北周和隋朝，长的不过六十年，短的才二三十年就灭亡了，这全在于创业之君不施行德政，当时仅能自守，死后再无遗德令百姓追思，所以，后来君主的政教稍稍不当，一夫大呼而天下就土崩瓦解了。如今，陛下虽然以大功而平定天下，但积德日浅，要追思大禹、商汤、周文王和周武王的治国理念，施行德政，要让恩典泽被后世，岂能满足于政教没有明显的过失、仅仅考虑当代呢？然而，自古以来的圣王虽然治国理念各不相同，因地制宜，大的方面是抓好两点：一是节俭；二是对百姓施恩，所以，天下百姓就会像爱戴日月那样爱戴他，像畏惧雷霆一样畏惧他，这就是国运绵延长久的原因。如今，隋末大乱之后，全国百姓不到隋朝时的十分之一（《隋书·地理志》称，隋朝全国户口890.7530万户，人口4601.9956万人；据此，贞观十一年时唐朝的全国人口才460余万人），而朝廷的徭役却十分沉重，服劳役的百姓在路上连绵不断，路途远的要走五六千里，一年四季没有休息的时日。陛下虽然也颁布了诏书表示要减轻劳役，但给有关部门布置的任务并没有减省，自然而然需要人手，陛下的诏书就成了一纸空文，服劳役的百姓还是那么多。臣每每探访民情，百姓们颇有怨言，认为陛下不爱惜民力。汉文帝怜惜一百金子而停建露台，把装奏疏的布囊集中起来做成帘帷，爱妃慎夫人也没有穿拖地长裙，汉景帝认为刺绣妨害女红，特意下诏废除，所以，天下百姓非常安乐，到武帝虽然穷奢极欲，但由于天下百姓怀念汉文帝和汉景帝的恩德，因此，天下并没有大乱。如果汉高祖去世之后，由汉武帝即位的话，天下肯定会出现动荡。如今，京师和益州等地，营造的宫廷供奉之物包括诸王、公主们的服饰，大家一致意见都觉得并不俭朴。俗话说，天不亮就起床，思考怎样把德业发扬光大，即便如此，后世还会懈怠。陛下年少就生活在民间，深知百姓疾苦，前朝的成败，又是您亲眼所见，而皇太子自幼生于深宫，不晓外事，陛下应该忧虑身后之事。臣发现历代都是这样：只要百姓怨恨、背叛，聚集起来当了强盗，这个国家没有不灭亡的，就算君主表示悔改，也无能为力了，要改弦更张就要趁着天下太平之时，如果天下已经动荡了，那时候后悔都来不及了。身为君主的往往看到前代亡国的原因，知道了前代什么方面做错了，却看不到自己的过失，所以，商纣王曾嘲笑夏桀做了亡国之君，周幽王和周厉王也嘲笑商纣王的国家灭亡了，隋炀帝大业初年曾嘲笑北齐、北魏的灭亡，如今，我们看隋炀帝就像隋炀帝看北齐、北魏是一样的。京房对汉文帝说过：‘臣恐后之视今，亦犹今之视古。’我们不能不引以为戒。贞观初年，全国一片萧条，一匹绢才能换来一斗米，但天下十分安定，百姓们都知道陛下对他们非常怜爱，所以人人都很安心，没有牢骚，从贞观五六年以来，连年丰收，一匹绢能换来十余石粟，百姓们却觉得陛下不关心他们，都口吐怨言。另外，如今陛下营造的并非当务之急，自古以来，国家兴亡，不在于国家有多少积蓄，只在于百姓是苦还是乐。我们仅拿前不久的事来验证：隋朝在洛口仓囤聚了大量粮食，却被李密用了；东都洛阳堆积了大量布帛，而王世充用了；长安的仓库，也被我们用了，一直用到现在。假如当初洛口仓、东都没有那么多粮食、布帛，王世充和李密未必能招揽那么多人，当然，积累财富是国家的常事，只是要在百姓有余力的情况下再收取，岂能让天下百姓劳苦不堪而强征暴敛？反而资助了强盗们，毫无益处。勤俭节约，在贞观初年陛下已经做过，如今再去做也并不困难。能做一天，天下都会知道，百姓们会高兴得载歌载舞了。假如百姓已经非常疲惫了，还不让他们休息，一旦国家遭遇水旱灾害，边境又有边患，一些包藏祸心的人趁机起事，那么，天下将出现难以预料的危险，将不仅仅让陛下您费神费力了。古话说：‘动人以行不以言，应天以实不以文。’以陛下如此圣明，如果真的想要励精图治，不用效仿上古圣王的做法，只需做得像贞观初年那样就可以了。自汉晋以来，乱天下的何尝不是诸王？都是由于没有做好预防措施，以致国破家亡。身为君主的都知道这个道理，可是受到亲情的蒙蔽，才造成前车翻车而后车也不改道。如今，天下百姓很少，诸王却很多，陛下对他们恩遇过于优厚，臣认为，不仅仅是担心他们会恃宠而骄啊！昔日魏武帝曹操宠爱曹植，等到曹丕即位后，对曹植严加看管，形同禁闭，这就是因为先帝给予的恩德太多，让嗣王心怀猜疑啊，魏武帝曹操本来是关爱曹植，结果却害了他。皇帝的儿子们还怕不富贵？诸王都有很多食邑，锦衣美食之外，还需要什么？可是，陛下每年都又赏赐给他们大量金银财帛。俗话说：‘贫不学俭，富不学奢。’说的是自然而然会养成这种习惯。如今，圣王创业，岂止要管理好眼下的子弟们？需要的是给后世树立一个榜样，让万代奉行。还有，君临天下，要以人为本，要让百姓们安乐，全在于刺史、县令们。县令人数多了，不可能每一个都很贤明，如果每个州能有一位好刺史，那么一州百姓都能安生，全天下的刺史们都能让陛下满意的话，陛下就算是端坐在大殿上什么事不干，天下百姓也都不会不安。自古以来郡守、县令都要挑选贤德之人，要提拔宰相，一定要先派到地方上担任郡守县令，治理百姓，也有从郡守提拔为宰相的。如今朝廷只看重京官，不重视县令、刺史的选拔，刺史大多是有功的武将，或者是被贬的京官，而折冲都尉和果毅都尉中身强力壮的，先提拔为中郎将，其次才外任为地方官。边远之地用人更轻，其能力堪当宰相的，十个之中找不出一个来，所以百姓不安，都源于此。”

看过马周的奏疏，唐太宗称赞了很久，对侍从们说：“刺史，朕将亲自挑选；县令，应由京师五品以上的各推举一人。”马周头脑灵活，口才很好，很受唐太宗信赖，不久就从侍御史晋升为给事中，又转任中书舍人。唐太宗曾说：“我一会儿见不到马周，就会想他。”中书侍郎岑文本对亲信们说：“我见马周讨论事情的次数多了，每次他都能旁征博引，深入浅出，入情入理，一字不可加，一字不可减，让人听起来陶醉其中，忘掉了疲倦。昔日，苏秦、张仪、终军、贾谊就是如此吧，他的两肩上耸像鸱，面有红光，一定会飞黄腾达，只是恐怕难以长久啊！”

唐太宗在洛阳苑里打猎，有一群野猪突然从林中冲出，唐太宗弯弓发出四箭，箭无虚发，射杀了四头。有一头野猪一直冲到唐太宗的坐骑前，几乎撞到马镫。万分危急之际，户部尚书唐俭从马上跳了下来，徒手与野猪搏斗，唐太宗抽出宝剑，把野猪杀死，笑着对大家说：“天策长史（指唐俭）难道没看见过天策上将（指自己）杀敌吗？一头野猪而已，看把你吓的！”唐俭回答：“汉高祖在马上夺取天下，并不在马背上治理天下，陛下以神武平定四方，还需要在一头野兽身上展示威猛吗？”唐太宗很高兴，就结束了围猎，不久就给唐俭加一光禄大夫的荣誉称号。

安州都督、吴王李恪也经常出外围猎，很是扰民，侍御史柳范上书弹劾。十月二十六日，唐太宗把李恪免职，并削去三百户食邑。唐太宗说：“长史权万纪辅佐我儿，不能匡正，真是该杀！”柳范回答：“房玄龄侍奉陛下，尚且不能制止陛下游猎，岂能只归罪权万纪？”唐太宗听了，不禁面红耳赤，恼羞成怒，却又无言以对，只好拂袖而去。过了很久，他单独召见柳范，说道：“为何当面让我难堪？”柳范回答：“陛下圣明，臣才不敢不竭尽我的愚直。”唐太宗这才高兴起来。

一六〇 慎终追远（五）

从贞观十一年二月九日唐太宗东巡洛阳，到贞观十二年（公元638年）二月五日启程返回长安，可以说贞观十一年唐太宗基本上都是在洛阳度过的。

贞观十二年一月十五日，礼部尚书王珪上书称："规定：三品以上官员在途中遇到亲王，都必须下车叩见，这一规定不符合礼仪。"唐太宗说："你们自以为很高贵，看不起朕的儿子们，是不是？"魏徵回答："诸王的位次低于三公，如今三品大员都是九卿、八座，遇到亲王却要下车叩拜，也确实不妥。"唐太宗又说："人生祸福难料，万一太子有个三长两短，谁能说诸王此后不会当你们的主子！"魏徵回答："自周朝以来，都是子孙相继，不立兄弟，其目的就是根绝庶子夺嫡的野心，堵塞祸乱国家的根源，这是君主最该防范的事。"此时唐太宗心中已生出废黜皇太子李承乾、另立魏王李泰的打算了，所以才说出这种奇怪的话来，听了魏徵的一番话，唐太宗不得不接受了王珪的建议。

三月二十七日，回到长安的唐太宗因皇孙诞生，在东宫设宴款待群臣。席间，他说："贞观之前，追随我平定天下，房玄龄功劳居多；贞观以来，纠正我的错误，这是魏徵之功。"给二人都赏赐了一把佩刀。唐太宗问魏徵："与过去相比，朕的政务如何？"魏徵回答："威严恩德比以往要大得多，人心悦诚服则不如过去。"唐太宗说："远方蛮夷畏惧威严、仰慕恩德，前来归顺，如果不是心悦诚服，岂能前来？"魏徵回答："陛下过去常常担心治理不好国家，所以，恩德越来越多，如今已经把天下治理得很好了，所以恩德才不如过去。"唐太宗又说："我做得跟以往一样啊，你说有什么不同？"魏徵回答："贞观初年，陛下唯恐别人不进谏，经常引导着大家劝谏，会非常高兴地接受；如今就不一样了，虽然勉强接受，但脸色不好看，这就是不同。"唐太宗又说："你举个例子。"魏徵回答："陛下昔日诛杀元律师时，孙伏伽认为不当，陛下赏赐给孙伏伽兰陵公主的庄园，价值上百万。当时就有人说：‘赏赐太重了。’陛下却说：‘朕即位以后，还没人劝谏我，所以才这样赏赐。’这就是在引导大家进谏。在评定官阶时，司户柳雄把自己在隋朝时的履历也写上了，陛下要杀了他，但戴胄劝谏，陛下就作罢了，这就是必须高兴接受良言的例子。近期，皇甫德参劝阻陛下营建洛阳宫，陛下大怒，虽然在臣的劝说下陛下没有怎么样，但也是勉强听从的。”唐太宗回答：“没有你，我意识不到这些，人最难的是有自知之明啊！”

贞观十一年，发生了洛阳水灾、武则天入宫、魏徵上十思疏这些大事，贞观十二年，又发生了颁布《氏族志》、吐蕃进攻松州、设置百骑部队等大事，这已经说过，在此不提，单说一说此时唐朝周边的形势。

先说东突厥。

东突厥败亡后，唐太宗采纳中书令温彦博的建议，将突厥部众安置在朔方之地，从幽州到灵州设置了顺州、祐州、化州、长州四州以安置突厥部众，又把原东突厥的土地分为六个州，左边设置定襄都督府，右边设置云中都督府。突厥酋长内迁的，全部被拜为将军、中郎将等官，其中仅五品以上的就有一百多人，居住在长安的有数千家。大部分突厥贵族对唐太宗感恩戴德，知恩图报，对唐王朝非常忠诚，在讨伐吐谷浑等作战中立下赫赫战功，但也有个别人心怀叵测，企图东山再起，突利可汗的弟弟结社率就是这样的人。我们知道，突利可汗是始毕可汗的嫡子、颉利可汗的侄儿，当初曾任突厥的泥步设，与唐太宗结为兄弟，贞观四年被唐太宗加封为右卫大将军，封北平郡王，食邑七百户，率领部众回到领地，贞观五年，突利可汗请求入朝，唐太宗答应了他的请求，但他在回京的路上病死了。突利可汗的弟弟结社率是个无赖，入唐后被任命为中郎将，他怨恨哥哥突利可汗曾经斥责自己，就诬陷突利可汗要谋反，事情查清之后，唐太宗对结社率另眼看待，一直不给他加官晋爵，这让结社率非常不满。结社率暗中联络旧部，得到了四十人，当时唐太宗驾临九成宫，他们就阴谋趁晋王李治四更出宫时在宫门外列队之际，发动突然袭击，冲入宫门，杀死唐太宗。贞观十三年（公元639年）四月十一日，结社率簇拥着突利可汗的儿子贺逻鹘趁夜埋伏在宫门之外，正巧当天刮起大风，晋王没有出宫。结社率担心破晓之后事情败露，遂孤注一掷，发起攻击，穿越四道防线，乱箭纷飞，有数十名皇宫卫士战死。折冲将军孙武开等人率众誓死抵抗，双方激战很久，结社率等人才被击退。乱党逃入御马苑抢来二十多匹马匹，仓皇北逃，想逃回部落，后被追上杀死。唐太宗特意赦免了贺逻鹘，将其流放到岭南。

结社率谋反事件对唐太宗打击很大，也让他开始反思自己的少数民族政策，对突厥人也产生了戒备之心，朝廷不少大臣纷纷上书称把突厥人留在黄河以南（黄河几字形拐弯内）地区不妥。贞观十三年七月九日，唐太宗下诏任命右武候大将军、化州都督、怀化郡王李思摩为乙弥泥孰俟利苾可汗，赏赐给他旗鼓，令其率领在国内各州安置的突厥人和匈奴人一起北渡黄河，回到旧地。突厥部众都害怕薛延陀来攻，不敢出塞。唐太宗派司农卿郭嗣本给薛延陀下书，在诏书中，唐太宗说："颉利可汗战败后，其部落全都前来归顺，我捐弃前嫌，对待他的达官贵人们与我自己的大臣们一样，对待突厥部众也与我的臣民一样。我中国崇尚礼仪，不会吞并别国，过去消灭突厥，全是因为颉利可汗一人祸害百姓，我根本不贪图他的土地、百姓、牲畜，一直想替他们另立一个可汗，所以才把他们安置在黄河以南地区，任由他们放牧。如今，突厥已经恢复了元气，我内心非常高兴，既然我曾答应过他们，就不能食言，于中秋时节令他们北渡黄河，让他们复国。你们薛延陀受到我的册封在前，突厥受封在后，先受封的地位高，后受封的地位低。你在漠北，突厥在漠南，各自守好疆土，镇抚各自的部众，假如你们擅自越过疆界，相互抄掠，我将发兵问罪。"薛延陀表示接受，于是，唐太宗就命令李思摩在黄河以北建立牙帐。

唐太宗在齐政殿给李思摩饯行，李思摩流下眼泪，举起酒杯嘱咐唐太宗说："我等奴才国破家亡之后，理应被杀，化为尘土，陛下可怜我等，不仅让我们活了下来，还立我为可汗，愿我的万代子孙永远侍奉陛下。"唐太宗又命令礼部尚书赵郡王李孝恭等人手持册书，在突厥部众中举行隆重的仪式，册立李思摩为可汗。唐太宗对侍臣们说："中国是根本，四夷是枝叶，损害根本去滋养枝叶，树岂能繁茂？朕没有听从魏徵的话，差一点受害！"他又任命左屯卫将军阿史那忠为左贤王，左武卫将军阿史那泥熟（与西突厥咄陆可汗阿史那泥孰不是一个人）为右贤王。阿史那忠是苏尼失（启民可汗的弟弟）的儿子，唐太宗对他很优厚，把宗室之女嫁给了他。阿史那忠出塞后，每当见到唐朝使者，总是泪流满面，恳请回到长安，唐太宗最后答应了。

再说西突厥。

贞观六年，西突厥第七任大可汗肆叶护可汗死，部众迎立其堂兄弟泥孰为大可汗，号称咄陆可汗，又称大渡可汗，并受到唐太宗的册封。咄陆可汗在位两年，到贞观八年去世，他的弟弟同俄设继位，称为沙钵罗咥利失可汗，为西突厥第九任大可汗。咥利失可汗继位后，把国内分为十个部，每一个部设一名酋长，他给人赏赐一杆箭，号称十箭；又分十箭左右两厢，每厢五箭，左厢号称五咄陆，设置五个司令，驻扎在碎叶以东；右厢号称五弩失毕，也设置五个司令，驻扎在碎叶以西，统称为十姓部落。贞观九年，咥利失可汗曾向唐朝求婚，并献上五百匹马，唐太宗虽然对其厚加安抚，但并没有答应。

此后，咥利失可汗不得民心，部众纷纷叛逃，被其臣下统叶屯袭击。咥利失可汗战败，与弟弟步利设退守焉耆（今新疆维吾尔自治区焉耆县）。统吐屯等人打算拥立欲谷设（此欲谷设与贞观四年八月降唐的东突厥突利可汗弟弟可能不是一人，但也有人称就是同一人）为大可汗，以咥利失可汗为小可汗。可是，统吐屯很快就被人刺杀了，欲谷设也被其他酋长打败，咥利失可汗又收复失地，弩失毕、处密等部均归附于他。

然而，好景不长，到了贞观十二年，西突厥西部部落又拥立欲谷设为乙毗咄陆可汗。西突厥一分为二，乙毗咄陆可汗与咥利失可汗相互厮杀，双方均伤亡惨重，遂以伊列水（今伊犁河）为界，以西属于乙毗咄陆可汗，以东的属于咥利失可汗。贞观十三年，咥利失可汗的臣下俟利发与乙毗咄陆可汗暗中联络，里应外合，咥利失可汗无计可施，只好逃到钹汗（西域古国名，一说就是大宛），死掉了。弩失毕部落又迎立他的侄儿薄布特勤为可汗，称为乙毗沙钵罗叶护可汗。沙钵罗叶护可汗继位后，把总部设在虽合水（今新疆维吾尔自治区焉耆县北），因此，称为南庭，龟兹（今新疆维吾尔自治区库车县）、鄯善（今新疆维吾尔自治区鄯善县）、且末（今新疆维吾尔自治区且末县）、吐火罗（今阿富汗北部地区）、焉耆（今新疆维吾尔自治区焉耆县）、石国（今新疆维吾尔自治区塔什库尔干）、史国（今乌兹别克斯坦沙赫里萨布兹）、何国（今乌兹别克斯坦撒马尔罕西北）、穆国（今乌兹别克斯坦撒马尔罕附近）、康国（今乌兹别克斯坦撒马尔罕东北部）等国都臣服于他；咄陆可汗把总部设在镞曷山（今地不详）西面，号称北庭，厥越失（今地不详）、拔悉弥（鄂浑河流域）、驳马（今地不详，有人认为是拔悉弥的异名）、结骨（大约在萨彦岭以北）、火焊（今地不详）、触水昆（今地不详）等国都听命于他，北庭南庭仍以伊列水为界。

一六一　灭亡高昌（一）

再说薛延陀国。

贞观四年唐太宗平定东突厥颉利可汗后，塞北空虚，薛延陀真珠毗伽可汗夷男遂率众东迁，占据了东突厥的旧土，在都尉犍山（今蒙古国杭爱山）以北、独逻河（今蒙古国色楞格河）以南建立总部，东到室韦（今黑龙江省大兴安岭北部），西至金山（今新疆维吾尔自治区阿尔泰山），南接突厥，北临瀚海（今贝加尔湖）。薛延陀拥有二十万大军，夷男命两个儿子拔酌、颉利苾分别统治汗国的北部和南部。唐太宗担心薛延陀国强盛，会对唐朝不利，贞观十二年九月十八日，他拜拔酌、颉利苾为两个小可汗，各自赏赐给旗鼓，表面上是给予他们尊荣，实际上是想在他们中间制造矛盾，分化瓦解他们。

唐太宗立李思摩为突厥可汗，率领东突厥部众北迁，虽然夷男勉强答应，但从内心深处肯定是一百个不愿意。原本薛延陀的疆域已经南抵漠南，与唐朝相邻了，如今唐太宗把突厥部众安排到漠南，这显然是让夷男把到嘴里的一块肉再给吐出来，他肯定是不好受的。史称："夷男心恶思摩，甚不悦。"

其实，这两年来，唐帝国周边局势并不安定：贞观十二年吐蕃进攻唐朝的附属国吐谷浑，继而又进攻唐朝本土的松州，唐朝只好答应和亲；贞观十三年，唐朝命东突厥部众北迁，直接损害了薛延陀国的利益，薛延陀国十分不满，但各国都不敢当第一个吃螃蟹的人，不敢率先挑战唐帝国的权威。与此同时，西突厥与唐朝之间对西域各小国的争夺也愈演愈烈，终于有一个国家成了第一个吃螃蟹的人，这个国家就是高昌（今新疆维吾尔自治区吐鲁番市）国。

高昌国是西汉时期车师前王的王庭，东汉戊己校尉的驻地，全国共有21座城池，拥兵一万，官职采用中国名号，公元502年汉人豪门麴嘉建立了高昌国的麴氏王朝，其王麴伯雅就是麴嘉的六世孙。隋炀帝时，麴伯雅入朝拜见，被隋炀帝封为左光禄大夫、车师太守、弁国公，并以宇文氏的女儿为华容公主嫁给了他。到唐高祖武德二年，麴伯雅去世，儿子麴文泰继位，武德七年，麴文泰向唐高祖献上两头狮子狗，从此中国才有了狮子狗。唐太宗继位后，高昌仍然采取了与唐朝友好的政策，西域诸国有什么动向都能及时禀报唐朝，到贞观四年冬天，麴文泰入朝，唐朝赏赐给他大量物品，并把他的妻子宇文氏赐姓李，封为常乐公主。

西域诸国在隋末唐初一直处于西突厥势力控制之下，到唐太宗时期，虽然西突厥实力变弱，不再明目张胆地与唐朝为敌，但暗中对西域的争夺一刻也没有停止。也就是在贞观四年，在东突厥被唐朝灭亡后，唐太宗采纳了凉州都督、西北道安抚大使李大亮的建议，对伊吾(今新疆维吾尔自治区哈密市)采取“羁縻”政策，“使居塞外，为中国藩蔽”。同年九月，伊吾城主入朝，“举其属七城来降，因以其地置西伊州。”西伊州(贞观六年改曰“伊州”)是唐朝经营西域的门户，从地缘政治的角度来看，唐朝要想染指西域，下一个目标必然是距离伊吾最近的高昌了。

高昌国王似乎也意识到了这一点，在政治态度上逐渐倒向了西突厥。西域诸国前往唐朝朝贡的，必须经过高昌，麴文泰常常予以阻挠；麴文泰还与西突厥叶护可汗勾结，打算联兵进攻伊吾。为此，唐太宗给麴文泰下书，对其严厉斥责，并征召其大臣阿史那矩入朝，但麴文泰拒不送来，只派来长史麹雍进京谢罪。隋末大乱时，很多中原人都投奔了东突厥，等到东突厥颉利可汗败亡后，也有一些汉人又逃到了高昌，唐太宗曾下令各国把避难的汉人送回，麴文泰却把这些人隐瞒起来，拒不送回。焉耆国王龙突骑支见高昌与唐朝之间关系出现裂缝，贞观六年，就建议唐朝另外开辟一条途经焉耆的丝绸之路，麴文泰听说后，不禁大怒，又联合西突厥乙毗设的军队一起进攻焉耆，打下焉耆三座城池，焉耆上书向唐朝申诉，唐太宗派虞部郎中李道裕前去调查。

贞观十三年，唐太宗对高昌使者说：“高昌这些年来不来朝贡，没有藩臣之礼，国内官位与我百官一样，既然向我称臣，岂能如此！今年年初，万国来朝，唯独麴文泰不来。整修城墙，深挖壕沟，预作战备。前不久，我的使者到你们那里，麴文泰说：‘鹰飞于天，雉窜于蒿，猫游于堂，鼠安于穴，各得其所，岂不活耶！’西域使者来朝，你们总是予以扣留。还派人去薛延陀那里挑拨：‘既然你自称可汗，与汉天子一样，为何要向他的使者下拜？’侍奉他人失礼，又离间友好邻邦，做此大恶，岂能不诛？明年，我将发兵讨伐你。”

贞观十三年三月，薛延陀可汗派人来见唐太宗，称：“奴才思恩图报，愿意调派本部人马作为唐军进攻高昌的向导。”薛延陀的心思是：一、借唐军讨伐高昌，看看唐军的虚实；二、薛延陀是西突厥的宿敌，不言而喻，唐军经营高昌，是在与西突厥争夺西域诸国，可以进一步削弱西突厥的实力。唐太宗派户部尚书唐俭、右领军大将军执失思力携带金银财宝出使薛延陀，一起商量出兵事宜。

但就在唐朝与薛延陀商议一起出兵高昌时，到了四月就发生了结社率叛乱事件，这一事件促使唐太宗决心把东突厥部众从黄河以南迁出，就有了七月立李思摩为东突厥可汗的事，而北迁东突厥又直接损害了薛延陀的利益，薛延陀是否还愿意与唐军一起出兵高昌就成了一个未知数。

在这种情况下，唐太宗也有些犹豫起来。一是此战的政治代价高昂。唐军在贞观四年灭掉东突厥、贞观九年灭掉吐谷浑，如今已有数年没有进行大规模的战争，四夷国君都盯着唐军，一旦开战，唐军如果失败，后果不堪设想，因此，只能取胜，不能失败。二是唐帝国周边局势并不稳定。贞观十二年，吐蕃进攻吐谷浑，继而又进攻松州，虽然唐朝与吐蕃实现了和亲，却是在不得已的情况下才答应的，吐蕃俨然唐朝最大的威胁；唐朝刚刚北迁了东突厥，薛延陀态度转变，不能不进行提防。三是国内情况也不是太好。这些年来，各地少数民族的叛乱一直没有停止：贞观十二年二月，巫州獠人造反；十月，巴州獠人造反；钧州獠人造反；十一月，明州獠人造反；十二月，壁州獠人造反；贞观十三年四月，武候将军上官怀仁进攻巴州、壁州、洋州、集州獠人，生擒六千多人。另外，在贞观十一年七月，洛阳水灾；贞观十三年五月，全国又出现了旱灾。四是代价太大。用兵高昌，唐军要长途跋涉，所经之地又是沙漠，行军困难，另外，很多朝臣都认为，高昌远在万里之外，就算唐军得胜，恐怕也难以守住此地，因此，大家纷纷反对。

这当然都是大举出兵讨伐高昌的不利因素，因此，唐太宗也想不战而屈人之兵，寄希望于高昌王麴文泰能够改悔，遂再次下诏给他一个机会，并征召他入朝，但麴文泰谎称生病，拒不接受。如今，唐太宗已是骑虎难下，箭在弦上不得不发了，于是，在贞观十三年十二月四日，唐太宗以交河行军大总管、吏部尚书侯君集，副总管兼左屯卫大将军薛万均等将率领突厥、契苾之兵共计数万人马，出兵讨伐高昌。

一六二 灭亡高昌（二）

高昌王麴文泰听说唐朝出兵的消息后，给臣民们打气说：“唐朝与我相距七千里之遥，中间有两千里的沙漠，没有水草，寒风如刀，大军岂能到此？我往年入朝，见秦陇以北城池萧条，与隋朝时不可同日而语。如今唐军前来讨伐我，出动的军队多了，那么粮食就供应不上；假如只来三万以下，我们的力量就足以抵挡。我们要以逸待劳，唐军长途跋涉，远来疲惫，如果顿兵坚城之下，不出二十日，军粮肯定会吃尽，到时候我们再趁机反击，一定能大获全胜！有什么可忧虑的呢！”但等听说唐军已经进抵沙漠边缘时，麴文泰忧愁郁闷，无计可施，竟然急火攻心，一病呜呼了，其子麴智胜继位。

贞观十四年（公元640年）五月，当唐军行至柳谷（今新疆维吾尔自治区哈密市以东）时，侦察兵向主帅侯君集禀报称，高昌将于某日安葬麴文泰，高昌君臣在当天均齐集在墓地。众将纷纷建议趁机采取行动，打高昌一个措手不及，但侯君集反对道：“不行。天子因高昌无礼才命我等前来讨伐，如今，我们假如趁人家举行丧礼时偷袭人家，这不是吊民伐罪之师。”于是，唐军大摇大摆地擂鼓前进。唐军行至田城（今新疆维吾尔自治区吐鲁番市以东），契苾何力率领前锋，与高昌军队接战，败退下来，侯君集率领大军赶到后，劝说城内军民投降，但田城拒不投降，唐军这才发起进攻。战斗从清晨一直打到中午，唐军终于攻下了城池，生擒七千多人。占领田城后，侯君集命令中郎将辛獠儿率领先头部队连夜进发，直趋高昌都城，高昌军出城迎击，却被唐军击败。很快，侯君集就率领大军就赶到了城下，把高昌都城团团包围了起来。

麴智胜给侯君集写信称：“得罪天子的先王，上天已经给先王惩罚了，如今，先王已经死去，我刚刚即位不久，还望尚书明察。”侯君集回复道：“如果你真心实意地悔过，就该自我捆绑着来到我的军营门外谢罪。”但麴智胜紧闭城门，拒不接受。麴文泰原本与西突厥乙毗咄陆可汗欲谷设（西突厥中管理西部的那位）约定互为唇齿，因此，在唐军到来之前西突厥派遣叶护领兵驻扎在可汗浮图城（今新疆维吾尔自治区奇台县），声援高昌，可是，当唐军真的到来后，西突厥可汗吓得魂不附体，一直向西逃了一千多里，而叶护也举城投降了唐军。

唐军集中力量向高昌都城发起了猛攻。侯君集命令部队把城外的壕沟用土石填平，用冲车、抛石车等从四面八方朝城内射箭、抛石，顿时箭如雨下，城内军民只能待在屋内。唐军军中有一种巢车，高十丈，士兵们站在上面可以俯瞰城内，哪里有行人，巢车上的士兵就高声报告。麴智胜见外援已经断绝，八月八日，只好开城投降。侯君集分兵夺取土地，共计攻下高昌二十二座城池，缴获户口八千四十六户，一万七千七百人，土地东西八百里，南北五百里。高昌国自公元460年立国，经过16个王，存续181年，至此灭国。当初，高昌国内童谣称：“高昌兵马如霜雪，汉家兵马如日月。日月照霜雪，回手自消灭。”麴文泰曾派人逮捕最初唱这个童谣的人，却没有找到。

唐太宗打算在高昌设置郡县。魏徵劝谏道：“陛下刚刚即位，麴文泰夫妻二人一起入朝拜谒，此后，稍稍骄傲自满，陛下发兵讨伐。如果只加罪于麴文泰一人，这也够了，不如安抚那里的百姓，册立他的儿子继续当王，这就是所谓的吊民伐罪，威德将及于海外，这才是上策啊。如果贪图他的土地，在那里设置州县，就需要一千多人常年在那里镇守，几年一轮换，每到交接时，将会死去十分之三四，又需要置办衣服、盘缠，远离家乡，十年之后，会把陇西地区都折腾得十分空虚，而陛下最终也得不到高昌的半点粮食布帛，这是在把有用的东西浪费在无用的方面上，臣认为不可。”但唐太宗没有听从魏徵的建议，九月，他下令在高昌设置西州，在可汗浮图城设置庭州，各自下设属县。九月二十一日，又在交河城（今新疆维吾尔自治区吐鲁番市西北）设置安西都护府，留下兵马镇守。

侯君集把麴智胜和当地的豪门大族都带回了国。侯君集讨伐高昌时，派人联络焉耆，要求焉耆发兵协助唐军，焉耆表示从命。等到高昌被灭后，焉耆王亲自来到唐营拜见侯君集，向侯君集反映说焉耆的三座城先前被高昌夺占，请求侯君集能归还给自己，侯君集上报唐太宗连同被高昌掳掠的军民也一并还给了焉耆。

高昌灭国后，唐朝的疆域向西拓展了几千里，东到大海，西到焉耆，南抵林邑（今越南归仁县），北到大漠，全部为郡县，东西长九千五百一十里，南北长一万九千一十八里。

贞观十四年十二月五日，唐太宗命侯君集在观德殿举行献俘礼，而后，设宴款待出征将士们。为了庆贺这一胜利，唐太宗还特意下令准许天下百姓大吃大喝三天。不久，唐太宗又任命麴智胜为左武卫将军、金城郡公。唐军把俘虏的高昌乐师交给了太常，增加九部乐为十部。

侯君集占领高昌之后，私藏了高昌很多珍宝，将士们知道后，上行下效，也都纷纷抢劫，侯君集也制止不住了。等到唐军回国后，有关部门予以弹劾，唐太宗大怒，下令把侯君集等人一并打入了大牢。中书侍郎岑文本劝谏道："高昌国王头脑混乱，陛下才命侯君集等人出兵讨伐，如今，我军凯旋，可是不出十日，陛下又将将帅们打入了监牢。虽然是侯君集他们咎由自取，但恐怕天下人会说陛下只追究他们的罪过而忘记了他们的功劳。臣听说过，命令大将出征，最看重的是能击败敌人，只要能取胜，即便贪婪一些，也该赏赐；如果战败了，即使非常廉洁，也该诛杀，所以说，汉朝的李广利、陈汤，西晋的王濬，隋朝的韩擒虎，都曾犯有过错，可君主却因为他们的功劳依然予以重赏。由此可见，武将们廉洁谨慎的少，贪得无厌的多，因此，黄石公的《军势》上说：'使智，使勇，使贪，使愚，故智者乐立其功，勇者好行其志，贪者急趋其利，愚者不计其死。'希望陛下能够记下他们立下的小功，忘记他们犯的大错，让侯君集重新回到朝廷，继续为陛下效力，虽然他不是一个清廉之臣，但还是贪婪愚蠢的将领，这样一来，虽然陛下违背了法律，可您的德行却更显著了，侯君集等人虽然被赦免了，可也更加彰显了他们的罪行。"唐太宗就赦免了侯君集等人。又有人控告薛万均与高昌妇女私通，薛万均不承认，唐太宗就从宫中把那位高昌妇女送到大理，与薛万均对质。魏徵劝谏道："臣听说：'君使臣以礼，臣事君以忠。'如今让大将军与一个亡国的妇人在大庭广众之下对质一些床笫之事，就算是真的，收获也很小，如果是假的，损失就大了。昔日，秦穆公赏赐给盗马贼美酒，楚庄王赦免了绝缨之罪，何况陛下的德行要高过尧舜，难道连秦穆公和楚庄王都赶不上吗？"唐太宗听了，赶忙下令释放了薛万均。

在讨伐高昌时，侯君集的战马前额化脓生蛆，行军总管赵元楷亲自用指头沾着脓水闻闻，御史弹劾赵元楷太谄媚了，唐太宗将其贬为括州刺史。高昌平定后，众将都接受了赏赐，唯独行军总管阿史那社尔以没有唐太宗的圣旨，不予接受，后来，等到唐太宗专门下达了命令后，阿史那社尔这才接受。他在接受赏赐时，也只取了一些老弱的人口和老旧的器皿而已，唐太宗听说后，对他的清廉非常赞赏，把从高昌那里缴获的宝刀和一千段丝绸又赏赐给了他。

一六三　防微杜渐

还是在贞观十三年五月，唐太宗打算讨伐高昌时，魏徵又上了一篇著名的《十渐不克终疏》。

魏徵的这篇奏疏，与他在贞观十一年所上四个奏疏的背景差不多，都是在他发现了唐太宗逐渐开始奢侈浪费、贪图享受的情况下写的，而这篇奏疏写作的时候，唐帝国的内外还面临着一系列复杂的情况：一是高昌国王联络西突厥乙毗咄陆可汗公然挑战唐朝的权威，唐朝即将对高昌一战，这一战前途未卜；二是结社率刚刚发动了未遂政变，唐太宗对东突厥乃至整个少数民族政策即将发生重大变化，可能会引起一系列的连锁反应；三是吐蕃的崛起成了唐帝国不得不重新审视的问题；四是唐太宗自我感觉良好，在一些重大决策上出现了独断专行的苗头。比如分封世袭刺史，等等，被证明是一个荒唐的决策，任其发展下去，后果不堪设想，有必要进行敲打。

正巧，在这一年的五月发生了旱灾，唐太宗下诏命五品以上官员上书言事，于是，魏徵就写下了这篇奏疏，他在奏疏上说："我看自古以来帝王登基即位，都想万代相传，传之子孙，所以，他们端居高位，治理天下，在谈及治国之道时，都会崇尚淳朴而抑制浮华；在说到选拔人才方面，也都称尊贵忠良而鄙视奸邪谗佞之人；在言及建章立制时，都摒弃奢侈浪费而倡导勤俭节约；在涉及国家财富时，也都重视五谷、布帛而轻视珍稀奇异之物。在君主登极之初也都会谨慎遵守这些，但安定之后，大多便反其道而行之，致使风化败坏下来。这是什么缘故呢？这是因为君主高居天子尊位，拥有四海之富，无人敢于违背自己的言行，时间长了，公理逐渐被私情掩盖，自制为个人嗜好所损，难道不是如此吗？俗语说：'不是难于明白道理，而是身体力行难；也不是身体力行难，而是始终如一难。'这话确实不假啊！

“陛下您刚刚成年，便拯救乱世，平定天下，开创帝业。贞观初年，您刚入壮年，抑制欲望，诸事节俭，身体力行，国泰民安，步入鼎盛。论起功劳则商汤、周武也不能与您媲美，说到德行则您与尧、舜也差不太远。我自从被提拔到您身边，已经十余年了，每在殿下侍奉，多次聆听到您圣明的旨意。您常常承诺说，要永远尊奉仁义之道，绝不放弃；还说将始终不渝地保持俭约之志。一言可以兴邦，说的就是这个道理。陛下说的话还萦绕在我的耳畔，我岂能忘掉？然而，近年以来，陛下您昔日的志向稍稍有所偏离，淳朴、俭约之风逐渐消失。现在，谨以我自己的所见所闻，逐一罗列如下。

“陛下在贞观初年，实行无为而治，个人无为无欲，令清净祥和的政治氛围，连边疆蛮荒也都受益无穷。考察今日，这种政治氛围已逐渐消失，您说出的话远远超过前代圣明君王的，可落到实处的举措连平凡的君主都赶不上。为什么我会这样说呢？汉文帝、晋武帝在历史上的评价都算不上是最上等的明君，但汉文帝能辞谢外邦献上的千里马，晋武帝也能焚毁远方贡献的雉头裘。今天，您却从万里之外寻求骏马，从国外搜购珍奇之物，您的这些举动被路人嗔怪，令异族轻视，这是您逐渐陷于不能善始善终的表现之一。

“昔日，子贡向孔子请教治民的方法，孔子说：‘就像用腐朽的绳索驾驭六马那样战战兢兢。’子贡说：‘为什么呢？’孔子说：‘不用道义去引导他们，那他们就是我的仇敌，这还不可怕吗？’所以《书》上说：‘百姓是国家的根本，根本牢固国家就会安宁。’身为君王怎能不谨慎？陛下在贞观初年，待人如同对待伤口一样小心翼翼，体恤他们的艰辛，爱民就像爱自己的孩子，心中怀着凡事节俭的思想，不曾大兴土木。近年以来，陛下逐渐滋生了奢侈、放纵的思想，忘掉了勤俭节约的美德，往往会轻率征用民力，竟还给自己找借口说：“百姓如果没有事情干，就会变得懒惰放肆，经常征用他们，他们就容易驾驭。”自古以来，没有因为百姓安逸而能让国家走向灭亡的，哪有害怕他们骄逸而故意奴役他们的道理？这话恐怕不是兴邦的至理名言，也不是长治久安的良策！这是您逐渐陷入不能善始善终的表现之二。

“陛下在贞观初年，损己利人，到今天却放纵私欲而劳顿百姓，勤俭节约的作风逐年改变，骄矜奢侈之情日益显现。虽然在陛下您的口中经常说出爱惜百姓的话，可是您心中总想着自己享乐的事。有时，陛下您想有所营造，又担心臣下会劝谏，就说：‘如果不建此，对我身体不好。’作为臣下的，听了陛下的话，又有谁还能再开口劝谏呢？陛下说这话不过是想堵塞谏者之口，怎么能说是择善而行呢？这是您逐渐不能善始终的表现之三。

“立身成败，在于受到环境的熏陶，兰芷与鲍鱼在一起，就会与鲍鱼一起变得臭不可闻，因此，一个人要慎重对待自己的爱好和习惯，这一问题不能不三思。陛下在贞观初年，磨炼修养，注重名节，处理事务时，不会顾及私情，亲近君子，疏远小人。今天就不一样了，您亲近小人，与小人相处时非常随便，但在与君子交往时，只是礼节性地尊重君子。名义上虽然是尊重君子，实际上却是敬而远之；名义上是轻视小人，但实际上就会逐渐因狎亵而亲近起来。一旦亲近，就看不到小人们的错处；敬而远之，慢慢也就看不到君子的优点了。看不到君子的优点，则不用外人挑拨自然就会疏远起来；看不出小人的错处，则自会时不时地与之亲昵。亲近小人，不是治理国家之道；疏远君子，岂是兴邦之义？这是您逐渐不能善始善终的表现之四。

“《书》上说：‘不作无益之举以损害有益之事，大功即可告成；不尊崇奇异之物而轻视日常用物，人们就会知足。犬、马之类不是本土生长的就不饲养，那些珍禽奇兽国内一概不养。’陛下在贞观初年，举动每每遵循尧、舜之举，抛弃金银宝玉，返璞归真。近年以来，您却爱好奇异之物，虽然是远方之物，您也莫不搜集到手；宫廷作坊制作珍贵玩物的工作，一刻也没有停止。上级喜好奢靡却要下级淳朴，这是不可能的；工商等副业昌盛，还想让农业丰收，这也是做不到的。这是您逐渐不能善始善终的表现之五。

“贞观初年，您求贤如渴，能够很好对待别人举荐的人，信任他、使用他，尽量发挥他的特长，唯恐他的才能没有完全发挥出来。近年以来，陛下您却全凭自己的好恶，要么是大家推举，您便任用他，要么就是一个人指责，您便弃之不用，要么您是长年任用一人，要么是因一次怀疑便疏远。一个人的品行在平时就能够表现出来，也可以通过他做出的事情来予以检验，诋毁的人未必就比举荐此人的人更可信，而积累多年的品行，也不应因一时的怀疑而被否定。君子的志向在于实践仁义、弘扬美德，而小人的品性则是进谗言、耍奸巧以谋取私利。陛下如果不明察其间的原委，轻率地褒贬人物，就会让坚守道德的君子逐渐离您远去，而您的身边也逐渐都是那些追求私利的小人，朝廷之上人人敷衍塞责，不肯尽心竭力。这是您逐渐不能善始善终的表现之六。

“陛下即位之初，高瞻远瞩，诸事简约唯求清净，心中并无嗜欲，内除打猎用具，外废打猎之地。数年之后，却不能坚持下来，虽然尚未出现太康耽于游猎十旬不返回这类现象，但有时超过一年三猎的旧礼，于是，陛下盘桓游猎之举被百姓讥讽，而献鹰献犬之类的事遍及边远的异族。有时，猎场遥远，陛下清晨出宫，到深夜才回来，如此沉溺打猎而不顾及突发事变，一旦遇到不测，怎么去挽救？这是陛下您逐渐不能善始善终的表现之七。

“孔子说：‘君王以礼对待臣下，臣下便以忠心事奉君王。’既然如此，那么君王对待臣下，就不能不重仁义。陛下初登皇位，恭敬地对待臣下，恩泽及于诸多身居下位者，因此臣情能够上达，都想尽心为您服务，心中没有保留。近年以来，您对此多有忽略。有时朝外地方官员或其使者有事入朝求见，想拜见陛下，陈述意见，刚要张口，您却摆出不想听的脸色，想要请示，您又不以恩礼相待。有时还因为对方有毛病而出口斥责他犯下的一些小错，就算他能言善辩，也无法说出一片赤胆忠心，这样，还想上下同心、君臣融洽，岂不是很难吗？这是您逐渐不能善始善终的表现之八。

“‘骄傲不可滋长，欲望不可放纵，享乐不可过度，志向不可过满。’这四句话令前代君王而得福，引起贤人们的警诫。陛下在贞观初年，孜孜追求，毫不懈怠，委屈自己而顾念别人，总怕自己做得不够。近年以来，陛下却稍稍出现了骄傲放纵的苗头，仗恃功业之大，蔑视前代君王，认为比前代圣人智者还要贤明，心里轻视当代人才，这是骄傲情绪在滋长。想干什么，都是随心所欲，有时虽然能够压抑着自己的情绪而听从忠告，但始终是耿耿于怀，这是欲望在走向放纵的表现。心思放在了嬉戏游乐方面，总不厌倦，虽然还没有全然妨碍政事，但也不再专心治国了，这就是享乐将要走向过度了。天下安定，四夷敬服，仍然驱使兵马远征致讨，这就是志向过满了。长此以往，将会让那些您身边的小人曲意奉迎您的旨意而不肯进忠言，而被您疏远的人又畏惧您的威严不敢进谏，这样下去，日积月累，将会让您的圣德受到损害。这是您逐渐不能善始善终的表现之九。

“从前，尧、商汤时天下并非没有灾患，而之所以人们会称颂他们的圣德，就是他们能够善始善终、无为无欲，遇到灾害时极其忧虑、殷勤，局势安定时又不骄傲、不耽于逸乐。贞观初年，频年霜旱，关内人口流落关东，人们扶老携幼，却不曾有一户逃亡、一人口出怨言，这的确是因为百姓都能体会到陛下爱护他们的情怀，所以至死不生二心。近年以来，百姓被徭役搞得疲惫不堪，关中的人的负担尤其沉重。各种工匠按照规定服完劳役后，仍然被官府雇用，年壮的兵员很多被用以应付各种劳役，官府不断地从乡间手中购买东西，远送物品的农夫在路上穿行。如果出现灾情，人们就很容易被惊扰，一旦出现水灾或旱灾，恐怕民心不会像过去那样稳定了。这是陛下逐渐不能善始善终的表现之十。

“我听说‘祸福无门，唯人所招’‘人无衅焉，妖不妄作’。陛下已登基十三年，威加海内外，年年五谷丰登，礼治教化振兴。然而，到了今年，天灾流行，炎热大旱，凶恶之人又在京师作孽。上天怎会说话？只能垂下天象以示警诫，这的确是陛下应当惊惧、忧勤的时候了。如果看见这些而感到可怕，就择善而从，像周文王那样小心翼翼，效法商汤归罪自己；学习前王治理国家的有效措施，改掉今天败坏德行的种种作为，改弦易辙，那么，还有什么祸患呢？可见国家的安危，在于陛下一人而已。当今太平基业已经高入云天，只是功亏一篑。千载难得的良机，圣君本可大有作为却不去做，这是我郁结在心而喟然长叹的原因啊。

“我确实愚笨，没有见识，大略举出所见十条，把它奏明圣上。仅愿陛下采纳我这狂言，想想我这草野之见，即使斧钺加身，我也心甘情愿。”

一六四 君臣相得

历史上的名人谁都不是浪得虚名的，唐太宗和魏徵也是如此。

魏徵的《十渐不克终疏》语言切直，度量一般的人恐怕都是难以接受的，但唐太宗不愧是一代明君，虽然这道奏疏说得他面红耳赤，但他还是虚心接受下来了。他下诏说：“臣下事奉君主，顺从君主的旨意，这非常容易，而违背君主的心意就太困难了。你身为我的辅佐大臣，经常能够把你的所思所想和盘托出。朕如今闻过能改，也许能做到善始善终吧！如果朕违背了今日所言，朕还有什么脸面再与你见面呢？又将用什么方法来君临天下呢？自从我接到你的奏疏以后，就开始反复研读，每读一遍就感到它语言有力，论理正确，于是，我就把它张贴在屏风上，以便我能时刻瞻仰。我又把奏疏上的语句抄录下来，交给编写史书的官员，希望后世的人们能够知道你我君臣之间的深厚情谊。”同时，唐太宗还下令赏赐给魏徵十斤黄金、两匹御马。

魏徵《十渐不克终疏》中说的都有例子，比如，在提到君臣关系时，就不乏这样的例子：像对待功臣尉迟敬德，尉迟敬德自以为是唐太宗的心腹旧臣，又在玄武门事变中立下大功，自然有些居功自傲。据《谭宾录》记载，一次，尉迟敬德与众大臣在庆善宫陪唐太宗喝酒，有一个大臣的座次排在他的上面，尉迟敬德非常不满，怒道：“你有什么功劳，竟然排在我的上面？”当时，任城王李道宗在尉迟敬德的下首，就上前劝解。谁知，尉迟敬德把一腔怒火转到了李道宗身上，挥拳就朝李道宗打来，几乎把李道宗的眼睛打瞎。另据《唐历》称，在一次内宴中，尉迟敬德对宇文士及说：“你有什么功劳，而坐在我的上面！”唐太宗劝解后，尉迟敬德才作罢。《资治通鉴》记载此事发生在贞观六年九月。由于尉迟敬德这一闹腾，唐太宗当然很不高兴，对尉迟敬德说道：“朕见汉高祖诛杀功臣，内心常常觉得他做得不对，所以，我一直希望能够与你们一起共享富贵，传之子孙。可是，你屡屡犯法，由此可知，韩信、彭越为汉高祖所杀，也不是汉高祖的罪过。国家的秩序只有赏赐和惩罚，一个人不可能一直得到非同寻常的恩典，希望你反省自己，别弄到最后后悔都来不及了！”从此以后，尉迟敬德才感到恐惧，收敛起来了。在随后的日子里，尉迟敬德显然受到了冷落，不仅官职一直不变，而且也失去了领兵打仗的机会，更有甚者，还引起了唐太宗的无端怀疑。一次，唐太宗对尉迟敬德说：“有人对我说你要造反，这是何故？”尉迟敬德满腔悲愤，应声说道：“臣造反属实！臣追随陛下征战四方，身经百战，今日还活着，是刀锋箭头下残存的一点血肉之躯。今天下已定，反而怀疑臣来了！”说完，他解下衣服，全部扔到地上，露出满身伤疤。唐太宗流下眼泪，说道：“你穿上吧！朕没有怀疑你，才把这话告诉给了你，你还抱怨什么呢！”唐太宗还曾对尉迟敬德说：“我打算把女儿许配给你，你看如何？”尉迟敬德叩头，推辞道：“臣的妻子虽然出身卑贱，但我们在一起共度贫贱的日子久了，臣虽然无知，但也曾听说古人富贵后也不会抛弃老妻，我不愿再娶公主。”

唐太宗对待唐俭也是一个例子。

据《后村诗话》续集三记载，唐太宗原来对唐俭非常宠爱，但数年之后，不知是什么原因，对他非常讨厌起来，还派人对唐俭说：“以后再也不要见面了，见了你，就想杀了你！”两人亲密时，唐太宗还把女儿豫章公主（被长孙皇后收为嫡女）嫁给了唐俭的儿子唐善识。虽然史书没有详细记载唐太宗是什么缘故突然讨厌起唐俭的，但根据《朝野佥载》的记载，似乎也只是源于一件小事，该书称，一次，时任吏部尚书的唐俭与唐太宗下棋，在下得酣畅淋漓之际，二人为争棋路而发生了争吵，惹得唐太宗勃然大怒。盛怒之下，唐太宗把唐俭贬为潭州刺史，这仍未平息他的怒气，又指使尉迟敬德说：“唐俭这家伙竟敢轻视我，我想杀掉此人，你替我证明他对我有怨言。”这明明是让尉迟敬德来栽赃陷害唐俭。可是，唐太宗这次找错人了，尉迟敬德虽然不敢当面回绝，但到了第二天唐太宗把尉迟敬德召来对质时，尉迟敬德说：“臣确确实实不曾听说过。”唐太宗反复问了几遍，尉迟敬德还是矢口否认，最后，唐太宗大怒，一把把玉珽扔到地上，拂衣而入。过了很久，唐太宗又命三品以上的官员一起入宫饮宴，自我检讨说：“今天，尉迟敬德所为对三人都有好处：一是唐俭免被枉杀；二是朕也免去枉杀他人；三是尉迟敬德免了盲目顺从。”

张玄素曾任刑部令史，一次，唐太宗当着朝臣们的面问张玄素：“你在隋朝时担任什么官职？”张玄素回答：“县尉。”唐太宗又问：“没当县尉之前是什么官？”张玄素答道：“不入流。”也不知是唐太宗真的不知，还是故意要羞辱张玄素，唐太宗又追问道：“隶属什么部门？”张玄素感到受到了莫大的羞辱，气得是面如死灰，出门时几乎挪不动脚步。褚亮之子、谏议大夫褚遂良上书认为：“君主能对臣子以礼相待，臣子才能尽心竭力地为君主服务。张玄素虽然出身寒微，但陛下看重他的才华，把他提拔为三品大员，让其辅佐太子，岂能面对群臣追问他的出身？丢掉往日您对他的恩德，让其顿时无地自容，羞耻始终萦绕于怀，怎可让他为节义而死呢？”唐太宗回复道：“我也后悔这么问了，你的奏疏深合我心。”孙伏伽和张玄素在隋朝时都当过令史，但孙伏伽的性格就比较开朗一些，在众人面前会滔滔不绝地说起自己的往事，一点也不避讳。

在唐太宗面前，魏徵就像是一位严师，看到学生有一点过错，就会及时指出来。陈仓的折冲都尉鲁宁因犯法被打入大牢，此人自恃地位较高，不把陈仓尉刘仁轨放在眼里，对刘仁轨是破口大骂，惹得刘仁轨大怒，将其用棍棒打死。地方官员把此事上报给了唐太宗，唐太宗闻听也非常恼火，当即下令将刘仁轨斩杀，命令发出之后，唐太宗的余怒未消，又说道：“这是哪里来的县尉，竟敢杀了我的折冲都尉！”命令把刘仁轨带到长安，他要亲自问个究竟。等把刘仁轨押到长安之后，刘仁轨把鲁宁侮辱自己的过程详细说了一遍，最后说道：“鲁宁当着臣百姓的面把臣如此羞辱，臣确实气愤不过，才杀了他。”刘仁轨言语自若，句句是理，当时，魏徵就在唐太宗身边，趁机说道：“陛下知道隋朝是怎么灭亡的吗？”唐太宗问：“你说是什么原因？”魏徵回答：“隋朝末年，百姓强横，欺凌官吏，就像鲁宁这样的。”唐太宗顿时怒气全消，把刘仁轨晋升为栎阳丞。刘仁轨是尉氏（今河南省尉氏县）人，自幼好学，隋末大乱，别人都无暇读书，他却总会在空地上写写画画，从未忘了学习，遂博览群书。武德初年，河南道大使任瑰上书，刘仁轨看了他的奏表，改动了几个字，任瑰非常惊奇，遂推荐他为息州参军，后改任陈仓县尉。在他当县尉期间，袁天纲曾对他说：“你终将成为宰相，年寿接近九十岁。”后来，刘仁轨果然成为高宗、则天朝的宰相，终年八十四岁。贞观十四年十月，唐太宗到同州打猎，刘仁轨上书劝谏：“今年秋天大丰收，现在百姓秋收才进行十之一二，命他们丢下农活，整修道路，供奉打猎，这确实妨碍了秋收，希望陛下稍稍等待十天半月，等秋收完毕再出巡，这样于公于私都有好处。”唐太宗采纳了刘仁轨的建议，不久，又将其晋升为新安县令。

司门员外郎韦元方发给出宫办事的宦官通行证，过于迟延，宦官们就在唐太宗面前告了韦元方一状，唐太宗听后，很不高兴，把韦元方贬为华阴令。魏徵劝谏说："帝王震怒，不可随意发作。前不久为了宦官出宫，竟然深夜下诏，好像与重大军情一般重要，谁不惊骇？况且，像宦官这类人自古以来就难伺候，喜欢搬弄是非，产生祸害，再派这种人独自远行办事，很不妥当，此风不可长，千万要慎重。"唐太宗也接受了。

唐太宗亲自检阅部队，因队伍不整齐，命令大将军张士贵棒打中郎将等各级军官，继而，又觉得张士贵打得太轻，把怒火又发泄到张士贵身上，命令将其交给司法部门审判。魏徵劝谏道："将军们是一个国家的爪牙，让其拿着棍棒打人，这本就不足为后世效法，何况还因其打得轻就把人家打入大牢呢？"唐太宗听了，连忙把张士贵放了。有人劝说唐太宗要亲自批阅各地的奏章，以免受到蒙蔽，唐太宗征求魏徵的意见，魏徵回答："此人不识大体，要是让陛下一一亲批，那岂止中央事务，连州县之事也该陛下您亲自处理了！"

魏徵还给唐太宗上书，认为："掌握大权的朝廷重臣，虽然位高权重，但陛下对他们的信任不够，因此，这些人也许会心生疑虑，不敢大胆工作，敷衍塞责。陛下在对待大事方面往往失之于宽，可对小罪却过于严厉，随时会发出雷霆之怒，难免因爱憎而不当。把大事交给大臣们处理，把小事交给小臣们解决，这是为政之法。如今，陛下在职务上重视大臣，轻视小臣，可在一些小事上却听信小臣，怀疑大臣。信任那些平素轻视之人，却怀疑那些委任很重的大臣，这样要想治理好国家，能成吗？如果任命一个人担任高级官员，却又苛求他的一些小错，那些个玩弄刀笔的小吏就会见风使舵，舞文弄法，罗织罪名，打击陷害。受到诬陷的大臣如果要自我辩解的话，陛下就会认为他是内心不服；如果不辩解的话，陛下又认为他所犯属实。进退两难，难以自明，所以只好得过且过，不求无功，但求无过，虚伪就会大行其道。"唐太宗接受了魏徵的提醒。

一六五 再度夭折

贞观十三年、十四年的大事主要是前面说过的灭亡高昌。

除此之外，还有：贞观十三年二月，唐太宗下诏停止实行世袭刺史制度；四月结社率政变；到了七月，唐太宗册立李思摩为突厥可汗，把东突厥降众北迁到漠南；十一月，吐谷浑王诺曷钵来朝，与弘化公主完婚；这些，前面我们都说过。

到了贞观十四年，当侯君集的大军扑向高昌时，二月十日，唐太宗驾临国子监视察，命国子祭酒孔颖达讲解《孝经》，对国子监内的优秀学生予以赏赐。唐太宗即位后，十分重视儒学，征集天下著名的儒学大师来国子监任教，他本人也多次来到国子监视察，与师生一起讨论经典论著；当时规定，《礼记》和《春秋左氏传》为大经；《诗经》《仪礼》《周礼》为中经；《易经》《尚书》《春秋公羊传》《春秋谷梁传》为小经，只要能够弄明白大经的绝大部分内容的学生，都有资格被授予官职。唐太宗还下令增修了一千二百间国子监教室，学员名额增加到了三千二百六十名；像屯营、飞骑等禁卫军里也派去了教师给官兵们讲解经书，能弄懂经文的官兵也可以参加州县的贡举，于是，全国各地的学者都纷至沓来，京师长安学风甚盛，连高句丽、百济、新罗、高昌、吐蕃的酋长们也派遣子弟前来学习，听讲的学生多达八千余人。唐太宗因各派对儒家经典的解释各不相同，又命令孔颖达等人对《五经》进行权威的注疏，称之为《五经正义》，令学生以此解释为标准。

三月四日，流鬼国派来使者向唐朝进贡。《新唐书·东夷传》称："流鬼国，去京师一万五千里。直黑水靺鞨东北。"大约在今俄罗斯堪察加半岛。唐太宗任命该国使者佘志为骑都尉。九月，侯君集灭亡高昌，到了十月，荆王李元景等人再次上表请求唐太宗封禅泰山，但唐太宗没有答应。同月，吐蕃赞普松赞干布派国相禄东赞献上五千两黄金和数百件珍宝，前来求婚，唐太宗答应把文成公主嫁给松赞干布。十一月，群臣又上表封禅，这一次，唐太宗同意了，又命令儒学大师们拟定出详细的仪式，并以太常卿韦挺等人为封禅使。

显然，贞观十五年（公元641年）最大的事就属即将到来的封禅大典了，全国上下都在为此忙碌着。不过，刚过新年，唐太宗还得首先把一直待在长安迎亲的禄东赞打发走。

据说，禄东赞能够替松赞干布迎娶到文成公主还颇费一番周折。传说，当时唐太宗给各国使臣出了五道题，第一道是用细线穿过九曲玉珠，其他使臣都无能为力，而聪明的禄东赞把细线绑住蚂蚁，再把蚂蚁放到玉珠孔口，用嘴吹气，不一会儿蚂蚁就带着细线从另一个孔口爬了出来，细线也就穿过了玉珠。第二道题是把一百匹母马和一百匹小马驹儿放在一起，要求辨认出哪匹马驹儿是哪匹母马生的。禄东赞把母马和马驹儿分开关了一天，断绝了马驹儿的饲料和水，第二天，再把它们放在一起。饿慌了的马驹儿分别奔到自己的母亲那里去吃奶。第三道题是区分一根两端一样粗细的木柱哪端是根部哪头是顶端，禄东赞将木头放到水中，沉入水中较深的那端就是树根。第四道是某天晚上唐太宗召使臣们入宫看戏。看完戏，要他们自己按原路回馆舍，看谁先到。禄东赞入宫时，已考虑到自己初次来长安，路途不熟，怕回去时路难找，先让随从在拐角上用红颜料做了记号。所以他最先回到了住处。最后一道是要从二千五百名美貌年轻的蒙着同样面纱的宫女中，找出谁是文成公主。禄东赞事先买通宦官，弄清楚了文成公主的特征，结果，一下子就把公主认出来了。阎立本所画的《步辇图》就真实地反映了禄东赞前来替松赞干布迎娶文成公主的故事。

唐太宗对聪明睿智又口齿伶俐的禄东赞非常欣赏。贞观十五年一月十二日，他任命禄东赞为右卫大将军，又把琅邪公主外孙女段氏嫁给了他。禄东赞推辞道："臣国内有妻子，是父母给我娶的，不能抛弃。且赞普还没娶到公主，我岂敢先娶！"唐太宗虽然觉得禄东赞说得有道理，但为了拉拢他，硬是把段氏塞给了他。一月十五日，唐太宗命令礼部尚书李道宗持节护送文成公主（一说文成公主就是李道宗的女儿）入藏。唐太宗为文成公主置备了丰盛的嫁妆。除了金银、绸帛、珍宝外，文成公主进藏时还带去蔬菜种子、蚕种、农业技术、手工业制品、药物以及很多书籍，又带去了大批工匠和乐队。随着文成公主的入藏，汉民族的农耕、纺织、酿酒、制陶、冶金、建筑、造纸、制笔、制墨等技术也在西藏传播开来，对西藏的经济文化发展起到很大的推动作用。

时年二十五岁的松赞干布心花怒放，他亲自赶到河源(今青海省兴海县东南)迎接文成公主，以中原女婿之礼叩拜李道宗。看到中原衣服、服饰、仪仗非常华美，松赞干布十分倾心，专门给文成公主修建了一座宫室，让她居住，每次来见公主，松赞干布都会改穿中原衣服。当时，吐蕃国民喜欢把脸涂成红色，文成公主不喜欢，松赞干布就下令废掉了这一风俗；在文成公主的影响下，松赞干布也逐渐改掉了自己猜忌残暴的性情，还向长安派遣子弟学习儒学，接受《诗经》《书经》的熏陶。今日拉萨的大昭寺里还保存着文成公主的塑像。文成公主入藏促进了藏、汉文化交流，加强了汉、藏之间的友好关系。

几乎与送走文成公主同时，一月十三日，东突厥俟利苾可汗李思摩也才开始率领部落北渡黄河，在过去的定襄城（今内蒙古自治区呼和浩特市东南）建立大本营，拥有三万户部众，四万兵马，九万匹马。到了定襄城之后，李思摩又向唐太宗禀报：“臣蒙受非分之恩，被陛下任命为部落之长，希望我的子子孙孙都作为大唐的一条狗，替国家守好北门。如果薛延陀侵扰，恳请陛下允许我率众南入长城躲避。”唐太宗答应了。

送走了文成公主和李思摩，唐太宗总算是喘了一口气，回过头来准备他的封禅事宜。封禅泰山，是古代帝王在泰山举行的祭祀天地的隆重典礼，唐太宗当然打心眼里想实现封禅泰山。还是在贞观五年时，就以李孝恭、武士彟等人为代表提出封禅，到贞观六年群臣再次恳请不已，唐太宗当时就要答应，但到了最后节骨眼上，魏徵一人提出了反对意见，由于正巧河南等地发生水灾，封禅一事才搁置起来。贞观六年的封禅之议一放就是八年，到了贞观十四年，当侯君集灭掉高昌之后，荆王李元景等人再度把此议提了出来，这一次，唐太宗也答应下来了，魏徵亦没有反对，封禅一事也进入实际操作阶段，唐太宗已经打算前往洛阳，并在四月一日下诏把封禅大典定于来年的二月在泰山举行，按理说一切该没有问题了吧？

可是，自从唐太宗决定封禅之后，就出现了一些不好的征兆，让人们感到了一丝的不安。唐太宗将要东巡洛阳，命皇太子监国，以尚书右仆射高士廉在长安辅佐。一月十九日，当唐太宗一行来到温泉时，皇宫卫士崔卿、刁文懿等人不愿远行，企图惊吓一下唐太宗，好打消东巡的念头，于是，他们深夜朝行宫射箭，有五只箭射中了唐太宗的寝帐，崔卿等人被抓获后，均以大逆之罪被处死。

三月七日，唐太宗来到去年刚刚建成的襄城宫（在今河南省汝州市境内），当时天气炎热，宫内又有很多毒蛇，搞得唐太宗非常不快。九日，唐太宗下令拆除襄城宫，把建筑材料赏赐给当地百姓，又罢免了负责修筑的将作大匠阎立德（建筑家、画家，是画家阎立本之兄）的官职。

到四月二十七日，果毅都尉席君买率领一百二十名精锐骑兵袭击了吐谷浑丞相宣王，杀掉宣王兄弟三人。当初，吐谷浑丞相宣王掌握着吐谷浑的实权，阴谋袭击弘化公主，劫持诺曷钵投奔吐蕃。诺曷钵听说后，狼狈逃往鄯善，驻守鄯善的吐谷浑大臣威信王把诺曷钵保护起来。席君买替诺曷钵诛杀了宣王，宣王死后，吐谷浑国内大乱，唐太宗派遣户部尚书唐俭等人前去安抚。五月十二日，并州的老百姓来到长安，请求唐太宗在封禅返回途中能够临幸晋阳，唐太宗答应了。六月十九日，太微星座内出现了一颗流星，太史令薛颐上书称："不可东封泰山。"二十一日，起居郎褚遂良也上书劝阻。二十六日，唐太宗下诏停止封禅。

一六六 讨伐薛延陀（一）

究竟是什么原因让唐太宗决定取消了准备多时的封禅大典呢？史书对此的记载闪烁其词，难道仅仅是因为上天示警？还是另有现实的危险呢？

贞观十五年八月十六日，唐太宗对侍臣们说："朕有两个值得高兴的事，担忧一件事。我国连年丰收，长安一斗粟才三四钱，这是值得高兴的第一件事；第二件值得高兴的是北方少数民族已臣服很久了，边境安宁。国家安定之后，就容易滋生骄傲自满之心、奢侈浪费之风，一旦滋生了这些，国家很快就会灭亡了，这是我所担忧的。"如今，贞观年间已经走过了一多半，值得我们高兴的是，经过贞观十一年魏徵四道奏表的不断敲打、洛阳水患的无情打击、贞观十二年吐蕃的威胁、贞观十三年结社率的政变、高昌王麹文泰的不服、魏徵上《十渐不克终疏》的提醒以及贞观十四年侯君集灭高昌、西域政治格局又发生一次巨大的变化等等诸多事件，也令唐太宗变得更加清醒了，他从贞观四年消灭东突厥、成为天可汗以来逐渐产生的飘飘然中又回到了现实。唐太宗说北方少数民族臣服很久，是他第二件值得高兴的事，这话虽然不假，但北方的实际情况是暗流涌动，各种矛盾叠加，错综复杂，时刻会酿成一场冲突。

先说东北。

隋朝末年，高句丽王高元去世，其异母弟高建武继位。等到唐朝建立之后，高句丽采取了与唐朝友好的政策，武德五年，唐高祖与高句丽王约定：唐朝把在中国的高句丽人遣返回高句丽，高句丽也把滞留在国内的中国人遣返回来，高建武答应了，把国内近一万中国人遣返回了中国。武德七年，唐高祖拜高建武为上柱国、辽东郡王、高句丽王，并派道士前往高句丽，讲解《老子》。第二年，新罗和百济上书称高句丽切断他们进贡的道路，且又屡屡侵扰两国，唐高祖派人前去调和，高建武从命。贞观二年，唐太宗击败颉利可汗后，高建武派使者前来道贺，并献上疆域地图。贞观五年，唐太宗派广州都督府司马长孙师前往辽东安葬隋朝远征军将士的尸骨，并毁掉高句丽构筑的京观。高建武害怕唐朝会前来讨伐，东北起自扶余城（今吉林省农安县）西南到大海修筑了一条长城，绵延一千多里。据《三国史记》记载，这条千里长城从贞观五年开始修筑一直修了十六年，到贞观二十一年才完工。

贞观十四年，高建武派其太子高桓权入朝，唐太宗对他十分优待。到本年度（贞观十五年），唐太宗又派职方郎中陈大德出使高句丽，八月十日，陈大德返回洛阳。陈大德刚进入高句丽国内后，为了侦察山川地形、风土人情，每到一地，就向当地官员送上大量财物，声称："我喜欢游山玩水，你们这里有什么风景名胜，带我去走走看看。"当地官员毫无防备，满心欢喜地带着他四处游玩，往往遇见一些流落在那里的中国人，自称："我家在某郡，隋朝末年从军，沦落在高句丽，高句丽人把流浪女人嫁给我们，我们与高句丽人杂处一起，人数几乎与他们相当。"遂询问家乡情况以及亲戚存亡。陈大德就谎称："都安然无恙。"这些人都哭着奔走相告。数日后，沦落在高句丽的中国人见到陈大德的车队无不痛哭失声，布满郊外。等陈大德回国后，向唐太宗禀报："高句丽国听说高昌灭亡后，非常害怕，接待礼数比以往更加殷勤。"唐太宗说："高句丽本来是汉朝辽东四郡之地，我如果调发数万人马去进攻辽东，他们肯定会倾尽全力前去解救，届时，我再派水军从东莱直扑平壤，水陆配合，灭掉他并不困难——只是关东州县疮痍还未平复，我不愿让百姓们受苦罢了！"

显然，在唐太宗的心里，收复辽东，一雪表叔隋炀帝之耻，只是个时间问题了。

再说西北。

西突厥沙钵罗叶护可汗多次派人朝见，贞观十五年七月十五日，唐太宗命左领军将军张大师持节封其为大可汗，赐予大旗、战鼓。张大师临出发前，唐太宗嘱咐他多带金银，买回西域各国的好马，魏徵劝谏道："我们还没有册封可汗，就先去买马，他们一定以为陛下是为了买马，册封可汗不过是个幌子罢了。就算我们册封了可汗，可汗也不领情；如果没有册封成，就结下了深仇。各国听说后，也一定会轻视我们。去购买好马也不一定能买到，就算买到了，也不合适。只要沙钵罗叶护可汗安然无恙，各国的良马自然会不求而至。"唐太宗听了，欣然同意。

然而，事与愿违，北庭的乙毗咄陆可汗与臣服唐朝的南庭沙钵罗叶护可汗连连交手，乙毗咄陆可汗屡屡取胜，实力不断壮大，西域各小国纷纷归附到了他的名下。不久，乙毗咄陆可汗就命令石国的吐屯（总督）率军进攻沙钵罗叶护可汗，沙钵罗叶护可汗战败被擒，他被俘虏后很快就被乙毗咄陆可汗杀掉了。乙毗咄陆可汗再次统一了西突厥，又进攻吐火罗，把吐火罗也灭掉了。

乙毗咄陆可汗自恃强大，非常倨傲无礼，对唐朝采取了不友好的政策，扣押了唐朝使者，蚕食西域，侵扰唐朝的伊州(今新疆维吾尔自治区哈密市)。

西北边境陡然出现了一个与唐朝为敌的强大的西突厥，让唐太宗再无心情举行什么封禅大典了，此时的吐谷浑已经支离破碎，假如西突厥实力进一步膨胀，会很快闯入唐朝的腹地。

另外，北面的薛延陀也不能让唐太宗省心。自从东突厥俟利苾可汗李思摩北渡黄河进入漠南后，薛延陀真珠可汗夷男一直耿耿于怀，他虽然表面上答应唐太宗的要求，实际上却屡屡骚扰李思摩部众，夷男的动向也不得不防。

十一月三日，唐太宗晋升并州大都督长史李世勣为兵部尚书。李世勣担任并州大都督长史十六年，是并州的实际统治者，在任期间，令行禁止，百姓喜悦。唐太宗说：“隋炀帝动用民力，修筑长城防备突厥，最终也没有什么益处。朕只在并州放一个李世勣，就能让边境安定，他这个长城难道不壮观吗！”侯君集在去年灭掉高昌国后就因军纪不严而得罪，兵部尚书空缺，此时以李世勣为之。十一月十五日，唐太宗开始从洛阳返回长安。

果然不出唐太宗所料，就在他刚把李世勣从晋阳调回，北方就出事了。

薛延陀真珠可汗夷男听说唐太宗将要封禅泰山，就对部下说：“天子封禅泰山，兵马全都跟着东去，边境必然空虚，我趁此时拿下李思摩，如探囊取物一般！”于是，他命令儿子大度设调发同罗、仆骨、回纥、靺鞨、霫等部落军队共计二十万，度过漠南，朝俟利苾可汗李思摩杀来。薛延陀联军驻扎在白道川（今内蒙古自治区呼和浩特市以北），又前突至善阳岭（今山西省朔州市以北），从四面八方向东突厥部众发起猛攻。俟利苾可汗李思摩无力抵挡，只好率众南撤到长城以南，固守朔州，向唐朝政府告急……

显然，唐朝政府似乎早已听到了风声，对此早有准备。唐太宗反应迅速，就在他离开洛阳的第二天，即十一月十六日，就下诏命令营州都督张俭率领本部骑兵以及奚人、霫人、契丹人从东面向薛延陀联军发起反攻；以兵部尚书李世勣

（当时还未入京赴任）为朔州道行军总管，率领六万军队、一千二百骑兵进驻朔方（今山西省朔州市）；以右卫大将军李大亮为灵州道行军总管，率领五万人马，五千骑兵，驻扎在灵武（今宁夏回族自治区灵武市）；以右屯卫大将军张士贵为庆州道行军总管，率领一万七千人马从云中（今陕西省榆林市横山区）向北突进；以凉州都督李袭誉为凉州道行军总管，进攻薛延陀联军的西面。

一六七　讨伐薛延陀（二）

唐太宗对出征众将指示方略。

他说："薛延陀自恃强盛，越过沙漠南下，长途跋涉，行数千里地，马匹早已疲惫、瘦弱。大凡用兵之道，要见到利益迅速前进，遇到不利，要速速撤退。薛延陀既然不能掩李思摩不备，动作迅速，一举歼灭突厥，却让李思摩回到长城以内，此时，他又不迅速北撤。我已经命令李思摩坚壁清野，焚烧、铲除野外所有的野草，薛延陀粮草很快就会吃完，野外又掳掠不到给养。刚才，侦察兵报告说，敌人的战马把树皮都吃光了，你们要与李思摩互相支援，不用着急与敌人决战，等看到敌人有北撤的迹象时，一齐发起猛攻，一定能将敌人击败。"

薛延陀玩弄两手，十二月十二日，派遣使者觐见唐太宗，请求与突厥和亲，显然其居心叵测。

薛延陀过去在与西突厥沙钵罗可汗和东突厥阿史那社尔交战时，都是靠步兵战胜了骑兵，因此，这一次在南下之前，真珠可汗还想采取步兵战术取胜，加强了步兵训练，具体战法是：以五人为一小组，以熟悉战事的一人牵着五匹战马，另外四人徒步战斗；如果战胜，则纷纷上马追击；如果牵马之人接应不力，罪当处死，家人籍没，赏给另外四位战士。当时，大度设率领三万骑兵（《新旧唐书》均称八万）逼近长城，企图与突厥决战，但李思摩提前率众转移到了长城以内。大度设得知自己扑了个空，不禁大怒，命人登上长城破口大骂，就在这时，李世勣率领唐军及时赶到。远远望去，烟焰张天，鼓声动地，大度设见状，感到非常害怕，率众从赤柯泺（今地不详）北逃。李世勣从军中和东突厥部众中间挑选六千精锐骑兵（《旧唐书》称三千）迅速发起追击，唐军渡过白道川，在青山（阴山）终于赶上了敌军。

十二月十七日，大度设连日跋涉，行至诺真水（今内蒙古自治区百灵庙哈尔红河，一说内蒙古自治区希拉穆仁河），他整顿军队，决定与唐军决一死战。薛延陀军阵绵延十里，突厥军队先与之交战，结果被打败，向后溃逃。大度设乘胜追击，与后面的唐军遭遇，薛延陀军顿时乱箭齐发，唐军战马很多被射死。

两军杀得红眼，李世勣命令将士们索性从战马上跳下，每数百人为一队，手持长矛与敌人厮杀，敌军无力抵挡。唐军副总管薛万彻率领数千骑兵（《新旧唐书》均称数百骑兵）为先锋，绕到敌阵后面，专门攻击薛延陀牵马的士兵。薛延陀人失去了战马，顿时军心大乱，手足无措，唐军趁机发起猛烈的进攻，薛延陀军很快崩溃。唐军乘胜追击，追赶数十里，阵斩其名王一人，斩杀三千多人，俘虏敌军五万多人，缴获战马一万五千匹。大度设狼狈而逃，薛万彻率领数百骑兵追赶不及，被其侥幸逃脱。薛延陀的残兵败将逃到漠北，又遇上大雪，人马冻死的又有十之八九。

李世勣得胜回师。回到定襄后，正遇上居住在五台（今山西省五台县）的突厥思结部趁乱叛逃，州兵追赶，李世勣率军前后夹击，叛逃的思结部落被全部屠杀。

十二月十九日，当诺真水大捷的消息传来时，薛延陀的使者还没有返回。唐太宗对他说："我与你曾经约定与突厥以大漠为界，谁侵犯谁，我就讨伐谁。你自恃强盛，穿越沙漠来侵犯突厥。李世勣率领的兵马只有数千骑兵而已，你就已如此狼狈！回去告诉你家可汗：有什么举措，要认真掂量掂量再说！"

诺真水之战的惨败是薛延陀国由盛转衰的转折点。战后，真珠可汗夷男派人向唐太宗谢罪，并请求与突厥和解，到贞观十六年（公元642年）九月十日，夷男又派叔父沙钵罗泥孰俟斤前来向唐朝求婚，并献上三千匹马，三万八千张貂皮，一个玛瑙镜子。

是和是战？唐太宗考虑到西北崛起的西突厥乙毗咄陆可汗以及复杂的北方局势，最终决定暂时接受夷男的求婚请求，他对侍臣们说："北狄世代是中国的大患，如今薛延陀雄踞北方，应该趁早想个对策。朕想了很久，如今对付它只有两个路子：一是挑选十万大军，扫清凶丑，中国百年之内不会有外患；二是如果答应他们的请求，与之和亲。朕为百姓父母，如果能对百姓们有利，我怎会爱一个女儿呢！北狄的风俗，妇女的意见很受重视，况且生下孩子，就是我的外孙，肯定不会侵扰中国的，以此推断，边境三十年内会得到安宁，这两条对策，该选择哪个？"房玄龄回答："中国遭遇隋末大乱，刚刚安定，户口一多半还未恢复，战争凶险，臣以为和亲较好。”唐太宗说：“是啊。”

左领军将军契苾何力的母亲姑臧夫人以及契苾何力的弟弟、贺兰州都督契苾沙门都在凉州，唐太宗派契苾何力前去探亲，并安抚契苾部落。当时薛延陀十分强盛，契苾部落内很多人都想投靠薛延陀，契苾何力回来听说后，不禁大惊失色，说道：“主上对我们如此厚恩，岂能背叛！”契苾部落的人们说：“夫人和都督都已经投奔那里了，你为何不去？”契苾何力回答：“沙门是孝顺母亲，我则忠于皇上，决不听从你们的！”但到了部落，契苾何力就失去了自由，被部众强行带到了真珠可汗面前。契苾何力两腿伸直倨傲地坐在地上，拔出佩刀面向东方大呼：“岂有大唐壮士会甘心在蛮夷的王庭受辱！苍天大地，日月星辰，明察我的一片忠心！”当即用刀割下自己的左耳发誓。真珠可汗想要杀了他，被其妻子劝阻了。

唐太宗听说契苾何力逃到了薛延陀那里，知道肯定不是他的本意，有人说：“人心都乐意回到自己的故乡，蛮夷们气味相投，如今契苾何力回到薛延陀，就好像鱼儿回到了水中。”唐太宗却说：“不对。此人心如铁石，一定不会背叛我的。”就在唐太宗与群臣商议该如何对付薛延陀时，正巧，有使者从薛延陀回来，把契苾何力在薛延陀的表现一五一十地告诉了唐太宗，唐太宗深受感动，他掩面而泣，对群臣们说道：“你们看契苾何力到底如何？”赶忙派遣兵部侍郎崔敦礼持节来到薛延陀，答应了薛延陀的求婚请求，决定把新兴公主嫁给夷男，以换回契苾何力。新兴公主是唐太宗的第十五女，看来，这一次唐太宗是动了老本了。

薛延陀与唐朝定下和亲后，契苾何力才得以回朝，回来后，他就被唐太宗任命为右骁卫大将军。当然，唐太宗答应薛延陀和亲绝不仅仅是为了换回契苾何力，而是与西北的局势密切相关的：西突厥乙毗咄陆可汗已经威胁到了唐帝国的西部边境，并向伊州发起进攻，唐金紫光禄大夫、行安西都护、西州刺史郭孝恪率领两千轻装骑兵从乌骨（今地不详）截击，将敌人击败；乙毗咄陆可汗又派遣处月部落（在今新疆维吾尔自治区新源县境内）、处密部落（在今新疆维吾尔自治区塔城市境内）包围了天山（今新疆维吾尔自治区托克逊县），郭孝恪率军将敌人赶走，并乘胜攻克了处月部落俟斤的大本营，一直追赶到遏索山（天山支脉萨阿明尔山，今乌鲁木齐市西南），把处密的部众全部招降，凯旋。

虽然唐军取得了胜利，但唐太宗也意识到西突厥的威胁，也对当初占领高昌进行了反思，占领高昌固然拓展了唐帝国的领土，但带来的负担是每年派一千多唐军前去戍守，而这点兵力根本不顶用，反而会引狼入室，引起战端。当时，褚遂良就曾上书反对，他说："圣王治理天下，先考虑汉人，然后再说夷狄。陛下发兵夺取了高昌，致使数郡萧条，数年恢复不了元气。每年还要调派一千多人前去戍守，这些人远离家乡，倾家荡产，置办行装；另外，发配到那里的罪犯，都是些无赖子弟，只能骚扰边地，打起仗来又有什么用处！派去的戍卒很多都逃亡了，只会增加搜捕的麻烦，再加上道路经过之地都是沙漠，冬天寒风如刀，夏日热浪似火，来往行人大都死亡了。假如张掖、酒泉受到进攻，陛下岂能从高昌得到一兵一卒、一米一粟的支援？还得调派陇右的军队前去。由此可见，河西才是中国的心腹，而高昌不过是别人的手脚，为何要搞垮本根去要那些个无用之地呢？况且，陛下战胜突厥、吐谷浑后，也都不要他们的土地，而是给他们立一个君主进行安抚，为何高昌不这样办呢？背叛了，就把他抓住；臣服了，就加封他，再没有如此威严的惩罚了，也再也没有比这更深厚的恩德了。希望陛下能在高昌国主的子孙中间选择一个立为国主，令其子子孙孙永做大唐的藩国，这不是很好吗！"但当时唐太宗没有听从，等到西突厥入侵之后，唐太宗有些后悔了，他说："朕听说西州传来警报，虽然没有什么大不了的，但岂能没有一点可担忧的？过去刚刚平定高昌，魏徵和褚遂良都劝我让高昌复国，但我没有听他们的，如今真是后悔啊！昔日汉高祖遭遇平城之围而赏赐劝阻自己亲征的娄敬，袁绍在官渡战败后却杀掉了战前劝谏的田丰，朕一直以这两件事为戒，岂能忘记曾经劝谏我的人啊！"

没有高昌，唐太宗相对要超脱很多；有了高昌，唐太宗就要直接面对复杂的西域局势和强盛的西突厥，而暂时结好与西突厥为敌的薛延陀，却最符合大唐当前的利益。

一六八 为政之道

多难兴邦，一点不假。

过去，塞外突厥一支独大，等东突厥被唐太宗消灭之后，唐朝外部环境瞬间改观，形成了万邦来朝的局面，也让唐太宗有些飘飘然起来，然而，随着时间的流逝，虽然国内情况逐年向好，唐朝的外部环境发生着十分微妙的变化：一是薛延陀国日渐强大，对李唐王朝形成新的威胁；二是西突厥的重新崛起，直接与李唐王朝争夺西域的控制权；三是吐谷浑国的衰落，使得李唐王朝在西部的影响力增加了不确定因素；四是吐蕃的强盛，势必与李唐王朝争夺对西域、青海的控制；五是高句丽国对李唐王朝也是阳奉阴违，与李唐王朝争夺对靺鞨、契丹、奚、霫等部落的控制权。好在是，当唐太宗意识到这些问题之后，他很快就从那些负面情绪中恢复过来，头脑又清醒了。

贞观十五年，唐太宗询问魏徵说："近来群臣都不上书言事，这是什么缘故？"魏徵回答："陛下如果虚心纳谏，自然有可以劝谏的地方，可是，古人说过：'君主不信任臣下，臣下却去劝谏，君主就会认为臣下是在诽谤自己；信任臣下的话，臣下却不进谏，那就是尸位素餐。'然而，各人的秉性不同，懦弱之人虽心怀忠直也往往不敢进言；陛下疏远之人，则担心说了陛下也不采信而不去进言；贪恋俸禄的人会顾及自己的切身利益而不进谏，所以，大家就这样沉默不言，随波逐流。"唐太宗说："你说的很对。朕常常想，臣子要向君王进谏，都会担心身遭大祸，此情此景与投入鼎镬、阵前冒着刀剑又有什么两样？所以，忠臣们不是不想尽忠，只是尽忠非常困难，这也是大禹听到忠言就要拜谢的原因。朕如今也敞开胸怀，接受谏诤，你们都无须害怕而不敢进言了。"

贞观十六年，唐太宗对房玄龄等人说："自知者明，但要做到确实非常困难，这就像写文章的文士和有技术的技工一样，都自以为其技艺无人能比。只有遇到著名的文士和能工巧匠前来切磋，那些陈词滥调和拙劣的技巧才能暴露出来，由此可见，君主需要有劝谏的臣子来指出他的过错。日理万机，一人独断专行，就算再辛苦，岂能尽善尽美？我经常想到魏徵能够随时随地地规劝我，多次正中我的错处，就像明镜照出影子一样，善恶毕现。”于是，唐太宗举起酒杯向房玄龄等人敬酒，勉励他们要向魏徵学习。同年，唐太宗对侍臣们说：“历史上有时候君主昏聩，不理政务，而臣子在下面兢兢业业；有时候则是臣子在下面胡作非为，而君主却很清明，这两种情况，比较起来哪一种危害更大呢？”魏徵回答：“君主清明，则能洞察臣下的错误，杀一儆百，谁敢不服？如果君主在上昏庸，不听忠言，即使百里奚和伍子胥在虞国和吴国，也无法避免祸患，国家败亡是必然的。”唐太宗说：“如果真是如此的话，那北齐文宣王高洋昏庸残暴，而杨愔以正道辅佐，国家也得到治理，这是为何？”魏徵回答：“杨愔事奉的是昏君，解救天下苍生，令国家仅仅幸免于大乱，就算如此，已显得非常艰难了。这与君主清明，臣下守法，敢于直言，君臣相互信任岂能相提并论？”

此时的唐太宗更加关心国家的长治久安。他问魏徵：“我看前代君王有的传了十代，有的只传了一两代，也有自己一代就灭亡的。因此，朕经常心怀恐惧，生怕抚养百姓做得不到位，或者自己心生骄傲自满，喜怒无常，可是，这些往往自己认识不到，你给我说说，我将引以为戒。”魏徵回答：“欲望和喜怒情感，贤能之人和愚蠢之人都是一样的，只不过是贤能之人能够节制自己的情感，不让其过度，而愚蠢之人却放任自流。陛下圣德深远，居安思危，希望陛下能够经常做到自制，善始善终。”唐太宗问：“朕仰慕前代圣王，兢兢业业，在积德、累仁、丰功、厚利四个方面常常自勉，人苦于不自知，不知朕的所作所为，这四个方面各自做得如何？”魏徵回答：“这四个方面陛下兼备，不过，陛下对内讨平祸乱，对外消灭戎狄，这是陛下的功劳；安抚百姓，令各自安居乐业，这是陛下的利；由此可见，陛下在功、利方面做得更多，至于德行、仁爱方面，只要陛下自强不息，也一定能够做得很完美。”

唐太宗在与群臣讨论治国之道时，总是刨根问底，反复发难。散骑常侍刘洎上书劝谏道：“帝王与平民，圣人与凡人，相差太大，难以相提并论，陛下颁发诏书，和颜悦色，鼓励群臣发言，还唯恐大家不敢说话，更何况陛下旁征博引，反复辩难，这让臣下如何对答？臣听说，上天以无言为贵，圣人也以不言为德，老子称：‘大辩若讷。’庄子称：‘至道无文。’这都是不希望多说话，所以，齐桓公读书，轮扁反对；汉武帝仰慕古风，汲黯讥讽，这都是不想让他们过分劳神。多记忆就会劳心，多说话就会伤元气，心气损伤，形神疲劳，开始不自觉，慢慢会留下疾患。陛下为了国家也该珍惜自己的身体，岂能因为兴趣而损伤自己？如今天下太平，这都是陛下治理的结果，要保持下去，不是靠雄辩等办得到的，只需忘掉爱憎，谨慎取舍，遇事崇尚敦厚质朴，一心为公，像贞观初年就可以了。像秦始皇那样强辩，就会因为自傲而失去人心；像魏文帝那样大才，也会因为言语空洞而失去声望。这就是口才好所带来的负面影响的例子。希望陛下善养浩然之气，择善而从，则天下幸甚。”唐太宗亲自写下回复：“不思考就无法治理好天下，不说话就不能阐述自己的想法。前些时候，我与臣下谈论的过于频繁了，轻视别人，逐渐傲慢，恐怕会由此产生。身体、精神、心智、元气，确实不该过多地耗费在这上面。听到你的良言，我一定虚心改正。”

唐太宗对自己在史书上的形象非常在意，他对谏议大夫褚遂良说：“你掌管起居注工作，近来你记载我的言行是好是坏？”褚遂良回答：“设置史官，君主的一言一行史官都会记载下来，善举自然会记录，过失当然也不会掩盖。”唐太宗说：“朕如今正努力做三件事，目的也是让史官们不再记录我的过失。一是总结前朝的成败，作为借鉴；二是广纳优良人才，和他们共同治理国家；三是远离群小之徒，不听信谗言。我希望能坚持这三点，永不动摇。”他还教育群臣要廉洁从政，不可贪腐，他说：“古人说：‘鸟栖于林，犹恐其不高，复巢于木末；鱼藏于水，犹恐其不深，复穴于窟下。然而为人所获者，皆由贪饵故也。’如今，臣子身居高位，接受朝廷俸禄，应当忠心、正直、公平、清廉，这样就不会有灾难，可以永保富贵。古人称：‘祸福无门，惟人所召。’身陷囹圄的都是因为贪心不足，这与被人猎取的飞鸟、游鱼又有什么两样？你们要引以为戒。”

贞观十六年，天下粟价一斗仅五钱，有的地方甚至一斗才三钱，唐太宗对侍臣们说：“国以民为本，人以食为命。如果粮食歉收，那么国家就会失去民心，如今如此丰收，朕为百姓父母，想的却是要一心勤俭节约，不可奢侈浪费。朕经常想令天下之人都能富贵，如今，减轻百姓的徭役赋税，不夺农时，让人人自由耕作，百姓就可以富裕了；加强礼仪教育，让每家每户都能年少的尊敬年长的，妻子敬重丈夫，百姓们也就尊贵了。假如全天下都能如此，朕就算不听音乐，不去游猎，也自得其乐啊！”唐太宗对大理卿孙伏伽说：“制甲的总是千方百计把铠甲制作得非常坚固，唯恐被人破坏；造箭者却想把箭造得十分锐利，唯恐杀伤不到人，这是什么原因呢？是各自有其职责。朕经常询问法官刑罚是轻是重，法官们总说如今的法网宽于过去，但我仍然担忧法官们总想把杀人当作自己的功劳，以沽名钓誉。要切实予以禁止，法律务必做到宽厚、公平。”

贞观十七年，唐太宗对侍臣们说：“《左传》称：‘去食存信。’孔子说：‘民无信不立。’过去，项羽进入咸阳以后，如果能施行仁义，谁又能把天下从他手中夺去呢？”房玄龄回答：“仁、义、礼、智、信，被称为五常，缺一不可。能努力做到，很有好处。商纣王不遵从五常，天下被周武王夺取；项羽没有信义，也被汉高祖战胜。”唐太宗对侍臣们说：“自古创业之主建立帝业，到子孙们掌权后，天下就乱了，这是为何？”房玄龄回答：“幼主生长在深宫，从小就很富贵，不知道人间的情伪，所以大多为政混乱。”唐太宗说：“你的意思是把过错推给了君主，我倒是感觉应归咎于臣子。功臣子弟大多没有才能德行，靠着父祖的资历而当上了大官，又不砥砺德行，奢侈骄纵。君主年幼，臣下又无能，天下岂能不乱？隋炀帝追念宇文述的功劳而把其子宇文化及提拔到高位，可是宇文化及没有想着报效国家，反而弑杀了隋炀帝，这难道不是臣子的罪过吗？我之所以说这一席话，就是让你们大家要告诫你们的子弟，不要犯错，这才是国家值得庆幸的。”唐太宗又问：“宇文化及和杨玄感都是隋朝重臣的子孙，他们为什么要谋反呢？”岑文本回答：“只有君子才会知恩图报，像杨玄感和宇文化及之徒，都是些小人，所以古人看重君子而轻视小人。”唐太宗点头道：“是啊！”

一六九　太子失德（一）

贞观十六年，唐太宗问侍臣们：“当今国家哪件事最紧迫？你们说说各自的想法。”

尚书右仆射高士廉回答：“养育百姓最紧迫。”

黄门侍郎刘洎说：“安抚四夷最紧迫。”

中书侍郎岑文本回答：“《传》称：‘道之以德，齐之以礼。’由此可见，礼义最急。”

谏议大夫褚遂良回答：“如今四方都仰慕陛下的恩德，也都不敢为非作歹，但是，太子、诸王要定下名分，陛下应订下一个规矩，令后世效法，这才是最紧迫的。”

这话说到了唐太宗的心里，他说：“你这话说的对。朕年将五十岁了，已感觉身体逐渐衰老了，既然我已经立长子为太子，但我的兄弟和庶子们将近四十人，我也时常对此感到忧虑。自古以来，无论是嫡子或是庶子，假如身边没有好的大臣辅佐，也都难免破家亡国。你们要替我寻找贤德之人辅佐太子，宗室诸王也要有正直之士辅佐。不过，事奉诸王的官员任职不宜过长，任职时间长了，双方之间就会产生深厚的感情，非分之想往往由此而生，王府的佐官连续任职不得超过四年。”

正如唐太宗说的那样，他的兄弟和儿子都很多，如今自己的年龄大了，影响帝王前途命运的最大问题就是如何确保皇位的顺利继承，尤其是在唐太宗本人得位不正的前提下，如何避免兄弟残杀的悲剧再次上演，就成为唐太宗必须面对和解决的现实问题了。

在唐太宗的十四个儿子中间，最有资格继承皇位的当然是长孙皇后亲生的三个儿子：皇太子李承乾、次子魏王李泰（总排行为第四子）、三子李治（总排行为第九子）。

李承乾，字高明，生于武德二年（公元619年），因他在承乾殿出生，就以此为名。武德九年（公元626年）八月九日，时年三十岁的李世民继位，两个月后，即十月八日，他就匆匆忙忙地册立年仅八岁的嫡长子李承乾为皇太子，史书称，李承乾“特敏惠，帝爱之”。到贞观九年（公元635年），当唐高祖李渊病逝之后，唐太宗在守孝期间，就下令时年十七岁的李承乾在东宫处理朝政。史称，太子“颇能听断”，从此以后，每当李世民出巡时，就命太子监国。

应该说，唐太宗对太子、诸王的教育还是比较重视的，给皇太子配备的宫臣也都是一些名臣。贞观四年七月十日，他提拔太子少保李纲为太子少师，以兼御史大夫萧瑀为太子少傅。李纲脚上有病，唐太宗特意赏赐给他一乘人拉的小车，让侍卫们把他抬到东宫，还下诏命皇太子亲自迎接他上殿、拜见。李纲给太子讲解君臣父子之礼，言语直截了当，听讲的人听得入迷，都忘记了疲倦，太子李承乾也对李纲肃然起敬。但可惜的是，到贞观五年六月，李纲就去世了。当时的李承乾还是比较好学的，只是在饮宴之后，会游戏过度，时任太子右庶子的李百药就撰写了《赞道赋》进行讽谏。唐太宗见到这篇文章后，派人对李百药说：“朕在皇太子那里看到你写的这篇赋，记述古代太子之事劝谏太子，这很好。朕挑选你辅佐太子，就是为此，希望你能始终如一地坚持下去。”并赏赐给李百药一匹御马，三百段丝绸。

在很长一段时间里，唐太宗是维护太子李承乾的地位的。贞观七年，当唐太宗任命第三子李恪为齐州都督时，就曾对侍臣们说：“父子之情，岂能不愿时常相见？只是国事与家事不同，必须让孩子出外作为朝廷的屏障。另外，还让诸王之间早有各自的名分，杜绝他们的夺嫡野心，等我百年之后，他们兄弟之间也好和平相处。”他还高度重视对太子的教育，曾对太子左庶子于志宁、右庶子杜正伦说：“你们在辅导太子时，要多给他讲讲百姓们最关心的事情。朕十八岁时，还在民间，百姓的艰难，我没有不知道的。等到当上皇帝以后，每当处理政务时，还经常会出错，身边有人劝谏，才会醒悟。如果没有进谏的，我岂能总做好事？太子生长在深宫，百姓艰难一点都不知道，以后可怎么办？君主是国家安危所系，更是不可骄纵。君主只要发布一道不得进谏的命令，肯定天下人都不会进谏了，所以要克制自己的私欲，励精图治，容纳忠言，你们要经常把这些道理说给太子听，看到太子做得不对的地方，也要勇于直言劝谏，令其获益。”唐太宗还对魏徵说："自古以来，王侯最终能保全的少之又少，这都是由于生来富贵，骄傲懒惰，贪图享受，不知道亲近君子，远离小人。我想让子女们都能了解到这些。"遂命魏徵把古代帝王、王侯子弟成功失败的教训汇集起来，取名叫《自古诸侯王善恶录》，分给诸王。书成之后，唐太宗连连称善，并对诸王说："你们要把这本书放在案头，作为立身处世的根本。"

然而，随着年龄一天天长大，皇太子李承乾屡屡犯错，变得更加奢侈放纵。太子左庶子于志宁专门写了《谏苑》予以讽谏，而右庶子孔颖达也每每犯颜直谏，李承乾的乳母遂安夫人对孔颖达说："太子已经长大，岂能屡屡当面指责他？"孔颖达回答："我蒙受朝廷厚恩，死而无恨。"劝谏得更激烈了。李承乾命孔颖达撰写《孝经义疏》，孔颖达借经文加以阐发，进行劝谏。唐太宗对二人的做法都很欣赏，赏赐给他们各五百匹布帛、一斤黄金，此事过去已经提过。当然，皇太子李承乾虽然喜好声色犬马，但还是害怕唐太宗知道，总是偷偷地干这些事，每到朝廷上，言必忠孝，而回到东宫就与一群亲信们在一起胡闹。如果宫臣们前来进谏，李承乾马上会正襟危坐，装出一副深刻反省的样子，嘴里滔滔不绝，比进谏之人说得还好，因此，不理解内情的人都认为他是个贤明的太子。

贞观八年，唐太宗对侍臣们说："最上等的人自然不会受到环境的影响，但中等智商的人就不行了，他们没有恒心，自然会随着教育而改变，况且，太子的师傅自古以来就很难挑选。周成王年少时，周公、召公当他的太保、太傅，他身边都是贤人，每天听到的也都是有益的教诲，这就足以令他增长仁义道德，让他最终成为一代圣王。秦二世胡亥就不同了，赵高是他的师傅，教他的是刑法，等他即位后，杀功臣，灭亲族，残酷暴虐，秦国很快也就灭亡了。由此可知，人的善恶确实受到身边人的影响。我如今要给太子、诸王精心挑选师傅，让他们耳濡目染礼仪，对他们自身修养有益，你们各自推荐两到三个正直忠实的人。"经过精心挑选，东宫的宫臣们有孔颖达、令狐德棻、于志宁、张玄素、赵弘智、王仁表、崔知机等人，这些人都是百里挑一的优秀人才。

孔颖达，过去提过，进入贞观年间后，他历任给事中、国子司业，太子右庶子兼国子司业，又与魏徵撰成《隋史》，加位散骑常侍，贞观十二年被拜为国子祭酒，仍在东宫伺候太子读书，是唐初著名的大儒。

令狐德棻，宜州华原（今陕西省铜川市耀州区）人，是隋鸿胪少卿令狐熙的儿子。祖先居住在敦煌，一直是河西地区的豪强。令狐德棻博览群书，很早就出名了。李渊举兵后，他被任命为李神通的记室参军，后为李渊大丞相府记室。李唐建立后，历任起居舍人、秘书丞，与侍中陈叔达等受诏撰写《艺文类聚》。在他的建议下，唐高祖李渊下令中书令萧瑀、给事中王敬业、著作郎殷闻礼撰写《魏史》，侍中陈叔达、秘书丞令狐德棻、太史令庾俭撰写《周史》，兼中书令封德彝、中书舍人颜师古撰写《隋史》，大理卿崔善为、中书舍人孔绍安、太子洗马萧德言撰写《梁史》，太子詹事裴矩、兼吏部郎中祖孝孙、前秘书丞魏徵撰写《齐史》，秘书监窦琎、给事中欧阳询、秦王文学姚思廉撰写《陈史》。但终唐高祖一朝，这些史书均未完成。一直到贞观三年，唐太宗又下令重修，由令狐德棻和岑文本修《周史》，李百药修《齐史》，姚思廉修《梁史》《陈史》，秘书监魏徵修《隋史》，并由令狐德棻与尚书左仆射房玄龄负总责。贞观六年，令狐德棻又被晋升为礼部侍郎，十五年，转为太子右庶子。

张玄素，蒲州虞乡（今山西省虞乡县）人。如前所述，隋末大乱中，他曾为窦建德所俘，任黄门侍郎。唐太宗即位后，被任命为侍御史、给事中。张玄素忠于职守，经常犯颜直谏，魏徵曾赞叹道："张公论事，遂有回天之力，可谓仁人之言，其利博哉！"后历任太子少詹事、太子右庶子。贞观十四年，又被提拔为银青光禄大夫、太子左庶子。

如前所述，于志宁，是北周太师燕文公于谨的曾孙。李渊入关前，他率领宗族前往长春宫迎接，被授予银青光禄大夫。李世民为渭北道行军元帅，召其为记室，与殷开山等一起出谋划策；李世民为秦王、天策上将，于志宁则被任命为天策府从事中郎兼文学馆学士。贞观三年，于志宁历任中书侍郎、散骑常侍行太子左庶子。贞观十四年，又兼任太子詹事。

赵弘智，洛州新安人，为北魏车骑大将军赵肃的孙子。隋大业中，赵弘智担任司隶从事。李唐建立后，与令狐德棻等人一起撰写《艺文类聚》；唐太宗即位后，历任黄门侍郎，兼弘文馆学士，莱州刺史，太子右庶子。

李百药，过去我们也一再提及，他是隋朝内史令李德林的儿子，因其年少时总是生病，祖母就把他改名为百药。他从小就是位神童，隋朝建立后，他历任东宫通事舍人，迁太子舍人，兼东宫学士。因他没有依附杨广，杨广即位后，将其贬为桂州司马，后为变民领袖沈法兴所得，沈法兴失败后，李百药又被李子通、杜伏威俘获，后他劝说杜伏威降唐。唐太宗久闻李百药的大名，即位后，就任命他为中书舍人，很快就晋升为礼部侍郎，后历任太子右庶子、代理太子左庶子、宗正卿。后以年老坚决要求退休。李百药为名臣之子，素负盛名，尤其擅长五言诗，当时另外一名叫谢偃的文士，善于写赋，人称："李诗谢赋"。

杜正伦，相州洹水（今河北省魏县西）人。隋文帝时，他与哥哥杜正玄、杜正藏都考中了秀才。隋朝的秀才人数很少，一年下来全国才十几个人，而杜正伦一家就出了三个，被世人传为美谈。隋朝时，杜正伦官至羽骑尉。武德中，历任齐州总管府录事参军。李世民将其引入秦王府，令其主管秦王府文学馆。唐太宗即位后，杜正伦历任兵部员外郎、给事中兼知起居注、中书侍郎、散骑常侍行太子右庶子兼崇贤馆学士、中书侍郎兼太子左庶子。

王仁表、崔知机生平不详。

一七〇 太子失德（二）

到贞观九、十年间，虽然太子李承乾小错不断，但总体上来说，他还是深得唐太宗信任的，也表现出治国理政的才能，但与此同时，另外一个政治新星也冉冉升起，此人就是李承乾的亲弟弟、魏王李泰。

虽说李泰是唐太宗的第四子，但从年龄上来说仅仅比李承乾小一岁。李泰从小就聪敏绝伦，相貌英俊，又擅长文辞，深得唐太宗的偏爱。贞观二年，被授予扬州大都督；贞观五年，兼领左武候大将军；贞观八年，除雍州牧、左武候大将军；贞观七年，转鄜州大都督；贞观十年，徙封魏王，遥领相州都督，余官如故。唐太宗因李泰好士爱文学，还特许他在魏王府里设立文学馆，任其召引学士。又因李泰肥大，趋拜困难，还恩准他乘小舆上朝。

贞观十年，有人对唐太宗说很多朝臣轻视魏王。唐太宗听说后，勃然大怒，把三品以上官员召到跟前，板着脸说道："隋文帝时，一品以下的官员都受到过亲王们的殴打羞辱，他们难道不是天子的儿子们吗？朕只是不愿放纵儿子们罢了，我听说三品以上的官员都轻视我的儿子们，假如我放纵儿子们，难道他们不会殴打羞辱你们吗！"房玄龄等人听后，都是诚惶诚恐，吓得汗流浃背，连连伏地谢罪。唯独魏徵一脸严肃，回答："臣私下认为当今群臣没有一个会存心轻视魏王的。根据礼仪，臣下和儿子，地位是一样的。《春秋》规定，朝廷的使者虽然品级很低，但在班次上还要排在诸侯的前面。三品以上的朝廷官员都是陛下敬重的朝廷大员，假如乱了纲常的话，我自然无话可说，但如今有圣明的陛下，自然没有魏王殴打羞辱公卿们的道理。隋文帝放纵自己的儿子，令他们胡作非为，最终国破家亡，岂足效法！"

唐太宗听后，心情转好，说道："理由充分的话，听后不能不服。朕因为私情溺爱而忘掉了公理，刚才发火时，自以为理直气壮，等到听了魏徵之言，才知道自己理屈。君主岂能轻易开口发言啊！”

唐太宗无端发怒事件有几个疑点：1. 谁告诉唐太宗群臣轻视魏王的？为什么要告诉唐太宗？2. 哪个大臣轻视了魏王？怎么轻视？3. 房玄龄等人为何要诚惶诚恐谢罪？4. 为何只有魏徵予以反对？5. 这件事又发生在长孙皇后去世不久，也是李承乾刚刚监国、崭露头角不久。这场看似不起眼的风波，仔细想来，却有很多耐人寻味的地方。

这一事件的由来极有可能是李泰企图拉拢朝廷重臣被拒后所采取的报复行动。唐太宗偏爱魏王李泰，对此人尽皆知，而李泰也是“负其才能，潜怀夺嫡之计”，遂与李承乾二人“各树朋党，遂成衅隙”。那么李泰的同党都有什么人呢？据《旧唐书·李泰传》记载：“时皇太子承乾有足疾，泰潜有夺嫡之意，招驸马都尉柴令武、房遗爱等二十余人，厚加赠遗，寄以腹心。黄门侍郎韦挺、工部尚书杜楚客相继摄泰府事，二人俱为泰要结朝臣，津通赂遗。文武群官，各有附托，自为朋党。”由此可知，李泰的心腹主要有柴令武、房遗爱、黄门侍郎韦挺、工部尚书杜楚客等人。柴令武是李世民的姐夫柴绍次子，柴绍长子柴哲威，袭爵谯国公；柴令武娶了唐太宗的第七女巴陵公主，历任太仆少卿、卫州刺史，封襄阳郡公。房遗爱是房玄龄的次子，房玄龄长子房遗直，房遗爱娶了唐太宗的第十七女高阳公主，唐太宗对高阳公主非常宠爱，因此，爱屋及乌，对房遗爱也是另眼相看，房遗爱官至太府卿、散骑常侍。另外，房遗爱的姐姐又嫁给了唐太宗的第十一弟、韩王李元嘉。韦挺，曾是前太子李建成的人，因杨文干事件而与王珪、杜淹一起流放嶲州，唐太宗即位后，既往不咎，任命他为尚书右丞，后又拜为御史大夫，还把他的女儿嫁给了自己的第五子、齐王李祐。杜楚客，是杜如晦的弟弟，史称：“楚客知太宗不悦承乾，魏王泰又潜令楚客友朝臣用事者，至有怀金以赂之，因说泰聪明，可为嫡嗣。人或以闻，太宗隐而不言。”

显然，这一事件是李泰集团在太子李承乾刚刚得到一些美誉之后，对唐太宗态度的一次火力侦察。他们的计划是，如果事成，李泰在朝廷上的威信将得到很大的提高，因此，当唐太宗斥责群臣后，时任群臣之首、尚书左仆射的房玄龄就带头叩头谢罪，考虑到其子房遗爱就是李泰心腹这一实际，房玄龄的政治态度就非常可疑了，这也许是房玄龄故意为之。然而，魏徵是坚定的太子支持者，魏徵的一席话说得有礼有节，很快就令唐太宗回心转意了，不过，唐太宗因群臣轻视李泰而发怒，也让李泰集团信心大增了。

由于唐太宗在对待太子问题上摇摆不定，让贞观中期以后李唐朝廷上变得暗流涌动，而恰在这时，太子李承乾又患上了足疾，行走艰难，相反，魏王李泰在当时有“美誉”，“太宗渐爱重之”。贞观十一年，唐太宗命礼部尚书王珪兼任魏王李泰的老师，这也许是唐太宗着意培养李泰之举，但也可以理解为对李泰的约束。不久，唐太宗就问韦挺：“王珪当魏王的老师，与魏王相见是什么礼节？”韦挺回答：“拜见师傅之礼，王珪答礼也符合礼仪。魏王询问王珪忠孝之道，王珪回答：‘陛下是大王的君主，大王要尽忠；又是大王的父亲，大王还要尽孝。忠孝之道，可以立身，也可以成名，活着可以得到上天的保佑，死后也能使子孙享福。’魏王又说：‘忠孝之道我已经受教了，还请问应该做什么？’王珪回答：‘过去，东平王曾说过，为善最快乐。’”唐太宗听了，对侍臣们说：“古往今来的王子们，长期生活在深宫，成年之后，没有不骄奢淫逸的，所以才接连覆灭，很少能够自存的。我如今严格要求子弟们，就是为了让他们能平平安安地度过一生。王珪很早就跟着我，非常刚直，你们应给魏王传话：‘你对待王珪，就像对待我一样，就能不犯错误了。’”

礼部尚书王珪也是太子一党，其曾任太子右庶子，就在他兼任魏王老师后，贞观十二年一月，王珪却主动发难，他上奏称：“三品以上官员在路上遇到亲王，都需要下车，这不符合礼仪。”唐太宗说：“你们妄自尊大，轻视我的孩子们。”魏徵接着补充：“诸王位次低于三公，如今的三品都是九卿、八座，这样做确实不妥。”唐太宗说：“人生寿命长短谁都说不好，万一太子遇到不幸，你们谁敢说诸王以后不会成为你们的主子！岂能轻视！”唐太宗话说到这个份上，显然说出了心声，那就是有可能让诸王取代太子之位。魏徵赶忙反驳：“从周朝以来，都是沿用父子相继之法，而不是兄终弟及，就是为了杜绝弟弟们觊觎王位，从根本上消除祸乱的根源，这是治国者最需要警惕的。”魏徵也把话挑明了，那就是，就算太子李承乾死了，也该立李承乾的儿子，而不是李泰等人！在王珪和魏徵的坚持下，唐太宗才勉强同意了王珪的意见。太子是储君，群臣见到太子自然是要礼敬的，过去，群臣对太子、对诸王一样礼敬，如今对诸王不再礼敬，这无形中就把太子与诸王分开了，也提高了太子的声望。

贞观十二年，对于太子李承乾来说是非常顺利的一年。年初王珪、魏徵就群臣不再礼敬诸王迫使唐太宗进行妥协，到三月，他又是喜上加喜，生下了自己的儿子。时年四十一岁的唐太宗终于抱上了皇孙，当然让他非常高兴，他特意在东宫设宴款待五品以上官员，席上，他还说：“贞观之前，追随我经营天下的，是房玄龄的功劳；贞观以来，给我纠正错误的，是魏徵的功劳。”这件事我们过去已经说过，但如果考虑到房玄龄、魏徵二人在对待太子问题迥异的立场以及李承乾与李泰明争暗斗的大背景，再联系到唐太宗这番话是在东宫皇孙降临宴会上这一特殊的环境，唐太宗的这话就显得更加意味深长了——是否在表明自己支持太子李承乾的立场呢？还是在暗示房玄龄放弃暗中支持李泰呢？

一七一 太子失德（三）

贞观十三年一月十四日，唐太宗下诏给尚书左仆射房玄龄加授太子少师一职。

在险恶的政治斗争旋涡中，房玄龄在唐太宗面前一直表现得是小心翼翼，甚至于显得过于诚惶诚恐，但也说明此人深谙明哲保身之道。从史料上透露出来的蛛丝马迹，我们判断房玄龄内心是倾向魏王李泰的，唐太宗过去也曾流露出偏爱李泰的情绪，这让李泰集团稍稍有些安慰，可是，到了贞观十二年，仅仅过去一年，事态发生了逆转，由于太子一党的王珪、魏徵奋起反击，凑巧的是皇孙又不失时机地降生，令太子李承乾的地位似乎又变得稳固了起来。此时任命房玄龄为太子少师，自然也是一个信号，也是在轻轻地敲打敲打房玄龄。

唐太宗圣意难测，李泰集团陷于被动，左思右想，房玄龄提出辞职——辞去尚书左仆射的职务。房玄龄一旦辞职、退休，也就无须再担任太子少师了。这招看似谦让、自保，其实是以退为进，给唐太宗施加一点压力，唐太宗没有答应，房玄龄却接二连三地上书恳请，唐太宗无奈下令不准再接受他的奏表，房玄龄不得已，只好继续上班。太子想要以师傅之礼拜见房玄龄，精心准备了仪仗队，房玄龄却是左右为难，思前想后，硬是在去往东宫的路上逡巡不前，最终还是掉头回家了！房玄龄等于是软磨硬扛，最终没有接受太子少师的任命，以自己的行动选择了继续不支持太子李承乾的立场！

前面提到的世袭刺史问题，也是在贞观十三年停封的，而反对世袭刺史一事最强烈的大多是太子一党，比如，太子左庶子于志宁等人，世袭刺史等于建立了国中之国，对将来嗣君来说极为不利，很有可能会再出现一次七国之乱。当然反对者可能出于各自不同的目的，但起码太子一党反对此事主要是基于这个原因的。

然而，正是贞观十三年这一年，事态又发生一丝微妙的变化。二十一岁的太子李承乾经常打猎，荒废了学业，太子右庶子张玄素劝谏道："臣听说上天不会偏袒任何人，只会帮助有德行的人。如果违背了天意，不论是人还是神灵都会抛弃他。古代的三驱之礼，并不是要杀生，而是要替百姓除害，所以才网开一面，这样仁爱，百姓才会归附。您在御苑中打猎，虽然与野外打猎不同，但如果没有节制，终归会损害您的风雅气度。商朝丞相傅说曾说过：'学习上不学古代圣贤，这是闻所未闻的。'因此，要弘扬德行就必须学习古代的礼仪，这就要有师傅教诲。我奉命与孔颖达等人教太子读书，太子如果能够每天发现自己的不足，不忘自己该学的东西，这就尽善尽美了。古人说：'不以善小而不为，不以恶小而为之。'祸福都是逐渐产生的。您身为太子，如果养成游猎的癖好，将来怎能担负起重任？"

太子没有接受。张玄素又上书劝谏："骑马射箭、音乐美女，只能满足一时的享受，终将扰乱心神。如果沉溺其中，必将改变您的性情，我是害怕这些逸乐会败坏殿下您的德行啊！"李承乾看后，不禁大怒，对张玄素说道："你是得了失心疯吗！"

李承乾发怒自有他的理由：一是诸王对太子之位虎视眈眈，皇上态度又狐疑不定，就算是皇上态度坚决，可前太子李建成就是个例子，就算有皇上的支持又能怎么样呢？在这种情况下，李承乾岂能整天老老实实地听一群儒生讲解经书？在御苑内打猎未必不是强身健体，在做军事演习。二是张玄素上纲上线，故意夸大自己的过失，而这些奏疏又会被人有意无意地传到唐太宗的手上，用规谏这一看似正直的做法来达到污蔑太子的目的，且效果更好。对比当年太子李建成和李世民秦王府的幕僚，在政治斗争如火如荼之时，哪会有本府的臣子明目张胆地写出书面奏疏指责本府府主的不是！如果太子宫臣们真的对李承乾好，只会替太子出谋划策，偷偷指出太子应该注意的地方，怎会故意将这些公布于外呢？由此可见，我们无论如何都不敢低估房玄龄的能量，当其决定继续与太子为敌时，似乎已经买通了于志宁、张玄素等一群太子宫臣们了。

为什么张玄素会首先就范？张玄素不仅不是李唐嫡系，而且是关东寒士，在李唐朝中毫无根基，贞观初年，唐太宗刚刚即位，正大力搜罗人才、组织自己班底时，张玄素被人引荐，受到唐太宗的接见，从而进入上层。史称："太宗闻其名，及即位，召见，访以政道。"而此时主管人事的恰恰是房玄龄，史称，正是房玄龄在唐太宗的授意下把朝廷官员淘汰到643人，另外，如前所述房玄龄历来是“贼寇每平，众人竞求珍玩，玄龄独先收人物，致之幕府”。因此，我们断定，张玄素很有可能就是房玄龄向唐太宗举荐的，他的发达与房玄龄有直接的关系，受其指挥，倾覆太子，也就是顺理成章的事情了。

在这种巧妙的陷害下，太子李承乾和魏王李泰在唐太宗心中的天平上又发生了一丝动摇。据《贞观政要》记载，贞观十三年，谏议大夫褚遂良因每日朝廷发给魏王府的物品多于太子东宫的，上书劝谏，提出尊嫡卑庶的道理，史称，唐太宗接受了，由此说明，当时魏王李泰在朝中的地位巨大的影响力，另外，房玄龄专管“度支”，这是否与他有直接的关系？到贞观十四年一月十六日，唐太宗驾临魏王李泰的府邸，在这里，他下令赦免长安县监狱内除去死刑犯外的所有罪犯，并免除李泰居住的延康里居民一年的赋税，赏赐秦王府幕僚以及延康里老人数量不一的财帛。皇帝在正月十六就驾临魏王府团圆，而不是去东宫，此事非同小可，这与九个月前驾临东宫之后所透露出的政治信号完全相反。显然，这说明，李泰集团在贞观十三年下半年采取阴毒的陷害太子之法已经初见成效。

如果东宫的宫臣都不与自己一心的话，太子李承乾的处境就非常不妙了，他的一举一动都会在他人的监视之下，形同坐牢，动辄得咎。你做错了，就立马有人上报给皇上，或者大张旗鼓地上书劝谏；你做对了，势必成为待宰的羔羊，也会被人诬陷为无能，李承乾最终会落得个百口难辩的下场。在短期内，一代枭雄李世民也被蒙蔽了，有人把张玄素在东宫经常劝谏的事告诉给了他，贞观十四年，唐太宗把张玄素晋升为银青光禄大夫、代理太子左庶子。一次，太子李承乾在东宫内击鼓，外面都能听到鼓声，张玄素敲宫门求见，极力劝谏，李承乾当着张玄素的面，把鼓打碎了。在李承乾看来，有这样与自己不一心的宫臣，还是少见他们为宜，可张玄素又劝谏道：“朝廷挑选贤才来辅佐您，如今，您却动不动一个月都不与大家见上一面，对您会有什么好处？宫内只有妇人，不知道其中是不是有第二个樊姬（春秋楚庄王的贤妃）？”张玄素的这话看似平常，其实说得很恶毒，就是在暗示李承乾整天躲在宫中贪恋女色！难道李承乾闭门不出，就是贪婪女色吗！难道不可以在内室读书？此时的李承乾左右不是，见宫臣吧，动辄得咎；不见吧，又被张玄素污蔑自己贪恋女色！

也许是张玄素戏演得过了，令唐太宗觉察出了一些什么，所以才引起唐太宗当着群臣的面苦苦追问张玄素履历的事。以唐太宗的高明，当面故意羞辱张玄素绝对不是无心之举，而是在敲打敲打他。

张玄素不灵了，太子詹事于志宁又被推到了前台。于志宁抓住李承乾两点大做文章：一是修建宫室；二是爱听音乐。对于李承乾修建宫室，于志宁指出两点：一是要勤俭节约，二是建筑工人私自入内，携带工具，东宫卫士都不知道，这非常不安全。对于李承乾听音乐一事，他认为郑卫之声是一种淫声，东宫之内时常传出寻欢作乐之声，歌伎舞女进入东宫就不见出来，陛下过去的教诲，还请您再温习一遍云云。包括张玄素的奏章在内，这些奏章都是经过字斟句酌的，句句恳切，但实际上的用心就不得而知了。

贞观十五年，太子李承乾摊派杂役，又私自把突厥奴仆带入宫中，于志宁又上书劝谏说："我听说杂役人等从初春到夏末，一直在宫内服务，不让他们轮休，妨碍了农活，人们口出怨言，如果让陛下知道了，殿下后悔也来不及了。另外，突厥人都是人面兽心，不知忠孝，言行不一，现在把他们带入宫中，没有人不感到万分惊恐的，殿下做事应该上不辜负父王的期望，下不辜负万民的仰望，勿以小恶而为之，勿以小善而不为，防微杜渐，斥退小人，引用忠良，才能美名远扬。"李承乾看后大怒，派遣刺客张师政、纥干承基来到于志宁的家中准备刺杀于志宁。当时，于志宁还在给母亲服丧，二人入内后，见于志宁头枕土块，睡在草垫上，于心不忍，遂离去了。

一七二 太子失德（四）

一方面太子李承乾的过错不断传到唐太宗的耳朵里，另一方面，魏王李泰不停地给自己争取政治声誉。

贞观十六年一月九日，李泰献上修好的《括地志》五百五十卷。该书是唐朝贞观年间各州的地理志，有很高的史料价值，可惜的是到南宋已经失传了。该书是贞观十二年由魏王司马苏勖建议，由李泰延揽萧德言、顾胤、蒋亚卿、谢偃等人在魏王府修撰，它吸收了《汉书·地理志》和顾野王《舆地志》两书编纂上的特点，创立了一种新的地理书体裁，为后来的《元和郡县志》《太平寰宇记》所继承。全书按贞观十道排比358州，再以州为单位，分述辖境各县的沿革、地望、得名、山川、城池、古迹、神话传说、重大历史事件等，旁征博引，蔚为大观，保存了许多六朝地理书中的珍贵资料，为唐朝很多书籍所引用、转抄。

在此期间，唐太宗下令让李泰移居宫内武德殿，魏徵上书劝阻道："陛下宠爱魏王，常常想使之安然无恙，应该避免令其骄奢，不把他放在令人猜忌的位置。如今，陛下却让他移居武德殿，位于东宫西面，过去海陵王（指李元吉）又曾居住过，大家都觉得不妥。虽然世事变迁，但我恐怕魏王自己也不会安心的。"唐太宗说道："我差一点又做了错事！"连忙把李泰又迁回了王府。

六月二十日，唐太宗下诏凡是皇太子李承乾取用国库财物的，不论数量多少，有关单位都不得限制。李承乾遂取用无度，太子左庶子张玄素又上书劝谏，他说："北周武帝平定关东的北齐，隋文帝统一天下，都是勤俭爱民，成为一代明君，他们的儿子无德，最终却国破家亡。圣上与殿下按血缘关系是父子，对于殿下而言，国就是家，所以，陛下才觉得对于殿下所用之物不应该加以限制，可是，自从陛下圣旨下发以来，不到六十日，殿下已消费了七万钱，这简直是太浪费了，谁还能超过这个数字！况且，宫臣和正直之士又不在你的身边，你却与一群小人整天搅和在深宫，外人看来，这已经是殿下的过失了，其间有什么隐私，更是数不胜数！良药苦口，忠言逆耳，希望殿下能居安思危，一天比一天更加谨慎才好！”李承乾看后，十分气愤，命奴仆趁张玄素上朝之际，用大号马鞭突然把他打了一顿，差一点把他打死。

也就是在这种背景下，谏议大夫褚遂良才说出了太子与诸王定下名分，才是当今最要紧的事。太子早已被册立，但其地位受到了诸王尤其是魏王李泰的挑战，朝廷重臣也是各有朋党，虽然王珪、魏徵等人是太子的坚定支持者，但王珪已死，魏徵又患有重病，看起来也是来日无多，一旦魏徵去世，李承乾的太子之位将很难保住，这都让褚遂良忧心忡忡。如果说王珪、魏徵支持太子，那么他们支持的理由更多的是维护固有的封建伦理纲常，而并非与李承乾有很大的私人情分。当唐太宗听说魏徵患病后，他亲自写信慰问，在结尾还写道："我数日没见到你，犯的错也多了起来。如今我想亲自前去探望，又恐怕让你更加疲劳，如果听到什么、看到什么，就请写下奏表送来。"魏徵遂上书称："近来，学生欺凌老师，奴婢轻视主人，下级冒犯上级，这都是有原因的，此风不可长。"又说："陛下在朝廷之上总是宣称自己如何大公无私，可是退朝之后举动也难免因爱憎而徇私情。有时候，陛下还害怕别人知道，突然发怒，欲盖弥彰，这又有什么用处呢！"魏徵的话大约也是在讽谏唐太宗过分溺爱魏王了。魏徵家里（据《两京记》记载，魏徵家在长安永兴坊西门北面）没有厅堂，唐太宗本来要盖一座小殿，知道后，命人把小殿的木材给魏徵家建造厅堂，五天就盖好了。唐太宗知道魏徵俭朴，还派人赏赐给魏徵素色屏风、素色被褥、拐杖等，魏徵上书道谢，唐太宗亲自写诏书称："我如此敬重你，全是为了黎民百姓和江山社稷，岂是为了你一人？何必多谢！"

因此，当唐太宗听了褚遂良的话之后，首先想到的是用魏徵来保护太子——房玄龄肯定是指望不上的。九月四日，唐太宗任命魏徵为太子太师。魏徵病情稍稍好转，就来到朝廷推辞，唐太宗亲自写信回复道："周幽王和晋献公，废嫡立庶，让国家陷入危亡；汉高祖刘邦差一点废掉了太子，幸赖商山四皓，太子之位才得以保全。我如今依靠你，就是这个意思。我知道你身体不好，就请你卧床替我保护太子！"魏徵这才接受了任命。到了十月十四日，殿中监宇文士及去世了。一次，唐太宗见到一棵树，非常喜爱，当时，宇文士及也跟着赞不绝口。谁知，唐太宗听了，突然拉下脸来，说道："魏徵经常劝我远离佞人，我一直不知佞人是谁，怀疑是你，看来真是不假！”宇文士及叩头谢罪，说道：“南衙群官，当着陛下的面与陛下争得面红耳赤，弄得陛下不能举手投足，如今，幸好臣在陛下身边，如果再不稍稍顺从陛下，陛下虽然贵为天子，又有什么乐趣可言啊！”唐太宗听了，又释然了。《唐语林》还记载一件趣事：一次，唐太宗命宇文士及割肉，宇文士及却用面饼擦手，被唐太宗看到了。宇文士及佯装不知，继续擦手，而后慢慢把面饼吃了，唐太宗这才转怒为喜。

当初，唐高祖入关时，隋朝武勇郎将党仁弘率领两千军队在蒲坂归降，后历任陕州总管、南宁、戎、广州都督。党仁弘很有才能，深受唐太宗的器重，但他很贪婪，离职后，被人告发，经查实贪污了上百万钱，依法应当处死。唐太宗对侍臣们说：“昨天我看到大理寺第五次送上诛杀党仁弘的报告，当时我正在吃晚饭，心疼他白发苍苍却被斩首，心中难受，遂命撤去饭菜，可是，我想了一夜也没有想出对其从轻发落的借口，现在只好不讲法律，特向诸位求情了！”十二月一日，唐太宗又把五品以上官员召集到太极殿上，他对大家说：“法律是君主受命于天而制定的，不能徇私情。如今，朕却偏袒党仁弘，这是败坏国法，对不起上天。我决定到城南郊外，睡在草席上，一天只吃一顿蔬菜，向上天谢罪三天。”房玄龄等人都说：“生杀大权，本来就是君主享有的，何必如此自责！”但唐太宗一直不接受，群臣叩头反复恳请，从早上一直折腾到傍晚，这时，唐太宗才亲自写下手诏，自称：“朕有三条罪过：一是没有知人之明；二是以私乱法；三是欣赏善行却不赏赐，痛恨恶行却没惩处。”于是，免去党仁弘的官职，将其废为平民，流放到了钦州。十二月二十三日，唐太宗前去骊山打猎，登上山巅，他发现围场有一处缺口，对侍从们说：“我如果看到围场不整却不惩罚，就破坏了军法；如果惩处的话，则是我站在高处，专门挑人家的毛病。”遂借口路险，下到山谷，第二天就回宫了。

刑部认为，谋反等法律规定连坐的兄弟们只是罚入官府当奴仆，这太轻了，应该一律处死。唐太宗命令八座（尚书左右仆射及六部尚书）讨论，大家都认为：“秦汉魏晋的法律，谋反的全部灭掉三族，如今应该接受刑部的建议。”给事中崔仁师反驳道：“古代，父子兄弟之间，罪不相及，为何用暴秦的苛法而抛弃周朝的轻典呢！杀掉叛臣父子，就足以吓阻人们了，假如连父子都不顾的话，其怎么还会顾及兄弟？”唐太宗听从了。

贞观十七年（公元643年）一月十五日，唐太宗对群臣说：“我听外面百姓因太子脚上有毛病，魏王聪明，时常随我出游，遂议论纷纷，一些投机分子纷纷拜倒在魏王名下。太子虽然脚上有毛病，但并不影响行走，况且，《礼经》规定，‘嫡子去世，就立嫡孙。’太子的儿子已经五岁了，朕永远都不会让庶子来取代嫡子，开启夺嫡之源！”

唐太宗选择在年初高调说出这番话，显然与太子太师魏徵的病情有关。此时的魏徵病情已经恶化，这距他担任太子太师才三个多月。魏徵病重期间，唐太宗派去探望、赏赐、赠药的使者，一个接着一个，又命中郎将李安俨住在魏徵家里，随时禀报魏徵的病情。唐太宗又与太子李承乾一起来到魏徵府上，还带上自己最小的女儿衡山公主（《新唐书》中所称的新城公主，系唐太宗第十九女，长孙皇后与唐太宗所生三男三女中最小的，年仅九岁），打算把衡山公主许配给魏徵的长子魏叔玉。魏徵身披朝服，拖着绶带，唐太宗看到魏徵，抚摸着他哭出声来，说道：“卿肯定好不了了，难道就没有一句话交代的？”魏徵回答：“嫠不恤纬。”嫠不恤纬的意思是：嫠，是寡妇，寡妇没心思织布，比喻忧国忘家。唐太宗说：“这真是良言啊！”他指着衡山公主对魏徵说：“没有可以报答爱卿功劳的，爱卿勉强睁睁眼，看看你的新儿媳。”魏徵说了声：“大事去矣！”却始终睁不开眼睛。（《芝田录》《续说苑》）

当晚，即一月十七日，唐太宗梦见了魏徵，不一会儿，就有人报告魏徵去世了，魏徵享年六十四岁。唐太宗五天不上朝，进行哀悼，又命令九品以上百官都要到魏徵家中吊唁，赏赐魏徵家羽葆鼓吹、班剑四十人，赙绢布一千段、米粟一千石，陪葬昭陵。追赠魏徵为司空、相州都督，谥号文贞。魏徵的妻子裴氏说：“魏徵平生俭朴，如今用一品官员的礼仪安葬，这不是死者的本意。”遂拒绝接受，最终用素车拉着灵柩安葬了。唐太宗登上西楼眺望，下令百官送出郊外。他还亲自写下碑文，因曾梦见过魏徵，所以上面才有“俄与仿佛，忽睹形仪”之句，还说：“商朝高宗昔日因做梦而得到了贤相傅说，如今的我却因梦而失去了良臣！”（《唐摭言》）唐太宗思念魏徵不已，对房玄龄等人说：“以铜为镜，可以正衣冠；以古为镜，可以知兴替；以人为镜，可以明得失。朕曾非常珍惜这三面镜子，如今，魏徵去世了，朕就少了一面镜子啊！魏徵去世后，朕派人到他家中，在他的书函内找到一片纸，只是一个草稿，字迹很难辨认，只有最开始的几行稍稍能够辨认，上面写道：‘天下之事，有善有恶，任善人则国安，用恶人则国乱。公卿之内，情有爱憎，憎者唯见其恶，爱者唯见其善。爱憎之间，所宜详慎，若爱而知其恶，憎而知其善，去邪勿疑，任贤勿贰，可以兴矣。’这就是他遗下的奏表，可是朕考虑自己难免会犯这种错误。你们可以把这句话写在笏上，知道朕的过错一定要劝谏。”

一七三　图画凌烟阁

唐太宗与魏徵之间可谓是君臣际遇，起码终魏徵一生二人关系融洽，《旧唐书》史臣对魏徵的评价：“前代诤臣，一人而已。”这个评价是很高的。

野史关于二人之间还有很多逸事：比如，《大唐新语》称，唐太宗对人说：“别人都说魏徵举动粗疏傲慢，我却看他非常妩媚！”《法书苑》记载，唐太宗非常喜爱书法，却总是写不好戈字旁，一次，写了一个戬字空了右边，命虞世南填上，然后把这个字拿给魏徵看，说：“朕学习虞世南的书法，似乎已学得差不多了。”魏徵回答：“天子笔法，蕴含万象，不是臣子敢于评价的，具体到这个戬字，戈字旁临摹的确实可以乱真。”唐太宗这才叹服。《龙城录》还称，魏徵擅长酿酒，酿出的酒名叫醽醁、翠涛，用大金坛子储存十年，酒味天下无双。因此，唐太宗曾写诗赠魏徵：“醽醁胜兰生，翠涛过玉薤，千日醉不醒，十年味不败。”兰生、玉薤分别是汉武帝、隋炀帝的名酒。同书还记载，一次魏徵退朝后，唐太宗对侍臣们笑着说：“这个羊鼻子不知道送给他什么东西能让他动情？”侍臣们回答：“魏徵非常喜欢吃醋腌的芹菜，每次吃都会连连称快，只有那个时候他才能流露出真性情。”第二天一早，唐太宗就把魏徵召入宫内赏赐早饭，在魏徵面前放了三杯醋芹，果然，魏徵一见立即面露喜色，饭还没吃完，醋芹就吃完了。唐太宗笑着说：“你说你没有什么爱好，我今天算是看到了。”魏徵拜谢说：“君主无为而治，所以才没有什么偏好，臣为朝廷做事，只喜欢吃这种收敛食物。”唐太宗听后默然，等到魏徵退下后，唐太宗抬头望天，情不自禁地赞叹不已。《朝野佥载》还记载有关魏徵的一件事：一次，二人前去魏徵那里求官，正值魏徵休息，二人就在床下闲聊。一人说：“你我二人的官职全靠这老头了。”另一人不同意，说：“全由上天安排。”没曾想，二人的谈话却被魏徵听到了，遂写了一封书信，让说“靠这老头”的那个人送到吏部侍郎那里去，信中写道："给这人一个好官。"可是，这人并不知道信中内容，等他出门后，突然感到心痛，就托说"由上天安排"的那人送去了，结果可想而知。第二天结果出来，魏徵大惊，就询问原委，这才知道内情，遂叹息道："一个人的官职俸禄全是上天安排的，这话真的不假啊！"

唐太宗思念魏徵不已，遂产生一个让画师给功臣们画像放入宫中的想法。二月二十八日，也就是在魏徵去世一个多月后，唐太宗下诏命令画师阎立本在皇宫三清殿旁的凌烟阁画下二十四位唐初功臣的画像，以纪念他们的汗马功劳。这二十四位凌烟阁功臣分别为：赵国公长孙无忌、赵郡元王李孝恭、莱成公杜如晦、郑文贞公魏徵、梁公房玄龄、申公高士廉、鄂公尉迟敬德、卫公李靖、宋公萧瑀、褒忠壮公段志玄、夔公刘弘基、蒋忠公屈突通、郧节公殷开山、谯襄公柴绍、邳襄公长孙顺德、郧公张亮、陈公侯君集、郯襄公张公谨、卢公程知节、永兴文懿公虞世南、渝襄公刘政会、莒公唐俭、英公李世勣、胡壮公秦叔宝。

这二十四位凌烟阁功臣中，在唐太宗下令画像时已经去世的有十二位，按照死亡先后排列分别是：郧节公殷开山（622）、蒋忠公屈突通（628）、莱成公杜如晦（630）、邳襄公长孙顺德（63？）、郯襄公张公谨（632）、渝襄公刘政会（635）、谯襄公柴绍（638）、永兴文懿公虞世南（638）、胡壮公秦叔宝（638）、赵郡元王李孝恭（640）、褒忠壮公段志玄（642）、郑文贞公魏徵（643）。

凌烟阁功臣排序，是唐太宗综合太原首义功臣、玄武门功臣和贞观功臣而进行的，是对唐初功臣的一次总结。

排名第一的长孙无忌，是长孙皇后的哥哥，唐太宗曾说过："我得到天下，多此人之力。"虽然史书不便说出玄武门之变前长孙无忌究竟做了些什么，但从唐太宗这句话中可以看出，长孙无忌是这次政变的核心。

第二位李孝恭，为李唐皇室打下了江南半壁江山，军功几乎与李世民相媲美。

第三位杜如晦，自不待言。

第四位魏徵。

第五位房玄龄。

第六位高士廉，长孙无忌的舅舅，贞观十二年拜为尚书右仆射，兼任太子少师。十六年，退休。高士廉祖父高岳（北齐宗室）为北齐尚书左仆射、太尉、清河王，父亲高励为北齐尚书左仆射，他自己也是尚书右仆射，其子高履行娶唐太宗第九女东阳公主，后为户部尚书，外甥长孙无忌为太尉，当时人们对他们家都非常艳羡。

第七位尉迟敬德。唐太宗心腹，玄武门功臣。

第八位李靖。灭突厥、灭吐谷浑，战功赫赫。

第九位萧瑀。武德、贞观重臣，武德年间曾暗中帮助李世民，唐太宗曾以“疾风知劲草，板荡识诚臣”赠之。《独异志》称，一次唐太宗在宫内与群臣饮宴，说：“你们中自认为最尊贵的，可以先喝。”长孙无忌、房玄龄等人还未说话，萧瑀就站起身来要喝，唐太宗问：“你有什么话说？”萧瑀回答：“臣是梁朝天子的儿子，隋朝皇后的弟弟，尚书左仆射，又是天子的亲家翁。”唐太宗拍手大笑。

第十位段志玄。太原功臣，李世民心腹，猛将，擒获屈突通。与尉迟敬德一起参与了玄武门之变。治军严整，被唐太宗称赞为：“此真将军也，周亚夫无以加焉。”

第十一位刘弘基。游侠，太原功臣，入关之战军功第一。

第十二位屈突通。隋将，降唐后，灭王世充军功第一。

第十三位殷开山（殷峤）。太原功臣，曾任刘弘基副将，在讨伐刘黑闼途中去世，是二十四功臣去世最早的。

第十四位柴绍。唐太宗姐夫，平阳公主之夫。贞观十二年去世。

第十五位长孙顺德。长孙无忌同族叔父，太原功臣，与刘弘基一起招募军队。贞观初年因贪财而受到惩处，一年后，唐太宗偶然翻阅功臣图，看到他的画像，顿生怜悯之情，就派宇文士及去察看情况，宇文士及来到长孙顺德家中，见他“颓然而醉”。唐太宗遂拜其为泽州刺史，从此，长孙顺德好像换了一个人似的，非常遵纪守法，赢得治下百姓的赞誉。

第十六位张亮。李世勣下属，与李世勣一起降唐。史称，其外表敦厚，而内心诡诈。因玄武门之变前，他被李世民派往洛阳招募壮士，被李元吉揭发下狱，身受酷刑也拒不招供，保全了李世民，李世民对其十分感激。李世民即位后，张亮历任御史大夫，光禄卿，豳、夏、鄜三州都督，金紫光禄大夫、行相州大都督长史（等于代替相州刺史、魏王李泰治理相州）。张亮在地方任职后，就抛弃了前妻，另娶李氏。李氏非常荒淫，又十分妒忌，张亮对她又爱又怕。等到张亮到相州任职后，邺城有一个卖笔的小儿，擅长歌舞，李氏遂与其私通。李氏为了能够更方便与其私通，就谎称这个男孩是张亮与其母私通所生，让张亮收为了养子。李氏还特别迷信旁门左道，又干预政事，张亮的名声也慢慢受损了。

第十七位侯君集。玄武门功臣，灭高昌大将。《大唐新语》称，唐太宗让李靖教侯君集兵法，不久，侯君集就上报说："李靖要谋反。他教我兵法时，每到隐秘细微之处，就不教了。"唐太宗责备李靖，李靖回答："这说明侯君集要谋反了。如今天下安定，臣教给他的足以平定四夷了，而侯君集却要我把我全部的权谋都教给他，这是他有异志了。"当时，李靖为尚书右仆射，侯君集为兵部尚书，二人都从朝堂返回办公室。侯君集骑马进门好几步，还茫然不觉，李靖对别人说："侯君集心思不在这里，此人肯定会谋反的。"

第十八位张公谨。玄武门功臣。史称："及斩建成、元吉，其党来攻玄武门，兵锋甚盛。公谨有勇力，独闭门以拒之。"李靖灭突厥时的副将。贞观六年，张公谨去世时，唐太宗命次日发丧，但次日正巧遇上辰日，有关部门称辰日忌哭。唐太宗说："君臣之间，如同父子，感情出自内心，还管什么辰日！"

第十九位程知节。即程咬金，玄武门功臣。

第二十位虞世南。著名文士，被唐太宗评价为"德行、忠直、博学、文辞、书翰五绝"。《国朝杂记》记载，唐太宗曾出行，有人询问是否也拉上书籍，唐太宗回答："不用。虞世南在，就是此行的秘书。"《隋唐嘉话》称，虞世南草书、行书，师从智永和尚（王羲之七世孙），曾在楼上练字，发誓练好字才下楼，结果，等字练成后，下楼一看，用坏丢弃的毛笔笔头竟然塞满了一个大缸。《字锦》称，有人收集来虞世南的一封书信，把其中的字剪开，一个字一个字卖掉，换了很多钱。《广川书跋》称，隋朝名将来护儿的子弟来济、来恒到唐朝时都成了文士，而虞世南的儿孙们却未能继承父业，反而到宫中宿卫。陆元方戏称："来护儿儿把笔，虞世南男带刀。"

第二十一位刘政会。太原功臣。贞观九年去世后，唐太宗写下手诏，称："举义之日，实有殊功，所葬并宜优厚。"与殷开山等人一起配享唐高祖庙。

第二十二位唐俭。太原功臣，先受到唐太宗的宠爱，后因小事受到疏远、憎恶。

第二十三位李世勣。即徐茂公，未参与玄武门之变，与李靖一样属于中立人物，重挫薛延陀。此后，李世勣突然遇上重病，药方称必须用胡须灰和药才能治他的病。唐太宗亲自剪下自己的胡须，给其和药。李世勣叩头出血，哭着道谢，唐太宗说：“我是为社稷着想，不用过分谢我。”《谭宾录》称，李世勣临阵选将，一定挑选那些面带福相的，有人询问缘故，他回答：“薄命之人，不足以一起建功立业。”

第二十四位秦叔宝。即秦琼。秦府猛将，但似未参与玄武门之变，令唐太宗多少对其有些不满。史称，秦叔宝勇力绝人，其所用大枪比常用的长大很多，在洛阳之战中，秦叔宝曾将大枪扎在洛阳城下，城内守军出来数十人却拔不动，只见秦叔宝又快马折返，拔出大枪而去。唐朝时期，每当遇到大庆典，需要陈设仪仗，总是把秦叔宝用过的大枪拿出来展示。《隋唐嘉话》称，秦叔宝晚年经常患病，他常常对人说：“我从小就在军中打仗，前前后后经历了三百多次战斗，算下来身上流的血也有数斛之多，岂能不生病？”《酉阳杂俎》记载，秦叔宝的坐骑名唤忽雷驳，经常喝酒，每到月明时试乘，总能飞越三领黑毡。等到秦叔宝去世后，这匹战马也悲鸣不已，绝食而死。

一七四 齐王之变（一）

贞观十七年，对于唐太宗来说注定是一个不寻常的年头。

年初，唐太宗最信任的大臣魏徵就去世了，而就在魏徵去世的同时，鄠县县尉游文艺就告发代州都督刘兰成谋反。《资治通鉴》上说的刘兰成就是《旧唐书》上的刘兰。他字文郁，是北海人，隋末大乱中他率众占据北海；武德中，投靠了淮安王李神通，被任命为尚书员外郎。贞观初年，刘兰成进献攻取梁师都之计，取得唐太宗的认可，消灭梁师都后，他也被晋升为丰州刺史，后为夏州都督。长社人许绚通晓谶言，对刘兰成说：“天下人都说刘将军您理应成为天下之主。”刘兰成的儿子刘昭也说：“谶言称海北将出天子，我们家就是北海的。”鄠县县尉游文艺因犯罪而被下狱，罪该处死，遂告发了刘兰成的阴谋。刘兰成遂被腰斩，党羽全部被杀。为了向唐太宗表忠心，右武候将军丘行恭又挖出刘兰成的心肝吃掉，唐太宗听说后，责备道：“刘兰成谋反，国家自有王法，岂能如此！假如你以为这么做才能表现出忠孝，那么太子、诸王早该先吃了，又怎能轮到你呢！”丘行恭听了，一脸羞愧，拜谢而退。

一月就已血雨腥风，二月又不知会怎样。

二月二日，唐太宗询问谏议大夫褚遂良：“舜制作漆器，就有十几个人前来劝阻，这是为何？”褚遂良回答：“奢侈是危亡的根源，制作了漆器，再不满足，就会用金器、玉器替代。忠臣爱护自己的君主，一定要防微杜渐，假如天下已经大乱了，就是想再劝谏也没什么用处了。”唐太宗说：“是啊！朕有什么过错，你也该一发现苗头就及时劝谏。朕看过去的帝王不接受劝谏的，大多是这样说的：‘已经做了。’或者说‘我已经答应了。’始终不去改正，如此一来，就算不想亡国，能成吗！”

当时皇子们担任都督、刺史的，大多年纪还很小，褚遂良又上书称：“两汉时期，朝廷采用郡国的办法来治理国家，除了设立郡之外，还分封诸子，建立诸侯国，杂用了周朝的制度。我们唐朝则是采用秦朝的制度，只设立郡县。皇子年幼，有的就被授予了刺史一职。陛下难道不是觉得用自己的骨肉去镇抚四方，认为自己创立的制度要比前代的高明？但我认为这种办法还是有不妥之处的。为什么呢？刺史和都督是百姓赖以安宁的靠山。这些职位由好人担任，辖区就会安定；反之，整个地区就会民不聊生。所以，君主爱护百姓，往往替百姓们挑选好的地方官。汉宣帝说过：‘与我一起治理国家的，唯有贤良的太守们啊！’以臣愚见，陛下儿子们当中年幼、不会治理百姓的，还是暂时留在京师，读书学习。一是可以让他们知道朝廷威严，不敢犯法；二是观摩朝廷礼仪，自然而然就养成了好的习惯。时间长了，等他们符合条件后，再派他们到地方上任职。”唐太宗表示同意。

二月十二日，唐太宗以太子詹事张亮为洛州都督。侯君集自以为在贞观十四年平定高昌中立下大功，回国后却被下狱，一直耿耿于怀，暗生异心。当他听说张亮被外派到了洛州，就故意来刺激张亮道：“是谁排挤你的？”张亮回答：“就是你排挤的，你还冤枉谁？”侯君集说：“我平定一国，回来还遇到天子发了像屋子那么大的脾气，我哪有本事排挤你！”说完，卷起袖子吼道：“我实在是烦闷得不想活了！你能造反吗？我跟你一起造反！”张亮偷偷将此事报告给了唐太宗。唐太宗说：“你与侯君集都是朕的功臣，你们二人说话时，旁边又无他人，如果交给司法部门，侯君集肯定不会承认，如此一来，结果难以逆料，你暂且不要声张。”唐太宗遂按下此事，还是像以往那样对待侯君集，到了六月，给功臣们在凌烟阁上画像时，也没少了侯君集。可是，唐太宗不得不早做准备了。二月二十七日，他禁不住发出感慨：“君主也只有一颗心，可是，把这颗心当作目标来进攻的人数不胜数：有的人靠的是武力；有的人靠的是口才；有的人靠的是谄媚；有的则是靠奸诈；有的又以满足君主欲望的办法来达到目的。万千众人采取五花八门的办法，从四面八方围绕着它，向它发起进攻，都是为了达到各自的目的，以换取荣华富贵。君主稍微懈怠一点，接受一条，国家的危亡就随之而来，这就是当君主最困难的地方啊。”

齐州都督、齐王李祐，是唐太宗的第五子，其母为唐太宗的阴妃。武德八年封为宜阳王，同年改封楚王，贞观二年，改封燕王，转豳州都督，贞观十年，改封齐王，授予齐州都督，次年上任。贞观十二年入朝，因病暂留京师。其间正是唐太宗在太子李承乾和魏王李泰之间摇摆不定的时期，李祐的舅舅阴弘智为尚乘直长，对李祐说："大王兄弟很多，皇上百年之后，大王身边还是需要有武士来保护自己的。"李祐原本性格就轻率浮躁，觉得舅舅的话很对。阴弘智就把妻兄燕弘信推荐给了李祐，李祐一见之下，相见恨晚，送给燕弘信很多金银财宝，命其暗中招募武士。贞观十五年，齐王李祐返回齐州。

唐太宗对儿子们非常喜爱，也十分关心他们的成长，重视他们的教育，诸王身边的长史、司马都是经过严格挑选的正人君子，诸王稍稍犯错，都必须一一奏闻。李祐整天与一群心腹混在一起，尤其喜欢游猎，长史薛大鼎屡屡劝阻，可李祐就是不听。唐太宗认为薛大鼎教导无方，就把他给罢免了。罢免薛大鼎之后，唐太宗想到了一个人——权万纪。

权万纪正直廉洁，贞观中，以潮州刺史提拔为治书侍御史。尚书右仆射房玄龄、侍中王珪负责年终考评，权万纪不避权贵，弹劾二人考核不公，王珪不服，魏徵袒护房玄龄和王珪，此事最终不了了之。权万纪长期担任御史，得罪了朝廷上大大小小的官员，最后，魏徵对唐太宗说："权万纪等人不识大体，揭发弹劾全都不实，陛下容忍一切，他们遂敢于欺下瞒上，沽名钓誉，迷惑圣上，以小谋大，致使群臣离心。像房玄龄等人尚且不敢申辩，更何况是一些小官呢？"唐太宗本来是利用权万纪等人来树立自己的权威，打压那些权臣，如今，又觉得权万纪等人已引起众怒，只好舍车保帅，将其改任散骑常侍，后又找个借口把他免职。又过了很久，唐太宗又想起了他，将他提拔为御史中丞，又晋升为尚书左丞，后又外调为西韩州刺史。当时，唐太宗的第三子、吴王李恪骄纵犯法，唐太宗想到权万纪刚直，就拜其为吴王李恪的长史。李恪也素知权万纪的秉性，对他非常敬重，从此折节向善。唐太宗觉得权万纪既然能把李恪教育好，也肯定能管好李祐。

然而，这次唐太宗失算了。

权万纪素来以刚直闻名，齐王李祐听说唐太宗把权万纪派来了，也非常忌惮，把身边的心腹都暂时调离了，表面上对权万纪十分礼遇，但内心对他非常忌恨。权万纪见李祐种种不法行为，常常犯颜直谏，开始的时候，李祐还多少给个面子，但越到后来，把李祐给惹火了，不仅不听，反而专门与权万纪作对，与他要求的反着来。昝君暮、梁猛彪二人均因善射野猪而深受李祐的信任，权万纪与李祐关系恶劣，就把二人全都赶出王府，李祐又把二人偷偷召回，对他们更加优待。唐太宗也听说李祐的种种作为，屡屡下书严厉斥责他，权万纪担心城门失火，殃及池鱼，一旦李祐犯错，会牵连到自己，就对李祐说："大王您是陛下的爱子，正是因为陛下希望大王能够悔改，所以才会写信进行教育，如果大王真能改过自新，我愿意亲自进京替大王美言。"于是，就写下李祐的具体过失，令李祐承认，并表示愿意改正。

权万纪拿着李祐的奏表来到了京师，面见唐太宗后，保证李祐一定能够改过。唐太宗稍稍放下心来，转怒为喜，对权万纪夸奖一番，但还是在诏书上把李祐奏表上自认的一些罪过一一指了出来，要求李祐切实更改。消息传到李祐这里，李祐感到自己被权万纪骗了，不禁大怒，说道："长史出卖了我！他劝我自认过错，实际上是赚取自己的功劳，我一定杀了这家伙！"

唐太宗因校尉韦文振谨慎、正直，任命他为李祐齐王府典军，韦文振屡屡劝谏李祐，李祐对他也很厌恶。

一七五 齐王之变（二）

李祐与权万纪关系恶化，除了李祐的毛病外，权万纪也难辞其咎。

权万纪性格偏执，为人处事较为刻薄。二人交恶后，权万纪对李祐就管得更严了，不让李祐出城，又把李祐畜养的鹰犬也全部放掉，斥责昝君暮、梁猛彪不得再见李祐。正巧，一天深夜，一块石头落入权万纪的家中，权万纪认为是昝君暮和梁猛彪想要杀死自己，遂下令将二人逮捕下狱，并向唐太宗上报，又弹劾了经常与李祐一起为非作歹的数十人。接到权万纪的奏表后，唐太宗派刑部尚书刘德威亲自赶赴齐州审讯，结果，权万纪指称的事情基本属实，于是，唐太宗征召李祐、权万纪一起入朝。

接到唐太宗的诏书后，权万纪就启程先行了，李祐留在后面，却迟迟没有动身。权万纪离开齐州后，李祐与燕弘信的哥哥燕弘亮等人密谋，决定杀掉权万纪泄愤，然后发兵叛乱。决心已下，李祐派遣二十余名骑兵追上权万纪，将其射死。李祐一党又逼迫韦文振同谋，但韦文振不从，逃出了齐州城，行了数里，也被李祐一党追上杀死。齐王僚属无不吓得面如土色，拜服于地，不敢仰视，李祐遂召集城内十五岁以上的男子参军，私自任命上柱国、开府仪同三司等官员，打开仓库，赏赐下属，把齐州百姓赶入城内，整修城池，制造兵器，又设置了拓东王、拓西王等官。齐州官员都不愿从逆，纷纷抛弃家眷，趁夜翻城逃跑，李祐禁止不住。

三月六日，唐太宗下诏命令兵部尚书李世勣与刑部尚书刘德威调发怀州（今河南省沁阳市）、洛州（今河南省洛阳市）、汴州（今河南省开封市）、宋州（今河南省商丘市）、潞州（今山西省长治市）、滑州（今河南省滑县）、济州（今山东省东阿县）、郓州（今山东省东平县）、海州（今江苏省东海县）九州之兵前去讨伐。唐太宗又给李祐亲自写信道：“我之所以经常告诫你要远离小人，就是担心今日之事啊。你平素就不诚信，被坏话迷惑，自取灭亡。真叫我痛心啊！你怎么这么愚蠢！竟然自甘堕落，忘忠忘孝，扰乱齐州，诛杀无辜。背礼违义，天地不容；弃父逃君，人神共怒。过去你是我的儿子，今日你是国贼。权万纪活着是忠臣，死后是烈士；你活着是贼臣，死了变成逆鬼。”唐太宗写完，为之落下了眼泪。

李祐并无大志，他命燕弘亮等五人与自己同住，余党分别统领部众，只是在城中巡逻、守城。齐州人罗石头当面斥责李祐的罪过，持枪上前，想要刺杀李祐，反为燕弘亮所杀；李祐率领骑兵进攻高村，村民高君状远远指着他，斥责道：“主上手提三尺剑夺取天下，万民蒙受再生之德，像对待上天一样爱戴主上。大王突然驱赶城中数百人就想发动叛乱，反对君父，这无异于想用一只手来撼动泰山，为何如此不自量力啊！”李祐率众进攻，将高君状俘虏，但自己也很羞愧，所以没有杀掉他。李祐向下属郡县发出檄文，各县没有一个从命的，李祐给唐太宗复信道：“臣是皇帝的儿子，受到权万纪的陷害，上天有眼，此人被杀。臣受惊之余，惊慌失措，身边护卫们没有兵器，都想散去，所以，我才制造一点兵器，仅仅为了自卫。”李祐似乎并没有把朝廷的讨伐放在心上，只是感觉自己终于轻松下来，如愿以偿了，每夜都与燕弘亮等人对着王妃一起欢宴；嬉笑之间，偶然谈到即将到来的官军，燕弘亮等人都说：“大王不用担心！我们右手拿着酒杯，左手挥刀替大王把他们扇走！”李祐闻言，非常高兴，竟然信以为真。

李世勣的大军还未到来，青州、淄州等州的州军已经集结在齐州边境了。有人劝说李祐劫持齐州军民子弟，逃往豆子航当强盗，但李祐一直没有下定决心。齐州府兵曹杜行敏等人密谋活捉李祐投降，李祐身边的不少军民也都暗中响应。三月十日深夜，杜行敏等人率众起事，在齐王府四面敲鼓喊叫，喊声惊天动地，数十里以外都能听到，李祐住在齐王府外的同党全部被杀死。李祐从睡梦中惊醒，惊恐地问是什么声音，左右谎称：“英公李世勣率领的飞骑已经登上城墙了！”

杜行敏分兵挖开王府墙垣，冲入王府，李祐与燕弘亮等人披上铠甲，紧闭房门，躲在卧室抵抗。杜行敏等率领上千人把他们团团围住，但从清晨一直相持到正午，一直没能攻下。杜行敏对李祐喊话：“大王过去是皇子，如今是国贼，再不速速投降，一会儿就会变成灰烬了！”遂下令堆放柴草，准备纵火烧死李祐等人。李祐从窗缝对外说道："我马上开门，只是担心燕弘亮兄弟会被你们杀了。"杜行敏承诺道："一定会保全他们的。"于是，李祐等人才开门，走了出来。

李祐等人出来之后，当即就被逮捕。有人当场挖下燕弘亮的双眼，扔到地上，其余人等全部被人打断大腿，杀掉。杜行敏等人把李祐押到王府门前，向军民展示，而后关押在东厢房内。李祐短暂的叛乱就此平定。三月十五日，唐太宗下诏命令李世勣撤军；李祐被押到长安后，在内侍省内被赐死，诛杀李祐同党四十四人，其余从犯一律不予追究。李祐生前喜欢养鸭，举兵之前，山猫咬死他养的四十多只鸭子，都是把头咬掉而去。等事败后，果然受到株连而被杀的同党也是四十多人。

唐太宗还下诏追赠罗石头为亳州刺史；任命高君状为榆社令；杜行敏为巴州刺史，封南阳郡公；其余有功人员也一一受到赏赐。唐太宗在翻阅齐王书信时，发现齐王记室参军孙处约的劝谏信，连连叹赏，遂提拔他为中书舍人。二十日，唐太宗下令追赠权万纪为齐州都督，赐爵武都郡公，谥号敬；追赠韦文振为左武卫将军，赐爵襄阳县公。

三月齐王李祐造反，在审讯李祐同党时却意外地牵连到了一个叫纥干承基的刺客，纥干承基被打入大理寺大牢，论罪当死。纥干承基就是太子李承乾曾经畜养的刺客，李承乾曾命其刺杀于志宁未果，为了将功赎罪，四月一日，纥干承基在狱中上书，声称有重大事件要向唐太宗告发！

这一重大事件是什么呢？那就是：太子一直在阴谋发动政变！不听则已，一听，唐太宗几乎难以相信自己的耳朵。在一月时，唐太宗还在群臣面前表明了自己坚定支持太子李承乾的立场，仅仅过去两个多月，现在竟有人告发太子谋反！

这不啻一个晴天霹雳，几乎把唐太宗给击垮了……

一七六　太子谋反

太子李承乾喜欢游猎，举止荒唐。

他命人制作了一个八尺高的铜炉和一个六只脚的大锅，招募一些亡命之徒去偷盗百姓的牛马，放到大锅里亲自烹煮，与心腹们一起大吃大喝。他还喜欢模仿突厥人说话和他们的服饰，挑选长相像突厥人的玩伴，每五人组成一“落”，头上编起辫子，身穿羊皮袄放羊，又制作了五个狼头的大旗、幡旗，架设帐篷。太子李承乾坐在帐篷的正中，抓来小羊烹煮，像突厥人那样抽出佩刀割下羊肉，与众人一起分享。李承乾又曾对身边的人说：“我假装是突厥可汗，现在死了，你们仿效他们的习俗举行丧礼。”随即直挺挺地倒在地上，众人都仿效突厥习俗，骑着马环绕着李承乾号哭，拔出小刀割破自己的脸庞，表示哀悼。过了很久，李承乾才从地上一跃而起，说道：“一旦我拥有天下，将亲自率领数万骑兵到金城以西打猎，然后，解开头发去当个突厥人，投靠李思摩，只需当个设，就不会落在人后了。”

压抑、激烈的政治斗争，让李承乾根本感受不到当一个太子的乐趣，相反，他向往突厥人简单纯朴的生活，只想当个突厥的将军，只要不低贱就可以了。

汉王李元昌，是唐太宗的七弟，年少时喜爱学习，擅长隶书。武德三年被封为鲁王，贞观五年，被任命为华州刺史，后转为梁州都督，贞观十年，改封为汉王。李元昌在地方期间，经常违法乱纪，唐太宗知道后多次写信予以斥责，可是，李元昌接到唐太宗的手诏后，不仅不反躬自省，反而牢骚满腹，对唐太宗是怀恨在心。李元昌知道李承乾对唐太宗宠爱魏王李泰感到非常失落，遂暗中结好李承乾，共谋不轨。贞观十六年，李元昌入朝。李承乾频繁把他召入东宫留宿，李元昌趁机对李承乾说：“希望殿下能够早日当上天子。前不久，我看见皇上跟前有一位宫女，擅长弹奏琵琶，事成之后，请求把她赏赐给我。”李承乾满口答应。二人又用刀在手臂上划出鲜血，用布帛擦拭，烧成灰烬，放进酒中喝下，赌咒发誓。白天，二人率众一起游戏，分为两队，各自率领一队，身披毛毯缝制的铠甲，手持竹子做成的长矛，摆下阵势，捉对厮杀，参战人员往往受伤流血，二人却乐此不疲；有作战不认真的，二人还下令予以毒打，甚至打死。李承乾还说："假如我今日当上天子，明天就在御苑中部署数万人马，与汉王各率一军，相互厮杀，岂不快乐！"又说："我当上天子，将穷奢极欲，有敢于劝谏的，一律杀死。只需杀他个数百人，大家自然就不再劝了。"

太子李承乾还是个同性恋、恋童癖。

太常寺的乐童称心长相俊美，李承乾非常喜爱，与他形影不离，同睡同起。道士秦英、韦灵符也因会旁门左道，深受李承乾的宠信。唐太宗听说后，不禁勃然大怒，将称心等人全部逮捕杀掉，牵连此事被杀的有数人。事后，唐太宗把李承乾狠狠教训了一顿。李承乾怀疑是魏王李泰告的密，对李泰恨之入骨，又思念称心，遂在宫内开辟一间静室，专门用于纪念称心，一早一晚，李承乾总会来到这里，燃香祭奠，徘徊流泪。又在御苑中暗中修了一座坟墓，给称心私下封赠官爵，竖立墓碑。这些事，自然会有人密报给唐太宗，唐太宗心中慢慢开始不悦，太子也知道父亲的心思，遂称病不朝，数月父子未曾谋面。

李承乾的怀疑不是没有理由的。李泰正处心积虑地想夺嫡，为达到目的，他极力拉拢曾经担任过魏王府僚佐的韦挺和杜楚客，命二人怀揣黄金一一造访朝中重臣，盛赞李泰聪明贤能，是储君的最佳人选；朝中文武群臣，遂分为两派，暗中结成朋党。太子李承乾也发起反击，派遣谎称是魏王府的典签官，向唐太宗上呈密奏，奏表中揭发魏王李泰的罪恶，唐太宗下令搜捕，却一直未能查到。等到称心死后，李承乾怒火攻心，命令暗中招募的刺客纥干承基以及手下百余名壮士伺机刺杀李泰。

吏部尚书侯君集的女婿贺兰楚石是太子东宫的千牛（贴身卫士），因此，太子知道侯君集一直心怀不满，多次命贺兰楚石邀请侯君集来东宫，请教自保之计。侯君集觉得太子李承乾愚昧无能，就打算浑水摸鱼，劝他谋反，他抬起手来，对李承乾说："这双好手，将受殿下的摆布。"又说："皇上宠爱魏王，我担心殿下会招来隋文帝太子杨勇那样的大祸，如果接到陛下的诏书，要提前暗中做好应对准备。"太子李承乾深以为然。李承乾送给侯君集以及左屯卫中郎将李安俨很多财物，命他们探听唐太宗的动向，唐太宗的一举一动都要密保给李承乾。李安俨曾经是李建成的卫士，李建成被杀后，他率众与秦王府军队苦战，唐太宗觉得此人忠于主人，既往不咎，对他很是信任，命其负责禁卫军，而李安俨却成了李承乾的心腹。

太子李承乾还有其他同党：洋州刺史赵节，是赵慈景的儿子，母亲是唐太宗的五姐长广公主（桂阳公主，赵慈景为尧君素所杀，长广公主改嫁杨师道）；驸马都尉杜荷，是杜如晦的儿子，娶唐太宗第十六女城阳公主，他们都是李承乾的心腹，也都像李元昌那样与李承乾歃血为盟，阴谋领兵进入西宫，发动政变。杜荷对李承乾说："天象有变，应当迅速行动，殿下谎称得了重病，已经病危，皇上一定会驾临探视，趁机发动，一定能够成功。"李承乾的阴谋正在紧锣密鼓地进行中，齐王李祐造反的消息突然传来，李承乾对纥干承基等人说："我东宫西墙与大内相距仅仅二十多步，与你们一起建立大业，岂是齐王能比的？"

接到纥干承基的告发信后，唐太宗立即命令司徒长孙无忌、司空房玄龄、特进萧瑀、兵部尚书李勣、大理卿孙伏伽、中书侍郎岑文本、御史大夫马周、谏议大夫褚遂良等人共同审讯李承乾，审讯结果是：李承乾谋反的证据充分。唐太宗对侍臣们说："将如何处置李承乾？"群臣无人敢出声，来护儿之子、通事舍人来济回答："陛下不失为当一个慈祥的父亲，太子得以尽享天年，这最好了！"唐太宗听从了。

四月六日，唐太宗下诏废太子李承乾为庶人，软禁在右领军府内。唐太宗打算赦免汉王李元昌一死，群臣坚决反对，遂命其在家中自杀，赦免了他的母亲、妻子、儿子。

侯君集参与李承乾的阴谋后，一直心惊肉跳，常常在深更半夜突然从床上坐起来，叹息很久。他的妻子很是奇怪，就问他："大人是国家的大臣，为何如此？一定有什么缘故。假如是什么不好的事，将对不起国家，就该前去自首，这样还能免去一死。"但侯君集不听。《酉阳杂俎》称，侯君集做梦梦见被两名甲士带至一处，见一王者命左右取下侯君集的威骨。只见数人持刀砍开自己脑袋和右臂，从中各取出一片鱼尾状的骨头来，侯君集也惊悸而醒。此后，他就变得浑身乏力，甚至连一钧的弓箭都拉不开，也想去自首，犹豫中就事发了。

《隋唐嘉话》称，唐太宗听说侯君集也参与谋反了，深夜绕着床来回踱步，当即命令召见他，以出其不意。侯君集被捕后，他的女婿贺兰楚石又亲自来到宫门外进行揭发。唐太宗把侯君集带来，对他说："朕不想让那些刀笔吏们侮辱你，所以才亲自审讯你。”一开始侯君集拒不承认。唐太宗就命人将贺兰楚石带上来，贺兰楚石把事情的前因后果说得一清二楚，又把侯君集给李承乾写的信拿了出来。在人证物证面前，侯君集理屈词穷，不得不认罪服法。唐太宗对群臣们说：“侯君集立过战功，我打算免其一死，行吗？”群臣都不答应。唐太宗这才对侯君集说：“我与你永别了！”说完，流下了眼泪，侯君集也瘫软在地上。《封氏闻见记》称，唐太宗还对侯君集说：“我因为你再也不愿意登上凌烟阁了啊！”同书还记载，到唐中宗时曾带学士们在内庭游览，行至凌烟阁，看到侯君集的画像有白灰刷过的痕迹，上面记载，侯君集被杀后，曾有人建议用白灰把侯君集的画像涂掉，唐太宗念及他的功劳，下令还是不涂了。

侯君集临刑时，对监斩将军说：“我侯君集岂是谋反之人？一错再错，才走到这步田地。然而，我从陛下当秦王时就追随陛下，击破两个国家，立下一点功劳。请你替我请求陛下，给我保全一个儿子留侯家一脉香火。”唐太宗遂赦免了他的妻子和一个儿子，把他们流放到了岭南。《隋唐嘉话》称，侯君集被杀后，其家被查抄，得到两个绝代美人。唐太宗问二人为何如此美丽，二人回答：“自从进入侯家以来，一直吃的是人乳，从不吃饭。”又称，侯君集在击破高昌后，曾得到两个非常精致的金簟（金子做的席子），隐匿起来，自此与这两个美人一并为唐太宗所得。

江夏王李道宗曾经平静地对唐太宗说：“侯君集志向远大，而智谋不足，自恃有点功劳，一直以居于房玄龄、李靖之下为耻，虽然身为吏部尚书，但并不满意。以臣观察，此人一定会作乱。”唐太宗当时不信，回答：“侯君集的才能干什么不能胜任？朕岂能吝惜高位，不将其委以重任？只是论资排辈还没轮到罢了，岂能胡乱猜测，竟然怀疑人家要谋反！”等侯君集被杀后，唐太宗对李道宗道歉说：“果然不出你的所料。”

李承乾的其他同党李安俨、赵节、杜荷等也都被杀了；李安俨的父亲已九十多岁了，唐太宗怜悯他孤苦无依，下令赏赐两个奴婢给他养老。赵节的继父中书令杨师道与长孙无忌等人一起审理赵节，暗中替赵节开脱罪名，被唐太宗发现后贬为吏部尚书；唐太宗来到长广公主家里，公主以头击地，哭着替儿子赵节求情，唐太宗也哭着拜谢道：“赏赐不避仇人，惩处不偏袒亲戚，这是天下大公无私之道，我不敢违背啊！因此，只能对不起姐姐了！”太子左庶子张玄素、右庶子赵弘智、令狐德棻等人也因未能尽到职责，全部被废为庶人。其余人等依法应当受到牵连的，全部被赦免了。只有太子詹事于志宁因屡屡谏诤，受到唐太宗的口头表扬；唐太宗又免去了纥干承基的死罪，提拔他为祐川折冲府都尉，赐爵平棘县公。

一七七　册立晋王

太子李承乾被废后，围绕着太子之位，朝廷各方势力又进行了一场新一轮的争夺。

在李承乾获罪期间，魏王李泰每天都入宫侍奉唐太宗，唐太宗曾当面答应立其为太子，岑文本和刘洎也劝说唐太宗册立李泰，但长孙无忌坚持立晋王李治。岑文本是南阳棘阳（今河南省南阳市新野县）人，从小以文才闻名，萧铣立国后，引为中书侍郎；唐太宗即位后，经李靖推荐，被任命为中书舍人。当时颜师古为中书侍郎，武德年间朝廷的文告全是颜师古写的，后来，颜师古因事被唐太宗免职，温彦博称颜师古文才天下无双，希望唐太宗能继续起用。唐太宗想了想却说："我自己举荐一人，你不用担心。"遂任命岑文本为中书侍郎，专门负责朝廷机密文件。《周书》上的史官曰大部分都是岑文本写的。刘洎是江陵人，也曾担任过萧铣的黄门侍郎，入唐后历任给事中、尚书右丞、黄门侍郎、银青光禄大夫、散骑常侍等职。刘洎行为粗放，敢于直言。一次，唐太宗在玄武门上设宴款待三品以上大员，席间，唐太宗兴之所至，提笔写飞白字赏赐群臣。当时气氛十分热烈，不少人趁着酒劲，从唐太宗手上抢来墨宝。刘洎做得更彻底，他干脆登上御榻，掰开唐太宗的双手夺了下来。这下惹了众怒，群臣都说："刘洎登上御床，罪该处死，请求陛下把他交付审判。"唐太宗看到自己的字如此受欢迎，高兴还来不及呢，他笑道："昔闻婕妤辞辇，今见常侍登床。"

岑文本和刘洎同为荆州人士，在朝中没有什么根基，自然更想把政治前途押在一个更具实力的人身上，再加上二人富有文采，更加倾向魏王李泰也就在情理之中了，当然，二人建议也不排除是受人指使。然而，帝王心术，岂是一般人所能了解的？太子、魏王各树朋党，朝廷群臣互为彼此，如今，太子被废，树倒猢狲散，太子一党受到很大打击，假如顺势册立魏王，那魏王一党在朝中形成一支独大的局面，新太子的势力势必威胁到皇权，届时的情况，将比过去还棘手：过去是，太子与魏王相争，都来讨好唐太宗，唐太宗可以在其间走危险的钢丝；而将来如果立了李泰为太子的话，太子势力一旦失去控制，唐太宗连危险的钢丝都走不成了，父子一场争夺将在所难免……

唐太宗对侍臣们说："昨天，青雀（李泰的小名）扑到我的怀里，对我说：'臣今天才能真正成为陛下的儿子，是我再生之日。臣有一个儿子，臣死之日，将为陛下杀了他，把皇位传给晋王。'人谁不爱自己的儿子，朕见其如此，心中不是滋味。"谏议大夫褚遂良说："陛下说错了，请陛下三思，别误了大事。陛下万岁之后，魏王拥有天下，岂肯杀掉自己的儿子，把皇位传给晋王！过去，陛下既然已经立了李承乾为太子，却又宠爱魏王，礼遇超过了承乾，才导致了今日的灾祸。前事不远，后事之师。陛下今日如果要册立魏王，就先处置了晋王，这样才能安全。"唐太宗流下眼泪，说道："我办不到。"说完，就起身入宫了。

魏王李泰担心唐太宗会册立弟弟晋王李治，就吓唬他道："你与汉王李元昌关系好，如今李元昌败了，你能不害怕吗？"时年十六岁的李治听后，忧形于色，闷闷不乐。唐太宗见状，屡屡询问原因，李治先是闭口不言，最后才把实情说出。唐太宗听了，顿时怅然若失，开始后悔曾经说过要立李泰的话了。唐太宗当面斥责李承乾，李承乾回答："臣身为太子，还有什么不满足的！只是受到李泰的逼迫，只好与朝臣一起商量自保之术，心怀叵测之人趁机引导我图谋不轨。如今，陛下如果立李泰为太子的话，正好落入他的圈套了！"李承乾知道，自己已永无翻身之日了，但假如李泰立为太子的话，自己可能很快就小命不保了。

唐太宗在废黜李承乾之后，驾临两仪殿，群臣退下后，只留下长孙无忌、房玄龄、李世勣和褚遂良四人。唐太宗对四人说道："我三个儿子一个弟弟，竟然干出这等事情，我实在是心灰意冷了啊！"说完，倒到床上。四人争先恐后地赶忙上前，把唐太宗扶起来。唐太宗坐起来后，又要抽出佩刀，朝自己身上刺来，褚遂良赶紧夺下佩刀，交给一旁的晋王李治。长孙无忌等人请问唐太宗打算说什么事，唐太宗回答："我想立晋王。"长孙无忌回答："臣等接受诏命，有胆敢异议的，臣请求杀了他！"唐太宗遂对晋王李治说："你舅舅已经答应你了，去拜谢！"李治赶忙拜谢。唐太宗又对四人说："你们已经与我的意见一致了，但不知外面群臣的意见如何？"长孙无忌回答："晋王仁慈孝顺，天下很久就归心了，请求陛下召见百官询问，如果有人不同意，就是我欺骗了陛下，罪该万死！”既然是商量立储，那为什么晋王李治就在太宗身边？这哪里是商量？唐太宗又以自杀相威胁，长孙无忌赶忙说出有胆敢异议的斩，这种情况下房玄龄和李世勣也只有唯唯从命的份儿了，显然，这出戏是唐太宗与长孙无忌合演的一出让房玄龄、李世勣看的双簧。在册立晋王李治这一问题上，长孙无忌与唐太宗意见一致，那么，既然李泰和李治都是长孙无忌的外甥，为什么他要厚此薄彼呢？分析起来可能有以下几个理由：一是长孙无忌专权的需要。拥立一个相对懦弱、年纪尚小的李治要比拥立年长的李泰要好得多。二是李泰早已拥有了自己的班底，比如房遗爱、柴令武、杜楚客等人，他们大多是功臣子弟，假如李泰上位，这些新贵们势必取长孙无忌而代之，长孙无忌的权势不仅不会扩大，相反还有被排挤的危险。

于是，唐太宗又驾临太极殿，召集六品以上官员问话，他对大家说：“李承乾图谋不轨，李泰也心怀叵测，都不可立为太子。朕打算从诸子中挑选一人为太子，你们说谁可以？你们大家明说。”群臣都欢呼道：“晋王仁慈孝顺，应当立为太子！”唐太宗听了，非常高兴。当天，魏王李泰率领一百多骑兵行至永安们，唐太宗下诏守门卫士阻止李泰的随行骑兵入宫，把李泰带到肃章门，软禁在北苑内。

四月七日，唐太宗登临承天门楼，下诏册立晋王李治为皇太子，大赦天下，特许全天下的百姓大吃大喝三天，以示庆祝。唐太宗对侍臣们解释说：“我如果立了李泰，就说明，太子之位可以通过经营搞到手。从今往后，凡是太子失德，藩王觊觎的，太子、藩王都不予考虑，要把这一条规矩传之子孙，作为处理这种事情的法则。况且，假如立了李泰，李承乾和李治肯定没有好果子吃；而立了李治，李承乾和李泰二人都会安然无恙了。”其实，唐太宗立李治起码还有两个理由：一是不立李泰，让朝廷重臣苦心经营数年的努力化为泡影，有力地打击了朝廷中的朋党；二是李治年龄尚小，羽翼未丰，目前对皇位还构不成什么威胁。至于唐太宗说的这句话，也完全是自己的一厢情愿：李承乾到贞观十九年就死了；魏王李泰死于唐高宗永徽三年（公元652年），未必不是唐高宗李治派人害死的。

四月十日，唐太宗下诏任命长孙无忌为太子太师、房玄龄为太子太傅、萧瑀为太子太保、李世勣为太子詹事（太子宫总管），萧瑀、李世勣都为“同中书门下三品”（实际上的宰相）。同中书门下三品这一说法由此产生。唐太宗又以左卫大将军李大亮兼任太子右卫率（太子宫右翼护卫军司令），前太子詹事于志宁、中书侍郎马周为太子左庶子（太子宫政务司长），吏部侍郎苏勖、中书舍人高季辅为太子右庶子（太子宫事务司长），刑部侍郎张行成为太子少詹事（太子宫副总管），谏议大夫褚遂良为太子宾客（太子宫高级顾问）。李世勣一次在宫中饮宴，唐太宗从容对他说："朕在群臣中想找一个可以托孤的，没人能比过你的，你过去没有对不起李密，岂能做对不起朕的事？"李世勣流泪拜谢，咬破手指，流出鲜血，表示忠心。当晚，李世勣喝得大醉，唐太宗怕他冻着，解下龙袍，盖在他的身上。李大亮，过去我们多次提及，他是雍州泾阳人，父祖都是北魏、隋朝刺史一级的官员。李大亮文武双全，隋末从东都归顺李唐，被任命为土门令，治理有方，被越级提拔为金州总管府司马，继而，唐高祖命其安抚樊城、邓县，切断了王世充侄儿王弘烈北上救援洛阳的道路；不久，他又奉命安抚江东，被拜为越州都督。唐太宗即位后，李大亮历任交州都督、太府卿、凉州都督、剑南道巡省大使；在讨伐吐谷浑之战中，他被任命为河东道行军总管，后拜为左卫大将军。苏勖，字慎行，武德年间就是秦王咨议、典签、文学馆学士，娶唐高祖的第十女南康公主（《新唐书·诸帝公主》记作南昌公主）为妻，拜为驸马都尉；贞观中，担任魏王李泰府司马，史称他"博学有美名，泰重之"。历任吏部侍郎、太子左庶子。高季辅，本名叫高冯，季辅是他的字，隋末率众保卫乡里，后降唐，被授予陟州总管府户曹参军。贞观初，被提拔为监察御史，后为中书舍人。张行成，是定州义丰（今河北省安国市）人，隋时为谒者台散从员外郎，入唐后，历任宋州谷熟尉、富平县主簿、殿中侍御史、给事中、刑部侍郎，张行成到唐高宗时官拜尚书左仆射。武则天的两个著名的面首张易之、张昌宗就是他的族孙。至于于志宁、马周、褚遂良等人已介绍过，不提。

一七八 立储之后

贞观十七年四月十四日，在册立晋王李治为太子七天之后，唐太宗又下诏免去了魏王李泰的雍州牧、相州都督、左武候大将军的职务，并把魏王王爵降为东莱郡王。原魏王府中李泰的亲信全部流放到岭南；因杜楚客的哥哥杜如晦有功，免去一死，废为庶人。给事中崔仁师曾秘密建议唐太宗册立魏王为太子，这次也被贬为鸿胪少卿。

二十一日，唐朝朝廷制定了太子与三师见面的礼仪：太子要亲自到殿门外迎候，并先跪下叩头，然后，三师叩头答拜；三师坐下以后，太子方可落座；太子给三师写信时，在信的开头和结尾都要写上自己的名字和惶恐二字。

五月二十五日，太子李治上书，称："李承乾和李泰只有随身衣服，饭菜粗劣，难以下咽，非常可怜，请求陛下命令有关部门从优供给。"唐太宗同意了。黄门侍郎刘洎上书建议："太子应该加强学习，亲近师友。如今，太子入宫侍奉陛下，动辄十天半月，与师傅以下的官员接触很少。希望陛下多少抑制一点爱护子女的私情，眼光更长远一些，则天下幸甚！"于是，唐太宗就命刘洎、岑文本、褚遂良和马周轮流前往东宫与太子谈论。

六月九日，太常丞邓素出使高句丽回来后，请求增加怀远镇（今辽宁省辽阳市西北）的边防军。唐太宗说："'远方的人不服，应修文德令他们前来。'我没听说过增加一二百名边防军就能吓唬住人家的！"

闰六月四日，唐太宗对侍臣们说："自从立下太子后，朕一有机会，对他就加以教导：见他吃饭，就对他说：'你只有知道了稼穑的艰难，才能永远有饭可吃。'见他骑马，又会对他说：'你只有让它有劳有逸，给它保持体力，才能永远有马可骑。'见他乘船，还会对他说：'水能载舟，亦能覆舟，百姓们就如同水一样，君王就像舟一样。'见他在树下休息，就对他说：'木材被画线以后才能锯直；君主只有接受谏言才能成为圣王。’”

十日，唐太宗下诏命令太子李治掌管左右屯营兵马，大将军以下均受其指挥。二十九日，又改封东莱郡王李泰为顺阳王。

贞观十七年的这场巨变，不仅太子李承乾、魏王李泰双双被废，而且他们二人的党羽也受到毁灭性的打击。除了前述之外，中书侍郎兼太子左庶子杜正伦也受到了波及。当初，太子李承乾失德，唐太宗曾偷偷对杜正伦说：“我儿脚上患病也还罢了，可是，他亲近小人，疏远贤良，你替我好好考察考察，如果真的不行，你要如实向我禀报。”杜正伦屡屡劝谏太子李承乾，但李承乾不听，情急之下，可能是出于想吓唬一下李承乾，杜正伦竟把唐太宗说过的话告诉给了他。这下非同小可，此时李承乾已经把杜正伦看作自己的对立面，遂一不做二不休，公开写下奏表质问唐太宗可有此事，弄得唐太宗非常尴尬。泄露禁中之言，也算是条大罪了，唐太宗大怒，责问杜正伦为何如此，杜正伦回答：“我是想吓唬他来着，希望他能改过自新。”唐太宗余怒未消，当时就把杜正伦贬为穀州刺史。等到李承乾被废后，七月十四日，唐太宗又把杜正伦再贬为交州都督。

按理说杜正伦虽然是泄露了禁中之言，但用心良苦，本不是什么大不了的罪过，只是由于李承乾的被废，唐太宗出于清除太子一党才把杜正伦赶出了京师的。过去，魏徵曾经向唐太宗举荐过杜正伦和侯君集，称二人均有宰相之才，请求唐太宗提拔侯君集当尚书仆射，还说过：“国家安不忘危，不能没有大将，请求把各卫的军队都交给侯君集统领。”唐太宗当时觉得侯君集这人好说大话，没有采纳。等到侯君集参与谋反、杜正伦又被贬斥之后，唐太宗遂开始怀疑魏徵生前也与李承乾有勾结，与侯君集和杜正伦等人结党营私。又有人揭发说，魏徵生前曾把自己写的谏书都拿出来让起居郎褚遂良看过（目的是青史留名），唐太宗听了，心里更恼火了，他下令撕毁了衡山公主与魏叔玉的婚约，并派人到魏徵的墓地把自己给魏徵写的墓碑也推倒了。

唐太宗是古代明君的代表，魏徵是古代贤臣的翘楚，在魏徵生前，虽然唐太宗也曾跟魏徵红过脸，但总体来说二人之间的关系是融洽的，唐太宗对魏徵是佩服的，敬重的，而魏徵也是不计个人得失，经常能够犯颜直谏，史称，魏徵虽然容貌不过中人，是个再寻常不过的小老头，但他学识渊博，内心忠直，品格高尚，在劝谏时总能有礼有节，既站在一个很高的层次，又能够做到深入浅出，因此，往往让唐太宗不得不听从。魏徵去世后，唐太宗曾哀叹自己失去了一面镜子，仅仅过去九个月，他的话言犹在耳，却悔婚毁碑，的确令人寒心，也由此可见，自古以来要想做到真正的君臣相得，又是多么困难啊！

魏徵活着的时候，唐太宗本人虽然能言善辩，但还是有所忌惮的。如今，没有了这面镜子，唐太宗变得更加固执了，也更加独断专行了。过去我们说过，玄武门之变一直是唐太宗的一个心病，贞观之治也一直是他赖以为傲的政治资本，在他看来，可以多多少少弥补囚禁老父、杀害兄弟的恶名，所以，长期以来，他都想看看史书是如何记载的，对自己是怎么评价的。他曾经问监修国史的房玄龄："前代史官修史都不让君主阅览，这有什么道理？"房玄龄回答："史官不会做虚假的赞美，不会掩盖君主的恶行，如果君主看到后，一定会勃然大怒，所以不敢献上。"唐太宗立即表示自己与过去的君主不一样，他说："朕的想法与前代的君主不同，我是想看看史书，好了解过去做错的事，作为将来的教训，你们把撰写的史书拿来吧。"谏议大夫朱子奢说："陛下圣德，没有做过什么错事，史官记载的，理应都是好事。陛下看看起居注，当然没什么不好，可要是后世子孙以此为法的话，就怕以后出了不好的君主，文过饰非，则史官就难逃被杀的命运了。如此一来，史官们就会见风使舵，只求保全自己的身家性命，千年以后，谁还能知道真实的过去？所以前代的君主是不看史书的，原因在这里。"但唐太宗就是不从。

房玄龄遂与给事中许敬宗等人把史书删改，形成《高祖实录》《今上实录》，七月十六日，送给了唐太宗。当然，唐太宗最关心的是六月四日那天发生的玄武门之变，史称，他看到写得很隐晦，就对房玄龄说："过去，周公诛杀管叔蔡叔，安定周朝，季友毒死哥哥叔牙，为的是安定鲁国。朕的所作所为，也是此类，史官何必要隐瞒呢！"遂下令删去浮华的词句，"直书其事"。

唐太宗这一举动实际上是此地无银三百两，也让人更不相信经过贞观史臣们篡改后的史书的可信度了。根据史书记载，在许敬宗版的《高祖实录》《今上实录》出笼之前，是有秉笔直书的史书的，在唐太宗的要求下，房玄龄和许敬宗等人才鼓捣出了这两个实录，实录送给唐太宗审阅后，唐太宗发现二人作伪的技术太差了，因为，他知道，玄武门事件要想瞒，是根本瞒不住的，与其隐瞒，倒不如从其他方面铺垫、组织、设计、营造玄武门之变的正当性，也就是唐太宗即位的正当性。为此，唐太宗给房玄龄作出指示，把玄武门事件提高到与周公杀乱臣贼子的高度，一旦行动具有了道义上的正当性，那么行动的具体细节（除了那些可能影响到这一目的的）也就无所谓了，把那些个隐晦的词句删掉，就算写出其中的过程也不打紧。不过，唐太宗显然高估了自己的智商、低估了后人，虽然为了体现自己夺位的正当性，贞观史官从太原起兵时就开始为唐太宗营造氛围，但可惜的是，他们可以篡改史书，但无法封住其他的嘴巴，同时代的人还给我们留下了其他史料，使得我们能够找出蛛丝马迹来。

九月七日，唐太宗下诏把前太子李承乾流放到黔州（今重庆市彭水县）；十八日，把顺阳王李泰流放到钧州（今湖北省老河口市）。他说："父子之情出乎自然，朕今日与李泰生离，于心何忍！可是，朕是天下之主，如果能让百姓安定，朕的那点私情也是可以割舍的。"又把李泰写的奏表给侍臣们看，还说："李泰的确是个人才，朕的思念你们是知道的，只是为了江山社稷，不得不用大义来切断私情，让他住在外地，也是为了两全啊！"

唐太宗下诏挑选良家姑娘送给东宫。十一月十七日，太子李治派左庶子于志宁推辞。唐太宗说："我不想让我儿的子孙出身寒微，如今太子既然推辞了，也就算了。"唐太宗在立了李治以后，又有些动摇了，他担心李治仁弱，偷偷对长孙无忌说："你劝我立稚奴（李治的小名），稚奴柔弱，恐怕保不住江山，你说怎么办！吴王李恪英勇果敢，非常像我，我想立他，你看怎么样？"长孙无忌坚决反对。唐太宗说："莫非你觉得李恪不是你的外甥？"长孙无忌说："太子仁厚，是真正的守成之君；储君非常重要，岂可一换再换？请陛下三思。"唐太宗这才放弃了。十二月六日，唐太宗对吴王李恪说："父子虽然是至亲，但儿子犯罪，天下的法律不可徇私情。西汉已经立了汉昭帝，燕王刘旦不服，图谋不轨，霍光送去一封信就把他给杀了。为人臣子，不可不引以为戒！"

唐太宗这一次左右摇摆，最终也让李恪丧了命……

一七九 太宗悔婚

如果悔婚是一种病，那么贞观十七年的唐太宗就得了这种病，在这一年，他不仅对魏徵家悔婚，还对薛延陀的真珠可汗也悔婚了。

贞观十五年十二月诺真水之战，李世勣大破薛延陀之军，次年八月薛延陀真珠可汗就向唐朝派来使者，请求和亲。当时，由于西突厥北庭乙毗咄陆可汗已杀死了南庭的沙钵罗叶护可汗，一支独大，威胁到了唐朝刚刚得到的高昌地区，唐太宗出于对付西突厥的考虑，决定拉拢薛延陀，以牵制乙毗咄陆可汗，就答应了薛延陀真珠可汗的请求。然而，西域局势瞬息万变。就在乙毗咄陆可汗不可一世之时，他又率军向西进攻康居（今乌兹别克斯坦第二大城市撒马尔罕），在途经米国（撒马尔罕西南）时，先把米国击破，缴获了大量金银财宝。乙毗咄陆可汗却把这些物资全部据为己有，不分给下属将领们，这让大家都非常气愤，其中一个叫泥孰啜的将领擅自把财物抢走，乙毗咄陆可汗大怒，把泥孰啜给杀了。此举让全体将士都更加愤怒，泥孰啜的部将胡禄屋的率军袭击乙毗咄陆可汗，乙毗咄陆可汗猝不及防，部众四散而逃，退守白水胡城（今哈萨克斯坦锡腊姆），西突厥国内一片大乱。弩失毕各部以及乙毗咄陆可汗直属的屋利啜等部纷纷向唐朝派出使节，请求废掉乙毗咄陆可汗，另立可汗。唐太宗派使者温无隐携带诏书，与突厥大臣们一起另立西突厥第四任大可汗莫贺咄之子为乙毗射匮可汗。乙毗射匮可汗被立以后，一改乙毗咄陆可汗与唐朝为敌的政策，把乙毗咄陆可汗扣押的唐朝使者全部礼送回国，还向唐朝求婚，唐太宗要求他把龟兹、于阗、疏勒、朱俱波、葱岭五国割给唐朝作为聘礼，结果双方的和亲没有达成。乙毗射匮可汗又率领突厥各部向乙毗咄陆可汗困守的白水胡城发起总攻，乙毗咄陆可汗出兵奋击，把乙毗射匮可汗打得大败。乙毗咄陆可汗派出使者招徕突厥各部，但各部头领均说："就算我们战死一千人，只剩下一个人，也不会追随你的！"乙毗咄陆可汗自知已经成了孤家寡人，只好逃到了吐火罗（阿富汗阿巴德）。

乙毗咄陆可汗的旋兴旋灭，直接影响到了唐太宗对薛延陀的政策。在与唐朝为敌的乙毗咄陆可汗灭亡后，代之以由唐朝册封、并顺从唐朝的乙毗射匮可汗，唐太宗当初答应薛延陀真珠可汗和亲以牵制西突厥的基础已不复存在了。如果继续采取扶植薛延陀汗国的政策，不仅会让其逐渐恢复元气，而且也会让已经归顺的西突厥汗国产生这样那样的猜测，甚至会破坏西域目前来之不易的和平局面，因此，唐太宗早就想要悔婚了。

贞观十七年闰六月，对此毫不知情的薛延陀真珠可汗兴冲冲地派侄儿突利设来到唐朝，送上五万匹马、一万头牛羊骆驼、十万口羊作为聘礼，前来迎娶大唐新兴公主。十三日，由突利设代表男方安排盛宴款待唐朝君臣，唐太宗驾临相思殿，与群臣同乐，由十部乐队伴奏；突利设叩头敬酒，唐太宗也赏赐给他很丰厚的礼物。

宴会后，右骁卫大将军契苾何力向唐太宗建议道：“不可与薛延陀和亲。”唐太宗说：“我早已答应人家了，身为天子岂可食言？”契苾何力回答：“臣不是让陛下马上就拒绝，而是想让陛下暂时拖一段时间。臣听说古代有亲迎之礼，如果陛下要求夷男亲自前来迎接公主，即使他不到京师，最起码要得到灵州；他肯定不敢前来，这样的话，拒绝他就有借口了。夷男性格刚愎自用，如果未能迎娶我们的公主，他的下属部落再生出二心，不出一两年他肯定会得病而死，等他死后，他的两个儿子再相互争斗，如此一来，我们可以轻松将其制服。”唐太宗听从了契苾何力的话，就要求真珠可汗夷男亲自来迎，并表示自己也将亲往灵州，与之相会。

夷男接到唐太宗的书信后，不知就里，竟然大喜，对群臣说道：“我原本是铁勒的小帅而已，天子把我立为可汗，如今又要把公主嫁给我，还要亲自前往灵州，这也足够隆重的了！”有人劝说道：“我薛延陀可汗和大唐天子都是一个国主，哪有亲自前去朝拜的道理？如果被他们扣押，后悔就来不及了！”夷男说：“我听说大唐天子有圣德，我已决定投靠，能够看到天子的容颜，死而无恨！况且，漠北一定还需要有个主人，舍弃我，去扶植别人，这一定不会是大国的想法。我已决定了，你们就不要再说了！”唐太宗派了三拨使者前去接收薛延陀贡献的牲畜。薛延陀汗国过去也没有仓库、马厩，真珠可汗献给唐朝的聘礼都是临时向各部征收的，使者们驱赶着这些牲畜往返上万里，途中还要经过茫茫沙漠区，又无水草，牲畜死亡一多半，也没有在唐太宗约定的日期来到灵州。唐朝群臣认为，薛延陀的聘礼不够，如果与之结婚的话，就太掉价了，会让戎狄轻视中国，于是，唐太宗下诏撤销这场婚事，不再前往灵州，追回接收薛延陀聘礼的使者。

唐朝政府的这种说法其实只是借口而已，对比嫁给吐蕃、吐谷浑公主就可见一斑。褚遂良上书反对唐太宗的这一失信于人的做法，他在奏疏上说："薛延陀可汗原本只是一个俟斤，陛下荡平沙漠，万里萧条，余寇奔波，需有酋长，陛下将其立为可汗。前不久，陛下又降下洪恩，答应他的求婚，此事已告知了西面的吐蕃，又通知了北方的李思摩，中国老幼无人不知。陛下亲登北门，接受了薛延陀使者设宴款待，群臣以及四夷欢聚一堂，欢宴了一整天，大家都说陛下为了令百姓安定，不惜牺牲一个女儿，全国百姓无不对陛下感恩戴德。如今，陛下却突然改变了主意，臣为国家的声誉深感痛惜，这样一来，我们得到的好处实在很少，而失去的却很多，双方一旦产生隔阂，势必引发边患。薛延陀怀着被欺骗的怒火，我方军民却因负约而自感羞愧，这恐怕不能让远方之人臣服，也不是激励军民的良策。陛下君临天下十七年，以仁德团结百姓，以信义安抚四夷，无不心怀感激，为何不有始有终？龙沙以北（指漠北），部落数不胜数，中国出兵，杀也是杀不完的，应当以恩德予以安抚，让干坏事的是夷人而不是中国人，失信的也是他们而不是我们，这样，就算是尧、舜、禹、商汤也赶不上陛下了啊！"但唐太宗没有采纳。

除了褚遂良之外，唐朝群臣大多对唐太宗的做法感到费解，他们纷纷劝谏，都说："我们既然已经答应了人家，又接受了人家的聘礼，就不可失信，要不然一定会产生边患。"

至此，唐太宗才给大家说出了他坚持悔婚的原因，他说："你们都是知晓古代而不懂当今。西汉初年，匈奴强盛，中国弱小，所以，汉朝才不得不把女儿嫁给他们，并送去大量金银财宝，这是特定条件下的权宜之计。如今，我们强大，戎狄弱小，以我数千兵马能击杀数万胡人骑兵。薛延陀之所以对我匍匐叩头，随我摆布，不敢怠慢，就是他刚刚被立为君长，统辖下的各部落又与他不是一个种族，就是想借助我们的声势来达到他臣服这些部落的目的而已。他的汗国内部同罗、仆骨、回纥等十多个部落，各自拥兵数万，如果他们联合起来一起向夷男发起进攻，那么，薛延陀汗国顿时就瓦解了，这些部落之所以不敢这样做，就是忌惮夷男是我大唐所立而已。如今，如果我们再把公主许配给他，他自恃大国的女婿，这些杂姓部落谁敢不死心塌地地臣服于他！戎狄人面兽心，一旦以后稍微心中不满，一定会反咬一口，扰乱中国。现在，我解除与他的婚约，降低对他的待遇，杂姓部落知道我抛弃了他，不久的将来一定会把他的汗国给瓜分了，你们大家记住我的话。”

虽然从道义上来讲，唐太宗悔婚的确有些不地道，但如果从当时的北方事态上看，唐太宗的分析还是准确的，符合分而治之的策略。

一八〇 谋伐高句丽（一）

环视中国外部，北方东突厥李思摩、薛延陀夷男，西北西突厥乙毗射匮可汗、吐谷浑，西南吐蕃均已臣服唐朝，只有东北的高句丽却隐然有抗衡中国的架势。

今朝鲜半岛及中国东北辽宁部分地区，有高句丽、新罗、百济三国。据《旧唐书》记载，高句丽，是扶余国的一支所建立的国家，国分五部：内部（东汉时期的桂娄部）、北部（东汉时期的绝奴部）、东部（东汉时期的顺奴部）、南部（东汉时期的灌奴部）、五部（东汉时期的消奴部）。国内的国相号称“大对卢”，掌管国事，任期三年，交替之日，往往相互厮杀，高句丽王则闭宫自守。以下官职一共有十二级，全国有州县六十余城，大城设置一名“傉萨”，类似中国的都督。高句丽国王高建武在唐高祖武德二年曾派使者入朝；四年又派使者朝贡；五年，在唐高祖的要求下，高建武又送还一万多中国战俘；七年，又加封高建武为上柱国、辽东郡王、高句丽王；九年，新罗、百济派人入朝，称高句丽切断他们进贡的道路，唐高祖派使者前往和解，高建武谢罪。贞观二年，唐太宗击破颉利可汗，高建武派使者表示祝贺，并献上本国地图；五年，唐太宗命人收葬隋炀帝征高句丽的死亡将士遗骸，高建武害怕唐朝讨伐，开始修筑长城；十四年，高建武派太子高恒权入朝进贡。

百济也是扶余国的一支，在今韩国西部。其官职分别叫：内臣佐平，类似侍中；内头佐平，管理国库；内法佐平，类似礼部尚书；卫士佐平，掌管禁卫军；朝廷佐平，类似刑部尚书；兵官佐平，类似将军。武德四年，百济国王扶余璋进贡名马果下马。七年，又派大臣朝贡，唐高祖册封扶余璋为带方郡王、百济王，从此每年朝贡。百济与新罗世代为仇，战争不断。贞观元年，唐太宗要求高句丽、百济、新罗三国和好，虽然三国表面上听从，但私下依然故我。十一年，扶余璋去世，其子义慈告丧，唐太宗身穿素服哀悼，并册封义慈为柱国、带方郡王、百济王。

新罗是弁韩（朝鲜半岛古国名）的后裔，在今韩国东部。国王所居城市叫金城，方圆七八里，卫兵三千人；文武官员分为十七等，国王名叫金真平，隋文帝时被授予上开府、乐浪郡公、新罗王。武德四年开始向唐朝朝贡，从此以后，每年朝贡。唐高祖曾问为什么高句丽、百济、新罗三国一直混战不休，新罗使者解释说："最初是百济先讨伐高句丽，高句丽请新罗救援，新罗发兵大破百济，相互讨伐，后来，新罗抓获了百济国王，杀掉了，从此结下深仇。"七年，唐高祖派使者册封金真平为柱国，封乐浪郡王、新罗王。贞观五年，金真平去世，没有儿子，其女金善德即位，宗室大臣乙祭掌管朝政。

到贞观十六年，朝鲜半岛三国发生了一系列的变故，直接影响到了这一地区的安定：首先，是高句丽国发生了内乱。十六年十一月，营州都督张俭报告，高句丽东部大人渊盖苏文（史书为避李渊的讳而改称泉盖苏文）弑杀其王高建武。渊盖苏文出自顺奴部，其父渊太祚曾任大对卢，死后，渊盖苏文继任大对卢。渊盖苏文状貌雄伟，身配五把佩刀，身边的人都不敢仰视。高句丽王高建武与诸大臣商议除掉渊盖苏文，不料计划泄露，渊盖苏文佯装不知，召集本部人马假装在城南举行阅兵仪式，并准备了盛大的宴会，邀请众大臣前去。等大臣们到齐后，渊盖苏文一声令下，将全体大臣全部残杀，而后，他又领兵杀入宫中，亲手杀死了高建武，并将尸体斩为数段，丢到沟渠之中。渊盖苏文自称莫离支，如同中国的吏部尚书兼兵部尚书，拥立高建武的侄儿高藏为傀儡国王。渊盖苏文专权跋扈，每当上马，他总是命手下的武将、贵人趴在地上，踩着他们的脊背上马，下马也是如此。出行时，一定要整顿部伍，高喊清道，百姓们四散奔逃，有的被逼得无路可走，竟然跳入山谷，于是，路断人稀，百姓叫苦不迭。其次，百济国王义慈率兵进攻新罗，打下了四十多座城池，又派兵驻守，不久，百济又与高句丽和好，阴谋夺取党项城，以切断新罗国向唐朝进贡的通道。

当渊盖苏文弑杀高建武后，亳州刺史裴思庄就建议唐太宗发兵讨伐高句丽，唐太宗说："高建武一直向我朝进贡，其为贼臣所杀，确实值得怜悯，朕非常悲痛，自然不会忘记。只是趁着一国丧乱而去夺取，即使取胜也没什么意思，况且，山东地区经济凋敝，我不忍心兴兵。"高建武虽说一直向唐朝进贡，但对唐朝并非唯命是从，唐太宗说这话不过是在敷衍裴思庄，他真实的心态是需要观察一段时间再作决定。

数月之后，就发生了齐王李祐谋反和牵连太子李承乾的事件，在紧锣密鼓地处理废黜李承乾、李泰，册立晋王李治为太子，解除与薛延陀的婚约之后，到了贞观十七年闰六月，一直密切关注高句丽局势的唐太宗开始征求长孙无忌的意见，他问："渊盖苏文弑君专权，确实令人难以忍受。以今日之兵力，取之不难，只是我不想令百姓劳累罢了，我打算命令靺鞨人、契丹人去骚扰他一下，你看如何？"长孙无忌回答："渊盖苏文自知罪大，害怕被我们讨伐，肯定会严加戒备，陛下暂且忍耐一下，等他放松警惕以后，一定会更加骄傲怠慢，也会更加肆无忌惮地为非作歹，然后我们再发兵前去讨伐，为时不晚。"唐太宗说："不错！"《贞观政要·征伐》则称，当时，房玄龄回答说："臣观察古代的很多国家，无不以强凌弱，以大欺小。今天，陛下抚养万民，将士奋勇，力有余而不取高句丽，这正是止戈为武的本意。昔日，汉武帝屡屡讨伐匈奴，隋炀帝也三次东征辽东，致使百姓贫困、国家破败，都源于此，请陛下详察。"唐太宗说："对。"

闰六月二十一日，唐太宗派使者加封高藏为上柱国、辽东郡王、高句丽王。

九月四日，新罗使者来到长安告急，称百济攻克本国四十多座城池，又阴谋与高句丽合兵一处，请求唐朝发兵救援，唐太宗派遣司农丞相里玄奖携带诏书，令两国和好。他给高句丽写的诏书称："新罗归顺我大唐，连年进贡，你与百济应各自罢兵，如果还继续进攻新罗，明年，我将发兵讨伐你！"

相里玄奖来到平壤后，莫离支渊盖苏文已经率领军队进攻新罗去了，业已攻克新罗两座城池，高句丽王高藏派人将其召回平壤。相里玄奖向渊盖苏文传达了唐太宗的旨意，渊盖苏文却说："高句丽、新罗结怨很久了，昔日隋朝发兵入侵，新罗趁机侵占了我国五百里土地，如果其不归还的话，恐怕我们是难以撤军的。"相里玄奖说："过去的事还提它干啥？像辽东各城原本都是中国的郡县，中国尚且没有计较，高句丽岂能再向新罗索要旧地！"但渊盖苏文置之不理。

贞观十八年（公元644年）二月一日，相里玄奖从高句丽回到了长安，向唐太宗报告了情况。唐太宗听后，即决定发兵讨伐高句丽，并收复隋末失去的土地。他对群臣们说道："渊盖苏文弑杀君主，残害大臣，虐待百姓，如今又公然违背我的诏命，入侵邻国，不可不讨伐。"谏议大夫褚遂良劝阻道："陛下用手一指，中原就平定了；用眼一看，四夷也就安宁了，威望不可谓不大啊。如今却要渡海去远征一个小小的高句丽，如果能够顺利平定，这自然很好，一旦有点闪失，恐怕会损伤您的威名，再因怒兴师，就祸福难料了啊！”但李世勣持不同意见，他说：“过去薛延陀入侵，陛下打算兴兵彻底消灭他们，魏徵劝谏下才打消了这一念头，致使薛延陀至今为患。如果早用陛下当日之策，北方早就安定了。”唐太宗说：“是啊。这确实是魏徵的错，不久朕也后悔了，但也不愿再提及此事，恐怕会挫伤了进谏者的积极性。”

唐太宗想要亲自出征，褚遂良上书劝谏道：“天下就像一个人的身体：两京就是心腹，州县是人的四肢，四夷是身外之物。高句丽罪大，确实需要讨伐，只需命两三员猛将率领四万军队前去即可，依靠陛下的威望，取胜如同翻掌。如今刚刚立下太子，年龄尚小，其余藩王，也是如此，一旦离开固若金汤的京师，冒着渡过遥远辽河、大海的威胁，以帝王之尊却轻率远行，臣非常担忧。”但唐太宗不从。当时，朝中群臣很多人都劝阻唐太宗取消这次远征，唐太宗说道：“就是再多的尧舜在冬天里耕种，也不会有什么收成，而田野的农夫和孩童在春天里播种，就会有收获，这都是得天时的缘故。天有天时，人只要顺应天时，就会成功。渊盖苏文欺上凌下，高句丽百姓伸着脖子等待援救，这正是可以灭亡高句丽的天时啊。群臣议论纷纷，就是没有看破这一点啊。”

唐太宗绝不能容忍在东北亚地区出现一个与自己抗衡的高句丽，因此，他执意决定发兵讨伐，于是，大唐的战争机器随之开动起来了。

一八一 谋伐高句丽（二）

整个贞观十八年，唐太宗都在为讨伐高句丽做着准备工作。

贞观十八年三月十七日，唐太宗以左卫将军薛万彻为右卫大将军。他曾经对侍臣们说：“当今名将只有李世勣、李道宗、薛万彻三人而已，李世勣、李道宗用兵既不会大败，也不能取得大胜，薛万彻打仗则是不大胜就大败。”四月，唐太宗驾临两仪殿，皇太子李治在一旁侍奉。唐太宗对群臣说：“太子的性情作为，外人知道不知道？”司徒长孙无忌回答：“太子虽然足不出宫门，但天下之人无不钦佩敬仰。”唐太宗又说：“我像治儿年龄时，相当调皮，治儿从小就很宽厚，俗话说：‘生下的孩子像狼一样，还唯恐他像绵羊一般软弱。’希望他长大以后，会有所改变。”长孙无忌回答：“陛下神武，乃拨乱之才，太子仁厚，是守成之主。虽然个性不同，但各有各的特长，这正是上天护佑我大唐而降给万民的福气啊！”四月九日，唐太宗巡幸太平宫（在今陕西省西安市鄠邑区境内），对侍臣们说：“人臣顺从君主旨意的多，犯颜直谏的少，如今，朕想听听自己的过失，大家要直言不讳。”长孙无忌等人都回答：“陛下没有过失。”只有刘洎和马周提了点意见。刘洎说：“近期，有人上书不合陛下的心意，陛下都要当面盘问到底，令上书人无不羞愧而退，这恐怕起不到鼓励进言的作用。”马周说：“近期陛下的赏罚，多少有因喜怒妄作的倾向，其他还看不到有什么过失。”唐太宗都一一表示接受。

七月二十日，唐太宗下令将作大匠阎立德等人前往洪州（今江西省南昌市）、饶州（今江西省鄱阳县）、江州（今江西省九江市）制造四百艘运输船以装载军粮。二十三日，又下诏派遣营州都督张俭等人率领幽州、营州二都督的军队以及契丹、奚人、靺鞨人先向辽东发起试探性进攻；又以太常卿韦挺为馈运使，以户部尚书崔仁师为副使，黄河以北各州均受韦挺的调度，给予其全权；又命令太仆少卿萧锐（萧瑀之子）把黄河以南各州的粮食由海道运往北方。

八月十一日，唐太宗对司徒长孙无忌等人说：“人苦于不自知过错，你们指出我的过错。”长孙无忌回答：“陛下文治武功，臣等崇拜还来不及呢，又能说出什么过错！”唐太宗不满意，说道：“朕询问你们我的过错，你们却阿谀逢迎，那好吧，朕当着你们的面指出你们的得失，以相互劝诫，你们看怎么样？”众人都拜谢。唐太宗遂说道：“长孙无忌善于避开嫌疑，应对迅速，决断事情，古人也超不过，然而，领兵打仗，不是他的特长；高士廉涉猎古今，内心明白，遇到大难也不会改变节操，身在官场不结党营私，缺点是缺少一点骨鲠之气；唐俭口才伶俐，善于调解别人的矛盾，跟随朕三十多年，却不曾献上一句事关国家存亡的建议；杨师道性情温和淳朴，确实没有什么大毛病，但其内心非常胆怯，危急关头没什么用处；岑文本性格敦厚，文章华美，而且立论往往引经据典，自然不会让人失望；刘洎性格最为坚贞，对朝廷很有益处，然而他重视义气，会对朋友有所偏袒；马周看问题非常透彻，人品又好，评价人事，往往能直截了当，朕用起来十分满意；褚遂良学问更高一些，性格也很正直，每当写奏表时，对朕关心有加，情意绵绵，就好比飞鸟依人一样，人自然产生怜爱之心。”——唐太宗没有评价房玄龄，这显然不是无心之失。二十六日，唐太宗任命散骑常侍刘洎为侍中，行中书侍郎岑文本为中书令，太子左庶子、中书侍郎马周为代理中书令。九月，以谏议大夫褚遂良为黄门侍郎，参与朝政。

就在唐太宗紧锣密鼓地为东征高句丽准备时，西域的焉耆（今新疆维吾尔自治区焉耆县）又发生了一件不大不小的事。西突厥大臣屈利啜替他的弟弟娶了焉耆国王龙突骑支的女儿，焉耆国遂又依附了西突厥，很少向唐朝进贡了，安西（今新疆维吾尔自治区吐鲁番市）都护郭孝恪请求前去讨伐。唐太宗下诏以郭孝恪为西州道行军总管，率领三千步骑从银山道（今新疆维吾尔自治区托克逊县南）直扑焉耆；正巧焉耆国王的弟弟龙颉鼻兄弟三人来到了西州，郭孝恪就命龙颉鼻的弟弟龙栗婆准担任向导。

焉耆城四面环水，焉耆人自恃险要，放松警惕，毫无戒备。郭孝恪率领唐军倍道兼行，夜里进抵焉耆城下，命令将士们游过护城河。激战到拂晓，唐军终于爬上了城墙，活捉了焉耆国王龙突骑支，俘虏、斩杀七千多焉耆人，留下龙栗婆准掌管国事，唐军就撤军了。唐军离去三天后，西突厥屈利啜率军赶来救援焉耆，没有遇到唐军，只好抓住了龙栗婆准，而后，分出五千精锐骑兵追赶郭孝恪。在银山（今新疆维吾尔自治区托克逊县南），西突厥军队终于赶上了唐军，郭孝恪率领唐军返身杀来，大破西突厥军队，追杀了数十里才罢。

九月二十一日，唐太宗对侍臣们说："郭孝恪上奏称八月十一率军前去进攻焉耆，二十日应该能到，一定会在二十二日击破。朕计算下来，今天使者会到。"话音未落，郭孝恪的使者就到了。西突厥占领焉耆之后，西突厥大臣处那啜派手下的一名将军担任焉耆的执政官，这位将军任职后，又派使者来到唐朝进贡。唐太宗斥责使者道："我发兵夺取了焉耆，你是什么人竟敢占据那里？"使者复命后，这位将军害怕了，又返回了西突厥。焉耆人另立龙栗婆准的堂兄龙薛婆阿那支为焉耆王，仍然依附于西突厥处那啜。到了十月，郭孝恪把焉耆国王龙突骑支及其妻子送到了唐太宗那里（此时，唐太宗正前去洛阳的途中），唐太宗赦免了他们。十七日，唐太宗对太子李治说："龙突骑支不任用贤良辅佐，又不采纳忠言，是自取灭亡。被人用铁锁锁住脖颈和双手，漂泊了万里之遥，人们要以此为戒，就会心怀敬畏了。"

当听说唐朝要大举来伐的消息，高句丽莫离支渊盖苏文非常害怕，派使者向唐朝送上白金。黄门侍郎褚遂良劝谏道："莫离支残杀自己的君主，为天下所不容，陛下因此兴兵讨伐，为百姓洗刷君主被杀的耻辱。古代，讨伐弑君之贼，不会接受他的贿赂。春秋时，宋督杀了宋殇公后，送给鲁桓公部国制造的鼎，鲁桓公接受了，放置在大庙之中，藏哀伯劝谏道：'国君应该弘扬道德，杜绝邪恶，如今却违背礼制，把他贿赂的物品放到大庙中，百官们如果效仿，以后又能惩罚谁呢？周武王灭了商朝，把九鼎迁到了洛阳，就这还遭到了义士们的谴责，何况把贼人的物品放到大庙呢？真不知会出现什么后果。'如果接受了贼臣的供奉，又如何去讨伐他呢？我认为对莫离支供奉的白金应当予以拒绝。"唐太宗答应了，他对高句丽使者说："你们侍奉高建武，都有官位。莫离支叛逆，你们不仅不能替国主报仇，相反今天还要替他来求情，欺骗大国，罪过太大了！"遂把使者们全部打入了大牢。

十月十四日，唐太宗命房玄龄留守京师，右卫大将军、工部尚书李大亮作为房玄龄的副手，他与太子李治一起前往洛阳。十一月二日，抵达洛阳。

前宜州刺史郑元琦已经退休了，唐太宗因其曾经跟随隋炀帝讨伐过高句丽，征召其来到行宫，询问破敌之法。郑元琦回答："辽东路途遥远，粮运艰难，高句丽人擅长守城，进攻起来一时难以攻克。"唐太宗不以为然，自信地说："隋朝哪能与今日相比？你只管静候佳音吧。”

唐军的先头部队张俭等人行至辽河西岸时，正遇上辽河河水上涨，军队滞留在西岸很长时间没有过河，唐太宗认为张俭胆小畏敌，下令把他召回了洛阳。等张俭回到洛阳后，向唐太宗详细报告了沿途山川险要以及水草美恶，唐太宗听了，又转怒为喜。唐太宗听说洺州刺史程名振善于用兵，就把他召来询问破敌方略，程名振侃侃而谈，让唐太宗非常满意，勉励他说：“你有将相之才，朕就要重用你了。”程名振听了，却忘记了叩头拜谢。唐太宗想观察一下他的反应，就佯装恼怒，呵斥道：“山东的粗汉！能当上一个刺史，就自以为很富贵了吗？敢在天子跟前言语粗鲁，又不下拜！”程名振毫不慌张，这才拜谢道：“粗野之臣，从未被陛下亲自询问过，刚才心里正思考着该如何回答，所以忘了谢恩。”唐太宗见他举止自若，叹息道：“房玄龄在朕的身边二十多年，每当见到朕斥责别人时，他都会六神无主，吓得面色惨白。程名振平生从来不曾见过朕，朕突然斥责他，他竟然毫不慌张，言辞有条有理，真是一位奇士啊！”当天即拜为右骁卫将军。程名振，在隋炀帝大业末年曾担任过窦建德的普乐县令，后降唐被任命为永年县令，此后，随李世民进攻刘黑闼；程名振率领一千多人焚烧了刘黑闼的运粮船，刘黑闼听说后，大怒，杀死了程名振的母亲和妻子；等到唐军平定刘黑闼后，程名振请求亲手斩杀刘黑闼，以其人头祭奠其母。后程名振因功历任营州都督府长史、洺州刺史。他是唐高宗、武则天一朝名将程务挺的父亲。

一八二 谋伐高句丽（三）

对于即将展开的对高句丽的大规模进攻，唐太宗作出如下部署。

一、对西北、北方的防御。

这一方向，主要是对薛延陀汗国的防御。唐太宗悔婚让薛延陀真珠可汗颜面扫地，按理说，真珠可汗会拍案而起，趁唐军东征骚扰唐朝边境，但任何时候都要靠实力说话，正如唐太宗和契苾何力预料的那样，唐太宗悔婚已让薛延陀下属的很多部落嗅到一丝动向，果然，真珠可汗又羞又气，又无计可施，如今真珠可汗真要发兵与唐朝为敌，可能自己瓦解得更快一些。

不敢正面与唐朝为敌，但薛延陀经常骚扰东突厥俟利苾可汗李思摩，而李思摩在突厥部众心里威信也不高，突厥部众根本不听他的，贞观十八年十二月十八日，当唐太宗还在洛阳时，已经出塞的突厥人突然哗变，丢下李思摩，纷纷南渡黄河，并派人请求唐太宗允许他们住在胜州（今内蒙古自治区托克托县黄河南岸）、夏州（今陕西省榆林市横山区）一带；李思摩则狼狈回到洛阳，唐太宗并没有责怪他，任命其为右武卫将军。唐朝群臣都认为："陛下正要远征辽东，而把突厥人安置在黄河以南，距离京师不远，岂能保证不出意外？希望陛下留在洛阳，派诸将东征。"唐太宗却说："夷狄也是人，他们的性情与我们并无不同。君主只怕给予人的恩惠太少，不该对异族猜忌：恩德多了，自然亲如一家；猜忌深了，骨肉也会成为仇敌。隋炀帝无道，早已失去了人心，辽东之战，很多百姓都砍断自己的手脚，以躲避兵役，杨玄感率领运输队在黎阳造反，这都不是夷狄干的。朕如今亲自东征高句丽，百姓踊跃参军，招募十个来了一百人，招募一百个有上千人报名，那些没有选上的都满口怨言，怒形于色，这与隋朝时怨民不啻天壤之别！突厥人又穷又弱，我接纳他们，养育他们，能够想象得到他们对我的感激之情，已深入骨髓，岂肯为患！况且，他们与薛延陀人习性差不多，不北去投靠薛延陀，而南渡投奔我，就可一目了然了。”说完，唐太宗扭过头对褚遂良说：“你负责起居注，你给我记下来：我保证，从今往后十五年，突厥人不会制造边患。”

话虽这么说，唐太宗对北边防御还是十分重视的，他主要做了以下安排：一是以八妹夫执失思力（九江公主之夫）率领南迁的突厥人，驻扎在金山道，防御薛延陀。二是以十五妹夫、右卫大将军薛万彻为代州都督，镇守代州（今山西省代县），与胜州都督宋君明一起防御北面。按《新唐书·诸帝公主》称：“丹阳公主，下嫁薛万彻。万彻蠢甚，公主羞，不与同席者数月。太宗闻，笑焉，为置酒，悉召它婿与万彻从容语，握槊赌所佩刀，阳（佯）不胜，遂解赐之。主喜，命同载以归。”三是以左武候将军薛孤吴镇守灵州（今宁夏回族自治区灵武县），防御西北面。四是恐吓薛延陀。听说唐太宗将要东征，真珠可汗派人入朝进贡，其实是探听消息。唐太宗毫不含糊，对薛延陀的使者说：“回去告诉你们可汗，如今，我们父子东征高句丽，你想要入侵，就赶快给我来！”真珠可汗听后，更加恐慌，派人请求发兵协助东征，唐太宗没有答应。军事斗争，虚虚实实，实中有虚，虚中有实，唐太宗的迷魂阵着实令真珠可汗左右不是。

二、国内部署。

以长安、洛阳、定州三点为依托，相互呼应，在这三点上分别安排房玄龄、萧瑀、太子李治驻守，与辽东前线连成一线。

从幽州到洛阳距离遥远，隋炀帝东征时杨玄感叛乱后，如果杨玄感不滞留在洛阳城下，是有从容入关时间的，唐太宗正是汲取了这一教训，在幽州与洛阳之间又增加了一个据点——定州，起到承上启下的作用，既能增援辽东前线，又可以兼顾洛阳。在这三点的人事安排上，唐太宗也是匠心独运。

先说定州。

唐太宗既没有把太子李治的大本营安排在长安，也没有安排在洛阳，却安排在了定州，这多少出乎人们的意料，但这正是唐太宗的过人之处。贞观十八年这一年太子李治年仅十七岁，如果把他安置在长安或者洛阳，一旦有人挟持太子阴谋作乱，那麻烦就大了，而把太子李治放在定州，不仅与唐太宗距离很近，便于兼顾，而且等于唐帝国的政治中心暂时移到了河北地区，对其他各方兼有一种强大的威慑力。

再说洛阳。

唐太宗任命特进萧瑀为洛阳留守。特进是文散官，不管具体事，级别是正二品，但实际上，在李治被立为太子后，萧瑀就被任命为太子太保，为从一品。

萧瑀出身高贵，在唐高祖武德年间就已经是尚书右仆射了，那时候的房玄龄和杜如晦不过是秦王府里的幕僚而已。等到唐太宗即位后，房玄龄和杜如晦成了新贵，而萧瑀却压在他们头上，双方之间自然而然地就产生了矛盾，当时的唐太宗偏袒房、杜二人，这令萧瑀非常窝火。《新唐书·萧瑀传》称："贞观初，房玄龄、杜如晦新得君，事任稍分，瑀不能无少望，乘罅切诋，辞旨疏躁。太宗怒，废于家。"到贞观九年，唐太宗对萧瑀的看法逐渐改观，并以"疾风知劲草，板荡识诚臣"相赐，在随后的几年前太子李承乾与魏王李泰之间的争斗中，隐约可以看到房玄龄和魏徵等重臣介入其间，这更令唐太宗对一向以忠直自诩又与房玄龄势同水火的萧瑀青眼有加。萧瑀与房玄龄的矛盾是公开的，据《新唐书·萧瑀传》记载："每燕见，辄言：'玄龄辈朋党盗权，若胶固然，特未反耳。'帝曰：'知臣莫若君。朕虽不明，宁顿懵臧否？'"萧瑀一遇到能给唐太宗说话的机会，就说房玄龄的坏话，可见二人的关系已到了什么程度。

唐太宗令房玄龄和萧瑀分别留守长安、洛阳两地，就是让他俩相互牵制，尤其是让萧瑀来监视长安的房玄龄。

最后说长安。

如今的房玄龄身上最大的官是司空，与司徒长孙无忌均为正一品，可谓人臣之极了，但自从废黜太子李承乾事件之后，唐太宗对房玄龄的态度就变得非常微妙了。说到房玄龄，就不得不提及贞观十七年的立储风波。贞观十七年以前，房玄龄在朝中的势力非常之大，他从贞观三年（其实在唐太宗即位之后就已经是实际上的首辅了）担任尚书左仆射，一直总理朝政，况且，他与杜如晦一样"引拔士类，常恐不及"，因此，在士大夫中间享有很高的声望，其地位难以撼动。而长孙无忌虽说是第一功臣，但在朝野口碑不佳，很少有人买他的账，就连欧阳询也曾在宴会上嘲讽他道："索头连背暖，漫裆畏肚寒。只因心浑浑，所以面团团。"李靖也曾一针见血地评价他："外貌下士，内实嫉贤。"贾嘉隐更把他比作鬼。长孙皇后洞悉哥哥的缺点和朝廷内部复杂的政治斗争形势，在她的干预下，长孙无忌一直游离于权力核心层之外，但是，到了贞观十七年，由于立储风波长孙无忌拉拢褚遂良成功翻盘，利用唐太宗害怕太子势力威胁皇权的局面重演这一心理，把势力很大的魏王李泰、房玄龄集团一举摧毁，这才成为朝廷上名副其实的第一重臣，把房玄龄打为次辅。

在沉重打击了房玄龄集团之后，唐太宗并没有将房玄龄等人弃之不用，为了朝局的稳定而采取了刻意淡化矛盾的策略，比如，他不仅没有惩处提议册立魏王李泰的刘洎和岑文本，相反，在晋王李治被立为太子之后，他还下令让他们与马周、褚遂良一起轮流与太子亲近，不久，又以刘洎为侍中、岑文本为中书令、马周为守中书令。然而，树欲静而风不止。自从魏王李泰被打下去之后，房玄龄一党就已预感到了灭顶之灾即将到来，以长孙无忌、褚遂良等人的个性，是绝不会放过他们的。岑文本升职以后，回到家中，面露忧色，唉声叹气。其母问他原因，岑文本回答："既没有功劳，又不是亲旧，却蒙受不该给的荣禄，位高责重，所以忧愁恐惧。"亲友们前来祝贺，岑文本却说："今天，我只接受吊唁，不接受祝贺。"岑文本的弟弟岑文昭喜欢交接宾客，唐太宗听说后很不高兴，就对岑文本说："你的弟弟太喜欢交游了，恐怕也会连累到你，朕打算把他外派出去，你看如何？"岑文本哭泣道："臣的弟弟很小的时候父亲就去世了，老母对他特别喜爱，从未一连两天与他暂离。如今如果把他外派，母亲肯定会忧愁憔悴，如果没有了这个弟弟，我母亲也活不成了。"遂一直哭泣不止。唐太宗顿生怜悯之情，只是把岑文昭叫来斥责一顿了事。

一八三 谋伐高句丽（四）

立储事件以后，唐太宗对于李泰集团虽然没有逐人予以追究，但从内心里对他们由原来的亲近变为冷淡、疏远，甚至猜忌，对房玄龄亦是如此。

首先，唐太宗对他仍然予以使用。这主要基于以下几点。一是唐太宗本人的性情。历代开国之君对于功臣大多进行残酷的杀戮，唯有光武帝、唐太宗和宋太祖没有，这三位君主是人所共知的仁君。二是房玄龄的功劳。房玄龄长期在唐太宗身边工作，为唐太宗夺取政权立下汗马功劳；唐太宗即位后，房玄龄担任首辅，史称，他“明达吏事，饰以文学，审定法令，意在宽平。不以求备取人，不以己长格物，随能收叙，无隔卑贱。论者称为良相焉”。三是房玄龄的谨慎小心。史称，他“或时以事被谴，则累日朝堂，稽颡请罪，悚惧踧踖，若无所容”。唐太宗较为放心。四是房玄龄等人的结党，也情有可原。臣下想替儿孙们在将来谋求一个好的前程，也是人之常情，只要做得不过分，唐太宗也就原谅他们了。

其次，唐太宗对他逐渐疏远。房玄龄势力很大，这不仅由于他长期担任首辅，而且还在于他近乎完美的人格魅力，很容易在士大夫中间引起共鸣，然而，这一点既是唐太宗不得不继续使用的原因，也是对他逐渐疏远的原因。唐太宗命房玄龄留守长安时，曾下诏客客气气地对他说：“你在长安，充当的就是萧何曾任的角色，我再也没有西顾之忧了！”话虽这么说，但唐太宗怎么不敢把太子李治放心地留在长安、交到这位刚刚任命为太子太傅的房玄龄手上？又为什么让房玄龄的死对头萧瑀驻扎在洛阳？如果说元首所在的地方就是首都的话，以当时情形来看，首都就是唐太宗身处的辽东，陪都是太子李治所在的定州，次等重要的是距离定州更近的洛阳，唐太宗和太子李治带走的所有的精锐，最不重要的地方反而是长安了。但即便如此，唐太宗仍然不放心，还给房玄龄配备了一名副手李大亮。李大亮的职务是右卫大将军、工部尚书。

李大亮最大的特点就是恭敬、勤俭、忠诚、谨慎，像他这样的高官，每当轮到值班，他还是在值班室内坐以达旦，唐太宗曾夸奖他说："遇到你值班，我便能通宵睡个安稳觉。"隋末大乱，李大亮参加隋军与李密作战被俘，一百余名战俘全部被处死，轮到李大亮时，监斩官张弼见他不是寻常之人，当即把他放了。等到李大亮富贵后，一直寻找张弼，当时，张弼担任将作丞，始终不言。一次，李大亮在路上偶然遇到了张弼，拉着他流下眼泪，只恨相见太晚。李大亮要把家中大部分财产都送给张弼，但张弼推辞不受，此后，李大亮把张弼的救命之恩告诉了唐太宗，并恳求唐太宗把自己爵位送给张弼，唐太宗就把张弼晋升为中郎将，不久又升为代州都督。李大亮虽然身居高位，住得却很简陋，对兄嫂像对待父母一样敬重，房玄龄对他非常看重，经常称李大亮有王陵、周勃之节，可以当大位。

有李大亮在长安，掌管着军权，唐太宗自然很放心了。

然而，不幸的是，就在李大亮担任长安副留守一年四个月后，到了贞观十八年十二月，唐太宗还在洛阳、准备北上时，李大亮却病故了。唐太宗听说李大亮病重，亲自调药，派人从洛阳给他送去。临终，李大亮上书请求唐太宗停止征伐高句丽，并说长安是宗庙社稷所在，要唐太宗高度重视关中的安危。李大亮死了，但开弓没有回头箭，唐太宗料定长安不会出现问题，于是，他并没有停下讨伐高句丽的脚步。

除此之外，唐太宗还把该带走的朝廷重臣都带走了。首先是卫国公李靖。李靖从贞观九年破吐谷浑后受到高甑生的诬陷，差一点身陷囹圄，从此以后，他就闭门谢客，过起了与世隔绝的生活，这也是他避免引起唐太宗猜忌的全身之道。唐太宗决定东征时，曾召见李靖问道："你南平吴会，北清沙漠，西定慕容，只有东面高句丽不服，你看该怎么办？"李靖回答："臣过去依靠陛下天威，才立下微功，如今风烛残年，也愿一行，陛下如果不弃，臣的病马上就好了。"但唐太宗没有同意。这是正史的记载，据此，李靖主动请缨要求一起出征，但唐太宗没有答应，而似乎李靖也没有离开长安。但另据《隋唐嘉话》《唐语林》的记载，是另外一番情景：唐太宗离开长安之前，李靖因病不能从行，唐太宗命执政大臣劝其从行，但李靖不从。唐太宗听说后，说道："我知道怎么回事了。"第二天，他亲自驾临李靖家中，拉着李靖的双手，与他道别。李靖谢罪道："老臣当然应该从行，但身患重病，一天天严重起来，恐怕死在路上，会连累了陛下。”唐太宗抚摸着李靖的脊背，意味深长地说道：“努力！昔日司马懿又老又病，还能自立自强，为曹魏王室立下大功！”谁都知道司马懿装病才策划了高平陵之变、夺取了曹魏政权，唐太宗把已年近七十的李靖比作司马懿，这话说得可是太重了。李靖听了，赶忙跪下叩头，说道：“老臣恳请带病从行。”行至相州，李靖实在是病得走不动了，唐太宗这才答应让他在相州养病——此时的相州刺史是唐太宗的第八子越王李贞，李贞亦可监视李靖。其次是尉迟敬德。像李靖、尉迟敬德这些早已靠边站的人，唐太宗却破天荒地要把他们带在身边，显然是担心他们会在后方捣乱。

三、后勤部署。

除阎立德到江南督造船只、韦挺督运粮草之外，贞观十八年十一月三十日，各军均已集结在幽州，唐太宗又派遣行军总管姜行本、少府少监丘行淹在安萝山（今辽宁省朝阳市东南）督造攻城器械；当时，从四面八方应征的勇士以及进献的攻城器械数不胜数，唐太宗亲自挑选，只把携带、使用方便的留了下来。

四、军队部署。

第一路：贞观十八年十一月二十四日，唐太宗任命刑部尚书张亮为平壤道行军大总管，常何、左难当为副大总管，以冉仁德、刘英行、张文干、庞孝泰、程名振为行军总管，率领四万长江、淮河、三峡、岭南的军队以及三千名在长安、洛阳招募的勇士，带着五百艘战舰，从莱州（今山东省莱州市）出发，横渡黄海，直扑高句丽首都平壤。

第二路：以太子詹事、太子左卫率李世勣为辽东道行军大总管，以礼部尚书、江夏王李道宗为副大总管，以张士贵、张俭、执失思力、契苾何力、阿史那弥射、姜德本、曲智盛、吴黑闼为行军总管，率领六万步骑以及兰州（今甘肃省兰州市）、河州（今甘肃省临夏市）的蛮族从陆路直扑辽东。这两路军队分别从水、陆同时出发。

第三路：贞观十八年十二月十四日，唐太宗又下诏命令契丹、奚人、百济、新罗分别从各自地域向高句丽发起进攻。

部署完毕后，唐太宗又亲笔写下诏书，公布高句丽渊盖苏文的罪状，并称：“渊盖苏文弑君害民，岂能容忍？如今，我将巡幸幽州，前往辽东兴师问罪，所到之处，地方政府不用供应。”又说：“昔日，隋炀帝残酷暴虐，高句丽王仁厚爱民，用人心思乱的军队去进攻安定祥和的人们，因此，不能成功。如今，我大致说一下我军的必胜之道：一是以大击小；二是以顺讨逆；三是以治击乱；四是以逸敌劳；五是以悦当怨，何愁不能取胜！告知大家，无须恐惧！”于是，地方供应物品的数量减少了一多半。

十二月二日，正当辽东之战即将拉开帷幕时，废太子李承乾在黔州去世的消息传来，唐太宗在洛阳停止朝会进行哀悼，下令以公爵的礼仪予以安葬。

贞观十九年一月，韦挺因没有提前视察过河道，致使六百余艘运米的船只行至卢思台（今辽宁省朝阳市南）后搁浅，唐太宗闻讯大怒，命令将其打入囚车拉回洛阳；一月二十八日，将其开除公职，以将作少监李道裕代替；崔仁师也一并被免官。沧州刺史席辩因贪污被下狱，二月二日，唐太宗下诏命令朝集使们均到刑场观看，在众人的注目下，将其公开处死。

二月十二日，唐太宗亲自率领各军从洛阳出发。开府仪同三司尉迟敬德此时已经退休，他上书劝阻：“陛下亲征辽东，太子在定州，长安、洛阳空虚，杨玄感之变恐怕会再次上演，况且，高句丽乃边疆小国，不足以令陛下亲自前往，只需派遣一名偏将率军出征即可。”但唐太宗不从，而以尉迟敬德为代理太常卿、左一马军总管，令其从行。

唐太宗刚从洛阳出发，长安就出现了一件怪事。当初，唐太宗离开长安时，曾命房玄龄可以全权代表皇帝行事，不必再请示。这时，就有一个人来到长安留守处声称要告密，房玄龄问你是要告谁的密，那人回答：“就告你。”房玄龄不敢独断专行，而是用驿马车把此人送到了唐太宗身边。唐太宗听说长安送来告密之人，不禁大怒，命人手持长刀站在一旁伺候，而后才接见了那人。唐太宗问道：“你要告谁？”那人回答：“房玄龄。”唐太宗说：“果然如此！”当即喝令将那人推出斩首。而后，唐太宗给房玄龄下诏责备他过于小心谨慎，并说：“再遇到此类事，你自己可独断专行。”

告密之人究竟是何人指使？不外是唐太宗本人和长孙无忌一党。如果是长孙无忌，其目的是陷害房玄龄；如果是唐太宗本人，则为了试探房玄龄，幕后黑手是长孙无忌的可能性最大。唐太宗为什么会发怒？是恼火房玄龄没有独断专行还是恼火他看破了自己的阴谋？此时，长安副留守李大亮已经去世，以常人揣度，唐太宗也许会对长安情况感到担心，假如房玄龄真的将告密者隐匿起来或者擅自杀掉，就说明他心中的确有鬼了，届时，他将百口莫辩，小命也会很快不保。唐太宗即位之前在与李建成、李元吉的争斗中，这些伎俩就已经使过，老谋深算的房玄龄意识到此人不论是受何人指使，都该把他交给唐太宗处理，只有这样才能让自己显得是清白的。

二月二十五日，唐太宗来到邺城，亲笔写下祭奠魏武帝曹操的祭文，在文中他评价曹操道："面临危难，随机应变，判断敌情，出奇制胜，你身为一名将帅才能绰绰有余，然而，作为一名皇帝还稍显不足。"

一八四 玄奘归来

唐太宗还在洛阳时，接见了一位西天取经归来的高僧——玄奘。

玄奘，本名陈祎，洛州缑氏（今河南省偃师市）人。祖父陈康，北齐国子博士，父亲陈慧，隋陈留令、江陵令。大业七年（公元611年），陈慧弃官回家，并于同年病故。陈祎的二哥陈素（长捷法师）原本就已在洛阳净土寺出家，遂把年仅十岁的陈祎带在了身边。不久，朝廷下令要剃度二十七位僧人，而够资格的多达数百人，陈祎本轮不上，但负责此事的大理卿郑善果一见陈祎，就觉得此人非同寻常，破格将他剃度为僧。武德元年，为避战乱，时年十七岁的玄奘与二哥长捷法师一起来到长安，住在庄严寺内。次年，二人见庄严寺内没有法事，就又前往成都学习佛法，住在空慧寺内。武德五年，玄奘二十一岁，在成都受具足戒，离开其兄东下，来到荆州，住在江陵天皇寺内。次年，他又北渡黄河，来到相州，师从慧休和尚。武德七年（公元624年），他再次回到了长安，时年二十三岁。其间，玄奘的聪颖、机辩引起同样对佛法感兴趣的尚书仆射萧瑀的认可，让其住在了庄严寺内。武德九年，唐高祖李渊采取了压制佛教的政策，但不久就发生了玄武门之变，唐太宗即位，为了稳定局势，暂时对佛教采取宽松政策，但大约在贞观二年（公元628年），玄奘上书请求西行取经时，唐太宗还是没有答应。但到了这一年冬天，由于长安地区发生严重的灾荒，朝廷允许百姓可以前往外地觅食，也就是在此时，玄奘才得以离开长安，西行来到了凉州。（《广弘明集》记载玄奘是在贞观元年西行取经的。）

玄奘来到凉州后，有人向凉州都督李大亮举报，称有个僧人要出境到西域取经，李大亮就要逼迫玄奘返回长安。贞观三年四月，在凉州高僧慧威的帮助下，玄奘偷越国境，开始西行。大约经过一个多月的跋涉，玄奘来到高昌国。高昌国王麴文泰笃信佛教，对玄奘跋涉两千多里来到这里非常敬佩，请他讲经说法，还要将他留在国内，但玄奘西天取经的决心很大，绝食三天，执意不从，国王只好派六十名骑兵护送，并修书二十四封，赠送五百匹绸缎，因当时西突厥叶护可汗统辖大雪山以北六十余国，所以，就将玄奘护送到西突厥叶护可汗那里。玄奘经过西域阿耆尼国、屈支国(今新疆维吾尔自治区龟兹)、跋禄迦国（旧称姑墨，今新疆维吾尔自治区阿克苏），翻越崚山（今天山），过云热海（今吉尔吉斯斯坦伊西克湖），才见到叶护可汗。叶护可汗虽然对玄奘的身份半信半疑，但贪图高昌国王麴文泰的贿赂，遂命令沿途各国好生给予玄奘方便。

玄奘一行继续西行，经过怛逻斯城（今塔拉斯）、白水城（今沙兰）、笯赤建国（今奇姆肯特）、赭时国（今塔什干）等国，又越过中亚大沙漠，到达飒秣建国（今乌兹别克斯坦撒马尔罕）。从这里，玄奘继续西行，经过屈霜尼迦国（今撒马尔罕西南附近）、喝捍国（又名东安国，今泽拉夫善河之北）、捕喝国（今布哈拉）、伐地国（今阿姆河岸）、货利习弥伽国（今阿姆河下游两岸地区）等地，又折向西南，进入今阿富汗。

由此而南，又有二十七个小国，各有君主，信奉佛教。玄奘来到缚喝国（疑为今阿富汗北部马扎里沙里夫市），这里佛教甚盛，土地辽阔，因西突厥可汗冬天会到附近的南都过冬，这里临近南都，所以，民间号称为小王舍城。玄奘继续东南行进，至梵衍那国（今阿富汗中部巴米扬），在这里玄奘法师亲自礼拜了巴米扬大佛（2001年被塔利班炸毁），而后到达迦毕试国（今阿富汗喀布尔西北贝格拉姆城），而后又向东南前进至滥波国（约在今阿富汗东南部的拉格曼）、那伽罗曷国（约在今阿富汗东南部的贾拉拉巴德）、犍陀罗国（今巴基斯坦白沙瓦）、乌剌尸国(今白沙瓦以东附近)、迦湿弥罗国(今克什米尔印度实际控制区斯利那加)等地。这里已是佛国，到处都有佛陀圣迹和得道高僧，玄奘每到一处都要拜谒圣迹、与高僧交流。在此后的日子里，玄奘的足迹几乎踏遍印度半岛全境，遍访高僧，广求佛法，学习梵文与佛经，成为戒贤大师的首座弟子，驰名印度。贞观十七年(公元643年)初，玄奘由印度启程归国；次年春到达于阗，派人上表唐太宗，汇报去印度取经的经过。

贞观十九年一月六日，玄奘回到长安西郊，次日入城，八日，唐朝政府举行了隆重的迎接玄奘以及将携带佛经、佛像放入弘福寺（该寺庙系唐太宗在贞观八年为亡母窦太后修建）的仪式。玄奘西行取经，前后十七年，行程五万余里，带回佛经657部以及佛像、舍利子、花木种子等，长安万人空巷，顶礼膜拜，盛况空前。

此时，唐太宗已在洛阳。玄奘在长安停留五日后，大约在一月十三日启程东下，于二十三日到达洛阳，住在鸿胪寺内。二月一日，百忙中的唐太宗在仪鸾殿第一次接见玄奘，两人交谈十分融洽，从清晨一直谈论到傍晚。唐太宗对玄奘非常看重，称赞他道："朕今观法师词论典雅，风节贞峻，非唯不愧古人，亦乃出之更远。"二月六日，玄奘再次拜谒唐太宗，请求前往嵩山少林寺翻译佛经，但唐太宗没有同意，而是命其回长安弘福寺译经。就在唐太宗二月十二日启程北上的前一天，即十一日，唐太宗下诏命令玄奘与自己一同出发北上，玄奘以身上患病为由苦苦推辞，最终，唐太宗答应了玄奘的请求，嘱咐他说："法师可以在洛阳歇息三五天，就回京师弘福寺吧。"

唐太宗走后，玄奘也于贞观十九年三月一日回到了长安弘福寺，在这里，他得到了西京留守房玄龄的大力支持。此后，玄奘法师一直埋头翻译佛经，其间，为了摆脱皇室的应酬，他屡屡恳请皇帝能允许他前往嵩山少林寺专心翻译工作，但都没有被允许，直到唐高宗麟德元年（公元664年）二月五日深夜、六日子时去世，享年六十三岁。截至逝世，玄奘一共翻译佛经75部133卷。

随着玄奘的归国以及年龄的增长，唐太宗对佛教的态度也发生了微妙的变化。唐太宗即位之初曾经与反对佛教的傅玄有过一次对话，当时唐太宗问傅玄："佛道玄妙，圣迹可师，且报应显然，屡有征验，卿独不悟其理，何也？""佛是胡中桀黠，欺诳夷狄，初止西域，渐流中国。遵尚其教，皆是邪僻小人，摹写庄、老玄言，文饰妖幻之教耳。于百姓无补，于国家有害。"对傅玄的回答，"太宗颇然之"。即便从内心深处对佛教不以为然，但唐太宗为了巩固自己的统治，一改唐高祖的严厉政策，对佛教还是采取了较为和缓的政策，不过，作为政治家的唐太宗还是看到了佛教力量太强之后所产生的消极影响，对佛教和道教也进行了一定程度的限制，比如，他曾下令"诸州有寺之处，宜令度人为僧尼，总数以三千为限"；并对那些"或假托神通，妄传妖怪；或谬称医筮，左道求财；或造诣官曹，嘱致赃贿；或钻肤焚指，骇俗惊愚"的僧徒予以清理整顿；禁止僧尼妄自尊大，接受父母拜谒；等等。唐太宗对佛教的态度一直摇摆，玄奘的归国，让唐太宗对佛教有一定改观，后来，到贞观二十二年，唐太宗应玄奘的请求，亲自写下了《圣教序》，在序言中，唐太宗对佛教、佛经特别是对玄奘大师本人，说了许多赞扬的话，表达了自己对玄奘学识、风采和人品的钦佩之情。该序原由褚遂良撰写，后由弘福寺沙门怀仁从唐内府所藏王羲之书迹及民间王字遗墨中集字，历时二十四年，于咸亨三年（公元672年）刻成石碑，全称为《大唐三藏圣教序》。碑高九尺四寸六分，宽四尺二寸四分，行书三十行，每行八十三至八十八字不等，遂使“逸少真迹，咸萃其中”。该碑现存西安碑林。

一八五　一伐高句丽（一）

贞观十九年（公元645年）三月九日，唐太宗驾临定州。

十五日，唐太宗对侍臣们说："辽东原本就是中国的土地，隋朝四次出师却寸土未得，朕如今东征，就是想替死难的中国子弟报仇，也替高句丽人洗刷君父被杀的耻辱，更何况四境均已平定，只剩下这一隅未平，所以，趁我未老，借助士大夫之余力将其平定。朕自洛阳出发后，就只吃肉和饭，连春天产的蔬菜也不让供应，就是唯恐扰民。"唐太宗看见生病的士兵，亲自把他们召唤到跟前，一一进行勉励，交给地方治疗，士兵们无不深受感动。那些自愿自备行装参军的，动辄上千人，他们纷纷表示："我们不求受到赏赐，唯愿战死辽东报效国家。"唐太宗不同意。

唐太宗将要离开定州，太子李治哭泣了数日。唐太宗说："把你留在这里监国，配给你贤能之臣辅佐，就是想令天下百姓认识到你的风采。治理国家的关键就在于进用贤才，辞退不肖，赏赐善人，惩处恶行，大公无私，你要努力实践，光哭有什么用！"于是，唐太宗任命开府仪同三司高士廉代理太子太傅，与刘洎、马周、少詹事张行成、太子右庶子高季辅一起处理军国事务，留在定州辅佐太子。

三月二十日，唐太宗从定州出发。出发前，他坐在城门外，对于路过的士兵们一一进行安抚，受伤的交由当地政府进行医治。长孙无忌上奏道："天下军民鱼贯而从，您的身边却只有十余名侍从，百姓们都认为这太轻率了。"唐太宗回答："我十万将士横渡辽河，没有一人携带家室，我身边跟随十名随从已经足够了，你就不要多说了！"而后，他身上佩带弓箭，亲自把雨衣绑在马鞍后面，跨马北上，并以长孙无忌为代理侍中、吏部尚书杨师道代理中书令和岑文本一起随唐太宗北上。唐太宗提前安排，从太子所在的定州一直到辽东前线，每到一处都设置一座烽火台，等到拿下辽东之后，就点燃烽火告捷。

与此同时，已经进抵柳城的李世勣大军也开始向边境进发，他们虚张声势，做出要从怀远镇（今辽宁省辽阳市西北）强渡辽河的姿态，然而，唐军秘密向正北的甬道挺进，让高句丽军队措手不及。四月一日，李世勣指挥唐军从通定（今辽宁省法库县南）渡过了辽河，突然出现在玄菟（今辽宁省沈阳市，玄菟郡自西汉武帝设立后，凡经三迁四置：汉武帝时郡治设在沃沮县，即今朝鲜咸镜南道咸兴市附近，到汉昭帝时迁至高句丽县，即今辽宁省新宾县，再到东汉安帝时期又迁至高句丽县，即今辽宁省抚顺市，至西晋时期高句丽县又迁至今辽宁省沈阳市东上柏官屯古城）城下。高句丽全国震惊，境内各个城池全部闭门固守。四月五日，唐军副大总管李道宗率领数千唐军突然进抵新城（今辽宁省抚顺市北）城下，折冲都尉曹三良带上十几名骑兵一直来到城门下面，耀武扬威，城内高句丽军无人敢出城挑战。

当时，盛传高句丽莫离支将亲自赶赴辽东增援，为了配合北线李世勣军，唐太宗命令营州都督张俭率领胡人为先锋，从南面强渡辽河，直扑建安城（今辽宁省盖州市东北），在南线击破高句丽军队，斩杀了数千人。

此时的高句丽在辽东地区，主要有四道防线。

一是辽河。

二是辽东高句丽长城。高句丽长城其实是北起扶余城（今吉林省农安县）、南到卑沙城（今辽宁省大连市大黑山山城）的依托于山险而构筑的一条山城联防线。这些城池既有纵深，又相互联络，共同构成一道立体的防御体系，由北而南排列如下。

最北：扶余城（今吉林省农安县）。

其次是以今辽宁省沈阳市为中心的城池群，主要有：银城（可能在今辽宁省铁岭县南）、盖牟城（一说在今辽宁省沈阳市塔山山城、一说在今辽宁省盖州市、一说在今辽宁省抚顺市，倾向于第一说）、后黄城（今辽宁省沈阳市南）、横山城（今辽宁省沈阳市东南华表山）；作为这一城池群的纵深，分别还有高句丽城（今辽宁省新宾县北）、南苏城（今辽宁省新宾县境内）、木底城（今辽宁省新宾县西）。

再往南是以今辽宁省辽阳市为中心的城池群，主要有：辽东城（襄平城，今辽宁省辽阳市）、麦谷城（似在今辽宁省抚顺市境内）、新城（今辽宁省抚顺市北）、白岩城（在辽东城东六十里处）、磨米城（疑为今辽宁省本溪市边牛山城）。

再南是以今辽宁省海城市为中心的城池群，主要有：赤峰镇（今辽宁省海城市境内）、安市城（今辽宁省海城市东南）。

再往南是濒临渤海湾的城池群，主要包括建安城（今辽宁省盖州市东北）、卑沙城（今辽宁省大连市大黑山山城）以及拱卫这些山城的众多护卫山城。

防线就是千山山脉。这是一条自然防线，第二条防线上的很多山城也就构筑在千山山脉上，也可以视为一条防线。

第四条就是鸭绿江及其附近的山城，这些山城主要有：丸都城（今吉林省集安市）、乌骨城（今辽宁省凤城市边门镇）、石城（今辽宁省凤城市境内）、熊山城（今辽宁省凤城市西）、大行城（今辽宁省凤城市西南）。

高句丽人采取的战略就是：

一是联合靺鞨。靺鞨在北魏时期叫勿吉，共分数十个部落，东到大海，西接突厥，南邻高句丽，北连室韦。最南面的是粟末部，在粟末部东北方向是汨咄部，再往东北是安居骨部，安居骨部的东面是拂涅部，安居骨部的西北是黑水部，粟末部的东面是白山部。其中，最南面的粟末部最出名，最北面的黑水部最骁勇，白山部则臣服于高句丽。隋朝末年，靺鞨的一个酋长叫突地稽曾率领一千多家归顺，被隋炀帝任命辽西太守；隋末大乱中，李世民率军讨伐刘黑闼，突地稽率部赶赴定州，接受李世民的指挥，贞观初年，突地稽被拜为右卫将军，赐姓李氏。

二是构筑坚固的防御工事。已见前述。

三是以逸待劳，依托山险迟滞、拖垮唐军，以空间换取时间。只要把战事拖到冬季，唐军粮运不继，自然就会败退。

唐太宗的战略则是：

一是大肆进行舆论战，瓦解高句丽军心、民心。根据陈大德出使高句丽得来的情报，流落到高句丽地方上的中国人几乎占当地人的一半，再加上莫离支弑君犯上的恶行，唐太宗判断，只要唐军一到，极有可能出现摧枯拉朽之势，因此，唐军加大了宣传战的力度。

二是速战速决。基于上述基本判断，唐太宗并未投入太多的兵力，李世勣、张亮水陆两路大军仅有十万人马，唐太宗本人率领的军队估计不会超过十万。他希望水军直扑平壤，端掉高句丽的老巢，陆军则直取辽东，两路夹击，一举荡平高句丽。

三是采取优待俘虏的政策，展示仁义之师的形象，最大限度地瓦解高句丽的军心士气。

四是安排后方，谨防隋末大乱重演。

反观唐太宗的部署，虽然对内安排得相当周密，但在对付高句丽方面，确实显示出他轻敌的一面：

一是他低估了高句丽的实力。在他看来，高句丽不过是汉代的四郡之地，如今他亲自率领精兵亲征，一定如摧枯拉朽一般将其扫平，然而，此时的高句丽已经是东北亚的一个强国，再加上联络了靺鞨，仅靠十万之众就想灭掉一国，客观上是不现实的。

二是他错误地估计了高句丽莫离支弑君后的形势，以为唐军一到，高句丽军队一定会出现纷纷倒戈的局面。殊不知，莫离支长期担任高句丽大对卢，在高句丽国内有很大的影响力，已控制了高句丽的方方面面，这也是他敢于弑杀高句丽国王、大肆诛杀群臣的政治资本，在他的淫威之下，即便出于下层的军民心有不甘，也无能为力。

三是过高估计了唐军的实力。唐太宗以马上取天下，他惯常采用的战法就是长途奔袭，速战速决，以小搏大，他手下建功立业的将领们如李靖、侯君集等人也都惯用这一战法，在灭突厥、吐谷浑、高昌之战中屡屡得手，也让唐军打出了不可战胜的神话，然而，如今的高句丽与以游牧为主的突厥、吐谷浑都不同，也与弱小的高昌不可相提并论，虽然唐军士气高昂，战斗力很强，但要想与早已坚壁清野的高句丽军队决战，势必顿兵于坚城之下，进行艰苦的攻坚战，幻想速战速决肯定是不现实的。

也许正是唐太宗意识到了辽东前线事态的严峻，才命令张亮的四万水军取消了直取平壤的计划，而是北上配合辽东前线李世勣的陆军作战。

一场艰难的大战随之展开了。

一八六 一伐高句丽（二）

贞观十九年四月十日，唐太宗在幽州城南大摆筵席，犒赏将士，命长孙无忌誓师，而后领军北上。

唐太宗命岑文本全权处理军中的物资、粮秣、兵器、文书，岑文本夜以继日，全力投入工作，亲自调配方方面面，算盘、毛笔不离双手，最终精力耗尽，举止失常。唐太宗见到后，对侍从们说：“岑文本与我同行，恐怕不会与我同返了。”也就在唐太宗从幽州出发的当天，岑文本突然得了急病，去世了。当天晚上，唐太宗听到军中击鼓之声，说道：“文本去世了，我不忍心再听到鼓声，命令他们停下。”岑文本是李泰一党，李泰失势后，他已朝不保夕，整日提心吊胆，他的死一方面是累死的，另一方面也可以说是吓死的。当时，太子右庶子许敬宗在定州，与高士廉等人一起辅佐太子，岑文本去世后，唐太宗就把他召到身边，以本官检校中书侍郎。

高句丽北线据点是盖牟城，核心是辽东城。唐军采取陆军由北而南、水军由南而北与陆军协同的战法，逐一清扫高句丽在第二条防线上的各个据点。四月十五日，李世勣、李道宗率领唐军主力开始对盖牟城发起了猛烈的进攻。四月二十日，唐太宗驾临北平（今河北省卢龙县）。四月二十六日，经过十一天的围攻，唐军终于攻克了高句丽第一座城池盖牟城，俘虏两万余名高句丽人，缴获粮食十余万石。

与此同时，唐军水军也进抵辽东半岛最南端。张亮率领水军袭击卑沙城，该城四面均为悬崖峭壁，唯有西门可以攀缘而上。程名振深夜率军赶到，副总管王大度亲自率军攀上城墙，五月二日，唐军攻克卑沙城，俘虏高句丽军民八千余人。占领卑沙城之后，张亮又分出一部，命总管丘孝忠等人率领沿海岸线一路向东，一直前进至鸭绿江，威慑那里的高句丽军队。

唐军陆军和水军初战告捷，站稳了脚跟，而后分别开始扩大战果。

陆军：

李世勣率部继续南下，推进到辽东城下。辽东城是高句丽整个辽东地区的核心城池，隋炀帝东征就未能攻下，因此，在李世勣所部来到辽东城下后，似乎并没有立即对其发起进攻，而是在等待与唐太宗率领的大军会师。

五月三日，唐太宗率军来到辽泽（位于辽宁省辽阳市以西的大泽）。唐太宗下诏称："昔日隋军征辽，逆天而行，从军将士，死伤累累，如今骸骨还随处可见，布满原野，实在可叹！我命令一并将这些遗骸收敛，运回国内掩埋！"唐军进入方圆二百余里的沼泽地带后，人马无法通过。将作大匠阎立德率众运来干土，铺设桥梁，大军丝毫没有耽误行进时间，唐太宗非常高兴。

五月五日，仅仅用了两天时间，唐太宗已顺利穿越沼泽，来到东岸。

五月八日，高句丽调派国内以及新城的军队，组成四万步骑军团赶来救援辽东城。江夏王李道宗决心率领四千骑兵趁其立足未稳，打他个措手不及。军中将士均认为众寡不敌，不如深沟高垒，以等待唐太宗率领的大军到来。李道宗反驳道："敌人自恃人多，轻视我们，他们长途跋涉而来，已十分疲惫，我们主动出击，一定能将其击败。况且，我们是先头部队，理应清扫道路，静待皇帝陛下的到来，岂能把贼寇留给皇帝陛下！"李世勣表示同意。

果毅都尉马文举慷慨说道："不与劲敌交手，又怎能显出壮士本色！"说完，他扬鞭策马，挺枪杀入万众之中。只见他在敌阵中左冲右突，如入无人之境，所当者不死即伤，高句丽士兵纷纷倒地，唐军见状，这才军心安定了下来，于是，两军开始厮杀起来。

激战中，行军总管张君乂所部退却，唐军顿时败退。李道宗见状，立即率领骑兵赶来救援，高句丽兵被唐军骑兵冲击，进攻的步伐放缓，唐军又夺回了桥梁。李道宗收拢败兵，登上高坡眺望，见高句丽部伍不整，立即与数十名精锐骑兵杀入敌军阵中，此时，辽东城下监视城内守军的李世勣也率军赶来增援，高句丽军大败，被唐军斩杀了一千多人。

五月十日，唐太宗率领大军渡过辽河。

全军过河之后，唐太宗下令撤去浮桥，以激励士气，把大本营设在马首山（今辽宁省辽阳市西南首山），派人安抚赏赐江夏王李道宗，破格提拔马文举为中郎将，斩杀了张君乂。唐太宗亲自率领数百骑兵来到辽东城下，看到士兵们背负泥土，填塞护城河，命一名背得特别多的士兵分给自己一部分，骑在马上抱着；唐太宗身边的侍从们争先恐后地抢过泥土，运到城下。

当初，高句丽听说唐军军中有飞石车，能把三百多斤的大石头抛到一里开外，都非常害怕，提前在城墙上堆积木头，用大绳索捆绑起来当作碉楼，以抵御飞石。李世勣率部用飞石车、撞车向辽东城发起了猛烈的进攻，昼夜不停，一连进攻十二天；唐军用飞石车抛石、撞车猛击，敌人的碉楼全部击碎。唐太宗亲自率领一万多名精锐骑兵与李世勣的军队会师，把辽东城包围得里三层外三层，喊杀声惊天动地。

五月十七日，天上突然刮起南风，唐太宗派遣壮士们爬上冲竿的顶端，纵火焚烧了辽东城西南面的城楼。风助火势，大火蔓延，烧到内城，城内顿时陷于一片火海，城内房屋变成一片瓦砾，城内有上万人被烧死。唐太宗趁机下令唐军向城内发起总攻，高句丽守军拼死抵抗，但最终抵挡不住，辽东城终于陷落。唐军杀死上万人，俘虏一万多士兵及四万户百姓，缴获粮食五十万石。唐太宗将辽东城改为辽州，并下令点燃烽火，向太子李治报捷。

白岩城位于辽东城东南四十里，背山靠水，地势非常险要，是辽东城的护卫城。打下辽东城之后，白岩城守将孙伐音偷偷派人请降，但不久，他又后悔了。唐太宗大怒，传令军中，答应城破之后，将城内财物、俘虏赏给将士们。

五月二十八日，唐太宗率领唐军朝白岩城（又名白崖城）扑来，把大营设在城的西北面。五月二十九日，右卫大将军李思摩在激战中被流箭射中，唐太宗亲自给他吸出脓血，将士们听说后，无不深受感动。高句丽后方的乌骨城派来一万余名援军，前来声援。右骁卫大将军契苾何力时任前军总管，率领八百精锐骑兵迎战，结果被高句丽军团团包围，被长矛刺中腰部；尚辇奉御薛万备（薛万淑、薛万均、薛万彻的小弟弟）也异常骁勇，他单人匹马，挺枪杀入万众之中，把契苾何力解救了出来。契苾何力更是恼火，他把伤口简单包裹一下，又飞身上马，率领部下重新投入战斗，最终把高句丽人击破，又追杀了数十里，斩杀一千多人。正巧天黑，两国这才各自罢兵。契苾何力回营后，伤势沉重，唐太宗亲自替他抹药疗伤。

六月一日，唐军对白岩城发起了总攻。李世勣负责进攻城西南，唐太宗亲自在城西北组织攻城。李世勣用撞车、抛石车向城内发起猛攻，顿时巨石、流箭像雨点一样飞入城内。孙代音偷偷派心腹请降，约定扔下刀斧作为信号，并说：

“我愿意投降，只是城内有不愿从命的。”唐太宗把唐军军旗交给孙代音的使者，说：“如果真的愿意投降，就把这面军旗插在城墙上面。”等到唐军发起进攻时，孙代音就把唐军军旗插到了城墙上面，城内守军误以为唐军已经登上了城墙，遂放下武器，跟着孙代音投降了。

李世勣看到唐太宗将要接受孙代音的投降，赶忙率领数十名将士来到唐太宗跟前，请求道：“将士们之所以奋不顾身，冒着流箭飞石，就是贪图城内的财物罢了，如今，白岩城眼看就要攻下了，为何要接受他的投降，让全军将士心寒！”唐太宗从马上下来，向李世勣等人道歉说：“将军你说的对。然而，纵兵杀人，掳获他人的妻子儿女，朕于心不忍。将军部下有军功的，朕将用国库内的财物予以赏赐，希望将军能放过这一座城池的生灵。”李世勣这才退下。

唐太宗在水边举行受降仪式，共计得到白岩城内一万多百姓，两千四百多名战士；唐太宗下令赏赐给他们衣服、食物，八十岁以上的老人又分别赏赐给一定数量的丝绸。协防白岩城的其他城池的士兵，唐军一一告知他们这次出征的目的，送给他们食物、工具，任其离去。

当初，辽东城的长史为其部下所杀，侍从官保护着长史的妻子儿女逃到了白岩城。唐太宗被侍从官的义气感动，下令赏赐给侍从官五匹布帛，并给长史修造一个灵车，送归平壤。以白岩城为岩州，以孙代音为岩州刺史。战后，唐军抓获了刺中契苾何力的高句丽人高突勃，唐太宗把他交给契苾何力处置。契苾何力说：“犬马尚且各为其主，何况是人臣呢？他替自己的主子卖命，甘冒白刃刺杀我，此乃忠勇之士啊，我与他互不相识，哪有仇怨？”就把他释放了。莫离支曾派加尸城（在平壤西南）的七百人协防盖牟城，唐军俘获他们后，他们都表示愿意加入唐军。唐太宗说：“你们家属都在加尸城，你们替我作战，莫离支肯定会杀掉你们的家属，让一个人替我参战，却害了一家人的性命，这我不忍。”六月二日，唐太宗也送给他们干粮，把他们送回国了。

六月三日，唐太宗下令以盖牟城为盖州。

一八七 一伐高句丽（三）

此前，唐太宗作战往往是出奇制胜，攻克白岩城之后，在他商议下一步进军方向时，他又想到了避实击虚、出奇制胜之法。

他对李世勣说：“我听说安市城（今辽宁省海城市）城池险要，守军非常精锐，其守将智勇双全，莫离支之乱中，城主不从，莫离支发兵进攻，始终未能攻下，只好任由其驻守在这里。建安（今辽宁省盖州市）城小兵少，如果出其不意，一定能够攻克。你可率军前去进攻建安，等拿下建安后，安市城就是我囊中之物了，这就是兵法上说的‘城有所不攻’。”

然而，李世勣反对道：“建安在南，安市城在北，而我军的军粮全在辽东城内；如今越过安市城不攻，直接进攻建安城，假如敌人切断我们的粮道，那该如何是好？不如先进攻安市城，拿下安市城后，就可以一鼓作气拿下建安城了。”

听了李世勣的话，唐太宗回答：“我以你为大将，岂能不采纳你的意见？只是不要耽误了我的大事！”

六月十一日，唐太宗从辽东城继续南下，二十日，抵达安市城（今辽宁省海城市），遂向其发起进攻。

六月二十一日，高句丽北部耨萨（总督）高延寿、南部耨萨高惠真率领十五万高句丽、靺鞨军队救援安市城（《旧唐书·薛仁贵传》称二十五万人）。唐太宗对大家说：“如今高延寿有三条对策：一是率军径直赶来，与安市城连为一体，构筑营垒，依托高山之险，吃城内的存粮，命靺鞨人劫掠我军的牛马。我军进攻他们的营垒，仓促之间难以攻下；如果后撤，又受困于沼泽地带，如此消耗我军，这是上策；接应城内守军，一起弃城而去，这是中策；不审时度势，与我决战，这是下策。你们大家瞧着吧，此人一定会用下策，眼看他们就要被我生擒活捉了！”

高句丽有位年老的对卢，很有谋略，他对高延寿说：“我听说中国内乱时，群雄并起，秦王神武，消灭群雄，平定天下，南面称帝，北狄、西戎无不称臣。如今，他倾国而来，良将谋臣全在这里，难以与之争锋。如今不如勒兵不战，旷日持久，暗中派遣奇兵切断他们的粮道，不出十天半月唐军粮食吃尽，求战不得，后退无路，我们才能取胜。”但高延寿不从，他率军径直前进，距离安市城四十里安营扎寨。唐太宗见状，说道：“已经落入我的圈套中了。”他唯恐高句丽军迟疑不进，命左卫大将军阿史那社尔率领一千多名突厥骑兵前去挑战。高句丽军常常把靺鞨精兵放在军前，双方刚一交手，突厥骑兵就掉转马头，佯装大败而逃。高延寿说道：“太好收拾了！”遂率军追击，一直推进到安市城东南八里的地方，依托山险立下大营。

唐太宗召集全体将领，商议破敌之策。

长孙无忌说道：“臣听说会战之际，一定要观察士气高低。臣刚刚路过各营时，看到士兵们听说高句丽兵来了，个个摩拳擦掌，跃跃欲试，喜形于色，这是必胜之兵啊。陛下年少时就已经投身行伍，凡是出奇制胜的战役，全有赖于陛下的指挥，诸将执行命令而已。今日之事，还请陛下指示。”

唐太宗笑道：“各位既然如此谦让，那我就与诸位一起研究了。”遂与长孙无忌等人率领数百骑兵登上高坡眺望战场形势，确定哪里可以埋伏，何处能够出入。他们看到高句丽、靺鞨联军构筑长达四十里的阵地。江夏王李道宗建议：“高句丽倾国而来，平壤一定非常空虚，请求分给我五千精兵，我前去端了他们的老巢，如此一来，其数十万之众可不战而降。”可是唐太宗置之不理。

唐太宗给高延寿送去书信，称：“我因你国的强臣弑杀君主，特来问罪，至于交战，则不是我的本意。我进入你国之后，你们不供应粮草，因此才夺取几座城池，等你们恢复作为臣子该有的礼仪后，这些城池自会还给你们。”高延寿信以为真，遂放松了警惕。

当晚，唐太宗召集众将进行部署。他命令李世勣率领一万五千步骑在西岭上排开阵势；长孙无忌率领牛进达等将统领一万一千精兵从山北面的峡谷中突出，包抄敌人的后路；其余主力埋伏在各个地方；唐太宗则亲自率领四千步骑携带鼓角，藏起战旗，登到北山之巅，命令各军听到鼓角之声后，一齐出击；唐太宗又命令有关单位在行宫附近搭设受降帐篷，说道：“明天正午，在此受降！”当晚，一颗流星坠落在高延寿的军营内。

六月二十二日一大早，高延寿等人就看到只有李世勣率领一支孤军在西岭构筑阵地，他们见唐军人少，遂整顿军队准备发起进攻。这时，站在北山上的唐太宗看到长孙无忌率领的军队在后方扬起漫天尘土，以为他们已发起了攻击，遂立即下令擂响战鼓，吹起总攻的号角，举起战旗。霎时间，战鼓震天，号角齐鸣，战旗飘扬，埋伏在各处的唐军从四面八方朝高句丽军杀来。

而恰在这时，天上有响起了阵阵惊雷，扯起夺目的闪电，高延寿等人惊慌失措，打算分兵抵御，但军阵已经乱了，指挥系统顿时失灵。刚一接战，李世勣命一万长枪兵朝高句丽人发起进攻。绛州龙门人薛仁贵是南北朝刘宋名将薛安都的六世孙，本名薛礼，字仁贵，他非常骁勇。此次出征，他自愿参军，投到将军张士贵门下。刚到安市城时，郎将刘君昂被高句丽人包围，薛仁贵跃马直前，亲手砍下了敌将的脑袋，将人头系在马鞍之上，把刘君昂救了出来，从此知名。战前，薛仁贵自恃骁勇，想立下奇功，故意打扮得与别人不同，到了这一天，只见他一身雪白衣服，手持长戟，腰带长弓，大喊着杀入敌阵。

在山顶上的唐太宗看得真切，只见一员白袍将军弯弓大喊，先射杀几名敌人，继而手持长戟冲在唐军的最前面，在万众之中如入无人之境，砍杀了无数敌人，所向披靡，敌人纷纷逃走。李世勣所部在前，长孙无忌在后，唐太宗也率军从山上飞驰而下，大破敌人，斩杀敌人两万多级，取得一场大胜。另据《新唐书·杨弘礼传》记载，隋朝宰相杨素弟弟杨岳的儿子杨弘礼，时任兵部侍郎，在驻跸山大战中，他率领二十四军从敌军的背后杀出，所向披靡。唐太宗在山上望见后，对许敬宗说道："越国公家的儿郎，果然名不虚传！"当时，满朝重臣只有褚遂良、许敬宗、杨弘礼在唐太宗身边负责机要，其余的都留在定州辅佐太子了，杨弘礼的弟弟杨弘武在高宗朝做到了宰相。

唐太宗遥遥望见薛仁贵，急忙命卫士飞马询问白衣先锋姓甚名谁，当即召见，赏赐给薛仁贵两匹战马、四十匹绢，破格提拔为游击将军、云泉府果毅，并赏赐给他十名奴仆。

唐太宗骑马查看敌人的营垒，说道："高句丽倾国而来，我一击而破，这是上天保佑我啊！"当即下马，跪下叩头，感谢上天。

高延寿等人率领残兵败将逃到山上，依托险要，固守不降，唐太宗命令唐军将其团团围住，长孙无忌又率军把通往这里的桥梁全部毁掉，切断了敌人的遁逃之路。

二十三日，高延寿、高惠真等人率领三万六千八百名高句丽、靺鞨联军投降，进入军门，跪着前行，拜服于地，连连求饶。唐太宗说：“你们这些东夷少年，在海边横行倒也罢了，至于要在阵前决胜，自然敌不过我这个老人，从今往后还敢与天子交战吗？”众人均惶恐不安，满脸流汗，不敢回话。唐太宗从投降的高句丽将官中挑选三千五百人，均授予官职，迁至内地，剩余人等全部释放，令其返回平壤。命令一下，高句丽降众无不以额叩地，欢声雷动，欢呼之声响彻数十里之外。唐太宗又下令将投降的三千三百名靺鞨人全部活埋，以惩罚他们帮助高句丽。此战唐军缴获战马五万匹，牛五万头，铁甲一万领，其他器械数不胜数。高句丽举国震惊，后黄城和银城的守军不战弃城而逃，数百里之内再无人烟。

唐太宗给太子李治写信，通报了战况，又给高士廉等人写信，得意扬扬地说：“朕当将领，表现如何？”又将自己驾临的那座山取名为驻跸山，还命人画了一幅《破阵图》，让中书侍郎许敬宗写文刻石记功。据《大唐新语》称，中书舍人敬播说：“圣人与天地合德，山名驻跸，这是天意预示着皇上不会再亲自东征了啊！”

水军：在陆军围攻安市城的同时，张亮也率领水军由南而北路过建安城下。当时唐军的营垒还未完成，士兵们大多外出砍柴，高句丽兵突然杀来，军中一片大乱。张亮为人素来胆怯，他呆坐在马扎上无计可施，圆睁双眼，一句话也说不出来。将士们反而以为他镇定自若，士气大振；总管张金树等人擂起战鼓，奋勇杀敌，最终将高句丽人赶跑了。

一八八 一伐高句丽（四）

贞观十九年七月五日，唐太宗把御营迁至安市城的东岭。十三日，唐太宗命令把阵亡将士的尸体标记起来，准备归国时带回。二十二日，以高延寿为鸿胪卿，高惠真为司农卿。

到八月八日，唐军侦察兵抓获了莫离支派来的间谍高竹离，将其捆绑到唐太宗面前。唐太宗命人解下绳索，问道：“为何瘦成这样？”高竹离回答：“在小路上摸索而来，已经数日没吃上饭了。”听后，唐太宗命人拿来食物给他吃，又对他说：“你身为间谍，应该早早复命。替我给莫离支带个话：想了解我军的情况，可以派人径直前来，何必偷偷摸摸派人走小道！”高竹离赤着双脚，唐太宗命人拿来一双鞋给他穿上。

其间，唐军一直没有间断对安市城的进攻。每当安市城内的高句丽守军看到唐太宗的仪仗，总会登上城墙齐声鼓噪，惹得唐太宗非常恼火，李世勣趁机请求等破城之日，把城中男子全部坑杀。安市城内的守军听说后，人人各自死战，唐军久攻不下。

高延寿和高惠真对唐太宗建议道：“奴才既然已经归顺了大国，不敢不献出忠心，盼望天子能早日成功，我等也得以与家眷相见。安市守军为了保护自己的家人，所以才会拼死苦战，一时难以攻下。如今，奴才率领十余万高句丽之众，望风溃败，国内已经吓破了胆。乌骨城的城主已非常老迈了，肯定不会死战到底，转兵进攻，旦夕可克；一旦拿下乌骨城，沿途其他一些小城自然会不战而降，然后，接收城内的粮食，一鼓作气，乘胜前进，直取平壤，在此一举！”

高延寿和高惠真的计策非常符合唐太宗打仗灵活机动的脾气，唐太宗听了，打算采纳。只有长孙无忌提出反对意见，他说：“天子亲征，与诸将行军打仗不同，不可太冒险了。如今，除了安市城之外，建安城和新城的敌人还有十万之众，如果我军径直扑向乌骨城，那么，这些敌人都会尾随我军之后；不如先攻克安市城，再取建安城，然后长驱直入，这才是万全之策啊！”唐太宗这才打消了冒险进攻乌骨城的计划。

在进攻安市城期间，一天，唐太宗听到城内传出鸡鸣、猪叫声，就对李世勣说：“围城这么长时间了，城内烟火逐渐少了，但今天听到了鸡鸣猪叫，这一定是在犒赏将士，打算深夜出城偷袭我们，应当提前做好防备。”果然，当晚，数百高句丽人从城墙上下来；唐太宗听到报告后，亲自来到城下，命令唐军迎头猛击，斩杀数十名高句丽人，剩余的敌人退回城内。

江夏王李道宗负责进攻安市城的东南角，修筑土山，逐渐逼近城墙，高句丽人也在城内增高城墙相抗。李世勣负责进攻城西，命令抛石车猛击城上的女墙、城楼，城墙随之崩塌，但城内守军很快就立下木栅堵上缺口。唐军将士轮番出战，每天要打六七次会战，战况非常激烈。李道宗脚部受伤，唐太宗亲自用针把他的伤口缝上。李道宗所部用树枝条包裹泥土，堆积起来，中间还用五条木材加固，不分昼夜，一直在城的东南构筑土山，整整堆了六十余日，用去人工五十万，终于建成。这座土山的山顶比安市城的城墙还要高出数丈，可以居高临下，俯瞰城内，李道宗指派果毅都尉傅伏爱领兵驻守在山顶。恰巧，土山从高处崩塌，压垮了安市城的城墙，城墙也随之倒塌，而就在这一千钧一发之时，山顶上的主将傅伏爱却擅离职守，并不在山顶！城内高句丽守军组织了一支数百人的敢死队从城墙的缺口处杀出，经过一场死战，却夺下了唐军千辛万苦筑成的土山，在土山半山腰开挖壕沟，切断了唐军向上进攻的通道，并在四周构筑栅栏，燃起灯火固守。

土山易手，让安市城攻坚战功败垂成，极大地打击了唐太宗继续进攻的信心。他听到这一消息后，不禁勃然大怒，下令将傅伏爱斩首示众，并立即传令三军要拼死夺回土山！然而，说着容易，做起来难。唐军猛攻了三天三夜，也无法攻上土山，反倒是死伤累累。李道宗光着双脚，来到唐太宗跟前谢罪，唐太宗说：“你罪当死，但朕一直认为汉武帝杀掉了败将王恢，不如秦穆公继续委任败将孟明视，况且，你还曾立下攻克盖牟城和辽东城的战功，所以，朕特意赦免你吧！”

从六月二十日唐军开始进攻安市城至今，已将近三个月了，破城的唯一希望土山又在破城的关键时刻易手，唐军已没有条件再用三个月的时间重新构筑另外一座土山，况且，唐军军粮已快吃尽，于是，贞观十九年九月十八日，唐太宗下诏班师回朝。

除了辽东地区冬季来临较早、草木干枯、河水已经结冰、粮食将尽等因素外，促使唐太宗决定班师的另外一个重要原因是：西北局势已陡然恶化起来了！

问题就出在了薛延陀国那里。唐太宗在东征时，正好薛延陀派来使者进贡，这当然是在打探消息，当时，唐太宗曾恐吓道："你回去告诉你们大汗，就说我们父子二人均前去东征了，你要是想入侵，那就赶紧来！"真珠可汗听后竟被唐太宗吓住了，赶忙又派使者来表忠心，表示绝不敢心怀不轨；等高延寿、高惠真在驻跸山之战大败后，高句丽莫离支赶忙让靺鞨人派使者劝说真珠可汗，恳请真珠可汗出兵，但真珠可汗一直不敢轻举妄动。九月七日，真珠可汗去世，唐太宗在军前还为其举行了哀悼仪式。

真珠可汗生前以他的庶长子曳莽为突利失可汗，统治东方的各族；以嫡子拔灼为肆叶护可汗，住在西方，治理薛延陀人。曳莽性格暴躁，与拔灼不和。真珠可汗死后，曳莽前来送葬，安葬了真珠可汗后，曳莽担心为拔灼所杀，提前向东逃去。拔灼派人追杀，将其杀死，遂自称颉利俱利薛沙多弥可汗。拔灼性格也十分偏执，对下属无情无义，动不动就要杀人，部下对他并不心服。

颉利俱利薛沙多弥可汗拔灼继位后，就发兵南下，骚扰黄河以南（河套地区）了。这里距离唐都长安很近，位置非常重要，一旦薛延陀在此地站稳脚跟，长安将时刻在其攻击范围，因此，唐太宗对这里也非常重视，在东征之前就命右领军大将军执失思力率领南归的突厥人驻扎在夏州（今陕西省榆林市横山区）以北，进行防御，但显然突厥人不是薛延陀人的对手。薛延陀大举南下的消息传到辽东前线，唐太宗不敢怠慢，赶忙命令左武候中郎将田仁会率军增援执失思力。执失思力采取诱敌深入的战术，佯装不敌，节节南撤，等把薛延陀的军队逐渐引诱到夏州境内时，才整顿军队，以逸待劳，予以迎头痛击。薛延陀军大败，唐军追击六百多里，在漠北耀武扬威一番后才班师。

西北严峻的局势已经不容唐太宗长期滞留在辽东了，但来时容易，去时难，如何全师而退，才最能体现一名统帅的军事才能。

唐太宗下令先把辽州（辽东城）、盖州（盖牟城）的百姓迁回国内，而后，在安市城下举行阅兵仪式，展示威力，吓阻城内守军，而后，才慢慢撤军。城内守军不敢出战，城主登上城楼拜别，唐太宗对他忠于职守、不肯屈服的精神表示赞赏，赏赐给他一百匹绸缎；命李世勣、李道宗率领四万步骑殿后。这位守将的名字在中国和朝鲜的正史中都没有记载，但在朝鲜民间传说中留下了他的名字，他叫杨万春。

九月二十日，唐太宗回到辽东城。当时辽东城内尚有十万斛粮食，唐军取之不尽，弃之而去。二十一日，唐太宗就渡过了辽河，到了辽泽，八十里内车马不通。长孙无忌、杨师道等人率领一万人砍伐树木，填塞干草，修筑道路，水深之处，把大车连接起来当作桥梁，唐太宗亲自把木材系在马上帮助大家。

十月一日，唐太宗到达蒲沟，等着后续部队，督促各军填塞道路，渡过渤错水（流经辽泽的一条河）。当时，天气突变，刮起暴风，降下大雪，气温陡降，很多士兵被冻死，唐太宗命令沿途燃起火把，等待落后的老弱残兵。

这次东征高句丽，唐军一共占领了玄菟（今辽宁省沈阳市）、横山（今辽宁省沈阳市东南华表山）、盖牟（今辽宁省沈阳市塔山山城）、磨米（疑为今辽宁省本溪市边牛山城）、辽东（襄平城，今辽宁省辽阳市）、白岩（在辽东城东六十里处）、卑沙（今辽宁省大连市大黑山山城）、麦谷（似在今辽宁省抚顺市境内）、银山（银山城，可能在今辽宁省铁岭市南）、后黄（今辽宁省沈阳市南）十座城池，将辽州、盖州、岩州七万高句丽人强制迁到中国。

《资治通鉴》称，在新城、建安、驻跸山三场大战中，唐军共斩杀高句丽四万多人，唐军将士战死将近两千人，战马损失将近十之七八。考诸史料，新城并未发生战斗，李道宗只是前去恐吓一下，唐军最终也没有占领这里，应为误记；建安，张俭杀死数千敌人，此后张亮也在此地击破过高句丽人；盖牟城，不详；卑沙城，不详，系偷袭，死伤不会太多；辽东城外会战，杀死一千敌人；辽东城攻坚战，杀死一万多人（极有可能该一万余人与大火烧死的一万余人是重复记载）；白岩城外会战，杀死敌人一千余人；白岩城攻坚战，不详，因系投降，死伤不会太多；驻跸山之战，杀死敌人两万余人；安市城攻坚战，敌我双方死伤不详，因此，史料记载高句丽被杀人数大致还是可信的。而唐军的伤亡人数历来令人质疑，如此大规模的战斗又持续了近半年，唐军才死亡两千，让人感到不可思议，但仔细分析起来，也不是没有可能。

先说攻坚战。在唐军占领的十座城池中，只有盖牟城、辽东城、白岩城（短暂攻坚，很快归降）进行过攻坚战，安市城经过攻坚战但没有攻下，除史料明确记载的银城和后黄城是高句丽人主动放弃、卑沙城被唐军偷袭外，其余的玄菟、横山、麦谷、磨米四座城池，唐军是如何占领的不详，极有可能也与银城、后黄城一样并没有经过大规模的战斗唐军就占领了。真正经过较长时间攻坚战的其实只有辽东城和安市城，再仔细阅读史书，我们会发现，唐太宗、李世勣在组织辽东城和安市城攻坚战中，并没有采取人海战术，不顾将士死活向城上发起强攻，而是利用先进的攻城器械试图先摧毁城墙，打开缺口之后再攻入城内，比如，辽东城采取的火烧辽东的办法，令守军内顾不暇，趁乱突入；安市城则是采用修筑土山的办法，试图突入城内，使的都是巧劲，这样就极大程度地避免了强攻城池所造成的巨大伤亡。

再说野战。这次辽东之战中，双方共计进行过四次野战，主要包括：张俭建安之战、李道宗辽东城外之战、契苾何力白岩城外之战、唐太宗驻跸山之战。张俭在建安城附近击破高句丽军队，详情已不可考，但此次出击，是在唐军得知莫离支有可能赶赴辽东的情况下在南面的一次突击，并且张俭率领的军队人数不会太少，该行动出乎高句丽军的意料，因此，这场战斗唐军死伤人数不多，也是可能的；李道宗辽东城外之战，唐军仅仅杀死一千高句丽军队，自己的伤亡情况也不会太多；白岩城外之战，与辽东城外之战大致相同；驻跸山之战是一场大战，《资治通鉴》记载高句丽军队有十万人，《旧唐书·薛仁贵传》更是记载为二十五万，但从最终的结果上看，唐军杀死两万，余众三万六千余人投降，高句丽援军应为五万到六万人，唐军能够做到分兵数路、并将三万余高句丽残兵包围，人数上肯定是占据绝对优势的，因此，虽说驻跸山之战是一场大战，却是一场围歼战，唐军死伤人数不多也在情理之中。

《新唐书·高句丽传》称："始行，士十万，马万匹；逮还，物故裁千余，马死十八。船师七万，物故亦数百。"由此可知，这次东征，唐军一共出动十七万大军，其中陆军十万（李世勣、李道宗率领六万、唐太宗率领四万）、水军七万（张亮四万，下余三万可能是增援部队）。有人认为，史书上记载的马匹死亡十之七八，是掩盖唐军士兵死亡人数的一种隐晦说法，如果真的如此，那么唐军死亡可能在一万人左右。

一八九 东征归来

贞观十九年十月十一日，唐太宗抵达了营州（今辽宁省朝阳市）。

在这里，他下诏命令以太牢之礼安葬阵亡将士遗体，在安葬仪式上，唐太宗流着眼泪宣读自己亲笔撰写的祭文，阵亡将士家属听说后，都说："我儿死在辽东，皇帝陛下亲自哀悼，死而无恨！"

唐太宗对这次失败非常悔恨，他叹息道："假如魏徵还活着，肯定会劝阻我的啊！"遂命人以少牢之礼前去祭祀，又把一年前魏徵坟前推倒的墓碑重新立了起来；又下令把魏徵的妻子孩子召来，予以慰问。唐太宗对薛仁贵说："朕身边的诸将都老了，我一直想要得到一员猛将接替他们，再没有比你更合适的人了。朕不喜欢得到辽东，喜欢得到了你啊！"

二十一日，唐太宗听说太子亲自前来迎接，就要到了，他率领三千飞骑火速南下，驰入临榆关（今山海关），路上与太子相遇。唐太宗在从定州出发时，曾指着自己身上的衣服对太子说："等再见到你，我再换下这身衣服。"在辽东，即使烈日炎炎，浑身出汗，唐太宗一直也没有换下那身衣服，到了秋天，他穿的衣服已经又破又脏，身边的侍从请他换一件新的，唐太宗回答："将士们的衣服大都破旧了，唯独我穿一身新衣服，合适吗？"见到太子后，太子献上一件新衣，唐太宗这才换上。

唐军各军俘虏一万四千多名高句丽百姓，提前押送到了幽州，将要赏给将士们当奴隶，唐太宗可怜他们父子离散，于是下令有关部门按照他们各自的年龄、体貌特征，从国库中拿出钱财布帛把他们全部赎为平民。这些高句丽百姓听到这一喜讯，无不感恩戴德，欢呼之声三日不绝。十一月七日，唐太宗来到幽州，高句丽百姓早早来到幽州城东接驾，在地上叩头舞蹈，哭号拜谢，很远都能看到。十六日，唐太宗路过易州（今河北省易县），易州司马陈元璹让百姓们在地窖内燃起温火，种植新鲜蔬菜，奉献给唐太宗。唐太宗对这种谄媚行径非常厌恶，当即下令将其撤职。二十二日，唐太宗抵达定州。

由于西北局势堪忧，唐太宗在定州稍事停留，就于十一月二十八日从定州出发，一路向西，前往并州。

十二月七日，唐太宗身上生疮化脓，不能骑马，只好乘坐轻便小轿。十四日，唐太宗抵达并州（今山西省太原市），太子李治亲自替唐太宗吸出脓水，扶着小轿步行数日。十七日，唐太宗病愈。

执失思力击退薛延陀多弥可汗后，多弥可汗不甘心失败，又接连发兵南下骚扰夏州。十二月二十五日，唐太宗下诏命令礼部尚书、江夏王李道宗调派朔州（今山西省朔州市）、并州（今山西省太原市）、汾州（今山西省汾阳市）、箕州（今山西省左权县）、岚州（今山西省岚县）、代州（今山西省代县）、忻州（今山西省忻州市）、蔚州（今山西省灵丘县）、云州（今山西省大同市）九州之兵镇守朔州；右卫大将军、代州都督薛万彻，左骁卫大将军阿史那社尔调发胜州（今内蒙古自治区托克托县）、夏州（今陕西省榆林市横山区）、银州（今陕西省榆林市）、绥州（今陕西省绥德县）、丹州（今陕西省宜川县）、延州（今陕西省延安市）、鄜州（今陕西省富县）、坊州（今陕西省黄陵县）、石州（今山西省吕梁市离石区）、隰州（今山西省隰县）十州的军队镇守胜州；胜州都督宋君明、左武候将军薛孤吴调派灵州（今宁夏回族自治区灵武市）、原州（今宁夏回族自治区固原市原州区）、宁州（今甘肃省宁县）、盐州（今陕西省定边县）、庆州（今甘肃省庆阳市）五州的唐军镇守灵州；又命令执失思力调发灵州、胜州两州的突厥军队，与各路唐军相互配合，遥相呼应。薛延陀的军队南下后，发现唐军已做好应战准备，不敢深入。

当初唐太宗把侍中刘洎留在定州辅佐太子，让其仍然兼任太子左庶子、检校民部尚书，全权负责吏部、礼部和户部三部事务。唐太宗临别时，对刘洎说：“如今，我将远征，你辅佐太子，安危所系，要体会我的深意。”刘洎回答：“望陛下不用担忧，这里的大臣有错，臣会立即将其诛杀。”唐太宗听了，觉得刘洎此言十分唐突，当时就颇感意外，告诫他说：“你个性粗疏，又过于刚强，肯定会因此取败，要小心啊。”等到唐太宗患病后，刘洎和马周一起探望，从行宫内出来，刘洎一脸忧虑，褚遂良询问唐太宗的病情，刘洎回答：“陛下病情这么沉重，着实让人忧虑！”如今，褚遂良就借此大做文章，诬陷刘洎说：“当时，刘洎称：‘国家之事无须忧虑，正可行伊尹、霍光曾辅佐少主之事，胆敢有异志的大臣，即行诛杀，局势自然就安定了。’”唐太宗询问刘洎当时是怎么说的，刘洎如实回答，并请马周给自己做证。唐太宗又问马周，马周说的与刘洎说的一致，但褚遂良坚称刘洎当时就是那么说的，于是，十二月二十六日，唐太宗下诏称：“刘洎与他人私下议论，意欲利用万分之一的机会来控制朝廷，自比伊尹、霍光，猜忌大臣，想要将大臣们一律诛杀。应当赐刘洎自尽，赦免其家属。”刘洎临死前，想要纸笔打算向唐太宗陈奏，但官员们不给。直到武则天当政时，刘洎的儿子刘弘业上书称父亲被褚遂良诬陷而死，武则天下令给其平反。

这不是褚遂良第一次干这种事，魏徵死后被唐太宗猜忌的其中一个原因就是，魏徵曾经把自己写过的奏章拿给负责撰写史书的褚遂良看，这原本并没有大错，但唐太宗得知后，自然会觉得魏徵是在给自己脸上贴金，给唐太宗抹黑。魏徵把自己劝谏唐太宗的奏章给褚遂良看，这事只有魏徵和褚遂良二人知道，不是褚遂良告诉给的唐太宗，又能是谁呢？魏徵是太子李承乾的坚定支持者，而房玄龄、刘洎、岑文本都是魏王李泰一党，当李治被立为太子后，长孙无忌和褚遂良就开始大肆陷害他们了。在唐太宗东征期间，一连串异常之事不断发生：先是有人要告发房玄龄谋反，继而岑文本忧愁而死，如今褚遂良又把刘洎诬陷至死，这都是长孙无忌、褚遂良二人在清除异己势力。

贞观二十年（公元646年）一月八日，夏州都督乔师望、右领军大将军执失思力等人大破薛延陀，生擒两千多人；多弥可汗狼狈北逃，薛延陀内部一片骚动。

十四日，唐太宗在并州派遣大理卿孙伏伽等二十二人巡视全国各地，巡视内容有六项：一是地方豪强行为是否规矩？二是政府官员是否为非作歹？三是司法官员判案是否合法？四是在对待人才上是否公平？五是官员子弟是否仗势欺人？六是官员是否贪赃枉法？很多刺史、县令都被罢免，这些人纷纷前来喊冤。唐太宗命褚遂良整理出一篇分析报告，唐太宗亲自裁决：晋升二十人，处死七人，原来判决流放以下刑罚的，赦免了近千人。

二月二日，唐太宗从并州出发，三月七日，回到了长安。回来后，唐太宗询问李靖：“我以全天下之众却为小小的蛮夷所困，这是什么原因？”李靖回答：“这李道宗明白。”唐太宗扭头询问李道宗，李道宗把自己在驻跸山时建议乘虚直捣平壤的计划又说了一遍，唐太宗怅然说道：“当时情况紧急，我记不起来了。”唐太宗病体还未完全复原，需要继续休养，三月八日，他下诏命令太子李治全权处理政务。于是，太子每隔一天到东宫处理政务，处理完后，再回到西宫伺候唐太宗饮食、医药，不离左右。唐太宗命太子暂时出宫休息一下，李治不愿，唐太宗就在寝宫附近另外开辟一处院落让太子居住；褚遂良请求让太子每十天回到东宫一次，与师傅们研究学问（其实是探听宫中的消息），唐太宗答应了。

这时，又有一个叫常德玄的人告发刑部尚书张亮谋反，并引术士程公颖和公孙常做证。程公颖曾是张亮的亲信，他指证张亮在相州当都督时，曾对自己说：“相州是形胜之地，有人说这里不出数年将会出现王者，你看如何？”程公颖知道张亮心存不轨，趁机说他睡觉时的体态宛如游龙，一定会大贵。公孙常也做证说，张亮曾对自己说：“我曾听说过图谶称：‘有弓长之君当别都’，话虽这么说，但我真不愿意听到。”公孙常趁机称张亮的名字上应图谶，张亮听后大喜。常德玄在告发时还称张亮养了五百个义子。唐太宗命法官审讯，张亮说：“程公颖和公孙常怕死才诬陷我的啊！”又称自己有佐命之功，希望唐太宗能宽恕自己。唐太宗对侍臣说：“张亮养了五百义子，意欲何为？就是为了造反！”命群臣发表意见，大家一致认为张亮罪在不赦，唯独将作少匠李道裕称张亮谋反的证据不足。唐太宗在盛怒中没有听从李道裕的意见，派长孙无忌和房玄龄到狱中与张亮诀别：“法律是天下的一杆秤，我与你都应遵守。你自己行为不当，与奸人来往，自陷于法，又能怎么办呢？你好好去吧！”

三月二十七日，张亮和程公颖均被斩杀，没收全部家财。一年多以后，刑部侍郎空缺，唐太宗命宰相挑选合适的人选，宰相提出几人都不合唐太宗的意，不久，唐太宗说道：“我找到此人了。昔日李道裕在讨论张亮案时曾说：‘证据不足。’这话说的很对，当时朕没有听从，至今后悔不已。”遂以李道裕为刑部侍郎。

隋末大乱中，张亮曾是李世勣的下属，后经房玄龄和李世勣一起向唐太宗推荐，才进入秦王幕府，应当说是房玄龄一党。张亮案的手法与前面告发房玄龄等人如出一辙，幕后黑手应该也是长孙无忌。

一九〇 消灭薛延陀

闰三月六日，唐朝政府下令撤销辽州都督府和岩州设置。

唐军撤回国后，等于放弃了原先占领的辽东十座城池，辽州、岩州的设置自然再无意义。五月二十三日，高句丽王高藏以及莫离支渊盖苏文派人谢罪，并送上两名高句丽美女，唐太宗没有接受。在此前后，唐朝朝廷内部对房玄龄的打击还在不断加剧。同中书门下三品萧瑀屡屡上书称：“房玄龄等内臣盘根错节，相互联络，唯独陛下不知，他们只是还未反罢了。”唐太宗对萧瑀说：“为君主的，就是要驾驭英才，推心待士，你说的岂不是太过分了吗？何至如此！”过了几天，唐太宗又对萧瑀说：“知臣莫若君，对人不可求全责备，应当舍短用长。朕虽然不算聪明，但不至于是非不分。”萧瑀没能把房玄龄搞下来，心里忐忑不安，而唐太宗虽然对他已很厌烦，但考虑到他的功劳，一直隐忍未发。

薛延陀多弥可汗战败后，国内不稳，他更是大开杀戒，企图树立自己的威信，稳定国内政局。然而，事与愿违，多弥的高压政策适得其反，薛延陀国内强大的回纥部落酋长吐迷度联络仆骨、同罗部落一起发兵进攻多弥可汗，多弥可汗大败。看到机会来了，六月十五日，唐太宗下诏任命江夏王李道宗、左卫大将军阿史那社尔为瀚海安抚大使，招抚薛延陀下属的异族部落；又派遣右领卫大将军执失思力率领突厥军队；右骁卫大将军契苾何力率领凉州军队以及胡人部队；代州都督薛万彻、营州都督张俭各自率领本部人马，兵分数路，向薛延陀国发起进攻。

唐太宗派校尉宇文法前往乌罗护（今吉林省白城市北）、靺鞨，经过薛延陀东部边境，遇到薛延陀阿波将军的军队。宇文法率领靺鞨军队将其击败，薛延陀国内一片惊扰，说道：“唐军来了！”各部大乱。多弥可汗率领数千骑兵投奔阿史德时健部落，回纥听说后，发兵进攻，将其诛杀，连同他的宗族被斩杀殆尽，回纥部落遂占据了薛延陀的旧地。漠北地区各族相互厮杀，重新陷入一片混乱，各族酋长争相派人表示要效忠唐朝。

薛延陀的残余部众尚有七万多人逃往西方，共同推举真珠可汗的侄儿咄摩支为伊特勿失可汗，又返回了旧地；不久，咄摩支取消可汗称号，派人来到唐朝，请求居住在郁督军山（今蒙古国杭爱山）以北，唐太宗派兵部尚书崔敦礼前去安抚。

敕勒九姓部落酋长因各自部落长期归顺薛延陀，听说咄摩支又回来了，都非常害怕，唐朝政府经过研究，也担心咄摩支会再度崛起，成为唐朝的北方劲敌，于是，又派遣李世勣与九姓敕勒一起采取行动，彻底消灭薛延陀。唐太宗指示李世勣："如果他们归降，就予以安抚；如果叛逃，就消灭了他们。"六月二十九日，唐太宗亲自写下诏书，称："薛延陀破灭，敕勒各部有的前来投降，有的尚未归附，如今不抓住时机，恐怕以后会后悔不及，朕将亲自前往灵州招抚。去年参加过辽东之战的士兵一律不再征召。"

李世勣率领唐军来到郁督军山，薛延陀酋长梯真率众投降；咄摩支南逃到荒山深谷之中，李世勣派通事舍人萧嗣业前去招抚，咄摩支投降。薛延陀部落还有不少人狐疑不定，李世勣纵兵猛击，前后斩杀五千多人，俘虏三万余人。七月，咄摩支被送到了长安，唐太宗拜其为右武卫大将军。与此同时，李道宗率领的唐军与阿波数万军队遭遇，李道宗一举将其击破，斩杀一千多人，追击了两百多里。李道宗和薛万彻分遣使者招抚敕勒各部，各部酋长都满心欢喜，纷纷入朝。至此，薛延陀汗国灭亡。

八月十日，唐太宗出发前往灵州。当时，太子也当从行，太子少詹事张行成上书劝谏道："太子从行，不如让他在京师监国，接触百官，学习理政，既可以镇抚京师，又能向天下展示他的盛德。"唐太宗晋升张行成为银青光禄大夫。十一日，唐太宗来到浮阳（今陕西省泾阳县），回纥、拔野古、同罗、仆骨、多滥葛、思结、阿跌、契苾、跌结、浑、斛薛十一姓敕勒部落以及契丹和奚人各自派人进贡，称："薛延陀不能侍奉大国，残暴无道，没有资格当奴才们的主子，自取败死，部落星散，不知下落。奴才等有各自的牧场，不随薛延陀逃亡，归附天子。希望天子可怜奴才们，指定官员收养我们。"唐太宗大喜。十二日，唐太宗下诏宴请回纥等使者，委任官职，赏赐给他们的酋长印信，又派右领军中郎将安永寿出使各部。

十三日，唐太宗来到甘泉宫（今山西省淳化县境内）。他下诏称："蛮族与天地俱生，与中国君主并存，历来扰乱中原。朕命偏师出征，就生擒了东突厥颉利可汗；刚刚开始有所规划，薛延陀也随之灭亡了。铁勒一百余万户，散处在北方，他们从遥远之地派来使者，情愿内附，希望能设置州郡，让他们与国内百姓一样；自古以来，这是闻所未闻之事，应该禀报宗庙，并向天下公布。"

二十一日，唐太宗来到泾州（今甘肃省泾川县），二十七日，翻越陇山，来到西瓦亭（今宁夏回族自治区隆德县西北），参观牧马场。九月，唐太宗来到灵州，敕勒各部俟斤相继派来数千使者，一致要求："希望至尊当我们的天可汗，子子孙孙为天可汗的奴才，死无所恨。"十五日，满心欢喜的唐太宗赋诗一首，其中有："雪耻酬百王，除凶报千古。"群臣请求在灵州刻石纪念，唐太宗也答应了。

安定了北方，唐太宗又想起了一直桀骜不驯的高句丽莫离支渊盖苏文，十月十四日，他下诏拒绝接受高句丽的朝贡，并打算再次进行讨伐。二十八日，唐太宗起驾返回长安。

大约在此前后，唐太宗对萧瑀的忍耐也达到了极点。萧瑀内心不安，曾请求唐太宗允许自己出家为僧，唐太宗没有挽留，说道："我当然知道你笃信佛教，如今也难违你意了。"萧瑀没有想到唐太宗答应得如此爽快，不一会儿又说："臣又想了想，还是不能出家。"萧瑀当着群臣的面，一会儿说想出家，一会儿又改口，如此儿戏，让唐太宗非常恼火，但又不便发作。过了几天，萧瑀又自称脚上有病，不能上朝了，但他有时明明来到了朝堂，拒不拜见唐太宗。唐太宗知道萧瑀快快不乐，十月，他亲自写下诏书，历数萧瑀的罪过："我对佛教，本来就不信仰。那些笃信佛教的人将来的福报并未应验，而往往在现世却遭遇种种苦难，就像梁武帝、简文帝他们非常相信佛教，耗尽国库来供养僧尼，竭尽民力来修建佛寺，而等到国内各地狼烟四起，子孙接二连三地被杀死，社稷也化为丘墟，难道笃信佛教得来的报应就是这样吗！萧瑀走上覆辙，沿袭亡国之风，弃公就私，不懂什么时候出仕归隐；一身俗气，却满口大道，不知其内心究竟是正是邪。集聚很多祸患，祈求一身福报，上违背君主，下玷污风气。自己请求出家，转眼又食言而肥，忽东忽西，全在一念，是对是错，变化无常。我一直隐忍到现在，而他竟然全无悔改之意。应该将其赶出朝廷，外派到一个小地方当官，就让他当商州刺史，并剥夺他宋国公的爵位。"

唐太宗因鞍马劳顿，身体又感到困顿，打算因岁末好好静养一段时间，十一月一日，他下诏将祭祀、奏章、接见外宾、兵马、宿卫、驿马车站接待、五品官员以上的任免、处决死刑犯由太子上报后处理，其余事项由太子全权处理。

十二月二十日，回纥俟利发（君主）吐迷度、仆骨俟利发（君主）歌滥拔延、多滥葛俟斤（酋长）末、拔野古俟利发屈利失、同罗俟利发时健啜、思结酋长乌碎以及浑、斛薛、奚结、阿跌、契苾、白霫部落的酋长全都来到了长安拜见唐太宗。二十二日，唐太宗在芳兰殿设宴款待他们，每隔五天宴会一次。

次年，即贞观二十一年（公元647年）一月九日，唐太宗下诏以回纥部为瀚海都督府（蒙古国哈拉和林），仆骨为金微都督府（蒙古国巴彦乌拉），多滥葛为燕然都督府（蒙古国乌兰巴托），拔野古为幽陵都督府（蒙古国乔巴山），同罗为龟林都督府（蒙古国乌兰巴托东北），思结部为卢山都督府（蒙古国肯特省），浑部为皋兰州（蒙古国乌兰巴托西），斛薛部为高阙州（蒙古国乌兰巴托北），奚结部为鸡鹿州（鸡鹿塞以北，即在今内蒙古磴口西北哈隆格乃峡谷口以北），阿跌部为鸡田州（确址不详，可能在今宁夏回族自治区境内），契苾部为榆溪州（今内蒙古自治区乌拉特后旗），思结别部为蹛林州（蒙古国塔米尔），白霫部为寘颜州（约在今蒙古国东方省贝尔湖、哈拉哈河以南），一共一十三州。唐朝政府把他们的酋长拜为都督、刺史，不久，又设置燕然都护府进行管理。

铁勒各族酋长大喜，上奏称："臣等既然已经成为唐朝国民，前来陛下这里，如同来拜见父母，请求在回纥以南、突厥以北开一条通道，称之为参拜天可汗大道，设置六十八个驿站，供应马匹、牛肉、酒水，我们每年进贡貂皮代替赋税。"唐太宗一一应允，至此，北方完全平定，只是回纥的吐迷度业已自称可汗，唐政府给其内部设置的官号与东突厥的一样。

一九一 二伐高句丽

唐太宗借力打力，几乎不费吹灰之力就消灭了薛延陀，这让他又将目光转向了高句丽。

贞观二十一年年初，唐太宗就与朝臣们研究第二次讨伐高句丽的可能性。群臣一致认为：“高句丽依托山险构筑城池，进攻起来一时难以攻下。上次大驾亲征，其国内百姓无法耕作，我军已将所克城池内的粮食全部夺走，再加上其国内又出现了旱灾，一大半的百姓都断粮了。如今，我们如果不断派遣偏师，轮番骚扰其边境，让其疲于奔命，丢下农具逃入城堡，数年之间，其国内将千里萧条，人心自然就乱了，鸭绿江以北之地可不战而定。”唐太宗觉得有理，就听从了。

贞观二十一年（公元647年）三月，唐太宗任命左武卫大将军牛进达为青丘道行军大总管、右武候将军李海岸为行军副大总管，率领一万多唐军乘坐战舰从莱州向高句丽境内进发；又以太子詹事李世勣为辽东道行军大总管、右武卫将军孙贰朗等人为行军副大总管，率领三千唐军，并会合营州都督府的府兵一起从新城道进入高句丽境内。水、陆两军均挑选熟悉水战的将士补充到军中。牛进达，名牛秀，以字行。《新旧唐书》对他没有单独立传，据出土的《大唐故左武卫大将军上柱国琅玡郡开国公牛府君墓志之铭》记载，牛进达的曾祖父为东魏韩州刺史、上柱国、平原县公牛定，祖父为北齐镇东将军、淮北太守牛双，父为隋清漳县令牛汉。隋末大乱，牛进达参加了瓦岗军，后与秦叔宝等人一起投靠了王世充，又一起脱离王世充降唐，进入秦王李世民的幕府。贞观年间，牛进达曾参加平定叛獠、抵御吐蕃入侵、消灭高昌、第一次东征高句丽等战争。李海岸、孙贰朗等人生平均不详。

李世勣率领的唐军率先进入高句丽国境，唐军遇城不攻，扫荡南苏（今辽宁省西丰县）等地，高句丽人纷纷躲入城堡，唐军击破高句丽军队，焚烧所过的城池，然后撤退。七月，牛进达和李海岸率领的水军也进入高句丽境内，唐军经过一百余次战斗，全部取胜。进攻石城（今辽宁省庄河市），将其攻克，接着，唐军又推进到积利城（今辽宁省瓦房店市）下，高句丽派出一万多人迎战，李海岸率领唐军将敌人击破，斩杀了两千多人而还。

九月十五日，唐太宗又下诏命令宋州刺史王波利等人征调江南宣州（今安徽省宣城市）、润州（今江苏省镇江市）、常州（今江苏省常州市）、苏州（今江苏省苏州市）、湖州（今浙江省湖州市）、杭州（今浙江省杭州市）、越州（今浙江省绍兴市）、台州（今浙江省临海市）、婺州（今浙江省金华市）、括州（今浙江省丽水市）、江州（今江西省九江市）、洪州（今江西省南昌市）十二州的造船工人建造了数百艘战舰，打算再次大举进攻高句丽。

年末，高句丽王高藏命其儿子莫离支（又一个莫离支，应当只是挂名的）高任武来到长安谢罪，唐太宗接受了。

到贞观二十二年（公元648年）一月，新罗王金善德去世，唐朝政府即以金善德的妹妹金真德为柱国，封乐浪郡王。同月二十五日，唐太宗下诏以右武卫大将军薛万彻为青丘道行军大总管，以右卫将军裴行方为副将，率领三万余人以及战舰从莱州渡海，进攻高句丽。四月，薛万彻之军进入鸭绿江，击破高句丽泊灼城（《读史方舆纪要》称："《志》云：自鸭渌江口舟行百余里，又小舫溯流，东北三十里，至泊灼口，即泊灼城矣。"约在今辽宁省丹东市东北），高句丽人纷纷弃城而逃。泊灼城守将所夫孙率领一万多步骑前来迎战，薛万彻派遣裴行方率领步兵突进，薛万彻随后而上，大破高句丽军队，追击一百多里，临阵斩杀了所夫孙，趁势包围了泊灼城。泊灼城依山而建，前临鸭绿江，唐军没有攻下。高句丽派遣高文率领乌骨城和安地城等各城军队共计三万余人赶来救援，薛万彻分兵迎敌，再次大破敌人。与此同时，乌胡镇将古神感也率军渡海进攻高句丽，高句丽派遣步骑五千接战，双方在易山遭遇，唐军又将敌人击败。当夜，高句丽派遣一万多人偷袭唐军战舰，古神感设下埋伏，又将敌人击破，凯旋。这就是所谓的二伐高句丽，其实不过是两次骚扰战而已。

从前线再回到长安。

从辽东前线回来后，唐太宗的身体一直时好时坏，就在贞观二十一年三月，他派遣牛进达、李世勣发兵骚扰高句丽的同月，风疾又复发了。因京师天气炎热，四月，他下令将终南山上已经废弃的太和宫重新整修，取名为翠微宫，并于五月三日，唐太宗驾临翠微宫。冀州进士张昌龄进献《翠微宫颂》，唐太宗看后，非常欣赏他的文采，命其在通事舍人办公室内供职。张昌龄，是冀州南宫人，从小就有文名，与进士王公治都以文章而名震京师，考功员外郎王师旦负责对地方上举荐的进士进行选拔，结果将二人都淘汰下来了，众人都不明白其中的道理。等王师旦把任用名单送到唐太宗那里后，唐太宗奇怪怎么没有二人的名字，就问王师旦。王师旦回答：“二人虽然有些文采，但文辞轻薄，最终也难以作出什么成就。如果把二人选上，恐怕将来的年轻人会争相仿效，有损陛下的治国大道。”张昌龄虽有文名，但从此在仕途上一直担任小官；其兄张昌宗也有文名，后官至太子舍人、修文馆学士，他与武则天的面首、张易之的哥哥同名，但并非同一人。

五月，唐太宗在翠微宫问侍臣们：“从古以来，帝王们虽然能平定中国，却未能臣服夷狄，朕的才能比不过古人，建立的功业却大过他们，我自己也不明白其间的缘故，你们大家畅所欲言，都说说其中的道理在哪里？”群臣都齐声说道：“陛下的功德如同天地，万物无法比喻。”唐太宗说：“不对。朕之能做到这一点，原因有五：一是自古帝王大多猜忌才能比自己强的，而朕则不然，朕看到比自己强的，就好像是自己的长处一样。二是各人的才能无法兼备，朕常常能忘记别人的缺点，学习别人的优点。三是君主往往有种毛病：看到贤才，喜欢得不得了，好像要把他们置于怀中一样；罢黜无能的官员，则恨不得要把他们推入山谷之中，而朕却不是这样，朕尊敬贤能之人，怜悯无能之人，令二者各得其所。四是过去的君主往往厌恶正直之士，要么暗害，要么公开杀死，这事哪个朝代没有？而朕自从登基以来，朝廷之上的正直之士比肩接踵，朕从未斥退或者责备过一人。五是自古以来，君主都重视汉族，轻视蛮族，唯独朕能够做到一视同仁，平等对待，所以，蛮族们也把朕视为衣食父母。这五点就是朕取得今天成就的根本原因。”说完，他扭头问褚遂良：“你曾经担任过史官，朕说的这些是否属实？”褚遂良赶忙回答：“陛下的崇高品德多得数不胜数，您却仅仅提这五点，这太谦虚了！”

贞观二十一年六月，唐太宗下诏称：“隋末大乱中，很多边民被夷狄掳掠，如今铁勒归附，应派人前去燕然等地，通知各地都督，访求被掳掠之人，用钱财替他们赎身，并发给粮食令其返回故里；那些被薛延陀掳掠的室韦人、乌罗护人和鞅鞨人也照此办理。”当月，唐太宗任命司农卿李纬为户部尚书。当时，唐太宗还在翠微宫，而房玄龄则留守京师，有人从京师回来，唐太宗就问那人：“听说我任命了李纬，房玄龄怎么说？”那人回答道：“房玄龄听说后，只是说李纬的胡须很美。”唐太宗听后，连忙把李纬改任为洛州刺史。

唐太宗觉得翠微宫太小，容不下百官，七月十六日，他下诏在宜君县的凤凰谷再修建一座行宫——玉华宫。七月二十六日，他回到了长安。虽然唐太宗要求在营建玉华宫时务必简约，只在自己居住的大殿上用瓦，其余房屋仅用茅草，但由于玉华宫工程量很大，既有皇帝的行宫，又建设有太子宫和百官的办事机构、住所等，漫山遍野盖的都是房屋，耗费了上亿钱财。

一九二 用兵龟兹

贞观二十一年八月十七日，铁勒骨利干部落派人向唐朝进贡，唐朝以其地为玄阙州，拜其俟斤为刺史；十月二十七日，奴刺啜匐俟友率领本部一万多人归顺；十一月，突厥车鼻可汗派人进贡；十二月二十日，西赵（今贵州省望谟县）酋长赵磨率领一万多户归顺，唐朝政府以其地为明州。

骨利干部落是铁勒各部距离唐朝最远的，在今俄罗斯贝加尔湖一带，那里昼长夜短，日落之后，天色刚黑，锅中煮的羊杂碎刚熟，天就又亮了。奴刺啜匐俟友具体含义不详。突厥的车鼻可汗名字叫斛勃，是突厥皇族，世代都担任着小可汗。东突厥颉利可汗被唐军击败后，突厥余众打算推举他为大可汗，当时薛延陀正强，车鼻不敢当，遂率领本部人马归顺了薛延陀。有人对薛延陀真珠可汗建议说：“车鼻是突厥皇族，有勇有谋，众人归附，恐怕会成为后患，不如趁势杀了他。”车鼻听说后，赶忙率众逃去。薛延陀真珠可汗派数千骑兵追赶，车鼻整顿军队，返身迎战，遂将薛延陀追兵打得大败。此后，车鼻就在金山（今阿尔泰山）以北建起了牙帐，自称乙注车鼻可汗，突厥部众逐渐前来归顺，经过数年的发展，车鼻可汗手下就有了三万兵马，经常出击劫掠薛延陀的牧民。等到薛延陀灭亡后，车鼻可汗派遣儿子沙钵罗特勤前来朝见，还请求亲自前来。唐太宗下诏命令将军郭广敬前去征召，谁知，这个车鼻可汗是满嘴跑火车，只是随口说说好话而已，根本没有打算前来。

贞观二十一年下半年一些遥远部族纷纷归附，但也有一个西域王国没有把唐朝放在眼里，它就是龟兹（今新疆维吾尔自治区库车县）。

唐太宗在占领高昌后，就一直想逐步控制整个西域。贞观十八年唐安西都护府都护郭孝恪打下焉耆后，立了亲唐的栗婆准为国王，但很快，西突厥重臣屈利啜就发兵夺回了焉耆，囚禁了栗婆准，并派一名吐屯驻守焉耆。这位吐屯（领兵官）派人向唐朝进贡，唐太宗将其数落一番，使者回去了，这位吐屯吓得弃城而去。焉耆人又拥立栗婆准的从父兄薛婆阿那支为王，而把栗婆准押送到龟兹杀掉。薛婆阿那支有了西突厥屈利啜和龟兹国在背后撑腰，遂放心大胆地当上了焉耆的国王。唐太宗深知龟兹是自己进一步扩张的绊脚石，自然不会善罢甘休，只是这两年唐军一直用兵高句丽、薛延陀，还没有腾出手来罢了。

到贞观二十一年，机会来了：龟兹国王白苏伐叠去世，其弟白诃黎布失毕继位。《资治通鉴》称，白诃黎布失毕即位后，对唐朝“浸失臣礼，侵渔邻国”。但根据《旧唐书·龟兹传》记载，龟兹过去虽然每年都会向唐朝进贡，但一直臣属于西突厥，到贞观十八年郭孝恪发兵进攻焉耆时，龟兹就曾经出兵救援，与唐军为敌，并从此以后，不再向唐朝进贡。显然，唐朝此时称白诃黎布失毕“浸失臣礼，侵渔邻国”，不过是一个出兵的借口而已。

也许，一向善于把握战机的唐太宗会认为，此时进攻龟兹起码有如下几个有利因素：一是唐朝周边已无其他威胁。薛延陀瓦解、高句丽一直被动防守、西突厥已无暇他顾，龟兹已失去了强有力的外援，唐朝也没有了后顾之忧。二是龟兹老王刚刚去世，国内局势不稳，此时出兵符合兼弱攻晦的用兵法则。三是唐军偏师在骚扰高句丽，正好能腾出重拳打击龟兹。

于是，在贞观二十一年十二月二十六日，唐太宗下诏命令使持节、昆丘道行军大总管、左骁卫大将军阿史那社尔，副大总管、右骁卫大将军契苾何力，安西都护郭孝恪、司农卿杨弘礼领五将军，率领大军讨伐龟兹，又命令归附的铁勒十三州（共出兵十余万骑兵）、突厥、吐蕃、吐谷浑也都参战。

对于唐太宗发动的这次战争，不是没有人反对，唐太宗的充容（第十一等小老婆）徐惠就是一个。徐惠是湖州长城人，此女自幼聪明绝顶，生下来五个月就会说话，四岁通晓《论语》《诗经》，八岁就会写文章。唐太宗听说后，将其召入宫中，由才人升为充容。徐惠因唐太宗又是东征高句丽，又是西讨龟兹，还大兴土木，修建翠微宫和玉华宫，服饰、玩好逐渐奢靡，上书劝谏道：“东征辽海，西讨昆丘，士马疲惫，漕运倾覆。把有限的农产品投入无穷的欲壑之中，为了俘获未臣服的敌人，却已先伤害了自己的军队。昔日秦始皇吞并六国，反而加速了自己的灭亡；晋武帝统一了全国，却为自己的覆灭埋下了伏笔，这难道不都是由于妄自尊大、丢弃德行、轻视国家、见利忘危所致吗！由此可知，国土辽阔并不能保证国泰民安，百姓劳苦才是国家动乱的根源啊……翠微宫和玉华宫虽然依山傍水，无须构筑，但所用的民力不可谓不多。有道之君用安逸来让百姓安逸，无道之君则用快乐来快乐自己……珍玩是导致国家灭亡的诱因，珠玉是令人放荡迷惑的毒药，奢侈之物不可不有所限制，一个人会因为功成名就而骄傲自满，也会因为社会安定而变得四体不勤……树立一个勤俭的榜样，还唯恐后世变得奢侈，如果自己就奢侈起来，令后世该怎么办呢？”唐太宗虽然肯定了她的意见，但并没有听从。《大唐传载》记载，一次唐太宗召见徐惠，徐惠过了很长时间才见，惹得唐太宗非常恼火。徐惠遂进呈一首诗：“朝来临镜台，妆罢暂徘徊。千金始一笑，一召讵能来？”唐太宗去世后，徐惠因悲伤过度，很快也去世了。徐惠的妹妹是唐高宗的婕妤，侄儿徐坚后在则天、玄宗朝为官。

唐太宗为什么没有听从徐惠的劝谏？其中一个很大的原因在于玄奘。玄奘的归来让唐太宗了解了很多中亚小国和印度的情况，也让他产生了加强与印度联系的想法，巩固对西域地区的控制是确保丝绸之路畅通和加强与印度联系的有效措施之一。除此之外，唐太宗又命令右武候将军梁建方领兵南下，征服今云南等地的山蛮，试图从西南方向打通与印度联系的通道；他还派遣太子右卫率长史王玄策出使印度，进一步扩大唐朝在南亚次大陆的影响力，这是唐太宗下的一盘很大的棋，岂能因徐惠的只言片语而中止？而唐太宗的这一系列举动又将给相关地区带来很大波澜。

放下其他方向不说，先说阿史那社尔讨伐龟兹。

贞观二十二年（公元648年）三月，唐太宗对侍臣们说：“朕从小就生活在军旅之中，自以为对敌人的动向很有洞察力。如今，昆丘道的军事行动，西突厥的处月（在今新疆维吾尔自治区新源县境内）和处密（在今新疆维吾尔自治区塔城市境内）两个部落以及龟兹国（今新疆维吾尔自治区库车县）的当权者羯猎颠、那利，常常首鼠两端，我想他们肯定先被诛杀，而后才轮到西突厥的弩失毕部落（一种翻译是：其次才轮到龟兹王白诃黎布失毕）。”

西突厥的阿史那贺鲁与阿史那步真、阿史那弥射三人，都是西突厥第一任大可汗室点密的五世孙。当初，阿史那弥射被唐朝册立为本部落的小可汗后，其族兄阿史那步真心怀不满，也想自立为汗，就射杀了阿史那弥射弟弟、侄儿二十余人，二人结下冤仇。因阿史那弥射与阿史那步真之间关系恶劣，遂于贞观十三年率领处月和处密两部落归降了唐朝，被授予右监门大将军，此后，阿史那步真就自立为咄陆叶护，然而，部众不服，纷纷弃之而去，无奈，阿史那步真也携带家属入朝，被授予左屯卫大将军。阿史那步真降唐后，西突厥大可汗乙毗咄陆可汗就以阿史那贺鲁为叶护，取代阿史那步真的位置，居住在多逻斯川（额尔齐斯河），统领处月、处密、姑苏（驻地不详）、葛逻禄（又叫葛罗禄、卡尔鲁克、卡勒鲁克，在金山以西，与车鼻部相邻）、弩失毕五个部落。等到乙毗咄陆可汗被乙毗射匮可汗打得逃往吐火罗之后，阿史那贺鲁也被赶跑，部落星散。贞观二十二年四月二十五日，阿史那贺鲁率领残余数千帐部众归顺了唐朝，唐太宗下诏将他们安置在庭州的莫贺城（今新疆维吾尔自治区奇台县），又拜阿史那贺鲁为左骁卫将军。阿史那贺鲁听说唐军正在进兵讨伐龟兹，也请求作为向导，并亲自率领数十骑随从入朝；唐太宗设宴款待，又任命其为昆丘道行军总管，令其返回。

在唐朝巨大声威的震慑下，原本与龟兹一个鼻孔出气的西突厥重臣、国相屈利啜见唐朝这次是来真格的了，也很快就改变了立场，在七月十三日也上书唐太宗请求率领本部人马协同唐军作战。

一九三 声威远播

不出唐太宗所料，阿史那社尔率领的唐军率先清除处月和处密部落，以切断龟兹与西突厥的联络。

贞观二十二年九月二日，唐军击破处月、处密部落，两部全部归降。十月，阿史那社尔引兵从焉耆以西向龟兹北境进发，唐军兵分五路，出其不意，焉耆王薛婆阿那支弃城逃往龟兹，驻扎在龟兹东部边境。阿史那社尔派兵追击，将其活捉后斩首，另立其堂弟先拿准为焉耆王。龟兹各地守将听说唐军大举前来，无不闻风丧胆，纷纷弃城而逃。阿史那社尔领兵推进到碛口（沙漠边缘），距离龟兹都城三百多里，派遣伊州刺史韩威率领一千多骑兵担任先锋，右卫将军曹继叔之军紧随其后。唐军进抵多褐城（在今新疆维吾尔自治区库车县以东），龟兹王白诃黎布失毕与其国相那利、大将羯猎颠率领五万人马迎战。两军刚一交手，韩威就率领唐军佯装不敌，掉头就跑。龟兹军队全体追击，追赶了三十多里，韩威的军队与曹继叔所部会合。龟兹军队见唐军合兵一处，不敢接战，踌躇之间，曹继叔指挥唐军趁势发起猛攻，龟兹军大败，逃回了王城。

十一月，阿史那社尔率领唐军逼近龟兹王城，白诃黎布失毕无力抵抗，只好率领轻装骑兵，弃城西逃。阿史那社尔攻克龟兹王城，命令安西都护郭孝恪驻守在那里，他则亲率唐军主力跟踪追击。沙州刺史苏海政、尚辇奉御薛万备率领精锐骑兵担任唐军先锋，狂追白诃黎布失毕六百里，白诃黎布失毕进退失据，只好退守拔换城（今新疆维吾尔自治区阿克苏市以东）。阿史那社尔引兵进攻四十余日，到闰十二月一日，攻克城池，生擒白诃黎布失毕及其大将羯猎颠。

其国相那利侥幸逃脱，暗中引来西突厥之众以及本国残兵共计一万多人，偷袭郭孝恪驻守的王城。郭孝恪驻扎在城外，有龟兹人将这一情况密报给了他，但他不以为意，结果，那利率军突然杀来，郭孝恪率领本部一千多人打算进城抵御，但那利已抢先一步，也进入城内。那利与城内的龟兹人里应外合，一起朝唐军发起进攻，顿时箭如雨下，郭孝恪抵挡不住，将引军逃出城内，却被龟兹人杀死在西门附近。城内大乱，仓部郎中崔义超招募二百人，保护着军需物资，与龟兹人在城内激战。曹继叔和韩威也驻扎在城外，从城西北角向城内的龟兹人发起进攻，一直激战到天亮，那利才从城内退却，唐军斩杀三千多人，城内才重新恢复秩序。又过了十余日，那利又召来山北龟兹一万多人再次袭扰王城，曹继叔率领唐军迎头痛击，大破敌人，斩首八千多人。那利单人匹马逃走，被龟兹人抓获，送到唐营。郭孝恪生活奢华，虽在军中，日用器具都非常讲究，他曾将这些东西送给阿史那社尔，阿史那社尔一概不受。唐太宗听说后，叹息道："二将优劣不同，如今郭孝恪被敌人杀害，可谓是自作自受。"

阿史那社尔一共攻破龟兹五座大城，又派左卫郎将权祗甫前去各城说明利害，各城城主纷纷投降，唐军共夺取七百多座城池，俘虏数万人。阿史那社尔召来龟兹国内的父老，宣传唐朝的国威，告知讨伐罪人的本意，立白诃黎布失毕的弟弟为龟兹王，龟兹人大喜。龟兹为西域第一大国，唐军西征龟兹令西域各国大为震动，西突厥、于阗、安国争相送来骆驼、战马、军粮，阿史那社尔在龟兹立下石碑，记载战功，胜利撤军。唐太宗听说后，大喜，他举杯对群臣说："人生快乐有几种，我给你们说说：以土为城，骑着竹马，这是儿童之乐；穿金戴银，这是女人之乐；互通有无，这是商人之乐；高官厚禄，这是士大夫之乐；战无不胜，这是将帅之乐；平定四海，这是帝王之乐。今天，朕真的高兴了！"说完，一一给大家敬酒。

贞观二十三年（公元649年）一月六日，龟兹王白诃黎布失毕及其国相那利、羯猎颠等人被送到长安，唐太宗将他们斥责一通后，又释放了，还任命白诃黎布失毕为左武翊卫中郎将。后来，唐朝政府将安西都护府从西州交河城（今新疆维吾尔自治区吐鲁番市西交河故城遗址）迁到了龟兹王城，并在龟兹、焉耆（今新疆维吾尔自治区焉耆县西南）、于阗（今新疆维吾尔自治区和田县西南）、疏勒（今新疆维吾尔自治区喀什市）四城修筑城堡，建置军镇，由安西都护兼统，这就是著名的安西四镇。

在阿史那社尔进攻龟兹的同时，唐太宗在西南方向也在用兵。当初，巂州都督刘伯英上书称："松外（今四川省西昌市西南）各地的蛮族往往归降后会再度背叛，请求出兵讨伐，以打通西洱（今云南省大理白族自治州境内）、天竺（印度）之间的道路。”于是，唐太宗下令右武候将军梁建方调发巴蜀十二州的军队前去讨伐。

山蛮酋长双舍率众迎战，被梁建方击败，斩杀了一千多人。其余山蛮惊慌失措，纷纷逃入山谷，梁建方分别派人解释说服，前前后后有七十个部落出山归降了，人数多达十万九千三百人。梁建方又把他们的酋长蒙和等人都任命为县令，还让他们统领本部，这些人都很高兴。此后，梁建方又趁势派人前往西洱河，说服当地酋长杨盛。杨盛早已听说了唐军的动向，非常害怕，原本打算乘船逃走，使者向他说明利害，展示大唐的威德，于是，杨盛决定归降。当地有杨、李、赵、董等数十姓，各自占据一州，大的有六百多户，小的有二三百户，没有大酋长，互不统属，这里的人民语言虽然与中原稍有不同，但风俗习惯没有太大的差别，自称本是汉族，不同的是他们以十二月当作每年的开头。

唐太宗晚年经营西域和西南，令唐朝声威达到了前所未有的巅峰，王玄策一人灭掉中天竺一国的故事，就充分说明了这一点。

当时的印度分为五个国家，唐人分别称之为南北东西中天竺，其中中天竺（帝那伏帝国）王尸罗逸多的兵力最强，其他四个天竺国都向其称臣。等到玄奘来到中天竺后，尸罗逸多问玄奘：“你们国家出了个圣人，作《秦王破阵乐》，你给我说说他的为人。”玄奘就把唐太宗平定四方的事迹简单给他说了一遍。尸罗逸多听后，很是高兴，说道：“我要派人前去拜见。”贞观十五年，尸罗逸多自称摩伽陀王派人来到唐朝。唐太宗派云骑尉梁怀璥前去，尸罗逸多听说唐朝使者到来，不禁大吃一惊，问侍臣：“自古以来摩诃震旦（印度对中国的称呼）的使者来到我们国家没？”都说没有，于是，尸罗逸多出城迎接，顶礼膜拜，接受诏书，而后，他又派遣使者随梁怀璥来到唐朝，唐太宗则又派卫尉丞李义表回访。

到贞观二十二年，唐太宗又派太子右卫率长史王玄策为正使、蒋师仁为副使出使中天竺。沿途各国也都派遣使者，跟随王玄策，准备一起入贡。当王玄策一行未到中天竺时，尸罗逸多去世，国内大乱，大臣阿罗那顺自立为王，他贪图王玄策使团携带的财宝，调派军队进攻王玄策等人。当时唐朝使团仅有三十余人，众寡不敌，全部生擒，阿罗那顺把各国的贡品劫掠一空。王玄策趁夜逃出，一路逃往吐蕃的西部边境，向吐蕃、泥婆国（尼泊尔国）等国下书征兵，吐蕃松赞干布调派一千二百精兵、泥婆国调派七千多骑兵接受王玄策的指挥。

按：公元7世纪尼泊尔王朝权力的更替，大体如此：希瓦·德瓦一世（Siva Dev I）死后，由他的女婿阿姆苏跋摩继位。阿姆苏跋摩有一个女儿布里库蒂（Bhrikuti）公主，嫁给吐蕃赞普松赞干布。阿姆苏跋摩死后由希瓦·德瓦一世的儿子乌达亚·德瓦二世（Udaya Dov II）继位，但被他的弟弟德鲁巴·德瓦（Dhruba Dev）废黜；大权落入吉什奴·笈多（Jishnu Gupta）手中，后为他的儿子毗湿奴·笈多（Vishnu Gupta）继承。乌达亚·德瓦二世的儿子纳伦德拉·德瓦（那陵提婆，Narendra Dev）在吐蕃赞普松赞干布的帮助下，打败毗湿奴·笈多，恢复了他的权力。此时的尼泊尔国王当为那陵提婆，与松赞干布的夫人之一布里库蒂公主是表兄妹关系，松赞干布又是他夺回王位的恩人，他自然听命于唐朝和吐蕃了。

王玄策与其副使蒋师仁率领两国之兵一直挺进到中天竺国都茶镈和罗城（今印度比哈尔邦蒂鲁特），联军经过三天围城，终于攻克城池，斩杀三千多人，溺水而死一万人。阿罗那顺弃城而逃，搜罗残兵败将，再次寻战，联军又将其击败，阿罗那顺临阵被擒，联军斩杀一千多人。余众带着阿罗那顺的王妃、王子依托乾陀卫江（疑为印度河）继续负隅顽抗，蒋师仁率军进攻，敌人崩溃，联军生擒其王妃、王子，俘虏一万两千多人，牲畜三万头，有五百八十多座城池、乡镇投降。天竺各地大为震动，东天竺王尸鸠摩送来三万牛马及弓、刀、宝缨络犒劳联军；迦没路国也献上特产、地图，请老子像。

贞观二十二年五月，王玄策把阿罗那顺送归长安。唐太宗大喜，说道："人耳目沉溺声色，口鼻贪图美味，这是败德的根本。阿罗那顺如果不劫持朕的使者，怎么会被俘虏？"把王玄策从正七品上的太子右卫率长史破格提拔为从五品的朝散大夫。日本著名玄幻小说家田中芳树的《天竺热风录》就是以王玄策的故事为蓝本，再现了这段几乎被人遗忘的人间传奇。

一九四 贞观余晖

贞观二十二年，阿史那社尔出兵龟兹，梁建方征服西南夷，王玄策借来吐蕃、泥婆之兵生擒中天竺僭王阿罗那顺，再加上薛万彻领兵第二次进击高句丽，这四件事让大唐声威远播，远方各族纷纷派人入贡或率众内附。

当时，四夷大小酋长争相前来进贡、朝见，路上连绵不绝，每年元旦朝会，常有数百甚至数千使者齐聚长安。唐太宗对侍臣们说："汉武帝穷兵黩武三十余年，令国内疲惫不堪，却所获寥寥，岂能与如今以恩德安抚、令极北荒凉之地也编入国家户籍相比呢！"

结骨部落自古以来从未与中国有什么来往，听说铁勒各部都臣服了唐朝，其俟利发失钵屈阿栈遂于贞观二十二年二月入朝。该国人身材魁梧，红发绿眼，偶有黑发，都认为不详。唐太宗在天成殿设宴款待他，对侍臣们说："昔日，我在渭桥亲自砍下三颗突厥人头，就自以为功劳很大了，如今令此人入朝，岂不是更了不起了？"失钵屈阿栈请求给自己一个官做，二月七日，唐朝政府以结骨部落为坚昆都督府，以失钵屈阿栈为右屯卫大将军、坚昆都督，隶属于燕然都护。又以阿史德时健俟斤部落的居住之地为祁连州，隶属于灵州都督。

三月九日，唐朝政府把瀚海都督府的俱罗勃部落分出，设置烛龙州（今俄罗斯赤塔市）。

四月九日，契丹部落酋长辱纥主曲据率部归顺，以其驻地为玄州，以曲据为刺史，隶属于营州都督府。六月十六日，以白霫部为居延州（今蒙古国境内）。

回纥酋长吐迷度的侄儿乌纥与俱陆莫贺部落的高官俱罗勃，都是西突厥车鼻可汗的女婿。乌纥与叔父吐迷度的妻子通奸，担心败露，就与俱罗勃一起密谋杀掉吐迷度，投靠车鼻可汗。乌纥趁夜率领十余骑兵袭杀了吐迷度，燕然都护府（在今内蒙古自治区乌拉特旗）的副都护元礼臣派人引诱乌纥，答应上报朝廷委任他为瀚海都督，乌纥信以为真，轻装前来面见元礼臣道谢，元礼臣将其擒杀，并上报中央。唐太宗担心回纥部众会发生意外，就派兵部尚书崔敦礼前去安抚。过了很久，俱罗勃入朝参见，唐太宗将其扣留了下来。十月二十七日，唐朝政府任命吐迷度的儿子、前左屯卫大将军婆闰为左骁卫大将军、大俟利发、瀚海都督。

十一月二十三日，契丹大酋长耶律窟哥、奚族酋长可度者率领各自部落前来归降。唐朝政府以契丹部为松漠都督府，以耶律窟哥为使持节十州诸军事、松漠都督，封无极男，赐氏李；又分别以其下属达稽部落为峭落州、纥便部为弹汗州、独活部为无逢州、芬问部为羽陵州、突便部为日连州、芮奚部为徒河州、坠斤部为万丹州、伏部为匹黎、赤山二州，以部落酋长为刺史。以奚人所居之地为饶乐都督府，拜可度者为使持节六州诸军事、饶乐都督，封楼烦县公，赐李氏。以其下属部落阿会部为弱水州、处和部为祁黎州、奥失部为洛瑰州、度稽部为太鲁州、元俟折部为渴野州，各以部落酋长为刺史，隶属于饶乐都督府。二十四日，唐朝政府在营州又重新设置了东夷都护府、东夷校尉，统领松漠、饶乐二都督府。

闰十二月二日，唐朝政府任命昆丘道行军总管、左骁卫将军阿史那贺鲁为泥伏沙钵略叶护，赐给帅旗、大鼓，命其招徕还未臣服的西突厥部落。七日，新罗新任国王金真德的弟弟、国相金春秋以及他的儿子金文王入朝拜见。唐太宗任命金春秋为特进、金文王为左武卫将军。金春秋请求改穿中国官服，唐太宗把内宫的冬服拿出赏赐给了他。

贞观二十三年一月，西南徒莫祗等部落归顺，唐朝政府以其居住地为傍州（今云南省双柏县）、望州（今云南省牟定县东南）、览州（今云南省牟定县）、丘州（今云南省南华县），隶属于朗州都督府（今云南省曲靖市）。唐太宗因西突厥车鼻可汗拒不入朝，派右骁卫郎将高侃调派回纥、仆骨等兵发起进攻。唐军进入车鼻可汗境内后，各部纷纷来降。拔悉密吐屯肥罗察投降，以其地为新黎州。二月十一日，唐朝政府设置瑶池都督府，隶属于安西都护府，并以阿史那贺鲁为瑶池都督。十二日，设置丰州都督府，命燕然都护李素立兼任丰州都督。

帝国形势一片大好。

唐太宗遂商议于贞观二十三年调派三十万大军，一举消灭高句丽。有人认为大军东征，必须准备一年的粮草，而这么多粮食单靠牲畜是拉不完的，必须建造大量的船舰运输，而隋朝末年只有剑南（今四川省一带）地区没有遭到战火蹂躏，上次东征高句丽，剑南也未曾波及，因此，这里百姓富裕，应该让他们承担造船任务，唐太宗答应了，于是，在贞观二十二年七月，唐太宗派遣右领左右府长史强伟前往剑南督促造船。所造船只长一百尺，宽五十尺，另外有官员负责将这些船只穿越巫峡，经过扬州、江州，一直送到莱州。

唐朝政府在剑南造船，因征调了山獠，结果造成雅州（今四川省雅安市）、邛州（今四川省邛崃市）、眉州（今四川省眉山市）三州的山獠集体造反。九月二十四日，唐朝政府派遣茂州都督张士贵、右卫将军梁建方调派陇右、峡中两万军队前去讨伐。四川百姓苦于造船，有人又向唐太宗建议可以让他们出钱，而令擅长造船的潭州人去干，唐太宗又同意了。然而，巴蜀百姓非常穷苦，州县逼迫下，很多人卖儿卖女，卖掉土地房屋，还筹措不够，粮食价格暴涨，民怨沸腾。唐太宗听说了，赶忙派遣司农少卿长孙知人赶去察看，长孙知人回复道：“巴蜀人体格弱小，不堪劳作。一艘大船价值两千两百三十六匹丝绸。山谷内已经砍伐的树木还没有拉完，又要征收代工的船钱，这两件事加在一起，百姓已苦不堪言，应该加以存养。”唐太宗下令潭州造船费用，全由朝廷国库负担。

帝国在近两年来得到了空前的扩张，与之相反，唐太宗的身体却每况愈下。为了挽救病体，一向对祈求长生不老的秦始皇和汉武帝嗤之以鼻的唐太宗也是病急乱投医，迷信起了丹药，四处寻访所谓的高人。王玄策从印度回来后，也带来了一个自称年逾二百的术士，此人名叫那罗迩娑婆寐，号称有长生不老之术。唐太宗信以为真，命其在使馆内炼丹，还令兵部尚书崔敦礼负责照顾。这位术士让人到处寻找奇石怪药，还让人远到婆罗门各国采集，但最终并无效果，而唐太宗的病情却一天重于一天了。

也许是要追随唐太宗而去，贞观名臣们也相继凋落了：贞观二十一年一月五日，开府仪同三司、申文献公高士廉病故。就在前一日，唐太宗亲临高士廉家中，与其诀别。高士廉去世后，唐太宗要前往哀悼，房玄龄以唐太宗刚刚病愈苦苦劝阻，唐太宗却说：“高大人不仅仅与我是君臣，还是我的亲戚，岂能不去哀悼？你不要再说了！”遂率领左右从兴安门出了宫。长孙无忌正在舅父家里安排丧事，听说唐太宗要来，赶忙止住哭声，来到唐太宗马前说道：“陛下吃了丹药，根据药方的要求不可以参加丧礼，为何不以天下苍生为念而保重身体！况且，臣的舅舅临终遗言，不敢委屈了圣驾！”唐太宗不听。长孙无忌趴在大路上哭泣，苦苦劝谏，唐太宗这才回到东苑，向南眺望，泪下如雨。等到高士廉埋葬时，他的灵柩经过长安护城河桥时，唐太宗又站在长安老城的西北城楼上，眺望痛哭。贞观二十二年一月，中书令兼太子右庶子马周也得了重病，唐太宗亲自给他调药，命太子前去慰问，九日，马周去世。贞观二十二年六月二十四日，特进、宋公萧瑀去世。萧瑀的儿子萧锐娶妻唐太宗的长女襄城公主，唐太宗曾打算给襄城公主修建公主宅第，襄城公主却拒绝了，她说：“妇人侍奉公公公婆，应当早晚都在他们身边，如果我住在别院，就太不方便了。”唐太宗就下令在萧瑀的府中给公主又建了一个院落。萧瑀死后一个月，到七月二十四日，他的老对头、司空、梁文昭公房玄龄也去世了。房玄龄在长安留守，唐太宗当时在玉华宫，身体也不好，听说房玄龄病重后，想见上一面，就让人用轿子把房玄龄抬到了玉华宫。房玄龄被抬到唐太宗的御座旁边，才下来，君臣二人相对无言，只是流泪。唐太宗就命房玄龄留在玉华宫中养病，听说他病情稍稍好转，就喜形于色；听到病情加剧，就一脸愁容。房玄龄对儿子们说：“我受主上厚恩，如今天下无事，只是陛下一味要继续东征，群臣无人劝谏，我知而不言，死有余责啊！”遂带病上书劝谏，他写道：“《老子》说过：‘知足不辱，知止不殆。’陛下威名功德已足够了，开疆拓土也该告一段落了。况且，陛下每次裁决一名死刑犯，必须要人三五次上奏，进呈素食，不听音乐，这都是陛下看重百姓性命啊！如今，却驱赶无罪的士兵们，去冒着白刃，让他们肝脑涂地，为何不可怜可怜他们呢！如果，高句丽作为臣子的礼节不够，讨伐他们当然是可以的；他们欺压百姓，灭掉他们也是可以的；将来会成为中国的大患，除掉他们也是可以的。如今的高句丽并没有这三条，却无缘无故地让中国百姓劳苦，对内不过是替隋朝雪耻，对外是替新罗复仇，这难道不是得到的太少而损失太大了吗！希望陛下能够允许高句丽改过自新，焚烧掉战船，解散征调的军队，自然各族百姓都会欢天喜地，远近平安吉祥。臣很快就要死了，假如陛下能听进臣的这点话，臣死而不朽！”唐太宗对第十七女、房玄龄的儿媳高阳公主说：“他已经病成这样了，还如此忧虑朕的国家！”遂亲自探望，握手诀别，悲不自胜。

如前所述，高阳公主原本是唐太宗最喜欢的一个女儿，可是，她恃宠而骄，胡作非为。房玄龄去世后，高阳公主指使丈夫房遗爱与哥哥房遗直分家，还污蔑房遗直对自己无礼。房遗直无奈之下只好请唐太宗做主，唐太宗把高阳公主叫来狠狠训斥了一通，从此对公主疏远起来，公主非常不快。辩机原本是公主封地寺庙内的和尚，一次，高阳公主与房遗爱在封地内打猎，见到辩机后就喜欢上了他，遂在寺庙内通奸，公主又送给房遗爱两个女子作为补偿，私下赏赐给辩机上亿钱财。房玄龄死后不久，就有御史以寻找盗贼为名在辩机那里搜查到了公主的珠宝枕头，辩机承认枕头系公主所赐（此事肯定是长孙无忌一党所为，要想彻底打翻房家，就必须从高阳公主入手）。事情上报到唐太宗那里，唐太宗大怒，下令腰斩辩机，诛杀涉案奴婢十余人，事后，高阳公主对父亲更加怨恨起来了。

再到贞观二十三年五月十八日，就在唐太宗去世前八天，开府仪同三司、卫景武公李靖也去世了，时年七十九岁。

一九五 太宗驾崩

唐太宗也自感来日无多，他最为关心的就是如何顺利地完成权力的交接。

贞观二十二年一月八日，他亲自写下《帝范》十二篇，赐予太子李治，这十二篇分别是：《君体》《建亲》《求贤》《审官》《纳谏》《去谗》《戒盈》《崇俭》《赏罚》《务农》《阅武》《崇文》。并对太子李治说：“修身治国之道，全都在这里面了，等我去世时就不再多说了。”又说：“你还要从古代的圣王那里学习有用的东西，至于我，不足效法啊。常言说：‘取法乎上，仅得其中；取法乎中，不免为下。’我即位以来，缺点很多：锦绣珠玉布满眼前，屡屡修建宫室台榭，犬马鹰隼从远方罗致，还喜欢到远处巡游，给百姓带来麻烦，这都是我的过错，不要效仿啊。只是因为我顾及苍生，平定天下，有些功劳，所以百姓才没有抱怨，大业也没有倾覆，然而，与尽善尽美相比还差得很远。你没有我建立起的功勋却继承了我的富贵，就算你竭尽全力行善，也仅仅能保证国家稍稍平安，假如骄奢淫逸，你自己也会性命不保。况且，在建立一个国家的时候，成功总是来得很迟，而灭亡却总会很快到来；皇帝的宝座也是这样，往往很难得到，却很容易就失去了，怎么可以不珍惜！怎么可以不珍惜啊！”

除了教育太子之外，唐太宗还为自己的身后事做出以下安排。

一是以自己的余威最大可能地为太子李治创造一个良好的外部环境。贞观二十二年唐太宗对龟兹的征服、在西南地区的用兵、第二次讨伐高句丽，等等，都是在为太子李治打下一个良好的基础。

二是安排身后的权力核心。贞观二十二年一月，在马周去世后，唐太宗即任命长孙无忌为检校中书令，知尚书、门下省事。此时，长孙无忌的职务主要有：司徒、摄侍中、检校中书令、知尚书、门下省事，等于一人统管尚书、中书、门下三省事务，成为实际上的宰相。到九月，唐太宗正式任命黄门侍郎褚遂良为中书令。长孙无忌和褚遂良大肆打压异己分子，据《旧唐书·崔仁师传》称："二十二年，迁中书侍郎，参知机务。时仁师甚承恩遇，中书令褚遂良颇忌嫉之。会有伏阁上诉者，仁师不奏，太宗以仁师罔上，遂配龚州。"截至贞观二十三年唐太宗去世前，唐朝重臣主要有：司徒长孙无忌、中书令褚遂良、同中书门下三品李世勣、太子左庶子许敬宗（同掌机务）、太子右庶子高季辅（同掌机务）、太子少詹事张行成（同掌机务），此时，朝堂之上已隐然形成以太子李治为核心，以长孙无忌、褚遂良为左膀右臂的权力中心。

三是清除可疑分子。如前所述，当时民间所传《密记》称："唐三世之后，女主武王代有天下。"唐太宗对此十分厌恶，到贞观二十二年，太白星还屡屡在白天出现，太史上奏称："该天象预示着女主兴起。"这更令唐太宗非常不安。正巧，一次唐太宗与禁卫军众武将在一起饮宴，行酒令时，都让大家各自说出小名。当时，左武卫将军、武连县公、武安人李君羡负责守卫玄武门，轮到他行酒令时，他自报小名"五娘"，唐太宗听后顿时一愣，很快他就恢复了常态，掩饰着笑道："这是什么女子啊，竟然如此强壮！"宴会过后，唐太宗就陷入了沉思，他又联想到李君羡的封邑和籍贯都有一个武字，顿时感到出了一身冷汗，赶忙下令把他外调为华州刺史。有一个叫员道信的百姓，自称会辟谷之术，又通晓佛法，李君羡对其十分尊敬，二人多有来往，经常闭门私语，于是，御史弹劾李君羡图谋不轨，贞观二十二年七月十三日，李君羡被斩杀，家产没收。李君羡被杀完全是唐太宗疑心病所致，也是一个彻头彻尾的冤案，此案一直到武则天登基后的天授二年（公元691年），李君羡的家属喊冤，武则天才下诏恢复了李君羡的官爵，以礼改葬，不过，这已是四十四年后的事了。李君羡被杀后，唐太宗还是疑神疑鬼，经太史令李淳风解释称，这个预兆已成，不是人力所能改变的，如果杀尽武姓之人，也改变不了结果，只能对唐太宗自己的子孙不利，听了李淳风的劝解，唐太宗这才作罢。

四是迫使活着的玄武门功臣或秦府名将退隐。比如前述的李靖，长期闭门谢客；再如，尉迟敬德也是这样，据《旧唐书·尉迟敬德传》记载："敬德末年笃信仙方，飞炼金石，服食云母粉，穿筑池台，崇饰罗绮，尝奏清商乐以自奉养，不与外人交通，凡十六年。"还有程知节，虽为左屯卫大将军、检校北门屯兵、镇军大将军，但似再无多少作为。

贞观二十三年（公元659年）到来了，唐太宗已在位二十三年了。从去年冬天一直到今年三月，上天没有降下一滴雨，人们度过了一个又干又冷的严冬。三月，人们终于盼来了一场迟来的春雨，三月十七日，唐太宗拖着病体，坚持来到显道门外，宣布大赦天下。此后，唐太宗又病倒了，二十三日，他下令让太子李治在金液门主持朝会，处理政务。四月一日，唐太宗离开长安，前往翠微宫休养。

唐太宗自知将不久人世，他对太子李治说："李世勣才能智略出众，然而与你没有旧恩，恐怕内心会对你不服气。我如今把他贬到外地，如果他接到命令后，立即离京出发，等我死后，你就任命他为尚书仆射，可以对其信任；如果发现他稍有拖延，就该把他杀掉！"五月十五日，唐朝政府突然下令任命宰相一级的李世勣为叠州（今甘肃省迭部县）都督，李世勣接到诏书后，一句话不说，也不回家辞别家人，立即离京西去了。有人说，李世勣长期担任并州大都督府长史，而晋王李治当时就是并州都督，李世勣应该是他的下属，唐太宗怎么会说李治对李世勣没有旧恩呢？其实，这很简单。李治当并州都督时还是小孩，不过是遥领，名义上李世勣是李治的下属，实际上，李世勣还是直接对唐太宗负责的，与李治并无多少渊源。到李治被立为太子后，唐太宗才专门把李世勣改任为太子詹事兼太子左卫率，其目的就是让二人建立起主仆关系。不过，李世勣背景复杂，智勇双全，还是武将，更要命的是政治态度暧昧，只想自保，没有鲜明的政治立场，是个善于见风使舵的主，即便在玄武门之变中他也是刻意保持中立，这都让唐太宗感到不放心。

就在唐太宗把李世勣贬出长安的同时，他自己的身体状况也直线恶化起来了。他的痢疾加剧，毫无好转的迹象，太子李治昼夜陪伴在唐太宗身边，有时候一连几天不吃东西，有些头发也变白了——当然，这不影响他忙中偷闲与唐太宗心爱的武才人眉来眼去，这与隋炀帝侍奉病重的父亲隋文帝时的场景几乎一模一样，只是幸运的是李治玩得更隐秘，没有被唐太宗发现而已。所以，结局自然就不一样了：唐太宗感动得流下眼泪，哭着说道："你能对我如此孝顺，充满爱心，我就算死了，也没有遗憾的啊！"

五月二十四日，唐太宗进入病危状态。他征召检校中书令长孙无忌进入含风殿。唐太宗躺在床上，已无力坐起身来，用手抚摸着长孙无忌的脸庞；长孙无忌悲不自胜，失声痛哭，而自始至终唐太宗竟然说不出一句话来，只好又让他退下。二十六日，唐太宗再次把长孙无忌和褚遂良召入卧室，对二人说道："朕今日把身后之事全部委托给你们，太子仁慈孝顺，这是你们知道的，好好辅佐他！”又对太子李治说道：“有长孙无忌和褚遂良在，你就不用担心天下了！”又单独对褚遂良说道：“长孙无忌对我忠心耿耿，我能拥有天下，全靠他的帮助，我死之后，不要让奸人说他的坏话！”遂命令褚遂良起草遗诏，不一会儿，唐太宗就在翠微宫驾崩了，终年五十二岁。据《旧唐书·郝处俊传》记载：“昔贞观末年，先帝令婆罗门僧那罗迩娑婆寐依其本国旧方合长生药。胡人有异术，征求灵草秘石，历年而成。先帝服之，竟无异效，大渐之际，名医莫知所为。时议者归罪于胡人，将申显戮，又恐取笑夷狄，法遂不行。”由此可知，唐太宗的死与服食王玄策带回的天竺僧人那罗迩娑婆寐的丹药有直接关系，唐太宗去世后，朝廷原本打算处死那罗迩娑婆寐，但又担心会令四夷耻笑而作罢。

太子李治抱着长孙无忌的脖子，哭得死去活来。长孙无忌擦干眼泪，请求李治处理政务，安抚内外，可太子却哭个不停。长孙无忌说道：“主上把宗庙社稷交给殿下，殿下岂能像平常百姓那样只知哭泣！”于是，下令秘不发丧。

第二天，长孙无忌等人让李治先赶回长安，飞骑、禁卫精兵四千人护卫着太子，一起回到长安。五月二十八日，太子李治抵达长安。唐太宗的灵柩放在马车上，仪仗、侍卫还像往常那样，紧跟着太子也进入京城，停放在两仪殿内。以唐太宗的名义下诏任命太子左庶子于志宁为侍中，太子少詹事张行成为兼侍中，以检校刑部尚书、太子右庶子、兼吏部侍郎高季辅为兼中书令。

五月二十九日，唐朝政府在太极殿发布唐太宗驾崩的消息，宣布遗诏，太子李治继皇帝位，是为唐高宗，时年二十二岁。军国大事，不可停顿；日常小事，交由有关部门处理。诸王为都督、刺史的，均可前来奔丧，唯独濮王李泰不行。取消对高句丽的第三次远征计划以及兴建的各种工程。四夷使者以及在唐朝为官的少数民族人士有数百人，听到噩耗都失声痛哭，当即剪去头发、用刀子划破脸庞、割下耳朵，鲜血流了大殿一地。

六月一日，李治举行正式的即位典礼，大赦天下。四日，唐高宗李治晋升叠州都督李勣为特进、检校洛州刺史、洛阳宫留守。过去，由于李世民是双名，为了不给天下百姓带来太多的麻烦，规定只要不是连着使用世民二字的，单独使用世或者民都无须避讳，但唐高宗为了尽孝，下令凡是出现这两个字的都一律避讳，因此，李世勣从此只能叫李勣了。

一九六　一代伟人

唐太宗去世了，但日子还得继续过下去。

贞观二十三年六月十日，唐高宗李治以长孙无忌为太尉、兼检校中书令、知尚书门下二省事。长孙无忌请求辞去尚书省事，唐高宗答应了，仍令其以太尉同中书门下三品。二十日，又继续提拔李勣为开府仪同三司、同中书门下三品。阿史那社尔击破龟兹后，行军长史薛万备趁机劝说于阗王伏阇信入朝，七月六日，伏阇信随薛万备一起来到长安进贡，唐高宗下诏命其在唐太宗的灵前祭奠。八月一日深夜，各地发生地震，其中以晋州灾害最为严重，死亡五千多人。

八月十八日，将唐太宗安葬在昭陵（今陕西省礼泉县北），庙号太宗。唐太宗死后的尊号又经过两次变动：唐高宗上元元年（公元674年）八月，改尊号曰文武圣皇帝；到唐玄宗天宝十三载（公元754年）二月，改尊号为文武大圣大广孝皇帝。阿史那社尔和契苾何力均请求自杀殉葬，高宗派人告诉他们说先帝早就吩咐不准。唐太宗生前所擒获的十四个蛮夷君主像颉利可汗等人，全都用石头刻了他们的人像，写上名字，陈列在北司马门内。

九月十三日，高宗又晋升李勣为尚书左仆射。十月，在东突厥各部所在地分别设置舍利州、思辟州、阿史那州、绰州、白登州五个州，隶属于云中都督府（今陕西省榆林市横山区）；苏农州、阿德州、执失州、拔延州等六个州隶属于定襄都督府（今陕西省靖边县）。

十月四日，唐高宗询问大理卿唐临囚犯人数，唐临回答：“现有囚犯五十余人，只有两人罪该处死。”唐高宗听后非常高兴。一次，唐高宗亲自审问囚犯，前任大理卿判决的囚犯大多喊冤，唯独唐临处理的没人喊冤。唐高宗就非常奇怪，询问原因，囚犯们回答：“唐大人判决的原本就不冤枉。”唐高宗听后，叹息道：“当一名法官岂不该如此吗！”

唐高宗以吐蕃赞普松赞干布为驸马都尉，封西海郡王。赞普给长孙无忌等人写信道："天子刚刚即位，臣下如果有人不忠，我将发兵以赴国难。"十二月，唐高宗下诏允许濮王李泰开府设置幕僚，所用车马服饰、珍宝饮食，也都一律从优，以安抚这个失意的哥哥。

唐太宗离去了，那个令人回味无穷的贞观时代也就此远去。《旧唐书·太宗本纪》"史臣曰"对唐太宗的评价称："臣观文皇帝发迹多奇，聪明神武。拔人物则不私于党，负志业则咸尽其才。所以屈突、尉迟，由仇敌而愿倾心膂；马周、刘洎，自疏远而卒委钧衡。终平泰阶，谅由斯道。尝试论之：础润云兴，虫鸣螽跃。虽尧、舜之圣，不能用梼杌、穷奇而治平；伊、吕之贤，不能为夏桀、殷辛而昌盛。君臣之际，遭遇斯难，以至抉目剖心，虫流筋擢，良由遭值之异也。以房、魏之智，不逾于丘、轲，遂能尊主庇民者，遭时也。或曰：以太宗之贤，失爱于昆弟，失教于诸子，何也？曰：然，舜不能仁四罪，尧不能训丹硃（朱），斯前志也。当神尧任谗之年，建成忌功之日，苟除畏逼，孰顾分崩，变故之兴，间不容发，方惧毁巢之祸，宁虞尺布之谣？承乾之愚，圣父不能移也。若文皇自定储于哲嗣，不骋志于高句丽；用人如贞观之初，纳谏比魏徵之日。况周发、周成之世袭，我有遗妍；较汉文、汉武之恢弘，彼多惭德。迹其听断不惑，从善如流，千载可称，一人而已！"《新唐书》对唐太宗的评价是："甚矣，至治之君不世出也！禹有天下，传十有六王，而少康有中兴之业。汤有天下，传二十八王，而其甚盛者，号称三宗。武王有天下，传三十六王，而成、康之治与宣之功，其余无所称焉。虽《诗》《书》所载，时有阙略，然三代千有七百余年，传七十余君，其卓然著见于后世者，此六七君而已。呜呼，可谓难得也！唐有天下，传世二十，其可称者三君，玄宗、宪宗皆不克其终，盛哉，太宗之烈也！其除隋之乱，比迹汤、武；致治之美，庶几成、康。自古功德兼隆，由汉以来未之有也。至其牵于多爱，复立浮图，好大喜功，勤兵于远，此中材庸主之所常为。然《春秋》之法，常责备于贤者，是以后世君子之欲成人之美者，莫不叹息于斯焉。"毛泽东对唐太宗的军事才能也是推崇备至，他说："所谓以弱当强，就是以少数兵力佯攻敌诸路大军。所谓以强当弱，就是集中绝对优势兵力，以五六倍于敌一路之兵力，四面包围，聚而歼之。自古能军无出李世民之右者，其次则朱元璋耳。"另外在《李恪传》上批注说："李恪英物，李治朽物，知子莫若父。然卒听长孙无忌之言，可谓聪明一世，懵懂一时。"

唐太宗十八岁随父起兵，二十四岁平定天下，二十九岁登上帝位，三十五岁被四夷推举为天可汗，开创了贞观盛世，他一生所取得的文治武功，确实有如神助。回顾唐太宗所立下的战功，全在于一个巧字，在战术上以弱胜强、以强当弱、抓住战机、穷追猛打，这在唐太宗统一天下的历次战役中都有所体现；在战略上善于审时度势、借力打力、出其不意、长驱直入，这主要体现在灭东突厥（瞅准前所未有的大冻灾、东突厥陷入困境、彻底将其消灭）、灭吐谷浑（先行试探、而后长驱直入）、吞并高昌（出其不意、长途奔袭）等等。与唐太宗所建立的赫赫战功相互辉映的是他在文治方面取得的骄人成绩，正如《贞观政要·序》上说的那样："太宗时政化，良足可观，振古而来，未之有也。"

一位君王在短短的一生里能取得如此大的成绩，且并没有犯下特别大的错误，确实是非常难得的，也是从古以来屈指可数的。人无完人。宋朝以来，也有人指出唐太宗的缺点，主要集中两点。一是杀害兄弟，比如，司马光、范祖禹和朱熹就对玄武门之变提出微词；二是好大喜功。洪迈在《容斋续笔》中就曾说唐太宗所做的一切"大要出于好名"等等。实际上，这两点都不是问题：就第一点来说，政治斗争都是你死我活的，按照当时的情形，当时的唐太宗已经骑虎难下了，他不出手，迟早自己也身首异处，只能硬着头皮上了；至于说唐太宗好大喜功，每个人的行为都有动机，常言说："百善孝为先，原心不原迹，原迹家贫无孝子；万恶淫为首，论迹不论心，论心世上无好人。"与此同理，一个人假如能一辈子装好人，行好事，他一辈子就是个好人，再追问其内心又有什么意思？反倒是：在我看来，唐太宗的死是及时的，从其晚年的一系列作为来看，的确已经把内心的好大喜功付诸行动了，正在步隋炀帝的后尘，假如他再拖着病体活上二三十年，真正到了老年，身边一直围绕着像长孙无忌这种应声虫的话，拒谏饰非、自高自大的人性弱点战胜冷静的头脑，其一世英名会不会保得住，这还真难说。

唐太宗的文治武功让人印象深刻，但历史上建立如此丰功伟绩的君王也不是没有，唐太宗之所以被人称为君主的楷模，最重要的一点就是他那种孜孜求治的激情，从谏如流、见善思齐的胸襟。每个人都有优缺点，但每个人也都自以为是独一无二的，甚至有的人自以为是几近完美的，自己的存在有存在的理由，因此，谁都愿意听到别人的赞美，增加自我的信心和存在感，当听到别人对自己的言行进行否定评价时，总会自然而然地感到不舒服，如我等凡夫俗子尚且如此，对于至高无上的君王做到从善如流更是难上加难了。天下事说起来容易，轮到自己亲身去做就难了，因此，不论唐太宗本身是出于什么心态努力做到从谏如流、见善思齐的，但他毕竟做到了这一点，这本身就非常难得。他能做到，大家却做不到，他就可贵，就是榜样。纵观中国历史上的君王，包括近现代，在虚心纳谏这方面，唐太宗确实是“一人而已”！包括后世曾经评价过他的人也无人能够望其项背。这就是楷模。

沧海横流，文治武功，转眼即逝，唯独唐太宗给后世留下的这种精神财富才是真正有价值的瑰宝！